ŒUVRES

DE

J. F. COOPER

IMPRIMERIE DE H. FOURNIER ET Cⁱᵉ, 14 RUE DE SEINE.

J. F. COOPER

TRADUCTION

par Defauconpret

LES PIONNIERS

Paris,
FURNE & C.ie TH. GOSSELIN,
Éditeurs
1839

OEUVRES

DE

J. F. COOPER

TRADUITES

PAR

A. J. B. DEFAUCONPRET

TOME SIXIÈME

LES PIONNIERS

PARIS

FURNE ET Cᵉ, CHARLES GOSSELIN
ÉDITEURS

M DCCC XXXIX

INTRODUCTION

AUX PIONNIERS.

Comme le titre de ce roman annonce un ouvrage descriptif, ceux qui prendront la peine de le lire seront peut-être bien aises de savoir ce qui est exactement littéral, ou ce qui fut tracé dans l'intention de présenter un tableau général. L'auteur est convaincu que s'il avait seulement suivi cette dernière route, la meilleure et la plus sûre manière de répandre des connaissances de cette nature, il aurait fait un meilleur ouvrage. Mais, en commençant à décrire des scènes et peut-être, doit-il ajouter, des caractères si familiers à sa première jeunesse, il éprouva une tentation constante de décrire ce qu'il avait connu plutôt que ce qu'il avait imaginé. Cette rigide adhésion à la vérité, qui est indispensable pour écrire l'histoire et les voyages, détruit le charme de la fiction, car tout ce qui est nécessaire pour frapper l'esprit du lecteur peut être plutôt produit en aidant un peu à la nature qu'en donnant une attention trop fastidieuse aux originaux.

New-York n'ayant qu'un comté d'Otsego, et la Susquehanna qu'une source proprement dite, on ne peut se méprendre sur le lieu de la scène de cet ouvrage; l'histoire de ce district, aussi loin que vont ses rapports avec la civilisation, est promptement racontée.

Otsego, ainsi que la plus grande partie de l'intérieur de New-York, était inclus dans le comté d'Albany avant la guerre de la séparation. Il devint alors, dans une division subséquente de territoire, une partie du Montgomery ; enfin, lorsqu'il eut à lui une population suffisante, il fut créé comté lui-même peu de temps après la paix de 1783. Il est situé parmi ces basses aiguilles des Alleghanys qui couvrent les comtés du milieu de New-York, et se trouverait un peu à l'est d'une ligne méridionale qui serait tracée à travers le centre de cet Etat. Comme les eaux de New-York se jettent au sud dans l'Atlantique et au nord dans l'Ontario et les rivières qui en dépendent, le lac Otsego étant la source de la Susquehanna est placé nécessairement parmi les hautes terres. L'aspect du pays en général, le climat tel que l'ont trouvé les blancs, et les mœurs des planteurs, sont décrits avec une exactitude pour laquelle l'auteur n'a d'autre mérite que la force de ses souvenirs.

Otsego, dit-on, est un mot composé de Ot, lieu de rendez-vous, et sego ou sago, terme ordinaire de salutation employé par les Indiens de cette région. Il existe une tradition qui dit que les tribus voisines avaient l'habitude de se rencontrer sur les rivages de ce lac pour y faire leurs traités, ou donner de la force à leurs alliances ; de là vient le nom d'Otsego. Comme l'agent indien avait une habitation au bord du lac, il ne serait pas impossible néanmoins que ce terme eût pris naissance des rendez-vous qui avaient lieu au feu de son conseil. La guerre chassa l'agent comme les autres officiers de la couronne, et la grossière habitation fut promptement abandonnée. L'auteur se rappelle l'avoir vue quelques années plus tard, elle était réduite à l'humble condition de tabagie.

En 1779, on envoya une expédition contre les Indiens hostiles qui habitaient, à environ cent milles ouest d'Otsego, sur les rives du Cayuga. Tout ce pays n'était alors qu'un désert, il fut nécessaire de transporter le bagage des troupes par les rivières, route bien longue, mais au moins praticable. Une brigade remonta la Mohawk jusqu'à ce qu'elle eût atteint le point le plus voisin des sources de la Susquehanna ; alors elle pratiqua un défilé à travers la forêt jusqu'au lac Otsego ; les bateaux et les bagages furent traînés à travers ce chemin, et les troupes naviguèrent jusqu'à l'extrémité du lac, où elles effectuèrent leur débarquement et campèrent. La Susquehanna, torrent étroit, mais rapide à sa source, était remplie de bois flottants ou d'arbres tombés, et les troupes adoptèrent un nouvel expédient pour faciliter leur passage. L'Otsego a environ neuf milles de longueur, et varie en largeur depuis un mille jusqu'à un mille et demi. L'eau est très-profonde, limpide, et renouvelée par mille sources. Ses rives ont souvent trente pieds d'élévation, puis alternativement des montagnes, des intervalles, des promontoires. Un des bras de ce lac, ou ce qu'on nomme la Susquehanna, coule à travers une gorge dans les parties basses du rivage, qui peut avoir une largeur de deux cents pieds. La gorge fut comblée, les eaux du lac réunies, et la Susquehanna convertie en un ruisseau. Lorsque tout fut prêt, les troupes s'embarquèrent, l'écluse fut lâchée, l'Otsego répandit au dehors ses torrents, et les barques s'abandonnèrent gaîment au cours de l'eau.

Le général James Clinton, frère de George Clinton, alors gouverneur de New-York, et le père de Witt Clinton qui mourut gouverneur du même Etat en 1827, commandait la brigade employée à ce service. Pendant le séjour des troupes sur les bords de l'Otsego, un soldat déserta, fut repris et fusillé. La tombe de ce malheureux fut la première terre funéraire que l'auteur contempla, comme la tabagie fut la première ruine! L'anneau en fer auquel il est fait allusion dans cet ouvrage fut enterré et abandonné par les troupes, et il fut retrouvé plus tard en creusant les caves de la résidence paternelle de l'auteur.

Peu de temps après l'expiration de la guerre, Washington, accompagné de plusieurs personnes distinguées, visita ces lieux avec l'intention, dit-on, d'examiner les facilités qu'on pourrait avoir d'ouvrir une communication par eau avec d'autres points du pays; mais il n'y resta que quelques heures.

En 1785, le père de l'auteur, qui possédait un intérêt dans une immense étendue de terrain de ce désert, y arriva avec un grand nombre de surveillants. L'aspect que cette scène présenta à ses yeux est décrit par le juge Temple. L'établissement commença dans les premiers mois de l'année suivante, et depuis ce temps jusqu'à nos jours, ce pays a continué à fleurir. Un des singuliers traits des mœurs américaines, c'est que, lorsqu'au commencement de ce siècle le propriétaire d'un Etat avait l'occasion de former un établissement dans un pays éloigné, il avait le droit de choisir ses colons parmi la population de la première colonie.

Quoique l'établissement dans cette partie de l'Otsego précédât un peu la naissance de l'auteur, il n'était pas encore assez prospère pour qu'une femme pût désirer qu'un événement si important par lui-même se passât au milieu d'un désert. Peut-être sa mère avait une raisonnable répugnance pour la pratique du docteur Todd, qui devait être alors dans le noviciat de son expérience. N'importe quelle fut la raison, l'auteur fut apporté enfant dans cette vallée, et c'est de ce lieu que datent tous ses premiers souvenirs.

Otsego est devenu un des districts les plus peuplés de New-York, et il envoie au dehors ses émigrants, ainsi que toute autre vieille contrée; il est plein d'une industrie entreprenante. Ses manufactures sont prospères; et il est digne de remarque qu'une des plus ingénieuses machines connues dans les arts européens fut inventée primitivement dans cette région lointaine.

Afin de prévenir toute erreur, il est utile de dire que tous les incidents de ce roman sont purement imaginaires. Les faits réels sont liés avec la fiction et les mœurs des habitants.

Ainsi la description de l'Académie, la Cour de Justice, la Prison, l'Auberge, est exacte. Ces bâtiments ont depuis longtemps cédé la place à des constructions d'un caractère plus prétentieux. L'auteur ne suivit pas non plus toujours la vérité dans la description de la Maison Principale. Le bâtiment réel n'avait ni « premier, » ni « dernier. » Il était de briques et non pas de pierres, et son toit n'offrait aucune des beautés particulières de « l'ordre composite. » Il avait été construit à une époque trop primitive pour cette école ambitieuse. Mais l'auteur donna librement carrière à ses souvenirs lorsqu'il eut passé le seuil de la porte. Dans l'intérieur tout est littéral jusqu'à la patte de loup et l'urne qui contenait les cendres de la reine Didon[1].

L'auteur a dit quelque part que le caractère de Bas-de-Cuir était une création rendue probable par les auxiliaires nécessaires pour lui donner naissance. S'il s'était livré davantage à son imagination, les amateurs de fictions n'auraient pas trouvé tant de causes pour leurs critiques sur cet ouvrage. Cependant le portrait n'au-

---

[1]. Quoique des forêts couronnent encore les montagnes de l'Otsego, l'ours, le loup et la panthère sont presque devenus étrangers à ce district. On voit rarement l'innocent chevreuil bondir sous leurs arceaux de verdure, car la carabine et l'activité du planteur les ont repoussés dans d'autres parages. Il faut ajouter à ce changement (fort triste sous quelques rapports pour celui qui fut témoin de l'enfance de cette contrée) que l'Otsego commence à devenir avare de ses trésors.

rait pu être exactement vrai sans l'accompagnement des autres personnages. Le grand propriétaire résidant sur ses terres, et donnant son nom à son domaine, au lieu de le recevoir de lui comme en Europe, est un individu commun dans tout l'Etat de New-York. Le médecin avec sa théorie plutôt obtenue que corrigée par ses expériences sur la constitution humaine; le missionnaire pieux, dévoué à son prochain, laborieux et si mal récompensé; l'homme de loi à moitié instruit, litigieux, disputeur, avec son contrepoids, membre d'une profession digne d'un caractère plus élevé; le rusé faiseur d'affaires et marchand mécontent de ses meilleurs marchés; le charpentier, et la plupart des autres personnages, sont familiers à tous ceux qui ont vécu dans une nouvelle contrée.

Par des circonstances que le lecteur comprendra parfaitement après avoir lu cette Introduction, l'auteur a éprouvé plus de plaisir en écrivant « *les Pionniers* » que n'en éprouvera probablement aucun de ses lecteurs. Il est convaincu des fautes nombreuses qu'il a commises, il a essayé d'en corriger quelques unes dans cette édition; mais comme il a déjà, du moins dans son intention, fourni son contingent pour amuser le monde, il espère que le monde lui pardonnera pour cette fois d'avoir essayé de s'amuser lui-même.

Paris, mars 1832.

PRÉFACE

DE LA PREMIÈRE ÉDITION.

A MONSIEUR CHARLES WILEY, LIBRAIRE.

Chaque homme est plus ou moins le jouet du hasard, et je ne sache pas que les auteurs soient nullement exempts de cette influence humiliante. Voici le troisième de mes romans [1], et il dépend de deux conditions incertaines que ce soit le dernier : l'une est l'opinion publique, et l'autre mon propre caprice. J'écrivis mon premier livre parce qu'on m'avait dit que je ne pourrais composer un livre sérieux, et pour prouver au monde qu'il ne me connaissait pas je fis un roman si sérieux que personne ne voulut le lire, d'où je conclus que j'eus raison complètement. Mon second livre fut écrit pour essayer de triompher de cette indifférence des lecteurs. Jusqu'à quel point ai-je réussi? Monsieur Charles Wiley, c'est ce qui doit rester toujours un secret entre nous. Le troisième a été enfin composé exclusivement dans le but de me plaire à moi-même ; de sorte qu'il ne serait pas étonnant qu'il déplût à tout le monde, excepté moi ; car qui a jamais pensé comme les autres sur un sujet d'imagination?

J'estimerais la critique la perfection de l'esprit humain, s'il

---

[1]. Les deux premiers romans de M. Fenimore Cooper sont *Précaution* et *l'Espion*. Nous avons dû changer leur ordre depuis qu'en composant *le Dernier des Mohicans* et *la Prairie* l'auteur a complété en trois ouvrages l'histoire d'un seul homme.

n'existait cette dissidence dans le goût. Au moment où je me dispose à adopter les avis ingénieux d'un savant aristarque[1], on me remet l'article d'un autre qui condamne tout ce que son rival loue, et qui loue tout ce que son rival condamne. Me voilà comme un âne entre deux bottes de foin; de sorte que je me décide à abandonner ma nature vivante, et je reste stationnaire comme une botte de foin entre deux ânes.

Il y a longtemps, disent les sages, qu'il n'y a plus rien de nouveau sous le soleil; mais les critiques des revues (les rusés compères) ont adopté un adroit expédient pour prêter de la fraîcheur à l'idée la plus commune. Ils l'habillent d'un langage si obscur et si métaphysique que le lecteur ne les comprend qu'après une certaine étude. C'est ce qu'on appelle « un grand cercle d'idées » et assez à propos, je puis le dire; car, s'il faut citer mon propre exemple, j'ai fréquemment parcouru leur monde d'idées, et je suis revenu aussi ignorant de ce qu'ils voulaient dire qu'auparavant. Il est charmant de voir les lettrés d'un cabinet de lecture s'emparer d'un de ces écrits difficiles. Leurs éloges sont dans un rapport exact avec leur obscurité; chacun sait que paraître sage est la première qualité exigée dans un grand homme.

Un mot qu'on trouve dans la bouche de tous les critiques, des lecteurs des *Magazines*, et des jeunes dames, lorsqu'ils parlent des romans, c'est celui de *keeping* (accord des parties entre elles[2],) et peu de personnes y attachent le même sens; j'appartiens moi-même à l'ancienne école dans cette question, et je pense que ce mot s'applique plus au sujet même qu'à l'emploi d'aucuns termes particuliers ou expressions de mode. Comme il vaudrait autant pour un homme n'être pas de ce monde que de s'écarter du *keeping*, j'ai cherché dans cette histoire à m'y attacher scrupuleusement. C'est un frein terrible imposé à l'imagination, comme le lecteur s'en apercevra bientôt; mais sous son influence, j'en suis venu à la conclusion que l'auteur d'un roman, qui prend la terre pour scène de son récit, est en quelque sorte tenu de respecter la nature humaine. J'en avertis quiconque ouvrirait ce livre avec l'espérance d'y rencontrer des dieux et des déesses, des

---

[1]. *Reviewer*, rédacteur de *revues* ou gazettes critiques.
[2]. Il est peut-être difficile de rendre ce mot autrement que par une périphrase: il exprime l'harmonie, l'accord parfait des parties dans un ouvrage d'esprit, et l'harmonie des sons et des couleurs en peinture, comme aussi l'observation de certaines règles de dignité ou d'ensemble.

esprits et des sorciers, ou d'y éprouver ces fortes sensations qu'excite une bataille ou un meurtre ; qu'il le laisse là, car il n'y aura aucun intérêt de cette sorte dans aucune page.

J'ai déjà dit que c'était mon propre caprice qui m'avait suggéré ce roman ; mais c'est un caprice qui est intimement uni avec le sentiment. Des temps plus heureux, des événements plus intéressants, et probablement des scènes plus belles, auraient pu être choisis pour agrandir mon sujet ; mais rien de tout cela ne m'aurait été aussi agréable. Je désire donc être plutôt jugé par ce que j'ai fait que par mes péchés d'omission. J'ai introduit une bataille, mais elle n'est pas très-homérique. Quant aux assassinats, la population d'un nouveau pays ne souffre pas cette dépense de la vie humaine ; on aurait pu amener une ou deux pendaisons à l'avantage manifeste de « l'établissement colonial ; » mais c'eût été en contradiction (*out of keeping*) avec les lois humaines de ce pays de clémence.

Le roman des *Pionniers* est sous les yeux des lecteurs, monsieur Wiley, et je m'adresserai à vous pour le seul vrai compte de sa réception. Les critiques peuvent écrire aussi obscurément qu'il leur plaira, et se donner pour plus sages qu'il ne le sont : les journaux peuvent nous *faire mousser*[1] ou nous déchirer à belles dents, suivant leur capricieuse humeur ; mais si vous m'abordez en souriant, je saurai tout de suite que l'ouvrage est *essentiellement* bon.

Si vous avez jamais besoin d'une préface, je vous prie de me le faire savoir en réponse.

Tout à vous sincèrement,

L'AUTEUR.

New-York, 1er janvier 1823.

1. *To puff.*

LES PIONNIERS,

ou

LES SOURCES DE LA SUSQUEHANNA.

ROMAN DESCRIPTIF.

> Les extrêmes opposés d'habitudes, de mœurs, de temps et d'espace, étaient rassemblés là et rapprochés les uns des autres; ce qui donnait au tableau un contraste inconnu des autres pays et des autres siècles.

CHAPITRE PREMIER.

> Voyez! l'hiver vient pour commander à l'année renouvelée; il vient sombre et triste avec tout son cortége de vapeurs, de nuages et de tempêtes.
> THOMSON.

Près du centre du grand Etat de New-York est un district étendu, consistant en une suite non interrompue de coteaux et de vallons; ou, pour parler avec plus de déférence pour les définitions géographiques, de montagnes et de plaines. C'est parmi ces hauteurs que commence le cours de la Delaware; c'est encore là que les sources nombreuses de la grande SUSQUEHANNA, sortant d'un millier de lacs et de fontaines, forment autant de ruisseaux qui serpentent dans les vallées, jusqu'à ce que, réunis, ils deviennent un des fleuves les plus majestueux dont les anciens Etats-Unis puissent s'enorgueillir. Les montagnes y sont presque toutes couvertes de terre labourable jusqu'à leur sommet, quoiqu'il s'en trouve un certain nombre dont les flancs sont hérissés de rocs, ce qui ne contribue pas peu à donner au pays un caractère éminemment pittoresque. Les vallées sont étroites, fertiles et bien cultivées, et chacune d'elles est uniformément arrosée par un ruisseau qui, descendant d'abord paisiblement sur la pente d'une hauteur, et traversant ensuite la plaine, va baigner le pied d'une montagne rivale. De beaux et florissants villages s'élèvent sur les bords des petits lacs ou sur les rives des ruisseaux, dans les endroits les plus favorables à l'établissement des manufactures. De jolies fermes, où tout annonce l'abondance et la prospérité, sont dispersées dans les vallées et même sur les montagnes. Des routes tracées dans tous les sens traversent les vallons, et s'élèvent même jusque sur les hauteurs les plus escarpées. A peine fait-on quelques milles dans ce pays varié sans rencontrer quelque académie[1] ou quelque autre établissement d'éducation; et de nombreuses chapelles, consacrées à différents cultes, attestent les sentiments religieux et moraux des habitants de ce pays, ainsi que l'entière liberté de conscience dont on y jouit. En un mot, toute cette contrée prouve le parti qu'on peut tirer même d'un sol inégal situé sous un climat rigoureux, quand il est gouverné par des lois sages et douces, et que chacun sent qu'il a un intérêt direct à assurer la prospérité de la communauté dont il forme une partie distincte et indépendante. Aux premiers habitants (*pioneers*)[2] qui défrichèrent ce terrain ont succédé aujourd'hui des colons ou cultivateurs qui adoptent sur les lieux un mode plus suivi de culture, et veulent que le sol qu'ils ont fertilisé serve

---

1. Une académie (pension, institution) est une école *publique*, formant le second degré ou le degré intermédiaire dans l'instruction générale. Le premier degré est dans les *écoles communes* (*common schools*), ou écoles gratuites, entretenues aux dépens de l'Etat. Dans les académies on paie; mais les maîtres sont nommés par l'autorité. Les colléges ou universités, où l'on dispute les grades, sont le troisième et le plus haut degré dans l'échelle de l'éducation.

2. *Pioneers*, planteurs, auteurs des premiers travaux de défrichements: ce mot a un sens *local* qui nous force d'oublier celui qu'on y attache en français. Le mot de colons ou cultivateurs que nous conservons dans le même sens est destiné à désigner les cultivateurs actuels (*yeomen*).

aussi à couvrir leurs cendres. Il n'y a pourtant que quarante ans [1] que tout ce territoire était encore un désert.

Peu de temps après la consolidation de l'indépendance des Etats-Unis par la paix de 1783, l'esprit entreprenant de leurs citoyens chercha à exploiter les avantages naturels que présentaient leurs vastes domaines. Avant la guerre de la révolution, les parties habitées de la colonie de New-York ne formaient pas le dixième de son étendue. Une étroite lisière qui courait jusqu'à une distance très-peu considérable sur les deux rives de l'Hudson, une autre ceinture pareille d'environ cinquante milles de longueur sur les bords de la Mohawk, les îles de Nassau et de Staten, et un petit nombre d'établissements isolés près de quelques ruisseaux, composaient tout le territoire habité par une population qui ne s'élevait pas à deux cent mille âmes. Pendant le court espace de temps que nous venons d'indiquer, cette population s'est répandue sur cinq degrés de latitude et sept de longitude, et elle monte aujourd'hui à près de quinze cent mille habitants [2] qui vivent dans l'abondance, et peuvent envisager des siècles dans l'avenir, sans avoir à craindre que leur territoire devienne insuffisant pour leur postérité.

Notre histoire commence en 1793, environ sept ans avant la formation d'un de ces premiers établissements qui ont effectué dans la force et la situation de cet Etat le changement presque magique dont nous venons de parler.

On était à la fin de décembre, la soirée était froide, mais belle, et le soleil était près de se coucher, quand un *sleigh* [3] vint gravir lentement une des montagnes du pays dont nous venons de faire la description. Le jour avait été pur pour la saison, et l'atmosphère n'avait été chargée que de deux ou trois gros nuages que les derniers rayons du soleil, réfléchis par la masse de neige qui

---

1. Ce livre a été écrit en 1823.
2. La population de New-York est aujourd'hui (1831) de 2,000,000 d'habitants.
3. *Sleigh* est le terme dont on se sert dans tous les Etats-Unis pour désigner un traîneau. Il est d'un usage local dans l'ouest de l'Angleterre d'où il est probablement passé en Amérique. Les Américains font une différence entre un sled ou sledge et un sleigh, le sleigh étant ferré. Les sleighs sont subdivisés en sleigh à deux chevaux et sleigh à un cheval. Dans la subdivision de ces derniers on place le cutter dont le timon est arrangé de manière à ce que le cheval soit placé du côté de l'ornière; le pung ou towpung qui est conduit avec un timon, et le gumper, grossière construction en usage temporaire dans les nouvelles contrées.

La plupart des traîneaux d'Amérique sont élégants, quoique la mode en soit beaucoup diminuée par l'amélioration du climat, provenant du défrichement des forêts.

couvrait la terre, diapraient de brillantes couleurs. La route, tournant sur les flancs de la montagne, était soutenue d'un côté par une fondation de troncs d'arbres entassés les uns sur les autres, jusqu'à une profondeur de plusieurs pieds, tandis que de l'autre on avait creusé dans le roc un passage de largeur suffisante pour le peu de voyageurs qui la fréquentaient à cette époque. Mais tout ce qui ne s'élevait pas à plusieurs pieds au-dessus de la terre était alors enseveli sous une couche profonde de neige, et l'on ne distinguait le chemin que parce que la neige, battue sous les pieds des chevaux et des piétons, offrait un sentier de deux pieds plus bas que toute la surface qui l'environnait. Dans la vallée que l'œil découvrait à plusieurs centaines de pieds, on avait fait un défrichement considérable, et l'on y voyait toutes les améliorations qui annoncent un nouvel établissement. Les flancs de la montagne avaient même été préparés pour être mis en culture jusqu'à l'endroit où la route se détournait pour entrer dans une plaine située presque au même niveau ; mais une forêt en couvrait encore toute la partie supérieure, et s'étendait ensuite fort loin.

Les beaux chevaux bais attelés au sleigh étaient presque entièrement couverts du givre qui remplissait l'atmosphère de particules brillantes. Leurs naseaux répandaient des nuages de fumée. Tout ce qu'on apercevait, de même que l'accoutrement des voyageurs, annonçait la rigueur de l'hiver dans ces régions montagneuses. Les harnais, d'un noir mat, bien différent du vernis brillant qu'on emploie aujourd'hui, étaient garnis de boucles et d'énormes plaques de cuivre jaune qui brillaient comme de l'or aux rayons obliques du soleil couchant. De grosses selles, ornées de clous à tête ronde, de même métal, et d'où partait une couverture de drap qui descendait sur une partie de la croupe, des flancs et du poitrail des chevaux, soutenaient des anneaux en fer par où passaient les rênes. Le conducteur, jeune nègre, qui paraissait avoir environ vingt ans, et d'un teint lustré, était bigarré par le froid, et ses grands yeux brillants laissaient échapper des gouttes d'une eau qui prenait sa source dans la même cause. Sa physionomie offrait pourtant un air de bonne humeur, car il pensait qu'il allait arriver chez son maître, y trouver un bon feu, et jouir de la gaieté qui ne manque jamais d'accompagner les fêtes de Noël.

Le sleigh était un de ces grands, commodes et antiques traîneaux qui pourraient recevoir une famille tout entière; mais il ne s'y trouvait alors que deux personnes. L'extérieur en était peint en vert pâle, et l'intérieur en rouge foncé, sans doute pour donner au moins une idée de chaleur dans ce froid climat. Il était couvert de tous côtés de peaux de buffle, doublées en drap rouge, et les voyageurs avaient sous les pieds des peaux semblables, et d'autres encore pour s'envelopper les jambes. L'un était un homme de moyen âge, l'autre une jeune fille en qui l'on commençait à voir la femme presque formée. Le premier était de grande taille; mais les précautions qu'il avait prises contre le froid ne laissaient apercevoir sa personne que très-imparfaitement. Une grande redingote doublée en fourrure lui couvrait tout le corps, à l'exception de la tête, sur laquelle il portait un bonnet de martre doublé de maroquin, dont les côtés étaient taillés de manière à pouvoir se rabattre sur les oreilles, et assujettis par un ruban noir noué sous son menton. Au milieu de cet accoutrement on distinguait des traits nobles et mâles, et surtout de grands yeux bleus qui annonçaient l'intelligence, la gaieté et la bienveillance. Quant à sa compagne, elle était littéralement cachée sous la multitude des vêtements qui la couvraient. Lorsqu'une redingote de drap doublée en flanelle, et dont la coupe prouvait évidemment qu'elle avait été destinée à un individu de l'autre sexe, venait à s'entr'ouvrir, on apercevait une douillette de soie serrée contre sa taille par des rubans. Un grand capuchon de soie noire, piqué en édredon, était rabattu sur son visage, de manière à ne laisser que l'ouverture nécessaire pour la respiration, et pour faire entrevoir de temps en temps des yeux du plus beau noir, pleins de feu et de vivacité.

Le père et la fille (car telle était la relation respective de nos deux voyageurs) étaient trop occupés de leurs réflexions pour interrompre le silence qui régnait autour d'eux, et que le sleigh, en roulant lentement sur la neige, n'interrompait par aucun bruit. Le père songeait à l'épouse qui, quatre ans auparavant, avait serré contre son sein cette fille unique et tendrement chérie, en consentant, non sans regrets, qu'elle fût envoyée à New-York pour y jouir des ressources que cette ville présentait pour l'éducation. Quelques mois après, la mort l'avait privé de la compagne qui embellissait sa solitude, et cependant il n'avait pas voulu y rappeler sa fille avant qu'elle eût le temps de profiter des leçons de toute espèce qu'elle recevait dans la pension où il l'avait placée. Les pensées d'Elisabeth étaient moins mélancoliques. Elle s'occupait à considérer tous les changements survenus depuis son départ dans les environs de l'habitation de son père, et cette vue lui causait autant d'étonnement que de plaisir.

La montagne le long des flancs de laquelle ils voyageaient alors était couverte de pins, dont les troncs atteignaient la hauteur de soixante-dix à quatre-vingts pieds avant de se garnir d'aucune branche; étendant alors leurs bras en diverses lignes horizontales, ils offraient aux yeux un feuillage d'un vert noirâtre qui contrastait singulièrement avec la blancheur de la neige qui tapissait la terre. Les voyageurs ne sentaient aucun vent, et cependant la cime des pins était agitée, et leurs branches faisaient entendre un bruit sourd parfaitement d'accord avec le reste de la scène.

Tout à coup de longs aboiements se firent entendre dans la forêt, et sur-le-champ Marmaduke Temple (c'est le nom de notre voyageur) oubliant le sujet de ses méditations, quel qu'il pût être, cria au conducteur :

— Arrête, Aggy, arrête! c'est le vieux Hector qui aboie. J'en suis sûr; je le reconnaîtrais entre mille. *Bas-de-cuir*[1] aura profité de ce beau jour pour se mettre en chasse, et il faut que ses chiens aient débusqué quelque daim. Allons, Bess[2], si vous avez le courage de soutenir le feu, je vous promets de la venaison pour votre dîner du jour de Noël.

Le nègre arrêta ses chevaux, et se mit à se battre les bras contre son corps pour rétablir la circulation du sang dans ses doigts glacés; son maître sauta légèrement sur la neige, qui ne céda que d'un pouce ou deux sous le poids de son corps. Un grésil très-fort, qui était tombé la veille, avait formé une sorte de croûte sur la neige; et celle qui était survenue dans la matinée n'avait pas plus d'épaisseur.

Avant de quitter le sleigh, Marmaduke avait saisi à la hâte un fusil de chasse placé au milieu d'une foule de malles, de boîtes et de cartons contenant le bagage de sa fille. Il s'était débarrassé d'une paire de gros gants fourrés qui en couvraient une autre

---

1. Leather stocking. — 2. Abréviation d'Elisabeth.

paire en peau bordée de fourrure; et après avoir examiné l'amorce, il s'avançait vers le bois, quand il vit un beau daim le traverser, à portée de fusil. La course de l'animal était aussi rapide que son apparition avait été subite; mais le voyageur était un chasseur trop exercé pour être déconcerté par l'une ou l'autre de ces circonstances. Appuyant son fusil contre son épaule, il lâcha son coup, et cependant le daim n'en continua pas moins sa course avec rapidité. Il traversait la route, quand une seconde explosion se fit entendre, et au même instant on le vit faire un bond en l'air et s'élever à une hauteur prodigieuse; mais un troisième coup de feu le renversa mort sur la neige. Le chasseur invisible qui venait de l'abattre poussa un cri de triomphe, et deux hommes cachés jusqu'alors derrière deux troncs d'arbre, où il était évident qu'ils s'étaient postés pour attendre le daim au passage, se moutrèrent aux yeux des voyageurs.

— C'est vous, Natty? s'écria M. Temple tout en s'avançant vers le daim, tandis que le chariot suivait à pas lents; si j'avais su que vous fussiez en embuscade, je n'aurais pas tiré. Mais en reconnaissant la voix du vieux Hector, je n'ai pas été maître de mon ardeur; je ne sais pourtant pas trop si c'est moi qui ai abattu le gibier.

— Non, non, monsieur le juge, répondit le chasseur avec un air de satisfaction maligne, vous n'avez fait que brûler votre poudre pour vous réchauffer le nez par cette froide soirée. Vous imaginez-vous abattre un daim en pleine croissance, ayant Hector et la chienne à ses trousses, avec un fusil à tuer des moineaux? Il ne manque pas de faisans dans les bois, et une foule de petits oiseaux vont chercher des miettes de pain jusqu'à votre porte. Vous pouvez en tuer de quoi faire un pâté tous les jours, si bon vous semble; mais, quand vous voudrez abattre un daim, je vous conseille de prendre un fusil à long canon, et d'employer pour bourre du cuir bien graissé, sans quoi vous perdrez plus de poudre que vous n'emplirez d'estomacs.

En prononçant ces derniers mots, il passa le revers de sa main sur sa grande bouche, comme s'il eût voulu cacher le sourire ironique qui s'y peignait.

— Mon fusil écarte bien, Natty, répondit M. Temple d'un air de bonne humeur, et ce ne serait pas la première fois qu'il aurait abattu un daim. Il était chargé de chevrotines, et vous voyez que l'animal a reçu deux blessures, l'une au cou et l'autre au cœur ; or rien ne prouve que mon fusil n'ait pas fait l'une des deux.

— N'importe qui l'ait tué, dit Natty en fronçant les sourcils, je présume qu'il est destiné à être mangé ; et, tirant un grand couteau d'une gaîne de cuir passée dans sa ceinture, il coupa la gorge de l'animal.

— Il est percé de deux balles, ajouta-t-il ; mais je voudrais bien savoir s'il n'a pas été d'abord tiré deux coups ; et vous conviendrez vous-même, juge, qu'il n'est tombé qu'au troisième. Or ce troisième a été lâché par une main plus sûre et plus jeune que la vôtre et la mienne. Quant à moi, quoique je sois un pauvre homme, je puis fort bien vivre sans venaison ; mais, dans un pays libre, je n'aime pas à renoncer à mes droits, quoique, de la manière dont vont les choses, c'est la force qui fait souvent le droit ici tout aussi bien que dans l'ancien Monde.

Il parlait ainsi avec un air de sombre mécontentement, mais il jugea prudent de baisser la voix à la dernière phrase ; il la prononça entre les dents, comme un chien qui gronde quand il n'ose aboyer.

— Je ne dispute que pour l'honneur, Natty, reprit Marmaduke avec une tranquillité imperturbable. Que peut valoir ce daim ? quelques dollars. Mais l'honneur de l'avoir tué, voilà ce qui est inappréciable. Quel plaisir j'aurais à triompher ainsi de ce mauvais plaisant Richard Jones, qui s'est déjà mis en chasse sept fois cette saison, et qui n'a encore rapporté qu'une bécasse et quelques écureuils gris ?

— Ah ! juge, s'écria Natty avec un soupir de résignation plaintive, grâce à vos défrichements et à vos améliorations, le gibier n'est pas facile à trouver maintenant. J'ai vu le temps où j'ai tué dans une saison treize daims et je ne sais combien de faons, sans quitter le seuil de ma porte ; et si je voulais un jambon d'ours, je n'avais qu'à veiller une nuit de clair de lune, et j'étais sûr d'en tuer un à travers les intervalles que laissaient entre elles les solives de ma cabane. Je n'avais pas peur de m'endormir, les hurlements des loups y mettaient bon ordre. Voyez, mon vieux Hector, ajouta-t-il en caressant un grand chien à poil bigarré de jaune, ayant le ventre et les pattes blanches, et qui était soudain accouru à lui, accompagné de la chienne dont il avait parlé, ce sont les loups qui lui ont fait la blessure dont il lui reste cette large cicatrice, la nuit qu'ils vinrent pour enlever la venaison que j'avais suspendue au haut de ma cheminée pour l'enfumer. C'est un chien qui mérite plus de confiance que bien des chrétiens, car il n'oublie jamais un ami, et il aime la main qui lui donne son pain.

Il y avait dans le ton et dans les manières de ce vieux chasseur, quelque chose de singulier qui attira sur lui toute l'attention d'Elisabeth du moment qu'elle l'aperçut. C'était un homme fort, grand, et dont la maigreur semblait ajouter encore aux six pieds de sa taille[1]. Un bonnet de peau de renard couvrait sa tête, garnie d'un reste de cheveux gris; son visage était creusé par la maigreur, et cependant tout annonçait en lui une santé robuste et florissante. Le froid et le grand air avaient donné à toute sa figure une couleur rouge uniforme; ses yeux gris brillaient sous de gros sourcils grisonnant de même que ses cheveux; son cou nerveux était nu et brûlé comme ses joues; cependant un bout de collet qui retombait sur ses vêtements prouvait qu'il portait une chemise de toile à carreaux du pays. La coupe de son habit aurait paru extraordinaire à quiconque n'aurait pas su qu'il était luimême son tailleur: c'était une peau de daim garnie de ses poils, et assujettie autour de son corps par une ceinture semblable. Ses culottes étaient de même étoffe, et il n'avait d'autres bas que des espèces de guêtres, aussi de peau de daim, dont le poil était tourné en dedans, et qui lui remontaient au-dessus des genoux. C'était cette partie de son costume qui lui avait fait donner par les colons le sobriquet de *Bas-de-Cuir*. Son épaule gauche soutenait un baudrier pareil au reste de ses vêtements, auquel était suspendue une énorme corne de bœuf grattée si mince, qu'on voyait au travers la poudre à tirer qu'elle contenait: des deux extrémités, la plus large était bouchée en bois, et l'autre se fermait par un bouchon de liége. Une gibecière, ou pour mieux dire une poche de cuir, attachée par-devant, contenait le reste de ses munitions. En finissant de parler, il y prit une petite mesure en fer, la remplit de poudre, et se mit à recharger son long fusil, dont le canon, tandis que la crosse reposait sur la neige, s'élevait presque à la hauteur de son bonnet.

Pendant ce temps, M. Temple examinait les deux blessures du daim, et il s'écria, sans faire attention à la mauvaise humeur du vieux chasseur:

1. Le pied anglais a environ un pouce de moins que le nôtre.

— Je voudrais, Natty, établir mes droits à l'honneur de cette capture ; bien certainement, si c'est moi qui ai fait à ce daim cette blessure au cou, elle suffisait pour l'abattre, et celle au cœur était ce que nous appelons un acte de surérogation.

— Vous pouvez lui donner tel nom savant qu'il vous plaira, juge, répondit Natty (et, faisant passer la crosse de son fusil vers son talon gauche, il prit dans sa poche de peau un morceau de cuir graissé, et le fit entrer dans le canon pour servir de bourre), mais il est plus aisé d'y trouver un nom que de tuer un daim à l'instant où il bondit ; et, comme je vous le disais, c'est une main plus jeune et plus sûre que la mienne et la vôtre qui a tué celui-ci.

— Eh bien ! l'ami, dit Marmaduke en se tournant vers le compagnon de Natty, voulez-vous que nous jetions ce dollar en l'air pour voir à qui appartiendra l'honneur d'avoir abattu ce daim ? Si vous perdez, la pièce sera pour vous, à titre de consolation. Que dites-vous à cela ?

— Je dis que j'ai tué le daim, répondit le jeune homme avec un peu de hauteur, en s'appuyant sur un long fusil semblable à celui de Natty.

— Vous êtes deux contre un, dit le juge en souriant, et vous avez pour vous la majorité des voix, comme nous le disons sur les bancs ; car ni Aggy ni Bess n'ont le droit de voter, puisque l'un est esclave et l'autre mineure : ainsi je dois prononcer moi-même ma condamnation. Mais vous me vendrez ce daim, et je ferai une bonne histoire sur la manière dont il a été tué.

— Je ne puis vendre ce qui ne m'appartient pas, dit Natty, prenant un peu du ton de fierté de son compagnon. J'ai vu des daims courir des jours entiers avec une balle dans le cou, et je ne suis pas de ceux qui veulent priver un homme de ses droits légitimes.

—Vous tenez terriblement à vos droits par une soirée si froide, Natty, répliqua le juge avec une bonne humeur invincible ; mais dites-moi, jeune homme, voulez-vous trois dollars pour renoncer à ce daim ?

—Déterminons d'abord, à notre satisfaction mutuelle, la question de savoir à qui il doit appartenir, répondit le jeune chasseur avec une fermeté respectueuse, mais en se servant de termes qui ne semblaient pas d'accord avec sa condition apparente. De combien de chevrotines votre fusil était-il chargé ?

— De cinq, Monsieur, dit le juge avec gravité, un peu surpris des manières de ce jeune homme. N'en est-ce pas assez pour tuer un daim?

— Une seule suffirait, répliqua le jeune chasseur en s'avançant du côté du bois. Vous savez que vous avez seul tiré dans cette direction. Ayez la bonté d'examiner cet arbre, vous y trouverez quatre balles.

M. Temple vit les quatre marques toutes fraîches faites à l'écorce du pin, et secouant la tête, il lui dit en souriant : — Vous plaidez contre vous, mon jeune avocat; où est la cinquième?

— Ici, répondit le jeune chasseur en entr'ouvrant son manteau, et en montrant un trou de balle à son habit, et son épaule couverte de sang.

— Juste ciel! s'écria M. Temple, je m'amuse ici à une babiole, tandis qu'un de mes semblables que j'ai eu le malheur de blesser ne laisse pas même échapper un murmure! Dépêchez-vous, jeune homme, montez dans mon sleigh; il y a un chirurgien à un mille d'ici, je vous ferai soigner à mes frais; vous resterez chez moi jusqu'à ce que votre blessure soit guérie, et aussi longtemps qu'il vous plaira ensuite.

— Je vous remercie de vos bonnes intentions, Monsieur; mais je ne puis accepter vos offres. J'ai un ami qui serait inquiet s'il apprenait que je suis blessé et loin de lui. D'ailleurs cette blessure est légère, je sens que la balle n'a pas touché l'os. Je présume maintenant que vous reconnaissez mes droits à cette venaison.

— Si je les reconnais! je vous donne, dès ce moment, le droit de chasser à jamais le daim, l'ours, et tout ce que vous voudrez dans mes forêts. *Bas-de-Cuir* est le seul à qui j'aie accordé le même privilége, et le temps arrive où il ne sera pas à dédaigner. Mais j'achète votre daim, et voici de quoi payer votre coup de fusil et le mien.

En même temps il tira de sa poche un portefeuille, y prit un billet de banque plié en quatre, et le présenta au jeune homme.

Pendant ce temps, Natty se redressa d'un air de fierté, et murmura à demi-voix : — Il y a dans le pays des gens assez âgés pour dire que Natty Bumppo avait le droit de chasse sur ces montagnes avant que Marmaduke Temple eût celui de défense. Qui a jamais entendu parler d'une loi qui défende à un homme de tuer un daim quand il en a envie ? On ferait mieux d'en faire une pour défendre de se servir de ces maudits petits fusils qui éparpillent le plomb de manière qu'on ne sait jamais où il ira.

Sans faire attention au soliloque de Natty, le jeune homme fit une inclination de tête à M. Temple, et lui dit : — Je vous prie de m'excuser, Monsieur, mais j'ai besoin de cette venaison.

— Mais voilà de quoi acheter bien des daims, prenez, je vous en prie, s'écria le juge. Et se penchant à son oreille, il ajouta à voix basse : C'est un billet de cent dollars.

Le jeune homme sembla hésiter un instant, mais, malgré les vives couleurs que le froid avait répandues sur ses joues, on le vit aussitôt rougir de dépit d'avoir montré un moment d'incertitude, et il refusa de nouveau.

Elisabeth, se levant alors, s'approcha du bord du sleigh, et rejetant son capuchon en arrière, sans s'inquiéter de la rigueur du froid, elle s'écria :

— Sûrement, jeune homme, certainement, Monsieur, vous ne voudriez pas affliger mon père au point de l'obliger à laisser ici un de ses semblables qu'il a blessé sans le vouloir. Je vous supplie de venir avec nous, et de consentir que nous vous fassions donner les secours dont vous avez besoin.

Soit que sa blessure le fît souffrir davantage, soit qu'il trouvât quelque chose d'irrésistible dans le ton, les manières et la figure de la jeune fille qui plaidait ainsi pour la sensibilité de son père, le blessé sembla retomber dans l'irrésolution. On aurait dit qu'il lui en coûtait beaucoup pour accepter cette offre, et que cependant il ne pouvait se décider à la refuser ; son air de hauteur commençait à s'adoucir beaucoup. M. Temple, voyant son indécision, le prit par la main avec bonté, et le pressa de nouveau de monter dans son sleigh.

— Vous ne pouvez trouver de secours plus près qu'à Templeton[1], lui dit-il, car il y a trois grands milles d'ici à la cabane de Natty. Venez, venez, mon jeune ami, et j'enverrai chercher le docteur pour examiner votre épaule. Natty se chargera de tranquilliser votre ami, et vous retournerez chez vous dès demain, si vous le désirez.

Le jeune homme réussit à retirer sa main de celle de Marma-

---

[1]. Le véritable nom du lieu de la résidence du juge est Cooperstown. (Voy. la carte.)

duke, qui la serrait fortement, mais il avait toujours les yeux fixés sur Elisabeth, dont les traits enchanteurs secondaient avec une éloquence muette, mais irrésistible, les instances de son père.

Pendant ce temps, Natty était appuyé sur son long fusil, la tête penchée de côté, dans l'attitude d'un homme qui réfléchit profondément, et se relevant tout à coup, comme s'il venait de prendre une détermination : — Je crois, après tout, dit-il à son compagnon, que le plus sage est d'aller à Templeton ; car si la balle est restée dans la plaie, ma main n'est plus assez sûre pour travailler la chair humaine comme cela m'est arrivé autrefois. Il y a environ trente ans, pendant l'ancienne guerre, quand je servais sous sir William, je fis soixante-dix milles seul, dans un désert, ayant une balle dans la cuisse, et je l'en retirai moi-même avec mon couteau. L'Indien John s'en souvient fort bien, car ce fut à cette époque que je fis connaissance avec lui.

Incapable de résister plus longtemps aux instances réitérées du père et de la fille, le jeune chasseur se laissa enfin déterminer à monter dans le sleigh. Le nègre, aidé par son maître, y jeta le daim sur les bagages, et, dès que les voyageurs furent assis, M. Temple invita Natty à y prendre place aussi.

— Non, non, répondit le vieillard, j'ai affaire à la maison. Emmenez ce jeune homme, et que le docteur examine son épaule. Quand il ne ferait que retirer la balle, c'est tout ce qu'il faut ; car je connais des herbes qui guériront la blessure plus vite que tous ses onguents. Mais quand j'y pense, si par hasard vous rencontrez l'Indien John dans les environs du lac, vous ferez bien de le prendre avec vous, pour qu'il prête la main au docteur, car, tout vieux qu'il est, il a d'excellentes recettes pour les contusions et les blessures.

— Arrêtez, arrêtez ! s'écria le jeune homme en tenant le bras du nègre qui s'apprêtait à fouetter ses chevaux pour les faire partir ; Natty, ne dites ni que j'ai été blessé, ni où je vais. Souvenez-vous-en bien.

— Fiez-vous-en au vieux *Bas-de-Cuir*, répondit Natty en lui adressant un coup d'œil expressif ; il n'a pas vécu quarante ans dans les déserts sans avoir appris à retenir sa langue. Fiez-vous à moi, jeune homme, et n'oubliez pas le vieil Indien John, si vous le rencontrez.

— Et dès que la balle sera extraite, ajouta le jeune chasseur, je retournerai chez vous, et je vous rapporterai un quartier du daim pour dîner le jour de Noël.

Il fut interrompu par Natty, qui, mettant un doigt sur sa bouche pour lui imposer silence, avança doucement sur le bord de la route, les yeux fixés sur le sommet d'un pin. Armant son fusil, et reculant le pied droit, il appuya son arme sur son épaule et en dirigea le bout vers les dernières branches de l'arbre. Ce mouvement attira les regards des voyageurs assis dans le sleigh, qui découvrirent bientôt le but que Natty se proposait d'atteindre. C'était un oiseau de la grosseur d'une volaille ordinaire, qui, le corps placé derrière le tronc du pin, ne laissait voir que sa tête et son cou. Le coup partit, et l'oiseau tomba sur la neige au pied de l'arbre.

—Tout beau, Hector! tout beau, vieux coquin! cria Natty à son chien qui s'élançait sur sa proie, et qui, à la voix de son maître, revint sur-le-champ se coucher à ses pieds. Il rechargea fort tranquillement son fusil; après quoi, ayant ramassé son gibier, il montra l'oiseau sans tête aux voyageurs.

— Voilà qui vaudra mieux que de la venaison pour le dîner de Noël d'un vieillard, s'écria-t-il. Eh bien! juge, croyez-vous qu'un de vos fusils de chasse abattrait ainsi un oiseau, sans lui toucher une plume? Il ouvrit la bouche dans toute sa largeur pour rire d'un air de triomphe; mais sa manière de rire était singulière, et ne produisait d'autre bruit qu'une espèce de sifflement qui partait de son gosier, comme si sa respiration eût été gênée. — Adieu, jeune homme, ajouta-t-il, n'oubliez pas l'Indien John; ses herbes valent mieux que tous les onguents des docteurs.

A ces mots, il se détourna et s'enfonça dans la forêt, avançant à pas précipités, de sorte qu'on n'aurait pu dire s'il marchait ou s'il trottait. Le sleigh se mit aussi en marche. Les voyageurs le suivirent des yeux pendant quelques instants; mais bientôt le sleigh ayant pris une autre direction, *Bas-de-Cuir* disparut à leurs regards, ainsi que les deux chiens qui l'accompagnaient.

CHAPITRE II.

> Tous les lieux que visite l'œil du ciel sont, pour un sage, des ports heureux et des baies sûres : ne dites pas que c'est le roi qui vous a banni, mais que c'est vous qui avez banni le roi.
> SHAKSPEARE. *Richard II.*

ENVIRON cent vingt ans avant l'époque à laquelle se rattache le commencement de notre histoire, un des ancêtres de Marmaduke Temple était venu s'établir en Pensylvanie, à la suite de l'illustre fondateur de cette colonie [1], dont il était l'ami et dont il partageait les opinions religieuses. L'ancien Marmaduke (car ce prénom formidable semble avoir été adopté par toute sa race) avait réalisé, en partant d'Angleterre, une fortune assez considérable. Il devint propriétaire, en Amérique, de plusieurs milliers d'acres de territoire inhabité qu'il fallait mettre en valeur, et il eut à pourvoir aux besoins d'un grand nombre d'émigrants qui ne comptaient que sur lui pour exister. Après avoir vécu, respecté pour sa piété, revêtu des premiers emplois de l'établissement, et dans l'abondance de toutes les bonnes choses de ce monde, il s'endormit du sommeil des justes, précisément assez à temps pour ne pas s'apercevoir qu'il mourait pauvre; sort partagé par la plupart de ceux qui transportèrent ainsi leur fortune dans ces nouvelles colonies.

L'importance d'un émigrant dans ces provinces se mesurait généralement par le nombre de personnes blanches qui étaient à son service, par celui des nègres qu'il occupait, et par la nature des emplois qui lui étaient confiés; on doit en conclure que celle dont jouissait le personnage dont nous venons de parler était assez considérable.

C'est une remarque assez curieuse à faire, qu'à très-peu d'exceptions près, tous ceux qui sont arrivés opulents dans nos colonies sont tombés peu à peu dans la misère, tandis que ceux qui

---

1. William Penn.

leur étaient subordonnés s'élevaient graduellement à l'opulence. Accoutumé à l'aisance, et peu capable de lutter contre les embarras et les difficultés qu'offre toujours une société naissante, le riche émigrant avait peine à soutenir son rang par la supériorité de ses connaissances et de sa fortune; mais du moment qu'il était descendu dans la tombe, ses enfants, indolents et peu instruits, se trouvaient obligés de céder le pas à l'industrie plus active d'une classe que la nécessité avait forcée à faire de plus grands efforts. Tel est le cours ordinaire des choses, même dans l'état actuel de l'Union américaine; mais ce fut ce qui arriva surtout dans les colonies paisibles et peu entreprenantes de la Pensylvanie et de New-Jersey.

La postérité de Marmaduke ne put échapper au sort commun de ceux qui comptaient sur leurs moyens acquis plutôt que sur leur industrie; et à la troisième génération, ils étaient tombés à ce point au-dessous duquel, dans cet heureux pays, il est difficile à l'intelligence, à la probité et à l'économie, de déchoir. Le même orgueil de famille, qui, nourri par l'indolence, avait contribué à leur chute, devint alors un principe qui les excita à faire des efforts pour se relever et pour recouvrer l'indépendance, la considération, et peut-être la fortune de leurs ancêtres. Le père de notre nouvelle connaissance, le juge, fut le premier à remonter l'échelle de la société, et il fut aidé par un mariage qui lui fournit le moyen de donner à son fils une éducation meilleure que celle qu'il aurait pu recevoir dans les écoles ordinaires de la Pensylvanie.

Dans la pension[1] où la fortune renaissante de son père avait permis à celui-ci de le placer, le jeune Marmaduke contracta une amitié intime avec un jeune homme dont l'âge était à peu près égal au sien. Cette liaison eut pour lui des suites fort heureuses, et lui aplanit le chemin vers son élévation future.

Les parents d'Edouard Effingham non seulement étaient fort riches, mais jouissaient d'un grand crédit. Ils étaient d'une de ces familles, en très-petit nombre dans les Etats-Unis, qui regardaient le commerce comme une dégradation, et qui ne sortaient de la vie privée que pour présider aux conseils de la colonie, ou pour porter les armes pour sa défense. Le père d'Edouard était

---

1. *School.*

entré au service dès sa première jeunesse, mais, il y a soixante ans, on n'obtenait pas un avancement aussi rapide qu'aujourd'hui dans les armées de la Grande-Bretagne. On passait, sans murmurer, de longues années dans des grades inférieurs, et l'on n'en était dédommagé que par la considération qu'on accordait au militaire. Quand donc, après quarante ans, le père de l'ami de Marmaduke se retira avec le grade de major, et qu'on le vit maintenir un établissement splendide, il n'est pas étonnant qu'il fût regardé comme un des principaux personnages de sa colonie, qui était celle de New-York. Après avoir refusé l'offre qui lui fut faite par le ministère anglais, de la demi-paie ou d'une pension, pour le récompenser des services qu'il avait rendus, et que son âge ne lui permettait plus de rendre, il refusa de même divers emplois civils honorifiques et lucratifs, par suite d'un caractère chevaleresque qui le portait à l'indépendance et qu'il avait conservé toute sa vie.

Cet acte de désintéressement patriotique fut bientôt suivi d'un trait de munificence privée, qui, s'il n'était pas d'accord avec la prudence, l'était du moins avec son intégrité et sa générosité naturelle. Son fils Edouard, seul enfant qu'il eût jamais eu, ayant fait un mariage qui comblait tous les vœux de son père, le major se démit en sa faveur de la totalité de ses biens ; sa fortune consistait en une somme considérable placée dans les fonds publics, en une maison à New-York, en une autre à la campagne, en plusieurs fermes dans la partie habitée de la colonie, et en une vaste étendue de terre dans la partie qui ne l'était pas encore ; le père ne se réserva absolument rien pour lui-même, et n'eut plus à compter que sur la tendresse de son fils.

Quand le major Effingham avait refusé les offres libérales du ministère, tous ceux qui briguent les faveurs de la cour l'avaient soupçonné de commencer à radoter ; mais quand on le vit se mettre ainsi dans une dépendance absolue de son fils, personne ne douta plus qu'il ne fût tombé dans une seconde enfance. Ce fait peut servir à expliquer la rapidité avec laquelle il perdit son importance ; et, s'il avait pour but de vivre dans la solitude, le vétéran vit combler ses souhaits. Mais quelque opinion que le monde se fût formée de cet acte soit de folie, soit d'amour paternel, le major n'eut pourtant jamais à s'en repentir ; son fils répondit toujours à la confiance que lui avait montrée son père, et se conduisit à son égard comme s'il n'avait été qu'un intendant à qui il aurait eu confié l'administration de ses biens.

Dès qu'Edouard Effingham se trouva en possession de sa fortune, son premier soin fut de chercher son ancien ami Marmaduke, et de lui offrir toute l'aide qu'il était alors en son pouvoir de lui donner.

Cette offre venait à propos pour notre jeune Pensylvanien ; car les biens peu considérables de Marmaduke ayant été partagés après sa mort entre ses nombreux enfants, il ne pouvait guère espérer d'avancer facilement dans le monde, et, tout en se sentant les facultés nécessaires pour y réussir, il voyait que les moyens lui manquaient. Il connaissait parfaitement le caractère de son ami, et rendait justice à ses bonnes qualités sans s'aveugler sur ses faiblesses. Effingham était naturellement confiant et indolent, mais souvent impétueux et indiscret. Marmaduke était doué d'une vive pénétration, d'une égalité d'âme imperturbable, et avait un esprit aussi actif qu'entreprenant. Dès le premier mot qu'Edouard lui dit à ce sujet, il conçut un projet dont le résultat devait être également avantageux pour tous deux, et son ami l'adopta sur-le-champ. Toute la fortune mobilière de M. Effingham fut placée entre les mains de Marmaduke Temple, et servit à établir une maison de commerce dans la capitale de la Pensylvanie. Les profits devaient se partager par moitié, mais le nom d'Effingham ne devait paraître en rien, car il avait un double motif pour désirer que cette société restât secrète. Il avoua franchement le premier à Marmaduke, mais il garda l'autre profondément caché dans son sein : c'était l'orgueil. L'idée de montrer au monde le descendant d'une famille militaire occupé d'opérations commerciales, et en retirant un profit, même indirectement, lui était insupportable, et il aurait cru être déshonoré à jamais si ce fait était parvenu à la connaissance du public.

Mais, à part ce motif d'amour-propre, il en avait un autre pour désirer que cette liaison restât ignorée de son père. Indépendamment des préjugés du major contre le commerce, il avait une antipathie prononcée contre les Pensylvaniens, parce qu'étant un jour détaché avec une partie de son régiment sur les frontières de la Pensylvanie pour mettre obstacle aux progrès de Français unis à quelques tribus indiennes, il n'avait pu réussir à faire prendre les armes aux paisibles quakers qui habitaient cette province. Aux yeux d'un militaire, c'était une faute impardonnable. Il combattait pour leur défense et pour éloigner l'ennemi de leurs foyers, et eux, bien loin d'y concourir, ils le laissaient sans secours devant des forces supérieures. Il fut pourtant victorieux ; mais la victoire lui coûta cher, et il ne ramena au quartier-général qu'une poignée de braves qui avaient combattu sous ses ordres. Aussi ne pardonna-t-il jamais à ceux qui l'avaient exposé seul au danger : on avait beau lui dire que ce n'était nullement leur faute s'il avait été placé sur leurs frontières : c'était évidemment pour leur intérêt qu'il y avait été placé ; c'était donc leur *devoir religieux*, disait le major, c'était leur devoir religieux de marcher à son secours.

Jamais le vieux militaire ne fut un admirateur des paisibles disciples de Fox. Leur vie réglée et leur discipline sévère leur procuraient un air de santé et une stature athlétique ; le major ne voyait en eux qu'une vraie faiblesse morale ; il penchait aussi à croire que là où l'on donne tant aux formes extérieures de la religion, on ne saurait accorder beaucoup à la religion elle-même.

Nous n'exprimons ici que l'opinion du major Effingham sur la religion chrétienne, et nous nous abstenons de la discuter.

Il n'est donc pas étonnant qu'Edouard, qui connaissait les sentiments de son père relativement à cette secte, ne se souciât pas qu'il apprît qu'il avait formé une société avec un quaker, et qu'il n'en avait exigé d'autre garantie que son intégrité.

Le père de Marmaduke descendait, avons-nous dit, d'un coréligionnaire et d'un compagnon de Penn ; mais ayant épousé une femme qui ne professait pas les mêmes doctrines religieuses, il n'était pas regardé comme un des zélés de cette secte. Son fils fut pourtant élevé dans les principes religieux suivis dans sa colonie ; mais ayant été envoyé pour son éducation à New-York, où l'on ne professait pas les mêmes opinions, et ayant ensuite épousé une femme d'une religion différente, les dogmes de sa secte avaient perdu beaucoup de leur influence sur son esprit ; cependant, en bien des occasions, on reconnaissait encore en lui le quaker, à ses manières et à ses discours.

Nous anticipons pourtant un peu sur les événements, car lorsque Marmaduke Temple entra en société avec Edouard Effingham, il était encore complètement quaker, du moins quant à l'extérieur, et c'eût été une épreuve trop dangereuse pour les préventions et les préjugés du major que de risquer de lui faire connaître cette association. Elle resta donc dans le plus profond secret, et ne fut connue que des deux intéressés.

Marmaduke dirigea les opérations commerciales de sa maison avec une sagacité et une prudence qui les firent prospérer. Au bout de quelques années, il épousa une jeune personne qui fut mère d'Elisabeth, et ses affaires devinrent si florissantes, qu'Edouard, qui lui rendait de fréquentes visites et qui n'avait qu'à se louer de la justice et de la droiture de son associé, commençait à songer à lever le voile qui couvrait leur liaison, quand les troubles qui précédèrent la révolution prirent un caractère alarmant.

Elevé par son père dans des principes de soumission absolue à l'autorité, Edouard Effingham, dès l'origine des querelles entre les colons et la couronne d'Angleterre, avait soutenu avec chaleur ce qu'il appelait les justes prérogatives du trône, tandis que le jugement sain et l'esprit indépendant de M. Temple l'avaient porté à épouser ce qu'il regardait comme la cause des droits légitimes du peuple. Des impressions de jeunesse pouvaient avoir influé sur l'esprit de l'un et de l'autre; car si le fils d'un brave et loyal militaire croyait devoir une obéissance aveugle aux ordres de son souverain, le descendant d'un ami persécuté de Penn pouvait se rappeler avec un peu d'amertume les souffrances que l'autorité royale avait accumulées sur ses ancêtres.

Cette différence d'opinions avait fait le sujet de bien des discussions amicales entre les deux associés; mais les choses en vinrent bientôt à un tel point qu'il aurait été difficile de les continuer sans que l'aigreur s'y mêlât, et, ne voulant pas que rien pût troubler leur ancienne amitié, ils convinrent qu'il n'en serait plus question dans leurs entretiens. Cependant les étincelles de dissension produisirent bientôt un incendie; et les colonies, qui prirent alors le nom d'Etats-Unis, devinrent un théâtre de guerre pendant plusieurs années.

Peu de temps avant la bataille de Lexington, Edouard Effingham, qui avait déjà perdu sa femme, envoya à Marmaduke Temple ses papiers et ses effets les plus précieux, en le priant de les lui garder jusqu'à la fin des troubles; après quoi il partit d'Amérique, et y laissa son père. Cependant, quand la guerre éclata sérieusement, on le vit reparaître à New-York, portant l'uniforme anglais, et il se mit en campagne à la tête d'un corps de troupes royales. Marmaduke, au contraire, était alors complètement engagé dans ce qu'on appelait le parti de la rébellion; et il devint impossible aux deux amis d'entretenir aucunes relations entre eux. Les événements de la guerre forcèrent M. Temple à envoyer plus avant dans l'intérieur sa femme et sa fille, ainsi que ses papiers, ses effets les plus précieux; et ceux que lui avait confiés son ancien ami, afin de les mettre hors de la portée des troupes royales. Quant à lui, il continua à servir son pays dans divers emplois civils, qu'il remplit avec autant de talent que d'intégrité. Mais, tout en se rendant utile à sa patrie, il ne perdait pas de vue ses intérêts particuliers; car, lorsqu'on eut prononcé la confiscation des biens des Américains qui avaient épousé la cause de l'Angleterre, il reparut dans l'État de New-York, et y acheta des domaines considérables, qui se vendaient alors bien au-dessous de leur valeur.

M. Temple avait déjà quitté le commerce, et lorsque l'indépendance des États-Unis fut établie et reconnue, il dirigea son industrie vers le défrichement et la mise en valeur des terres incultes dont il avait acheté une vaste étendue près des sources de la Susquehanna. A force d'argent, de soins et de persévérance, cette entreprise lui réussit parfaitement; et beaucoup mieux que le climat et un sol coupé de montagnes n'auraient permis de l'espérer. Il décupla la valeur de cette propriété, et à l'époque où nous sommes parvenus il passait pour un des plus riches citoyens des États-Unis. Il n'avait qu'une fille pour héritière de cette belle fortune, Elisabeth, avec laquelle nos lecteurs ont déjà commencé à faire connaissance, et il la ramenait en ce moment de sa pension pour l'établir à la tête d'une maison qui, depuis plusieurs années, était privée de maîtresse.

Quand le district dans lequel ses biens étaient situés fut devenu assez peuplé pour être érigé en comté [1], M. Temple en fut nommé le principal juge. Ce fait ferait sourire un étudiant en droit [2]; mais, indépendamment de la nécessité qui justifierait seule un pareil choix, M. Temple possédait un grand fonds de talents, d'expérience et d'équité, qualités qui attirent toujours le respect.

1. Le terme de comté, d'origine féodale, sert à désigner une *province* dans les États-Unis. On peut dire qu'il y a beaucoup de comtés et pas un seul comte.
2. *A Templar*, ainsi nommé à cause du quartier où logent les étudiants en droit et les avocats, etc.

Aussi non seulement ses jugements ne manquaient-ils jamais d'être d'accord avec la justice, mais il pouvait même rendre compte de leurs motifs, ce que nous voudrions qu'on pût dire de tous les juges. Au surplus, tel était alors l'usage invariable dans tous les nouveaux établissements ; et l'on y confiait les charges de la magistrature aux propriétaires qui réunissaient à la fortune une réputation intacte, des connaissances générales et de l'activité. Aussi le juge Temple, bien loin d'être placé au dernier rang des juges des nouveaux comtés, en était universellement reconnu comme l'un des meilleurs.

Nous terminerons ici cette courte explication sur l'histoire et le caractère de quelques uns de nos principaux personnages, et, leur laissant désormais le soin de se peindre par leurs discours et leurs actions, nous reprendrons le fil interrompu de notre histoire.

CHAPITRE III.

> Tout ce que tu vois est l'œuvre de la nature elle-même : ces rochers qui élancent dans l'air leurs fronts parés de mousse comme les hauteurs crénelées des anciens temps ; ces vénérables troncs qui balancent lentement leurs branches abandonnées au souffle des vents d'hiver ; ce champ de frimas qui brille au soleil, et le dispute en blancheur à un sein de marbre : et cependant l'homme ose profaner de tels ouvrages avec son goût grossier, semblable à celui qui ose souiller la réputation d'une vierge [1].
>
> Duo.

Dès que les chevaux attelés au sleigh se furent remis en marche, Marmaduke commença à examiner son nouveau compagnon.

---

1. Voici l'imitation en vers de ce morceau de poésie américaine :

> De tous ces monuments la puissante nature
> A créé de ses mains la vaste architecture ;
> Admire ces rochers couronnés de créneaux,
> Tels que les sombres tours des antiques châteaux !
> Vois ces chênes noueux dont l'auguste feuillage
> Comme un temple sacré disposait son ombrage.
> Mais l'hiver à son tour a voulu de ses dons
> De ces rois dépouillés parer les nobles troncs ;
> Quand des pâles reflets de sa rare lumière
> Le soleil vient soudain frapper leur cime altière,
> On dirait qu'un palais pour le dieu de l'hiver,
> De ses mille piliers embellit le désert.
> Faut-il que des mortels la coupable présence
> De ces lieux consacrés profane le silence ?

C'était un jeune homme de vingt-deux à vingt-trois ans, d'une taille au-dessus de la moyenne, et des vêtements duquel on n'apercevait qu'une redingote de gros drap du pays, serrée autour de son corps par une ceinture de laine tricotée. Lorsqu'il était monté dans le sleigh, après avoir passivement consenti à se rendre à Templeton, il fronçait les sourcils, et son air soucieux avait attiré l'attention d'Elisabeth, qui ne savait comment l'expliquer. L'expression de ses yeux n'annonçait nullement qu'il fût content de la démarche qu'on l'avait en quelque sorte forcé à faire ; mais peu à peu ses traits s'adoucirent ; on put voir qu'il avait une physionomie intéressante et même prévenante, et il ne lui resta que l'air d'un homme absorbé dans ses réflexions.

Marmaduke, après l'avoir contemplé quelque temps avec attention, lui dit enfin en souriant : — Je crois, mon jeune ami, que la terreur que j'ai éprouvée en voyant que je vous avais blessé m'a fait perdre la mémoire. Votre figure ne m'est pas inconnue, et cependant, quand on m'assurerait l'honneur d'attacher à mon bonnet vingt queues de daim, je ne pourrais dire quel est votre nom.

— Je ne suis arrivé dans ce comté, Monsieur, que depuis trois semaines, répondit le jeune homme avec froideur ; et je crois que vous en avez été absent depuis plus longtemps.

— Depuis plus d'un mois, répondit le juge ; mais n'importe, vos traits ne me sont pas étrangers, je vous ai vu quelque part, quand ce ne serait qu'en songe ; il faut que cela soit, ou j'ai l'esprit égaré. Qu'en dis-tu, Bess ? Commencé-je à radoter ? suis-je en état de résumer une affaire au grand jury, ou, ce qui est en ce moment d'une nécessité plus pressante, de faire les honneurs de Templeton la veille de Noël.

— Plus en état de faire l'un et l'autre, mon père, répondit une voix enjouée sortant de dessous le grand capuchon de soie noire, que de tuer un daim avec un fusil de chasse.

Elisabeth se tut, et ajouta ensuite avec un accent bien différent, après un instant de silence : — Nous aurons ce soir plus d'une raison pour rendre au ciel des actions de grâces.

Un sourire un peu dédaigneux se peignit sur les traits du jeune homme quand il entendit l'espèce de sarcasme qu'Elisabeth adressait à son père ; mais il prit un air plus grave quand elle fit la réflexion qui termina son discours. M. Temple lui-même sembla tout à coup se recueillir, et s'occuper péniblement de l'idée qu'il s'en était fallu de bien peu qu'il n'eût ôté la vie à un de ses semblables. Il en résulta quelque temps un silence profond dans le sleigh.

Le juge ne sortit de ses réflexions qu'à l'instant où les chevaux, sentant l'écurie, commencèrent à marcher d'un pas plus rapide. Levant alors la tête, il vit de loin quatre colonnes d'épaisse fumée s'élever au-dessus de ses cheminées. Le vallon, le village et sa maison s'offrirent en même temps à sa vue, et il s'écria avec gaieté :

— Regarde, Bess, regarde ! voilà un lieu de repos pour toute ta vie, — et pour la tienne aussi, jeune homme, si tu veux consentir à rester avec nous.

Les yeux du jeune homme et ceux de la jeune fille se rencontrèrent par hasard, tandis que M. Temple, dans la chaleur de son émotion et au milieu des regrets qu'il éprouvait, réunissait en quelque sorte sa fille et le jeune inconnu, et pour si longtemps, dans une destinée commune ; et si, malgré la rougeur qui couvrit le visage d'Elisabeth, l'expression de fierté de ses yeux sembla nier qu'il fût possible qu'un étranger, un inconnu, fût admis à faire partie du cercle domestique de sa famille, le sourire dédaigneux de celui-ci parut ne pas admettre la probabilité qu'il y consentît.

Quoique la montagne sur laquelle nos voyageurs étaient encore ne fût pas précisément escarpée, la descente en était assez rapide pour exiger toute l'attention du conducteur sur le chemin, alors fort étroit, qui était bordé d'un côté par des précipices. Le nègre retenait les rênes de ses coursiers impatients, et il donna ainsi à Elisabeth le temps d'examiner une scène que la main de l'homme avait tellement changée en quatre ans qu'à peine reconnaissait-elle les lieux où elle avait passé son enfance. Sur la droite une plaine étroite s'étendait à plusieurs milles vers le nord, ensevelie entre des montagnes de diverses hauteurs, couvertes de pins, de châtaigniers et de bouleaux. Le sombre feuillage des arbres verts faisait contraste avec la blancheur brillante de la plaine, qui offrait partout une nappe de neige où l'œil ne pouvait découvrir aucune tache. Du côté de l'ouest, les montagnes, quoique aussi hautes, étaient moins escarpées ; leurs flancs formaient des terrasses susceptibles de culture, elles étaient séparées par des vallées plus ou moins étendues et de diverses formes. Les pins maintenaient leur suprématie orgueilleuse sur les cimes de ces montagnes, mais dans l'éloignement on distinguait d'autres éminences couvertes de forêts de bouleaux et d'érables, sur lesquelles l'œil se reposait plus agréablement, et qui promettaient un sol plus favorable à la culture. Dans quelques endroits de ces forêts, on voyait s'élever au-dessus des arbres un léger nuage de fumée qui annonçait l'habitation des hommes et un commencement de défrichement. En général ces établissements nouveaux étaient isolés et peu considérables, mais ils avaient pris un accroissement si rapide qu'il ne fut pas difficile à Elisabeth de se figurer par l'imagination qu'elle les voyait se multiplier et se rapprocher sous ses yeux, tant quelques années avaient suffi pour changer sous ce rapport l'aspect du pays.

Les traits saillants de la partie occidentale de la plaine étaient à la fois plus larges et plus nombreux que ceux de l'horizon oriental, et il en était un surtout qui s'avançait de manière à former de chaque côté une baie de neige. A l'extrême pointe de cette espèce de promontoire, un superbe chêne étendait ses vastes rameaux, comme pour couvrir du moins par son ombrage le lieu où ses racines ne pouvaient pénétrer. Il s'était affranchi des limites qu'une végétation de plusieurs siècles avait imposées aux branches de la forêt environnante, et il jetait librement ses bras noueux hors de l'enceinte avec un désordre fantastique.

Au sud de cette belle étendue de terrain, et presque sous les pieds des voyageurs, au bas de la montagne qu'ils descendaient, un espace plus sombre, de quelques acres d'étendue, montrait seul, par le léger mouvement de sa superficie et les vapeurs qui s'en exhalaient, que ce qu'on aurait pu prendre pour une petite plaine était un lac dont l'hiver avait emprisonné les eaux. Un courant étroit s'en échappait impétueusement à l'endroit découvert que nous avons mentionné. L'œil pouvait en distinguer le cours pendant plusieurs milles, à travers la vallée réelle du sud, entre les pins de ses bords, et à la trace des vapeurs qui dominaient sa surface, dans l'atmosphère plus froide des montagnes. Au sud de ce beau bassin était une plaine peu large, mais de plusieurs milles de longueur, sur laquelle on apercevait diverses habitations, témoignage rendu à la fertilité du sol : sur les bords du lac on voyait le village de Templeton.

Une cinquantaine de bâtiments de toute espèce, la plupart construits en bois, composaient ce village. La construction en était remarquable, non seulement par ce manque de tout principe d'architecture et de goût, mais par la manière grossière dont on avait employé des matériaux presque bruts, ce qui annonçait des travaux faits à la hâte et avec précipitation. Quelques maisons étaient entièrement peintes en blanc, mais la plupart n'offraient cette couleur dispendieuse que sur la façade, et l'on avait employé pour le reste un rouge plus économique. Elles étaient groupées en diverses directions, de manière à imiter les rues d'une ville, et il était évident que cet arrangement était le fruit des méditations de quelque grand génie, qui avait plus pensé aux besoins de la postérité qu'à ce qui pouvait être utile et commode à la génération actuelle. Trois ou quatre des plus beaux édifices s'élevaient fièrement d'un étage au-dessus des autres, qui n'en avaient qu'un seul au-dessus du rez-de-chaussée, et leurs fenêtres étaient garnies de contrevents peints en vert. Devant la porte de ces maisons à prétention s'élevaient quelques jeunes arbres encore dénués de branches, ou n'offrant que les faibles rameaux d'un ou de deux printemps, et qu'on aurait pu comparer à des grenadiers en faction devant un palais. Dans le fait les propriétaires de ces magnifiques habitations composaient la noblesse de Templeton, comme Marmaduke en était le roi. Là demeuraient deux jeunes gens, humbles serviteurs de Thémis, et connaissant assez bien le labyrinthe qui conduit à son temple; deux autres individus qui, sous le titre modeste de marchands et par pure philanthropie, fournissaient à tous les besoins de cette petite communauté, et un disciple d'Esculape, qui, pour la singularité du fait, faisait entrer dans le monde plus d'habitants qu'il n'en faisait sortir.

Au milieu de ce groupe bizarre d'habitations s'élevait la demeure du juge, et elle surpassait toutes les autres en grandeur et en hauteur; elle était située au centre d'un enclos contenant plusieurs acres de terrain, et qui était couvert en grande partie d'arbres à fruits. Quelques uns avaient pris naissance sur le lieu même; la mousse qui les couvrait rendait témoignage de leur vieillesse, et ils formaient un contraste frappant avec les jeunes arbres nouvellement plantés qu'ils avaient pour voisins. Un double rang de jeunes peupliers, arbre dont l'introduction en Amérique était encore récente, formait une avenue conduisant de la porte de l'enclos, qui donnait sur la principale rue, à celle de la maison.

La construction de cet édifice avait été dirigée par un M. Richard Jones, dont nous avons déjà prononcé le nom. Une certaine adresse qu'il avait pour les petites choses, sa vanité qui lui faisait croire que rien ne pouvait aller bien sans lui, la disposition qu'il avait à se mêler de tout, et la circonstance qu'il était cousin germain de M. Temple, avaient suffi pour faire de M. Richard Jones une sorte de factotum pour le juge. Il aimait à rappeler qu'il avait bâti deux maisons pour Marmaduke, une provisoire, et une définitive. La première n'était qu'un grand hangar en bois sous lequel la famille avait demeuré trois ans pendant qu'il faisait travailler à la seconde. Il avait été aidé dans cette construction par l'expérience d'un charpentier anglais, qui s'était emparé de son esprit en lui montrant quelques gravures d'architecture, et en lui parlant savamment de frises et d'entablements ; il lui vantait surtout l'ordre composite, qui, disait Hiram Doolittle, était un composé de tous les autres, et le plus utile de tous, attendu qu'il admettait tous les changements et toutes les additions que le besoin ou le caprice pouvaient réclamer. Richard affectait de regarder Doolittle comme un véritable empirique dans sa profession, et cependant il finissait toujours par adopter toutes ses vues. En conséquence, il fut décidé qu'on bâtirait la maison de M. Temple d'après les règles de l'ordre composite, ou, pour mieux dire, d'un ordre d'architecture qui avait pris naissance dans le cerveau du charpentier.

La maison proprement dite, c'est-à-dire la dernière construite, était en pierre, de forme carrée, vaste, et même confortable. C'étaient là quatre qualités sur lesquelles Marmaduke avait insisté avec une opiniâtreté plus qu'ordinaire ; tout le reste avait été abandonné aux soins de Richard et de son associé. Ces deux personnages ne trouvèrent à exercer leur talent dans un édifice en pierre que pour le toit et le porche. Il fut décidé que le toit serait à quatre faces avec une plate-forme, afin de cacher une partie de l'édifice que tous les auteurs sont d'avis de cacher. Marmaduke fit observer que, dans un pays où il tombait beaucoup de neige, et où elle restait sur la terre, quelquefois pendant des mois entiers, à une épaisseur de trois ou quatre pieds, cet arrangement exposait la maison à être entourée pendant l'hiver d'un second mur de neige par l'accumulation de celle qui tomberait du toit. Heureusement les ressources de l'ordre composite s'offrirent pour effectuer un compromis, et les solives furent allongées de manière à former une pente qui ferait tomber la neige d'elle-même. Mais par malheur une erreur fut commise dans les proportions de cette partie matérielle de la construction, et comme un des plus grands talents d'Hiram était de travailler d'après la *règle du carré*, on ne découvrit l'effet de cette faute que lorsque les poutres massives furent placées après beaucoup de travaux sur les quatre murs. Le toit devint ainsi la partie la plus remarquable de tout l'édifice, celle qui attirait d'abord tous les yeux. Richard se flatta que la couverture ferait disparaître ce défaut, mais elle ne fit que le rendre plus sensible. Il appela la peinture à son secours pour y remédier, et employa successivement de ses propres mains jusqu'à quatre couleurs différentes. D'abord un bleu de ciel, dans l'espoir qu'il pourrait se confondre avec le firmament; ensuite une couleur d'un brun cendré, pour qu'on le prît pour un brouillard ou pour une fumée légère; puis ce qu'il appelait un vert invisible, pour qu'il se confondît avec les masses de pins qu'on apercevait dans l'éloignement. Enfin, aucun de ces ingénieux expédients n'ayant réussi, nos artistes renoncèrent à cacher le dessous de leur toit si singulièrement avancé, et ne songèrent plus qu'à l'orner. Hiram pratiqua des moulures sur les poutres, qui avaient l'air de colonnes cannelées placées transversalement, et Richard les peignit en jaune, pour imiter, disait-il, les rayons du soleil. La plate-forme fut entourée d'une balustrade en bois sur laquelle le génie du charpentier n'épargna pas les moulures, et les quatre cheminées furent tenues assez basses pour paraître des ornements ajoutés aux quatre coins de la balustrade. Malheureusement, quand on essaya d'y faire du feu, on fut étouffé par la fumée, et il ne fut possible d'obvier à ce désagrément qu'en les élevant beaucoup au-dessus du toit. On les apercevait à une très-grande distance de Templeton, et c'était l'objet qui attirait les yeux des voyageurs, comme le dôme de Saint-Paul et celui des Invalides fixent les regards de ceux qui arrivent à Londres ou à Paris.

Comme c'était l'entreprise la plus importante qu'eût jamais faite M. Richard Jones, cet échec le mortifia sensiblement. D'abord il chercha à consoler son amour-propre en disant tout bas à toutes ses connaissances qu'il ne fallait en accuser qu'Hiram Doolittle, qui ne connaissait pas les règles du carré parfait; mais bientôt, les yeux s'étant habitués à cette difformité, bien loin de songer à se justifier, il ne pensa plus qu'à faire valoir les beautés du reste de l'édifice, dont les distributions intérieures étaient assez commodes, ce qui était probablement dû au soin que M. Temple avait pris d'y veiller un peu lui-même. Il trouva des auditeurs, et, comme l'opulence exerce toujours une sorte d'influence sur le goût, cette maison devint bientôt un modèle; et, avant l'expiration de deux années, M. Jones, perché sur le haut de sa plate-forme, eut la satisfaction de voir s'élever trois ou quatre humbles imitations du palais qu'il avait construit. C'est ainsi que vont les choses en ce monde, où l'on admire les grands jusque dans leurs fautes.

Marmaduke supporta sans se plaindre cette irrégularité de construction dans sa maison; et il réussit même, par les améliorations qu'il fit dans les environs, à lui donner un air d'importance et de dignité. Il fit des plantations de peupliers qu'il avait fait venir d'Europe; des saules et d'autres arbres y mêlèrent bientôt leur nuance de feuillage; cependant, à quelque distance de son logis, on voyait quelques monticules de neige qui annonçaient la présence de souches que les flammes avaient épargnées lors du défrichement, et qu'on n'avait pas encore songé à arracher; çà et là, le tronc d'un vieux pin, échappé de même à l'incendie, s'élevait de quinze à vingt pieds au-dessus de la neige comme une colonne d'ébène. Mais ce ne furent pas ces points saillants qui attirèrent les yeux d'Elisabeth tandis que les chevaux retenus par Aggy descendaient lentement la montagne; elle cherchait à reconnaître tous les objets dont elle avait conservé le souvenir, le beau lac dont la surface était alors couverte de glace et de neige, l'onde qui semblait un ruban négligemment déroulé dans la vallée, les montagnes qu'elle avait tant de fois gravies, enfin toutes les scènes si chères à son enfance.

Cinq ans avaient produit plus de changement en cet endroit qu'un siècle n'en produirait dans un pays peuplé depuis longtemps. Ce spectacle n'offrait pas le même attrait de nouveauté pour le jeune chasseur et pour le juge; mais qui peut sortir du sein d'une sombre forêt et d'un désert ténébreux, pour entrer dans une vallée riante et habitée, sans éprouver un sentiment délicieux de plaisir? Le premier jeta un regard d'admiration du nord au sud, et, baissant ensuite la tête, il parut retomber dans ses réflexions. Le second contemplait avec attendrissement les beautés dont il était le créateur, et songeait avec une satisfaction intérieure qu'un grand nombre de ses semblables lui devaient le bonheur dont ils jouissaient dans ce hameau paisible.

Tout à coup le son d'un grand nombre de clochettes attira l'attention des voyageurs, et annonça l'approche d'un autre sleigh, et le bruit qu'elles faisaient annonçait que le conducteur menait ses chevaux grand train. La route faisant un coude en cet endroit, et étant bordée d'épais buissons, ils ne purent savoir qui arrivait ainsi que lorsque les deux sleighs se rencontrèrent.

CHAPITRE IV.

> Comment donc? qui de vous a perdu sa jument? De quoi s'agit-il?
> FALSTAFF.

QUELQUES minutes suffirent pour tirer nos voyageurs d'incertitude. Dès qu'ils eurent tourné le coude de la route, ils virent arriver un grand sleigh traîné par quatre chevaux, dont les deux premiers étaient gris et les deux autres noirs. De nombreuses clochettes attachées aux harnais produisaient une musique peu agréable aux oreilles, mais qui annonçait que, quoique la route fût assez escarpée, les chevaux n'en avançaient pas moins vite. Le juge n'eut besoin que d'un coup d'œil pour reconnaître le conducteur de cet équipage, qui contenait quatre personnes, toutes du sexe masculin.

Assis sur le devant du sleigh, celui qui tenait en mains les rênes, et qui animait de temps en temps les chevaux en employant alternativement la voix et le fouet, était un petit homme couvert d'une redingote bordée de fourrure, et dont on ne voyait que le visage, auquel le froid avait donné une couleur rouge uniforme. Il portait habituellement la tête haute, toujours levée vers le ciel, comme pour lui reprocher de l'avoir trop rapproché de la terre par sa petite taille. Derrière lui, et le visage tourné vers les deux autres, était un homme de haute stature, avec un air militaire, assez avancé en âge, mais si sec et si maigre que son corps semblait avoir été fait pour pouvoir fendre l'air avec le moins de résistance possible. Son teint blême était garanti par une peau si endurcie que l'intensité du froid n'avait pu y appeler aucune couleur. En face de lui était un homme dont il était impossible de deviner la taille et les formes sous la redingote et le manteau fourré qui le couvraient; mais il avait les yeux animés, le visage plein, la physionomie agréable, et une disposition à sourire qui paraissait imperturbable. Il portait, de même que ses deux compagnons, un bonnet de martre qui lui descendait sur les oreilles. Le quatrième, homme de moyen âge, à visage ovale, n'avait d'autre protection contre le froid qu'un habit noir un peu râpé, et un chapeau si propre, qu'on aurait dit que s'il était usé il le devait en grande partie à l'usage fréquent de la brosse. Il avait un air de mélancolie, mais si légère, qu'on aurait pu être embarrassé pour décider s'il fallait l'attribuer à une douleur physique ou à quelque affection morale. Il était naturellement pâle, mais le froid avait donné à ses joues quelques couleurs qu'on aurait pu prendre pour celles de la fièvre.

Dès que les deux sleighs se furent assez approchés pour qu'on pût s'entendre, le conducteur de celui qui arrivait s'écria :

— Dérangez-vous, roi des Grecs, dérangez-vous donc; tirez sur le côté, Agamemnon[1]? ou je ne pourrai jamais passer. — Bonjour, soyez le bienvenu, cousin 'Duke[2], et vous aussi, ma cousine Bess, aux yeux noirs. Tu vois, Marmaduke, que je me suis mis en campagne avec un fort détachement pour venir à votre rencontre et te faire honneur. M. Le Quoi n'est venu qu'avec un chapeau. Le vieux Fritz n'a pas fini sa bouteille; et M. Grant en est resté à la péroraison du sermon qu'il écrivait. J'ai pris quatre chevaux pour aller plus grand train. En parlant de cela, il faut que je vende ces deux noirs, cousin 'Duke; ils sont rétifs et ne vont pas bien sous le harnais. Tout autre que moi n'en viendrait pas à bout; je sais où les placer.

— Vendez tout ce qu'il vous plaira, Dickon, répondit le juge en riant, pourvu que vous me laissiez ma fille et mes terres. Fritz, mon vieil ami, soixante-dix ans qui viennent au-devant de quarante-cinq, c'est vraiment une preuve d'affection. Bien le bon-

---

1. *Aggy.* Agamemnon.
2. Abréviation de *Marmaduke.*

jour, monsieur Le Quoi. Monsieur Grant, je suis bien sensible à votre attention. Messieurs, je vous présente ma fille, vous la connaissez déjà, et vous n'êtes pas étrangers pour elle.

— Vous êtes le bienvenu, monsieur Temple, dit le plus âgé des voyageurs arrivants, avec un accent allemand fortement prononcé. Miss Petsy me devra un baiser.

— Et je le paierai bien volontiers, mon cher Monsieur, répondit Elisabeth en souriant; j'aurai toujours un baiser pour mon ancien ami le major Hartmann.

Pendant ce temps, l'individu à qui le juge avait adressé la parole sous le nom de M. Le Quoi s'était levé avec quelque difficulté, à cause de la masse de vêtements dont il était couvert, et tenant son bonnet d'une main, tandis qu'il s'appuyait de l'autre sur l'épaule du conducteur, il dit en jargon moitié anglais, moitié français :

— Je suis charmé de vous voir, monsieur Temple, enchanté, ravi. Mademoiselle Liz'beth, votre très-humble serviteur.

— Couvre ta nuque, Gaulois, couvre ta nuque, s'écria Richard Jones, qui conduisait le sleigh, ou le froid te fera tomber le peu de cheveux qui te restent. Si Absalon n'en avait pas eu davantage, il vivrait peut-être encore aujourd'hui.

Les plaisanteries de Richard ne manquaient jamais d'exciter la gaieté; car, si ceux qui les entendaient conservaient leur gravité, il partait lui-même d'un grand éclat de rire, ce qu'il ne manqua pas de faire en cette occasion. Le ministre (telle était la qualité de M. Grant) offrit modestement ses félicitations à M. Temple et à sa fille sur leur arrivée; et Richard Jones se prépara à faire tourner son sleigh pour retourner à Templeton.

La route, comme nous l'avons déjà dit, était si étroite, qu'il ne pouvait tourner en cet endroit sans faire entrer ses chevaux dans une carrière qu'on y avait creusée pour en tirer des pierres qui avaient servi à bâtir les maisons du village. Cette carrière était très-profonde, et s'avançait jusqu'au bord de la route, mais on avait ménagé un chemin pour que les voitures qui allaient chercher des pierres pussent y descendre. Il s'agissait donc, pour faire tourner le sleigh, de faire avancer un moment les chevaux au bord de ce chemin dont la descente était assez rapide, et cela n'était pas facile quand on en avait quatre à conduire. Aggy proposa de dételer les deux de devant, et Marmaduke insista fortement pour qu'il prit cette précaution. Mais Richard écouta cette proposition avec un air de mépris.

— Eh! à quoi bon, cousin 'Duke? s'écria-t-il d'un ton presque courroucé; les chevaux sont doux comme des agneaux. N'est-ce pas moi qui ai dressé les gris? Et quant aux noirs, ils sont sous le fouet, et quelque revêches qu'ils soient, je saurai bien les faire marcher droit. Voilà M. Le Quoi qui sait bien comme je mène, puisqu'il a fait plus d'une course en sleigh avec moi : qu'il dise s'il y a l'ombre d'un danger.

La politesse d'un Français ne lui permettait pas de contredire les assurances que donnait M. Jones de ses talents comme cocher; il ne répondit pourtant rien, mais il regardait avec terreur le précipice dont on n'était qu'à deux pas. La physionomie du major allemand exprimait en même temps l'amusement qu'il trouvait dans la jactance de son phaéton, et l'inquiétude que lui causait leur situation périlleuse. M. Grant appuya ses mains sur le bord du sleigh, comme s'il se fût disposé à sauter à terre, mais la timidité l'empêcha de prendre le parti que lui suggérait la crainte.

Cependant Richard, à force de coups de fouet, réussit à faire quitter à ses chevaux le chemin frayé, et à faire avancer les deux premiers sur celui qui descendait dans la carrière. Mais, à chaque pas qu'ils faisaient, leurs jambes s'enfonçaient toujours davantage dans la neige, et la croûte qui la couvrait, comme nous l'avons déjà dit, à la profondeur de deux ou trois pouces, se brisant sous leurs pieds et leur blessant les jambes, ils reculèrent sur les chevaux de derrière; ceux-ci reculèrent à leur tour sur le sleigh déjà plus d'à demi tourné, et lui firent prendre une fausse direction, de sorte qu'avant que Richard eût la conscience de leur danger, la moitié du sleigh était suspendue sur le précipice, et qu'un mouvement de plus allait les envoyer à une profondeur de plus de cent pieds.

Le Français, qui, par sa position, voyait le danger mieux que personne, s'écria, en penchant à demi le corps hors du sleigh : — Mon Dieu! mon cher monsieur Dick, prenez donc garde à vous!

— *Donner und blitzen!* s'écria l'Allemand; voulez-vous briser votre sleigh et tuer vos chevaux?

— Mon bon monsieur Jones, soyez prudent! dit le ministre, perdant le peu de couleurs que le froid lui avait données.

— Avancez donc, diables incarnés ! s'écria Richard en redoublant les coups de fouet pour se tirer d'une situation dont il pouvait lui-même mesurer des yeux tout le danger. Avancez, cousin 'Duke, je vous dis qu'il faudra vendre les gris comme les noirs ; ce sont de vrais démons. Monsieur Le Quoi, lâchez-moi donc la jambe, s'il vous plaît. Si vous me la tirez ainsi, comment voulez-vous que je puisse gouverner ces chevaux enragés ?

— Providence divine ! s'écria M. Temple en se levant sur son sleigh, ils seront tous tués !

Elisabeth poussa un cri perçant, et la peau noire du visage d'Agamemnon offrit même la nuance d'un blanc sale.

En cet instant critique, le jeune chasseur, qui avait gardé un sombre silence, sauta à bas du sleigh du juge, courut à la tête des chevaux indociles. Les chevaux sous le fouet de l'imprudent Richard s'agitaient en reculant toujours avec ce mouvement funeste qui menace d'une chute immédiate. Le jeune homme donna au premier cheval une forte secousse qui les fit rentrer tous les quatre dans le chemin qu'ils avaient quitté. Le sleigh fut tiré de sa position périlleuse, mais renversé avec ceux qu'il contenait.

L'Allemand et le ministre furent jetés sans cérémonie sur le dos sur la route, mais sans contusions. Richard parut un moment en l'air, décrivant un segment de cercle, et tomba à environ quinze pieds sur le chemin où il avait voulu faire entrer les chevaux. Il serrait encore les rênes dans ses mains, par suite du même instinct qui fait qu'un homme qui se noie s'accroche à une paille, de sorte que son corps servait en quelque sorte d'ancre pour arrêter les chevaux. Le Français, qui s'apprêtait à sauter hors du sleigh à l'instant où il fut renversé, reçut une impulsion encore plus forte par la secousse qui en résulta, décrivit à peu près la corde du segment d'arc que Richard parcourait, dans la même attitude qu'un écolier qui joue au cheval fondu, et alla s'enterrer dans la neige, la tête la première.

Personne ne fut blessé ; mais le major Hartmann, qui avait conservé le plus grand sang-froid pendant toute cette évolution, fut le premier qui se remit sur ses jambes et qui recouvra la parole.

— *Der Teufel*, Richard ! s'écria-t-il d'un ton moitié sérieux, moitié comique, vous avoir un singulier manière pour décharger votre voiture.

Nous ne pouvons dire si l'attitude dans laquelle M. Grant resta quelques instants était celle dans laquelle sa chute l'avait placé, ou s'il s'était mis volontairement à genoux en se relevant pour rendre grâce au ciel de la protection qu'il lui avait accordée.

Richard Jones parut un moment troublé et confondu ; mais quand il eut secoué la neige dont il était couvert, quand il sentit qu'il n'était pas blessé, et qu'il vit que deux de ses compagnons d'infortune étaient déjà sur leurs jambes, il s'écria d'un air satisfait de lui-même :

— Eh bien ! nous l'avons échappé belle. Avec tout autre conducteur que moi, le sleigh, au lieu de verser sur le chemin, aurait été jeté dans la carrière. Avez-vous vu comme j'ai donné le dernier coup de fouet à propos, cousin 'Duke? Et quelle présence d'esprit j'ai eue de garder les rênes en mains ! Sans cette précaution, ces enragés de chevaux auraient entraîné le sleigh et l'auraient mis en pièces.

— Ton coup de fouet ! ta présence d'esprit ! répondit le juge ; dis plutôt que sans ce brave jeune homme, nos amis, toi, et tes chevaux, ou pour mieux dire les miens, vous n'existeriez plus. Mais où est donc M. Le Quoi¹ ?

— Mon cher juge ! monsieur Grant ! Dick ! Aggy ! s'écria une voix étouffée, venez à mon aide, s'il vous plaît ; je ne puis me dépêtrer de la neige.

Le pauvre Français était malheureusement tombé sur un endroit où le vent avait accumulé six pieds de neige, et chaque fois qu'il faisait un mouvement pour sortir de l'espèce de fosse dans laquelle il se trouvait enseveli, les murs de neige dont il était entouré s'écroulaient sur lui, et l'obligeaient à faire de nouveaux efforts qui causaient d'autres éboulements.

M. Grant et le major allèrent à son secours et le tirèrent d'embarras. Il n'était ni blessé ni même froissé, et sa bonne humeur revint aussitôt. Il leva les yeux pour mesurer la distance qu'il avait parcourue, et rencontra ceux de M. Jones, qui aidait Aggy à dételer les deux chevaux gris, mesure dont il avait enfin, quoique un peu tard, reconnu la nécessité.

— Quoi ! vous voilà, monsieur Le Quoi, s'écria Richard ; je

---

1. Les spectateurs depuis un temps immémorial ont le droit de rire d'une chute en traîneau, et le juge ne fut pas plus tôt certain qu'aucun malheur n'était arrivé, qu'il fit pleinement usage de ce privilége.

croyais vous avoir vu prendre votre vol vers le haut de la montagne.

— Je remercie le ciel de ce qu'il ne me l'a pas fait prendre vers le fond de la carrière, répondit le Français en prenant son mouchoir pour essuyer quelques gouttes de sang qui provenaient d'une égratignure qu'il s'était faite au front, en tombant la tête la première sur la neige durcie. — Eh bien! monsieur Dick, qu'allez-vous faire à présent? Avez-vous encore quelque chose à essayer?

— La première chose que je lui conseille de faire, c'est d'apprendre à conduire, dit le juge tout en jetant sur la neige le daim et tout le bagage dont son sleigh était rempli. Montez ici, Messieurs, montez, il y a place pour vous. Je me chargerai de vous conduire, et nous laisserons Aggy avec Jones s'occuper à relever le sleigh, après quoi ils y chargeront tout ce que nous laissons ici. Aggy, prends soin de mon daim, dit-il au nègre en appuyant sur le mot *mon*, et en lui faisant un signe qui lui recommandait la discrétion; et ce soir tu recevras une visite de Saint-Nicolas [1].

Aggy comprit fort bien que le juge lui promettait une récompense pour qu'il ne dît pas de quelle manière le daim avait été mis à mort, et il fit un sourire ou plutôt une grimace de satisfaction, pendant que Richard faisait le soliloque suivant :

— Apprendre à conduire, cousin 'Duke! Et qui sait mieux conduire que moi dans ce pays? Qui est-ce qui a dressé votre jument baie que personne n'osait monter? Il est vrai que votre cocher a prétendu qu'il l'avait domptée avant que je la prisse sous mes soins, mais tout le monde sait que c'est un mensonge. — Quoi? un daim! ajouta-t-il pendant que le sleigh de M. Temple s'éloignait. Et il s'en approcha pour l'examiner. — Oui vraiment, s'écria-t-il, et un daim magnifique! Il a, ma foi! reçu deux coups de feu, et tous deux ont porté. Comme Marmaduke va se vanter! il n'y a plus moyen de vivre avec l'auteur d'un tel exploit! Au fond, c'est pur hasard, pur hasard. Quant à moi, je n'ai jamais tiré deux fois sur un daim; ou je l'abats du premier coup, ou il court encore. Quand il s'agit d'un ours ou d'une panthère, on

---

1. Les visites périodiques de Saint-Nicolas, ou Santaclaus comme on l'appelle ici, ne furent oubliées parmi les habitants de New-York que lorsque les puritains émigrés de la Nouvelle-Angleterre y apportèrent leurs opinions et leurs usages. Comme le bonhomme de Noël, il arrive chaque veille de cette fête.

peut avoir besoin de deux balles; mais un daim... Eh! Aggy! A quelle distance était le juge quand il a tué le daim?

— Moi pas bien savoir, massa Richard, répondit le nègre en se baissant derrière un cheval, comme pour attacher une boucle du harnais, mais réellement pour cacher une envie de rire; — peut-être à dix verges.

— A dix verges! Belle merveille! Je ne voudrais pas tirer de si près sur un daim; c'est l'assassiner! J'étais à plus de vingt verges de celui que j'ai tué l'hiver dernier. Oui, j'en étais bien à trente, et je l'ai tué d'un seul coup. Ne vous en souvenez-vous pas, Aggy?

— Moi bien m'en souvenir, massa Richard. Natty Bumppo avoir tiré en même temps, et bien des gens soutenir que lui avoir tué le daim.

— C'est un mensonge, mauvais mauricaud! Je crois que, depuis quatre ans, je n'ai pas même tué un écureuil sans qu'on en fît honneur à ce vieux coquin ou à quelque autre. Comme ce monde est plein d'envieux et de jaloux! On croit relever son mérite en rabaissant celui des autres. Maintenant ils font courir une histoire dans toute la patente [1], et ils disent que c'est Hiram Doolittle qui a fait le plan du clocher de notre église de Saint-Paul, tandis que c'est moi seul qui l'ai fait? Je conviens que je me suis un peu aidé du plan de celui de la cathédrale de Londres, qui porte le même nom; mais tout le reste est de moi.

— Moi pas savoir qui l'avoir fait, massa Richard, mais le trouver admirablement superbe!

— Et vous avez bien raison, Aggy; je puis dire, sans me vanter, que c'est l'église la plus belle et la plus scientifique de toute l'Amérique. Les habitants du Connecticut vantent beaucoup leur chapelle de Weatherfield, mais je ne crois pas la moitié de ce qu'ils en disent, parce que ce sont des glorieux; et si on leur parle d'un beau monument dans une de nos provinces, comme mon église, ils ont toujours à citer chez eux quelque chose qu'ils prétendent encore plus beau. On ne voit partout que des gens

---

[1]. Les concessions de terres, soit par l'État, soit par la couronne, étaient faites par lettres patentes cachetées du grand sceau. Et le terme « patent » est ordinairement employé pour désigner un district ainsi concédé. Quoique la Couronne accorde souvent des droits de manoirs avec le sol, dans les plus anciens comtés, le mot « manoir » est fréquemment employé. Il y a beaucoup de manoirs dans l'État de New-York, quoique tous les droits politiques et judiciaires aient cessé.

qui veulent vivre aux dépens de la gloire des autres. Vous souvenez-vous que lorsque je peignis l'enseigne du Hardi Dragon, pour le capitaine Hollister, un drôle, qui n'avait d'autre métier que de badigeonner les maisons, vint un jour m'offrir de me broyer du noir pour faire la queue et la crinière du cheval? Eh bien! parce qu'il donna quelques coups de pinceau pour essayer la couleur, ne prétend-il pas m'avoir aidé à faire l'enseigne? Si Marmaduke ne le chasse du village, je ne touche plus une brosse ni un pinceau de ma vie, et l'on verra où l'on trouvera un peintre en décors.

Richard se tut un instant, et toussa d'un air d'importance, tandis que le jeune nègre, gardant un silence respectueux, travaillait à mettre le sleigh en état de partir. Marmaduke, conservant encore quelques restes des principes religieux des quakers, ne voulait point avoir d'esclave à son service, et par conséquent Aggy était pour un temps [1] celui de Richard Jones, qui exigeait de lui respect et obéissance sans bornes. Cependant, quand il y avait quelque différence d'opinion entre son maître nominal et celui qui l'était en réalité, le nègre était assez bon politique pour éviter de donner la sienne. Richard reprit la parole :

— Je ne serais pas surpris que ce jeune homme qui était avec le juge, et qui est venu se jeter comme un fou à la tête de mes chevaux, prétendît nous avoir sauvé la vie à tous, tandis que, s'il était resté bien tranquille, en une demi-minute je faisais tourner la voiture sans verser. Rien ne gâte la bouche d'un cheval comme de le tirer en avant par la bride.

Il fit encore une pause à ces mots, car sa conscience lui reprochait tout bas de parler ainsi d'un homme à qui il sentait qu'il devait la vie. — Qui est ce jeune homme, Aggy? je ne me souviens pas de l'avoir jamais vu.

Le nègre, ne voulant pas perdre la récompense que le juge lui avait fait espérer, ne voulut entrer dans aucun détail, et se borna

---

1. L'affranchissement des esclaves à New-York a été graduel. Lorsque l'opinion publique tourna en leur faveur, il s'établit une coutume d'acheter les services d'un esclave pendant six ou huit ans, à la condition de lui donner la liberté à cette époque. Alors la loi déclara que tous les esclaves nés après un certain jour seraient libres, les hommes à vingt-huit ans, les femmes à vingt-cinq. Le propriétaire fut aussi obligé de faire apprendre à lire et à écrire à ses serviteurs, avant qu'ils eussent atteint l'âge de dix-huit ans. Enfin, le peu qui restait fut entièrement libéré sans condition en 1826, après la publication de cet ouvrage. Il était en usage parmi les personnes plus ou moins liées avec les quakers, qui n'eurent jamais d'esclaves, d'adopter le premier expédient.

à dire qu'il le croyait étranger, et qu'il était monté dans le sleigh au haut de la montagne. Comme c'était un usage assez général dans le comté que ceux qui voyageaient en voiture offrissent une place aux piétons qu'ils rencontraient par un mauvais temps, cette explication lui parut suffisante.

— Au surplus, ajouta-t-il, il a l'air d'un honnête garçon, et si on ne l'a pas déjà gâté par de sots éloges, comme il n'a eu que de bonnes intentions, je ferai attention à lui. Mais que faisait-il sur la route? Est-ce un colporteur? se promenait-il? chassait-il?

Le pauvre nègre, fort embarrassé, levait et baissait les yeux alternativement et gardait le silence.

— Eh bien! parleras-tu, moricaud? Avait-il une balle sur le dos, un bâton à la main?

— Non, massa Richard, répondit Aggy en hésitant; lui avoir seulement un fusil.

— Un fusil! s'écria Richard en remarquant la confusion du nègre; de par le ciel, c'est donc lui qui a tué le daim! J'aurais parié que ce n'était pas Marmaduke. Comment cela est-il arrivé, Aggy? Ah! cousin 'Duke, nous allons rire à vos dépens! Eh bien, le jeune homme a tué le daim, et le juge le lui a acheté: n'est-ce pas cela?

Le plaisir de cette découverte avait mis Richard de si bonne humeur que les craintes du nègre s'évanouirent en partie, et, voulant conserver à Marmaduke une partie de la gloire à laquelle il prétendait, il répondit:—Vous pas faire attention, massa Richard, que le daim avoir été tué de deux coups de feu.

— Point de mensonge, moricaud, s'écria Richard; mais voici qui te fera dire la vérité; et prenant son fouet, il le fit claquer vigoureusement, en s'approchant d'Aggy, comme pour lui en caresser les épaules. Le nègre tremblant de peur se jeta à genoux, et lui conta en peu de mots toute l'histoire, en le suppliant de le protéger contre le courroux du juge.

— Ne crains rien, Aggy, ne crains rien, répondit Richard en se frottant les mains; mais ne dis rien, et laisse-moi le plaisir de bien railler le cousin 'Duke. Comme je vais m'amuser! Mais partons, et allons grand train; il faut que j'arrive à temps pour aider le docteur à extraire la balle, car ce Yankie[1] n'entend pas grand'-

---

[1]. En Amérique, le terme *Yankee* est d'une signification locale. On croit qu'il dérive de la manière dont les Indiens de la Nouvelle-Angleterre prononçaient le mot English ou

chose en chirurgie. C'est moi qui ai tenu la jambe du vieux Milligan pendant qu'il la coupait.

Tout en parlant ainsi, il montait dans le sleigh; Aggy prit les rênes, et ils partirent au grand trot. Chemin faisant, Richard continua à parler à Aggy; mais il avait repris le ton de la cordialité.

— Ceci est une nouvelle preuve, dit-il, que c'est moi qui, par un coup de fouet judicieusement appliqué, ai forcé les chevaux à avancer. Car comment supposer qu'un jeune homme qui avait une balle dans l'épaule ait eu assez de force pour se rendre maître de ces démons incarnés? Plus vite, Aggy; un bon coup de fouet. Ainsi donc c'est lui et le vieux Bas-de-Cuir qui ont abattu le daim, et le cousin Duke n'a fait autre chose que de loger maladroitement une balle dans l'épaule d'un homme caché derrière un pin! L'excellente histoire! Oui, certainement, j'aiderai le docteur à l'extraire.

Comme ils allaient entrer dans le village, il vit que les hommes, les femmes et les enfants, se mettaient à leurs portes et à leurs fenêtres pour voir passer le juge. Arrachant aussitôt les guides des mains du nègre, il se chargea lui-même de la conduite du sleigh, et, faisant claquer son fouet, il entra en triomphateur dans Templeton.

CHAPITRE V.

> L'habit de Nathaniel, Monsieur, n'est pas achevé, et les bottes de Gabriel n'ont pas encore de talons; il n'y a pas de noir pour teindre le chapeau de Pierre, et la dague de Walter n'a pas encore son fourreau : il n'y avait personne de brave qu'Adam, Ralph et Gregory.
>
> SHAKSPEARE.

Pour entrer dans le village de Templeton, il fallait traverser le ruisseau dont nous avons parlé, et qui n'était rien moins qu'une

---

Yengeese. La province de New-York étant d'origine hollandaise, ce terme n'y était pas connu, et plus au nord, différents dialectes parmi les naturels produisirent une prononciation différente. Marmaduke et ses cousins étant Pensylvaniens de naissance, ne sont pas *Yankees* dans le sens américain de ce mot.

des sources du majestueux Susquehanna. On le passait sur un pont grossier, mais solide, et la quantité de bois qui était entrée dans sa construction prouvait que les matériaux n'étaient pas plus chers en ce pays que la main-d'œuvre. Ce fut en cet endroit que les coursiers de Richard Jones rejoignirent le sleigh du juge, qui avançait d'un pas plus convenable à la gravité d'un magistrat. La rue pouvait avoir cent pieds de largeur, mais le chemin frayé pour les voitures n'avait que celle qui était indispensable. Au bout, on apercevait dans le lointain des milliers d'acres de forêt qui ne comptaient encore d'autres habitants que des animaux sauvages. Des troncs d'arbres amoncelés avec profusion devant chaque maison prouvaient que chacun avait pris ses précautions contre la rigueur de l'hiver.

Le dernier rayon du soleil avait brillé sur nos voyageurs pendant qu'ils descendaient la montagne, après avoir quitté Richard. Les cimes des rochers étaient encore éclairées par cet astre qui allait les abandonner à leur tour, quand ils passèrent sur le pont; mais l'obscurité se répandait déjà sur toute la vallée. Les bûcherons, la cognée sur l'épaule, rentraient chez eux pour se délasser, au coin du feu, des fatigues de la journée. Ils saluaient le juge avec respect, et faisaient un signe de tête familier à Richard, tandis que leurs femmes et leurs enfants accouraient à leurs portes et à leurs fenêtres pour les voir passer. On arriva enfin à la porte extérieure de la maison de M. Temple, et les chevaux entrèrent dans l'avenue de peupliers, alors dépouillés de leurs feuilles. La neige amoncelée sur la terre ne permettait d'entendre ni le bruit que faisait le sleigh dans sa course rapide, ni celui des pieds des chevaux; mais les clochettes nombreuses dont étaient garnis les harnais des coursiers de M. John firent entendre un carillon qui, donnant l'éveil dans la maison, mit tout en rumeur.

Sur une plate-forme de pierre, très-petite en proportion de la grandeur du bâtiment, Richard et Hiram avaient élevé quatre petites colonnes de bois qui soutenaient le toit couvert en lattes de ce qu'ils appelaient le portique. On y montait par cinq ou six marches en pierre, qui, mal cimentées, avaient déjà, par suite de cette négligence ou par l'effet des gelées d'hiver, dévié considérablement de leur position primitive. Mais ce n'était pas le seul inconvénient qui fût résulté de cette mauvaise construction. On s'était contenté de placer les pierres sur la terre sans aucunes fondations; le terrain avait fléchi, les pierres avaient baissé, et la plate-forte avait suivi les pierres, de sorte que le portique semblait suspendu en l'air, laissant un demi-pied d'intervalle entre la base des colonnes et la pierre sur laquelle elles reposaient primitivement. Heureusement, le charpentier chargé de la partie mécanique de ce travail avait attaché si solidement à la maison la charpente du toit, qu'au lieu d'être soutenu par les colonnes, c'était lui qui les soutenait alors. Cet inconvénient n'effraya pas le génie fertile de Richard et d'Hiram, et l'ordre composite leur offrant des ressources sans nombre, ils ajoutèrent une seconde base à leurs colonnes. Cependant le terrain avait encore baissé, et peu de temps avant l'arrivée d'Elisabeth dans la maison paternelle, on avait été obligé d'enfoncer des cales en bois sous leur seconde base, de crainte que leur poids ne finît par entraîner le toit qu'elles étaient censées soutenir.

De la grande porte qui s'ouvrait sous ce portique sortirent trois servantes et un domestique. Ce dernier avait la tête nue, était évidemment mieux vêtu que de coutume, et il mérite une description particulière. Sa taille s'élevait à peine à cinq pieds, mais il avait des formes athlétiques, et la carrure de ses épaules aurait fait honneur à un grenadier. Il paraissait encore plus petit qu'il ne l'était, par suite de l'habitude qu'il avait prise de pencher en avant la tête et la poitrine, peut-être pour donner plus d'aisance à ses bras qui effectuaient toujours le même mouvement qu'un balancier, chaque fois que leur maître faisait un pas. Il avait la figure longue, la peau du visage d'un rouge vif, le nez aplati comme celui d'un singe, une bouche d'une dimension énorme, mais garnie de belles dents, et des yeux bleus qui semblaient regarder avec mépris tout ce qui l'entourait. Sa tête formait un bon quart de la longueur de son corps, et ses cheveux noués en queue en occupaient au moins un autre quart. Son habit, de drap très-léger, qui lui descendait jusqu'à mi-jambes, et qui était large en proportion, était garni de boutons de la taille d'un dollar, sur lesquels était gravée une ancre; sa veste et ses culottes de peluche rouge avaient perdu depuis longtemps leur première fraîcheur; enfin il portait des souliers à grandes boucles, et des bas de coton rayés bleu et blanc.

Ce personnage original était né en Angleterre, dans le comté de Cornouailles. Il avait passé son enfance dans le voisinage des mines de plomb, et sa première jeunesse en qualité de mousse à bord d'un bâtiment qui faisait la contrebande entre Falmouth et Guernesey. La presse le retira de ce service et le fit entrer à celui du roi. Placé à bord d'une frégate, le capitaine le prit pour domestique, et le fit ensuite intendant du navire, ce qui, comme il aimait à le dire, lui avait donné occasion de voir le monde, quoique, dans le fait, il ne le connût pas plus que s'il fût resté dans le Cornouailles, allant sur un âne d'une mine à l'autre, puisqu'il n'avait jamais vu que Portsmouth, Plymouth, et un ou deux ports de France. Ayant reçu son congé à la paix de 1783, il annonça qu'ayant vu toutes les parties du monde civilisé, il voulait faire un tour en Amérique. Nous ne le suivrons pas dans toutes les aventures de ce voyage; nous nous bornerons à dire qu'étant enfin entré au service de M. Marmaduke Temple, deux ans avant qu'Elisabeth eût été envoyée en pension, il y remplissait, sous la surintendance de M. Jones, les fonctions de majordome. Le nom de ce digne personnage était Benjamin Penguillan; mais comme il racontait souvent l'histoire des fatigues qu'il avait essuyées en travaillant aux pompes du vaisseau à bord duquel il se trouvait, après la victoire de l'amiral Rodney, pour l'empêcher de couler à fond, on lui donnait généralement le sobriquet de Ben-la-Pompe.

A côté de Benjamin, et cherchant à se mettre en avant pour attirer l'attention, était une femme de moyen-âge, portant un déshabillé de calicot, dont la blancheur faisait un contraste frappant avec la couleur de sa peau. Elle avait le nez et le menton pointus, le front plat, les pommettes très-saillantes, la bouche grande, et le peu de dents qui y restaient d'un jaune de safran. Elle prenait du tabac en grande quantité, mais c'eût été calomnier cette poudre que de lui attribuer la couleur de la lèvre supérieure de la beauté qui en faisait usage, puisque la même teinte régnait sur tout le reste de sa figure : elle n'avait encore trouvé personne qui fût disposé à la tirer du célibat. Remarquable Pettibone, car tel était son nom, remplissait les fonctions de femme de charge, et veillait à tous les détails intérieurs de la maison de M. Temple; mais n'y étant entrée que depuis le décès de son épouse, elle ne connaissait pas encore Elisabeth.

Au moment de l'arrivée des voyageurs, un concert général fut donné par tous les habitants du Chenil, dont Richard Jones était le surintendant. Leur maître reçut les salutations bruyantes de ses chiens en imitant leurs aboiements, et il le fit avec tant de succès, que la honte de se voir surpasser par un artiste que la nature n'avait pas instruit, fut probablement ce qui les réduisit au silence. Un chien de la plus grande taille, qui portait un collier de cuivre sur lequel étaient gravées les lettres M. T., gardait seul le silence. Au milieu de ce tumulte il allait et venait avec une tranquille majesté sur les pas du juge, dont il recevait les caresses en remuant la queue. Elisabeth le caressa aussi en l'appelant du nom de Vieux-Brave, et l'animal parut la reconnaître; il la regarda monter les degrés de la plateforme, appuyée sur le bras de M. Le Quoi et sur celui de son père qui la soutenait de crainte que la glace dont ils étaient couverts ne la fît glisser, après quoi il se coucha dans une niche qui était près de la porte, comme s'il eût pensé qu'il se trouvait alors dans la maison un nouveau trésor qu'il fallait garder avec plus de surveillance que jamais.

Elisabeth suivit son père, qui, après s'être arrêté un instant sous le vestibule pour donner des ordres à un domestique, entra dans un grand salon qu'éclairaient à peine deux chandelles placées dans de grands et antiques chandeliers de cuivre. On en ferma la porte dès que toute la compagnie fut entrée, et, après avoir supporté au dehors une température presque à zéro, on se trouva exposé tout à coup à une chaleur de soixante degrés. Au centre de cet appartement était un énorme poêle de fonte, dont les côtés étaient presque rouges, surmonté par un large tuyau qui gagnait le plafond en ligne droite pour emporter la fumée. Un grand vase en fer, rempli d'eau, était placé sur cette fournaise, car on pourrait lui donner ce nom, afin de remédier à la trop grande sécheresse de l'air.

L'ameublement de ce salon consistait en objets importés les uns de la ville, et les autres fabriqués à Templeton. On y voyait un beau buffet en acajou, incrusté d'ivoire, garni en cuivre doré, et chargé de vaisselle d'argent. A côté était une table à manger en cerisier sauvage, humble imitation du bois plus précieux du buffet. Plus loin une table moins large, de couleur moins foncée, faisait reconnaître dans les ondulations régulières de son vernis le bois de l'érable jaspé des montagnes. Dans un coin était une grande et ancienne pendule, à cadran de cuivre, dans sa caisse massive de noyer noir. A l'autre coin en face était un thermomètre de Fahrenheit, auquel était annexé un baromètre, objet de la vénération de Benjamin, qui passait rarement une heure sans venir consulter cet oracle. Un énorme sofa, couvert en indienne, s'étendait le long de tout un côté des murs, dans un espace de près de vingt pieds, et les intervalles que laissaient les meubles des autres côtés étaient remplis par des chaises en bois peint en jaune pâle, avec des lignes transversales en noir, qui avaient été tracées par une main peu sûre. Deux petits lustres étaient suspendus à égale distance entre le poêle et les portes situées à chaque extrémité du salon; et des girandoles étaient attachées à la boiserie, à intervalles égaux. Elles étaient séparées l'une de l'autre par de petits piédestaux soutenant des bustes en plâtre noirci. Le choix de ces bustes était dû au goût de M. Richard Jones; l'un était Homère, et la ressemblance était frappante, disait-il, car ce poëte était aveugle. A la barbe du second, coupée en pointe, on ne pouvait méconnaître Shakspeare. Le troisième était une femme tenant une urne, et il était aisé de voir que c'était Anna, portant les cendres de sa sœur Didon. Aux lunettes du quatrième, et à l'air de dignité du cinquième, il était impossible de ne pas reconnaître Franklin et Washington. Quant au dernier, qui représentait un homme décolleté, couronné de lauriers, Richard en parlait d'un ton moins affirmatif, et il ne décidait pas s'il représentait Jules-César ou le docteur Faust.

La tapisserie qui décorait la muraille représentait sur un fond gris la Grande-Bretagne pleurant sur la tombe de Wolfe. Le héros lui-même était à peu de distance de la déesse en deuil. Les deux parois de la pièce contenaient la figure, à l'exception d'un bras du général qui s'en allait dans la pièce voisine; de sorte que lorsque Richard essaya de rassembler de ses propres mains ce dessin délicat, plus d'une difficulté l'empêcha d'y parvenir avec précision, et la Grande-Bretagne eut à déplorer, outre la perte de son guerrier favori, de nombreuses amputations de son bras droit.

L'auteur de ces mutilations cruelles annonça sa présence dans l'appartement par le bruit de son fouet, et il fut le premier à prendre la parole.

— Comment? Benjamin! Comment? Ben-la-Pompe! s'écria-t-il; est-ce ainsi que vous recevez une héritière? Excusez-le, cousine Elisabeth; il n'est pas donné à tout le monde de sentir ce qui est convenable; mais me voici, et les choses en iront mieux. Allons donc, monsieur Penguillan, allumez, allumez, et que nous puissions nous voir les uns les autres. Eh bien ! cousin 'Duke, je vous ai apporté votre daim ; qu'en allons-nous faire ?

— Au nom du Seigneur, Squire [1], répondit Benjamin après s'être d'abord essuyé la bouche avec le dos de sa main, si vous aviez donné vos ordres pendant le premier quart d'heure, ils auraient été exécutés à temps, voyez-vous. J'avais fait l'appel de toutes les mains, et j'allais distribuer les chandelles; mais quand les femmes ont entendu vos clochettes, elles n'ont pu résister ; et s'il y a dans la maison quelqu'un qui puisse tenir le gouvernail contre une troupe de femmes, jusqu'à ce qu'elles aient filé leur câble, ce quelqu'un-là n'est pas Benjamin. Mais miss Elisabeth serait plus changée qu'un corsaire sous faux pavillon, si elle était mécontente d'un vieux serviteur pour quelques chandelles de plus ou de moins.

Elisabeth gardait le silence ainsi que M. Temple. C'était la première fois qu'elle entrait dans la maison depuis la mort de sa mère, et cette circonstance rappelait vivement au père et à la fille la perte qu'ils avaient faite.

Cependant les lustres et les girandoles furent garnis de chandelles par les domestiques, revenus enfin de leur surprise; ils les allumèrent sans délai, et, au bout de quelques instants, l'appartement se trouva parfaitement illuminé.

Toute la compagnie commença alors à se débarrasser des vêtements additionnels que chacun avait pris pour se garantir du froid, et Remarquable Pettibone s'approcha d'Elisabeth, en apparence pour recevoir les habillements qu'elle quittait, mais en réalité pour examiner, avec une curiosité qui n'était pas sans quelque mélange de jalousie, l'air et la tournure de la jeune personne qui venait la supplanter dans l'administration intérieure de la maison. Ce dernier sentiment ne s'effaça point quand sa jeune maîtresse eut ôté successivement son grand manteau, un ou deux châles, et le grand capuchon noir qui, en tombant, fit voir des boucles de longs cheveux noirs, brillants comme l'aile du corbeau. Rien n'était plus beau que son front. Son nez aurait été parfaitement grec, sans une légère courbure qui n'en diminuait la régularité que pour lui donner un nouveau charme. Sa bouche,

---

1. Le mot *Squire* répondant à notre mot *seigneur* quand il est question du propriétaire d'un manoir, est un *terme* féodal en Angleterre; mais ici sa signification ne va pas au-delà de notre mot de *monsieur*.

à la première vue, ne semblait faite que pour l'amour ; mais dès que ses lèvres s'entr'ouvraient, on admirait combien l'accent de sa voix avait d'aisance, de grâce et de dignité. Sa physionomie charmante n'avait pas un moindre attrait ; elle était l'image vivante de sa mère, et tenait d'elle une taille avantageuse, sans être trop grande, un embonpoint assez remarquable pour son âge, et la parfaite symétrie de tous ses membres. Elle lui devait aussi des sourcils bien arqués, des yeux pleins de feu, et les longs cils qui les bordaient. Il y avait aussi dans sa physionomie l'expression de celle de son père ; elle était naturellement pleine de douceur et de bienveillance, mais elle pouvait s'animer, et c'était alors une beauté imposante.

Lorsqu'elle eut ôté son dernier châle, elle resta couverte d'une robe à monter à cheval, du plus beau drap bleu, qui flattait encore sa taille ; ses joues donnaient naissance à des roses que la chaleur de la salle ne rendait que plus vives, et ses yeux encore un peu humides, par suite du froid qu'elle avait éprouvé pendant le voyage, n'en brillaient qu'avec plus d'éclat.

Chacun s'étant débarrassé de ses vêtements extraordinaires, Marmaduke parut en habit complet de drap noir uni ; M. Le Quoi, en habit de couleur de tabac, en gilet brodé, en culottes et bas de soie, et en souliers à boucles ; le major Hartmann, en bottes, en perruque à queue, et en habit bleu de ciel, et M. Richard Jones, en frac boutonné sur sa taille bien arrondie, et ouvert sur la poitrine, de manière à laisser apercevoir un gilet de drap rouge qui en couvrait un second en flanelle, bordé de velours ; il portait des culottes de daim, des bottes à revers et des éperons.

Elisabeth, plus légèrement vêtue, eut enfin le loisir de jeter un coup d'œil sur l'appartement dans lequel elle se trouvait, et si l'ameublement n'en était pas du meilleur goût, du moins tout y était de la plus grande propreté, et il n'y manquait rien de ce qui pouvait être agréable ou commode. Ses yeux n'avaient pas encore eu le temps de s'arrêter sur les petits défauts qu'elle aurait pu apercevoir, quand ils rencontrèrent un objet qui formait un contraste frappant avec le visage joyeux des personnages qui s'étaient réunis pour célébrer le retour de l'héritière de Templeton chez son père.

Dans un coin de la salle, près de la grande entrée, était le jeune chasseur que tout le monde semblait avoir oublié, et qui paraissait partager lui-même la distraction générale. En entrant dans l'appartement, il avait machinalement ôté son bonnet et mis au jour des cheveux dont la couleur brillante le disputait même à ceux d'Elisabeth. S'il y avait dans les traits de sa physionomie quelque chose de prévenant, on ne pouvait s'empêcher de reconnaître aussi de la noblesse sur son front, et la manière dont il portait sa tête annonçait un homme pour qui une splendeur qu'on regardait comme sans égale dans ces nouveaux établissements n'offrait rien d'extraordinaire, et qui semblait même la mépriser.

La main qui tenait sa toque était légèrement appuyée sur le petit piano monté en ivoire d'Elisabeth, et ses doigts placés sur les touches semblaient habitués à s'y reposer. Cette habitude était évidemment prise par hasard, et elle n'annonçait ni une timidité gauche ni une hardiesse déplacée. Elisabeth n'eut pas plus tôt jeté les yeux sur lui, qu'elle s'écria :

— Mon père, nous oublions l'étranger que nous avons amené ici pour lui faire donner des secours, et qui a droit à notre attention.

Tous les yeux se tournèrent alors du côté du jeune chasseur, qui répondit en levant la tête d'un air de fierté : — Ma blessure n'est qu'une bagatelle, et je crois que M. Temple, en arrivant, a envoyé chercher un chirurgien.

— Oui, certainement, dit Marmaduke; je n'ai pas oublié la cause de votre arrivée ici, jeune homme, ni la nature de la dette que j'ai contractée envers vous.

— Oh! oh! s'écria Richard en se frottant les mains, vous devez donc quelque chose au jeune homme, cousin 'Duke? C'est sans doute pour le daim que vous avez tué? Vous nous avez fait une belle histoire de votre prouesse! — Tenez, jeune homme, je vous donnerai deux dollars pour le daim, et le juge ne peut faire moins que de payer le docteur. — Je ne vous demanderai rien pour mes services, et vous ne vous en trouverez pas moins bien. — Allons, allons, cousin 'Duke, ne soyez pas déconcerté : si vous avez manqué le daim, vous n'avez pas manqué ce pauvre diable; et pour cette fois vous m'avez battu, car jamais il ne m'est arrivé d'en faire autant.

— Et j'espère que cela ne vous arrivera jamais, répondit M. Temple, s'il doit vous en coûter autant de chagrin et de regret que j'en éprouve. — Mais prenez courage, mon jeune ami; la blessure ne peut être dangereuse, puisque vous remuez le bras avec facilité.

— Ne rendez pas les choses pires qu'elles ne le sont, en vous mêlant de parler de chirurgie, cousin 'Duke, s'écria M. Jones en faisant un geste de mépris; c'est une science qui ne peut s'acquérir que par la pratique. Vous savez que mon grand-père était un docteur, et il n'y a pas une goutte de sang médical dans vos veines. Ce genre de connaissances se perpétue dans les familles; toute la mienne, dans la ligne paternelle, a du goût pour la médecine ; et mon oncle, qui fut tué à Brandywine, mourut deux fois plus facilement qu'aucun autre soldat de son régiment, uniquement parce qu'il savait comment cela devait se faire.

— Je ne doute pas, Dick, répondit le juge d'un ton enjoué, tandis que le jeune étranger ne pouvait s'empêcher de laisser échapper un sourire en dépit de lui-même, que votre famille n'entende fort bien l'art d'apprendre à ses patients à sortir facilement de la vie.

Richard l'écouta avec un air de sang-froid, mit ses mains dans ses poches en affectant beaucoup de dédain, et commença à siffler. Mais le désir de répliquer l'emporta sur sa philosophie, et il s'écria avec chaleur : — Vous pouvez en rire, si bon vous semble, mais il n'existe pas un homme, dans toute l'étendue de votre patente [1], qui ne sache qu'il y a des talents et des vertus héréditaires. — Ce jeune homme même, quoiqu'il n'ait jamais vu que des ours, des daims et des perdrix, vous dira qu'il n'en doute pas. — N'est-il pas vrai, l'ami?

— Je crois du moins que le vice n'est pas héréditaire, répondit l'étranger, dont les yeux se portèrent rapidement du père à la fille, pendant qu'il parlait ainsi.

— Le squire a raison, juge, dit Benjamin en faisant à M. Jones un signe de tête qui indiquait de la cordialité entre eux ; dans le vieux pays [2], le roi touche les écrouelles, et c'est une maladie que le plus grand docteur d'une flotte et l'amiral lui-même ne sauraient guérir : cela n'est réservé qu'à Sa Majesté ou à la main d'un

---

1. Voyez la note page 47.
2. *In the old-country*: l'Angleterre est ainsi appelée par les Américains. Les rois d'Angleterre comme ceux de France prétendaient au don miraculeux de guérir les écrouelles, sans doute parce qu'ils prenaient le titre de *roi de France*. Le fameux docteur Samuel Johnson, né très-scrofuleux, était venu à Londres dans son enfance pour chercher ce miraculeux attouchement.

pendu¹. — Oui, oui, M. Richard a raison ; car sans cela comment se ferait-il que le septième fils serait toujours un docteur ? Or, quand nous eûmes ce fameux engagement avec les Français sous l'amiral de Grasse, nous avions à bord un docteur qui...

— Fort bien, Benjamin, dit Elisabeth, vous me raconterez cette histoire et toutes vos aventures dans un autre moment. Quant à présent, il faut préparer une chambre où l'on puisse panser le bras de Monsieur.

— J'y veillerai moi-même, cousine, dit Richard d'un air important. Parce qu'il plaît au juge d'être obstiné, il ne faut pas que ce pauvre diable en souffre. Suivez-moi, l'ami, je vais examiner votre blessure.

— Je crois qu'il vaut autant attendre l'arrivée du chirurgien, répondit le jeune chasseur très-froidement ; il ne peut tarder, et cela vous en évitera la peine.

Richard le regarda un instant fixement, comme s'il avait peine à en croire ses oreilles ; mais ne pouvant douter qu'il n'eût bien entendu, il considéra ce refus comme un acte d'hostilité, et remettant ses mains dans ses poches, il se détourna brusquement. S'avançant alors vers M. Grant, et plaçant sa tête en face et tout près de celle du ministre, il lui dit à demi-voix :

— Faites bien attention à ce que je vais vous dire : on fera courir le bruit dans tous les environs que sans ce jeune drôle nous nous serions tous cassé le cou. Comme si je ne savais pas conduire. Vous auriez vous-même fait tourner les chevaux, Monsieur, il n'y a rien de plus facile ; il ne s'agissait que de serrer la bride sur la gauche, et d'allonger un grand coup de fouet sous les flancs du cheval de droite. J'espère que vous ne vous ressentez nullement de la chute ?

L'arrivée du docteur du village empêcha M. Grant de lui répondre.

---

1. A Londres comme dans les provinces, quand le pendu vient d'expirer, on voit accourir autour de l'échafaud une foule de gens qui implorent du bourreau la faveur d'être frottés avec la main du supplicié. On attribue à cette main, en Angleterre, encore plus de vertu qu'à celle de Sa Majesté Britannique.

CHAPITRE VI.

> Sur ces tablettes un misérable assemblage de boîtes vides, des pots de terre verte, des vessies [1], des graines moisies, des restes de ficelle et de vieux gâteaux de roses, étaient étalés pour servir de montre.
>
> SHAKSPEARE. *Roméo et Juliette.*

Le docteur Elnathan Todd, car tel était le nom du chirurgien de village, passait en général, parmi les cultivateurs du comté, pour un homme doué de talents peu ordinaires; et assurément il était d'une taille peu commune, car il avait six pieds et quatre pouces [2]. Ses mains, ses pieds et ses genoux répondaient à cette stature formidable; mais toutes les autres parties de son corps semblaient avoir été destinées à un homme d'une dimension beaucoup moindre. Il avait les épaules carrées, dans un sens du moins, car elles étaient en ligne droite de l'une à l'autre, mais si étroites que les longs bras qu'elles soutenaient semblaient lui sortir du dos. Son cou, long comme celui d'une cigogne, était surmonté d'une petite tête ronde offrant d'un côté un buisson de cheveux bruns hérissés, et de l'autre une petite figure grimacière qui semblait faire des efforts continuels pour se donner un air de dignité.

Il était fils cadet d'un riche fermier de Massachusetts, qui, par suite de l'aisance dont il jouissait, l'avait laissé atteindre cette taille démesurée sans l'avoir jamais occupé des travaux de défrichement qui employaient tous les instants du reste de sa famille. Il était redevable en partie de cette exception à cette croissance extraordinaire qui, le laissant sans couleurs, sans forces, sans énergie, porta sa mère à déclarer que c'était un enfant délicat, à qui le travail des mains ne convenait pas, mais qui pourrait

---

1. Quelques apothicaires anglais se servent encore de vessies pour certain service pharmaceutique.
2. Taille de près de six pieds français; autrement ce serait presque celle des héros d'Homère, tels que Bouchardon les figure.

gagner sa vie assez doucement en se faisant avocat, ministre, docteur, ou en embrassant quelque autre métier pas plus difficile. La question était de savoir laquelle de ces professions il pourrait exercer avec le plus d'honneur et de profit; on fut longtemps dans l'incertitude à cet égard, et ce fut encore l'œil pénétrant de sa mère qui découvrit sa vocation.

Elle remarqua qu'Elnathan, qui ne savait que faire de son temps, était presque toujours dans le verger, mangeant des pommes vertes et d'autres fruits, suivant la saison, cherchant de l'oseille sauvage et des plantes aromatiques, et sur-le-champ elle en conclut qu'il était taillé pour être un docteur, puisqu'on le voyait toujours chercher des simples et goûter à tout ce qu'il trouvait sous sa main; et puis, comment douter qu'il n'eût un goût tout particulier pour la médecine, puisque ayant un jour laissé sur une table des pilules que son mari devait prendre, et qui étaient bien saupoudrées de sucre, Elnathan était survenu, les avait avalées comme si ce n'eût rien été, quoique Ichabod son mari n'en eût jamais pu avaler une sans faire des grimaces comme un possédé.

Cette découverte décida l'affaire. Elnathan, alors âgé de quinze ans, fut peigné et brossé comme un jeune poulain, muni d'un *Nouveau-Testament* et d'un *Syllabaire* de Webster, puis envoyé à l'école; là, comme il n'était pas sans capacité, et qu'il avait déjà quelque teinture des *sciences*, c'est-à-dire de la lecture, de l'écriture et de l'arithmétique, il se distingua bientôt par des succès. Sa mère enchantée eut la satisfaction d'entendre le maître lui dire de sa propre bouche qu'Elnathan était un petit prodige, et fort au-dessus de tous ceux de son âge. Il pensait aussi qu'il avait un penchant naturel pour la médecine, car il l'avait entendu plusieurs fois conseiller aux enfants plus jeunes que lui de ne pas trop se charger l'estomac, et quand ces petits ignorants n'écoutaient pas ses avis, il allait jusqu'à manger lui-même une partie de leur portion, pour prévenir les conséquences et par intérêt pour leur santé.

Quelque temps après cette déclaration agréable, il fut mis en apprentissage chez le docteur du village, dont la carrière avait commencé à peu près comme celle d'Elnathan. Là, on le voyait broyer des drogues, médicamenter un cheval, et quelquefois, assis sous un pommier, ayant en main une grammaire latine de

Ruddiman[1], et sous son bras l'Art des accouchements de Denman[2], car son instituteur voulait qu'il apprît l'art de faire entrer les gens dans le monde, avant de l'initier dans celui de les en faire sortir. Il continua ce genre de vie pendant un an, au bout duquel il parut tout à coup dans une assemblée, vêtu d'une redingote noire, avec de petites bottes dont les revers étaient de peau de veau pâle à défaut de maroquin rouge.

Bientôt après, on le vit se raser lui-même avec un rasoir à lame émoussée. Il ne se passa pas trois mois avant qu'on vit plusieurs vieilles matrones courir d'un air pressé les unes à la maison d'une pauvre femme, et les autres d'un autre côté : deux ou trois marmots furent juchés sur des chevaux sans selle et envoyés au galop dans diverses directions; on demandait le docteur; mais on ne le trouvait nulle part. Enfin Elnathan partit avec le messager hors d'haleine. Nous ne savons pas si l'art aida la nature dans cette circonstance, ou si ce fut la nature qui vint au secours de l'art; mais il est certain que le coup d'essai du jeune apprenti, bien loin de coûter la vie à personne, donna un nouveau membre à la société. Cette semaine il acheta un rasoir neuf, et le dimanche d'ensuite il entra à l'église d'un air imposant et un mouchoir de soie rouge à la main. Un mois après il obtint un pareil succès, et pour la première fois de sa vie il reçut le titre de docteur; ce fut sa mère qui le lui conféra la première, et bientôt chacun prit l'habitude de le saluer du titre de docteur Todd.

Après avoir passé une autre année chez son maître, il se crut en état de voler de ses propres ailes; il partit pour Boston, pour y acheter des médicaments, disaient les uns, pour y travailler dans l'hôpital, disaient les autres; mais à cet égard, s'il y entra jamais, ce ne fut que pour en traverser les salles, car on le vit revenir au bout de quinze jours, rapportant seulement une grande boîte qui sentait horriblement le soufre.

Le dimanche suivant il se maria, et dès le lendemain matin, on le vit monter avec sa nouvelle épouse dans un sleigh attelé d'un seul cheval, et qui, indépendamment de la grande boîte mentionnée, contenait deux petites malles, un carton et un parapluie en

---

[1]. Ce n'est pas un nom fictif, mais celui d'un grammairien écossais qui, dans les écoles anglaises, a un nom aussi populaire que Lhomond en France. Thomas Ruddiman a publié entre autres, the Rudiments of the latin tongue, et les Grammaticæ latinæ institutiones. Il était né à Boyndie (Ecosse), dans le comté de Banff.

[2]. Auteur d'un traité des accouchements, traduit en français.

soie rouge. La première nouvelle que ses amis en reçurent fut qu'il était établi en qualité de médecin-chirurgien-apothicaire à Templeton, dans le New-York, et qu'il paraissait en chemin d'y prospérer.

Un élève du Temple [1] a peut-être souri en voyant Marmaduke devenir juge, sans études préalables; mais, à coup sûr, un gradué en médecine de Leyde ou d'Edimbourg a droit de rire d'aussi bon cœur de cette narration très-exacte de l'apprentissage fait par Elnathan dans le temple d'Esculape. Il est pourtant certain que le docteur Todd était alors aussi au niveau de ses confrères des Etats-Unis que M. Temple l'était des siens.

Le temps et la pratique firent des merveilles pour le disciple de Galien. Il était naturellement humain, mais il possédait sa bonne part de courage moral. Pour parler plus clairement, jamais il ne faisait une expérience incertaine sur un sujet qui par sa fortune et son importance était à ses yeux un membre utile de la société; mais lorsqu'il lui tombait sous la main quelque malheureux vagabond [2], il n'était pas fâché d'essayer sur lui la vertu des divers médicaments qu'il possédait, et qui heureusement étaient en petit nombre, et d'une nature généralement innocente. Il obtint ainsi un certain degré de connaissances dans les fièvres et les maladies chroniques, mais il était regardé comme infaillible pour la cure des maladies cutanées, dont il y avait un grand nombre dans les nouveaux établissements, et dans toute l'étendue de la patente de M. Temple. Il n'existait pas une femme qui n'eût préféré devenir mère sans l'assistance de son mari, plutôt que de mettre un enfant au monde sans le secours du docteur Todd.

La chirurgie étant une science qui parle aux sens plus directement et dans laquelle il avait moins d'expérience, il se méfiait de ses moyens, et n'agissait qu'avec beaucoup de circonspection. Cependant il avait déjà guéri par les onguents un grand nombre de brûlures, et arraché bien des dents avec succès, en ayant soin de les déchausser préalablement jusqu'à la racine; il avait opéré la réunion des chairs dans beaucoup de blessures que s'étaient faites des bûcherons maladroits, quand un jobber [3], nommé Mil-

---

1. Les *hôtelleries du Temple* (*inns of the Temple*) sont l'habitation des avocats stagiaires et des étudiants en droit de Londres, plutôt qu'une véritable école de droit.
2. On se rappelle la fameuse phrase de *faciamus experimentum in animâ vili.*
3. Ceux qui travaillent dans les forêts par *acre* ou *job* sont ainsi appelés.

ligan, eut la jambe tellement fracturée par la chute d'un arbre, que l'amputation fut le seul remède praticable. Jamais Elnathan n'avait fait une pareille opération; mais il l'avait vu pratiquer plusieurs fois, et ce fut alors que toute sa sensibilité et son courage moral furent soumis à une rude épreuve. Il se mit à l'ouvrage avec une sorte de désespoir, mais en conservant tout l'extérieur de la gravité, toute l'apparence de la confiance. C'était de cette opération que parlait Richard Jones en disant qu'il avait aidé le docteur à faire une amputation, et il est certain qu'il avait tenu la jambe du patient. Quoi qu'il en soit, la jambe fut coupée, et Milligan survécut à l'opération; mais longtemps encore après, il se plaignit de sentir, dans la partie de sa jambe qui n'existait plus, des douleurs qui se communiquaient à la portion conservée. Marmaduke l'attribuait aux nerfs et aux artères de la partie restante [1]; mais Richard craignit qu'on n'en accusât quelque défaut matériel de l'amputation, à laquelle il se regardait comme ayant pris part, et persuada Milligan qu'on avait enterré sa jambe dans une boîte trop étroite, et que ce membre, s'y trouvant gêné, lui occasionnait les douleurs dont il se plaignait. La jambe fut donc déterrée, on la plaça dans une boîte bien large, on en fit la réinhumation, et, depuis ce temps, on n'entendit plus aucune plainte sortir de la bouche de Milligan. Cette cure fit beaucoup d'honneur au docteur Todd, et augmenta considérablement sa réputation.

Malgré les six ans d'expérience d'Elnathan et le succès qu'il avait obtenu dans l'amputation d'une jambe, ce ne fut qu'avec un certain tremblement qu'il entra dans un salon magnifiquement éclairé, et dont l'ameublement était si différent de celui des chaumières où son ministère était requis le plus fréquemment. On l'avait averti qu'il s'agissait d'une blessure d'arme à feu; il s'était muni de deux trousses contenant tous les instruments de chirurgie qui étaient en sa possession; pendant tout le chemin, il n'avait fait que rêver aux divers ravages que peut occasionner une balle dans les parties charnues et osseuses du corps humain, dans l'abdomen ou dans le thorax, et il tremblait d'avoir à exercer son savoir-faire sur quelque membre de la famille du juge, ou sur quelqu'un de ses amis.

---

1. Phénomène pathologique qui n'eût pas étonné un autre praticien.

Le premier objet que ses yeux rencontrèrent en entrant dans le salon fut Elisabeth, en redingote à monter à cheval, ornée de ganses d'or ; et les rotules des genoux du docteur se heurtèrent d'agitation l'une contre l'autre, car, dans le trouble qui régnait dans son esprit et à l'air d'inquiétude qu'exprimaient ses jolis traits, il la prit pour un officier général blessé qui attendait son secours. Cette erreur ne dura pourtant qu'un instant, et il regarda rapidement tour à tour Marmaduke, qui s'avançait vers lui du fond du salon avec un air de dignité tranquille ; Richard Jones, qui se promenait à grands pas, encore plein de dépit du peu de cas que le jeune chasseur paraissait avoir fait de ses talents ; M. Le Quoi, qui, depuis plusieurs minutes, était debout derrière une chaise qu'il avait avancée pour Elisabeth ; le major Hartmann, qui allumait avec le plus grand sang-froid une pipe de trois pieds de longueur à un des lustres ; M. Grant, qui examinait un manuscrit avec attention ; Remarquable, qui, les bras croisés, regardait la parure de sa jeune maîtresse avec un air d'envie autant que d'admiration ; enfin, Benjamin, qui, les jambes écartées et les bras balants, dandinait sa petite taille carrée avec l'insouciance d'un homme habitué à voir des blessures.

Aucun de ces personnages ne paraissant blessé, l'opérateur commença à respirer plus librement, et le juge arriva près de lui, le prit par la main en lui disant :

— Vous êtes le bienvenu ! docteur, le bienvenu en vérité ; car voici un jeune homme que j'ai eu le malheur de blesser ce soir en tirant sur un daim, et qui a besoin de vos secours.

Les yeux de Todd suivirent la direction que lui indiquait le bras de Marmaduke, et il aperçut le jeune chasseur, qui venait de se débarrasser de son surtout, sous lequel il portait un habit de gros drap de fabrique du pays, qui paraissait presque neuf. Il semblait se disposer à l'ôter pareillement, quand, jetant par hasard les yeux sur Elisabeth, il rougit légèrement, et changea tout à coup d'attitude.

— La vue du sang, dit-il, alarmera peut-être cette jeune dame ; nous ferions mieux de passer dans une autre chambre.

— Point du tout ! s'écria le docteur, qui, voyant que son patient n'était pas un homme d'importance, commençait à reprendre toute son assurance ; la belle clarté de cet appartement sera très-favorable à l'opération.

L'observation faite par le jeune étranger fit sortir miss Temple de la rêverie silencieuse dans laquelle elle était plongée. Elle rougit un peu, et, faisant un signe à une jeune fille qui devait lui servir de femme de chambre, elle sortit du salon avec cet air de discrétion et de réserve qui est une grâce de plus dans une femme.

Le champ resta libre alors au docteur, qui s'approcha du blessé, et les différents personnages de la compagnie se groupèrent autour d'eux d'un air qui prouvait le plus ou moins de compassion que chacun d'eux éprouvait pour la situation du jeune chasseur. Le major Hartmann resta seul assis, et continua à fumer, tantôt levant les yeux au plafond en homme qui réfléchit sur l'incertitude de la vie humaine, tantôt les portant sur le blessé avec un air qui annonçait qu'il n'était pas sans prendre intérêt à ses souffrances.

Cependant Elnathan, pour qui la vue d'une blessure causée par une arme à feu était une chose toute nouvelle, commença ses préparatifs avec un soin et une solennité dignes d'une telle occasion. Benjamin lui apporta une vieille chemise, et le docteur tailla des bandages avec une attention qui prouvait l'importance de l'opération qu'il allait faire, et sa confiance en son habileté.

Dès que Richard vit que les bandages étaient prêts, il s'approcha du docteur avec l'air entendu d'un homme qui connaît son mérite, et qui sait que sa présence est indispensable, et Elnathan, se tournant vers lui en lui présentant un fragment de la chemise, lui dit avec une gravité imperturbable :

— Tenez, squire Jones, vous qui n'êtes pas novice dans les opérations chirurgicales, voulez-vous bien me préparer ce linge ? Faites bien attention que cette chemise est une toile de fil et coton, et prenez garde de mettre dans la charpie un seul brin de coton, car cela suffirait pour envenimer la blessure.

— A qui dites-vous cela? répondit Richard ; je le sais parfaitement. Et, jetant sur Marmaduke un regard qui semblait dire :
— Vous voyez bien qu'il ne peut se passer de moi ! — il s'assit, et se mit à faire de la charpie sur ses genoux avec un soin tout particulier.

On approcha une table du docteur, et il y étala successivement des fioles contenant des liqueurs de diverses couleurs, et des instruments de toute espèce, scies, scalpels, lancettes, sondes, etc., qu'il tira d'une trousse de maroquin rouge. Après les avoir examinés avec attention les uns après les autres, il les essuya soigneusement avec un mouchoir de soie rouge, se retournant de temps en temps pour voir quel effet cet appareil formidable produisait sur les spectateurs.

— Sur ma parole! docteur, dit le major Hartmann en retirant un moment la pipe de sa bouche, vous afoir là un bien joli assortiment d'outils! et vos drogues afoir l'air de faloir mieux pour les yeux que pour la pouche.

— Vous avez raison, major, répondit Elnathan, grandement raison! Un homme prudent cherche toujours à rendre ses remèdes agréables à l'œil, quoiqu'il arrive souvent qu'ils soient amers au palais. Ce n'est pas un des points les moins essentiels de notre art, Monsieur, ajouta-t-il avec ce ton de confiance d'un homme parfaitement au fait de sa besogne, que de déterminer le patient à faire ce que le soin de sa santé exige, quelque répugnance qu'il puisse éprouver.

— Rien n'est plus certain, le docteur Todd a bien raison, dit Remarquable; et la Bible nous dit que ce qui est amer à la bouche est doux au cœur.

— Fort bien! fort bien! s'écria le juge avec un peu d'impatience; mais voici un jeune homme qui a besoin de secours sans qu'il soit nécessaire de l'amener par des détours à l'opération, et je vois dans ses yeux que rien ne lui est plus pénible que le d éla

Le blessé, sans avoir besoin de l'aide de personne, avait ôté ses habits, et mis à nu son bras et son épaule; on vit alors la blessure que la balle lui avait faite. Le froid excessif de la soirée avait arrêté le sang; et le docteur, déjà plus intrépide depuis qu'il savait à qui il avait affaire, vit du premier coup-d'œil que le cas ne serait pas aussi formidable qu'il l'avait craint, et se rapprocha du patient d'un air plus assuré.

Remarquable eut souvent l'occasion par la suite de récapituler les détails de cette célèbre opération, et lorsqu'elle en était à cet endroit de son récit, elle continuait généralement en ces termes:

— Et ici le docteur choisit dans son portefeuille une longue chose semblable à une aiguille à tricoter avec un bouton au bout; le jeune homme prit un air plus calme, je crus que j'allais m'évanouir; mais le docteur prit cette aiguille, la passa à travers l'épaule et tira la balle de l'autre côté, et par ainsi le docteur Todd guérit le jeune homme d'une balle que le juge lui avait logée dans le bras : il la retira comme vous retireriez une paille de l'œil.

Telles étaient les expressions de Remarquable, et telle fut sans doute l'opinion de ceux qui avaient besoin d'entretenir une sorte de vénération religieuse pour les talents d'Elnathan ; mais c'était un rapport bien loin de la vérité.

Lorsque le docteur voulut introduire l'instrument décrit par Remarquable, il fut repoussé par le jeune étranger avec un peu de mépris et beaucoup de résolution.

—Je crois, Monsieur, lui dit-il, que cette opération préalable n'est nullement nécessaire. La balle a passé dans les chairs, je la sens de l'autre côté de mon bras, précisément sous la peau, et il vous sera très facile de l'extraire en faisant une incision.

— Très certainement, dit le docteur ; et il remit la sonde sur la table, comme s'il ne l'avait prise que par forme. Se tournant alors vers Richard, il prit la charpie que celui-ci venait de préparer, l'examina avec soin, et lui dit : —Voilà qui est admirable, squire Jones : c'est la meilleure charpie que j'ai vue de ma vie. Maintenant j'aurai besoin de vous pour tenir le bras du patient pendant que je ferai l'incision. Je crois vraiment que personne au monde ne saurait préparer de si bonne charpie.

—Cela est dans le sang, docteur, dit Richard en se levant avec vivacité pour remplir les fonctions que M. Todd venait de lui assigner ; mon père et mon grand-père étaient renommés pour leurs connaissances en chirurgie.

— Sans doute, sans doute, dit Benjamin, et c'est ainsi que j'ai vu des enfants de marins monter au haut du grand mât avant de savoir marcher.

— Ce que dit Benjamin vient très à propos, reprit Richard avec un air de satisfaction ; je suis sûr qu'il a vu extraire plus d'une balle dans les différents vaisseaux sur lesquels il a servi. Nous pourrions le charger de tenir le bassin ; il doit être familiarisé avec la vue du sang.

—Vous ne risquez rien de le dire, squire Jones, répliqua Benjamin ; j'étais présent quand on fit l'extraction d'un boulet de douze livres de la cuisse du capitaine du *Foudroyant*, un des compatriotes de M. Le Quoi que voilà [1].

---

[1]. Il est possible que le lecteur s'étonne de cette déclaration de Benjamin ; mais ceux

— Un boulet de douze livres extrait de la cuisse d'un homme ! s'écria M. Grant en laissant tomber le sermon qu'il lisait, et en relevant ses lunettes sur son front.

— Oui, un boulet de douze livres, répéta Benjamin avec un air de confiance, et il ne serait pas plus difficile d'en extraire un de vingt-quatre, pourvu que le chirurgien sût son métier. Demandez au docteur si l'on ne voit pas des choses encore plus étonnantes.

— Il est certain, répondit Elnathan, que la médecine et la chirurgie opèrent des miracles ; mais je ne puis dire que j'aie jamais vu extraire du corps humain autre chose que des balles de mousquet.

Tout en parlant ainsi, le docteur fit une légère incision dans la peau du blessé, et la balle se montra à découvert. Rien ne lui eût été plus facile que de la prendre avec les doigts ; mais, par égard pour les principes de l'art, il voulut se servir de ses pinces, et pendant qu'il les prenait sur la table, un mouvement du jeune chasseur fit tomber la balle par terre. Les longs bras d'Elnathan lui furent d'une grande utilité en cette occasion ; car, tandis que l'un s'étendait avec promptitude pour ramasser la balle, l'autre fit un mouvement si adroit, qu'il laissa les spectateurs incertains. Ils n'auraient pu dire s'il venait de l'extraire.

— Admirable ! s'écria Richard ; jamais je n'ai vu extraire une balle avec autant d'adresse, et j'ose dire que Benjamin en dira autant.

— En vrai chirurgien de marine, dit Benjamin ; maintenant le docteur n'a plus qu'à boucher le trou avec un tampon, et le navire peut mettre à la voile sans danger.

Le docteur s'approcha avec la charpie, mais le jeune homme le repoussant, lui dit : — Je vous remercie des peines que vous avez prises ; mais j'aperçois quelqu'un qui vous en évitera de nouvelles.

Chacun tourna la tête, et l'on vit à la porte du salon l'individu connu sous le nom de John l'Indien.

---

qui ont vécu dans les nouveaux établissements de l'Amérique sont trop habitués à entendre parler de ces exploits européens pour en douter.

CHAPITRE VII.

> Ce fut des sources reculées de la Susquehanna, où des tribus sauvages poursuivent encore leur gibier, que vint le berger de la forêt ; sa couverture était attachée avec des rubans jaunes.
>
> FRÉNEAU.

AVANT que les Européens, ou, pour me servir d'un terme plus significatif, avant que les chrétiens se fussent emparés d'un sol appartenant aux anciens propriétaires qu'ils en expulsaient, toute cette étendue de pays qui compose aujourdhui les États de la Nouvelle-Angleterre, et ceux qui sont situés dans l'intérieur, à l'est des montagnes, étaient occupés par deux grandes nations indiennes. Ces deux nations, qui avaient donné naissance à un nombre infini de peuplades, avaient chacune leur langue différente ; elles étaient presque toujours en état de guerre, et jamais elles ne s'amalgamèrent ensemble avant que les usurpations des blancs eussent réduit la plupart de leurs tribus à un état de dépendance. Leur existence politique comme peuples fut alors à peu près détruite, et, vu les besoins et les habitudes des sauvages, leur situation personnelle comme individus devint très-précaire.

Ces deux grandes divisions étaient composées, d'une part, des cinq, ou, comme on les appela ensuite, des six Nations et de leurs alliés[1], et de l'autre, des Lenni-Lenapes ou Delawares, et des tribus nombreuses et puissantes qui tiraient leur origine de cette nation. Les Anglo-Américains nommaient ordinairement les premiers les Iroquois, ou les six Nations, et quelquefois les Mingos ; mais leurs rivaux leur donnaient toujours le nom de Mengwe ou Maqua. Ils se subdivisaient en plusieurs tribus, ou comme ils le disaient pour se donner plus d'importance, en plusieurs nations, les Mohawks, les Onéidas, les Onondagas, les Cayugas

---

[1]. Voyez les premières notes du *Dernier des Mohicans*.

et les Senecas, qui occupaient dans la confédération le rang dans lequel nous venons de les nommer. Les Tuscaroras furent admis dans cette union environ un siècle après sa formation, et complétèrent le nombre de six Nations.

Les Lenni-Lenapes, que les blancs nommaient les Delawares, parce qu'ils tenaient leurs grands conseils sur les bords de la rivière Delaware, se subdivisaient comme les autres en plusieurs peuplades, qui étaient, indépendamment de celle qui portait particulièrement ce nom commun à toute la nation, les Mahicanni, Mohicans ou Mohegans, et les Nantycokes ou Nantigoes. Ces derniers occupaient le pays situé sur les bords du Chesapeak et le long du rivage de la mer, tandis que les Mohicans étaient établis dans la contrée qui s'étend depuis l'Hudson jusqu'à l'Océan, et qui comprend une grande partie de la Nouvelle-Angleterre. Ces deux tribus furent donc les premières que les Européens dépouillèrent de leurs possessions.

Les guerres contre les nations sauvages sont aussi célèbres en Amérique que celles du roi Philippe. Mais la politique de Guillaume Penn, ou de Miquon, comme le nommaient les naturels du pays, arriva à son but avec moins de difficulté, quoique avec autant de certitude. Les Mohicans disparurent peu à peu du pays qu'ils avaient habité, et un certain nombre de leurs familles allèrent chercher un refuge dans le sein de la peuplade-mère, c'est-à-dire, des Lenni-Lenapes ou Delawares.

Cette dernière tribu avait souffert que leurs anciens ennemis, les Mengwe ou Iroquois, leur donnassent le nom de *femmes :* ils avaient consenti à ne plus faire la guerre, à se borner à des occupations pacifiques, et à laisser le soin de leur défense aux *hommes,* c'est-à-dire aux peuplades belliqueuses des six Nations[1].

Cet état de choses dura jusqu'au commencement de la guerre pour l'indépendance de l'Amérique. A cette époque, plusieurs guerriers célèbres des Mohicans, voyant qu'il était inutile de disputer plus longtemps le terrain aux blancs, vinrent rejoindre la tribu qu'ils regardaient comme celle de leurs ancêtres, et y répandirent les sentiments de courage et de fierté qui les animaient. Alors les Lenni-Lenapes se déclarèrent indépendants, annoncèrent qu'ils étaient redevenus hommes, et, prenant pour

---

[1]. Voyez le *Dernier des Mohicans.*

chefs les plus vaillants et les plus expérimentés de ces Mohicans, ils recommencèrent à faire de temps en temps des expéditions contre leurs anciens ennemis, et quelquefois même contre les Européens.

Parmi ces guerriers mohicans, il se trouvait une famille distinguée par-dessus toutes les autres par sa bravoure, et par toutes les qualités qui constituent le héros chez les guerriers d'une nation sauvage. Mais le temps, la guerre et les privations de toute espèce avaient fini par l'éteindre, ou à peu près, car le seul représentant de cette race jadis illustre et nombreuse était l'Indien qui venait d'entrer dans le salon de Marmaduke Temple. Il avait longtemps vécu avec les blancs, avait fait la guerre avec eux, et, en ayant reçu un bon accueil à cause des services qu'il leur avait rendus, il s'était fait chrétien, et avait été baptisé sous le nom de John. Il avait cruellement souffert dans la dernière guerre; car, ayant été surpris avec sa troupe par l'ennemi, toute sa famille fut massacrée; et quand les faibles restes de sa tribu éteignirent leurs feux sur les bords de la Delaware, pour s'enfoncer plus avant dans l'intérieur, il refusa de les suivre, voulant que ses restes fussent couverts par la même terre qui couvrait ceux de ses ancêtres, et où ils avaient, en quelque sorte, régné si longtemps.

Ce n'était pourtant que depuis quelques mois qu'il avait paru sur les montagnes voisines de Templeton. Il faisait de fréquentes visites à la hutte de Natty, et comme toutes les habitudes de Bas-de-Cuir le rapprochaient beaucoup de la race sauvage, cette espèce de liaison n'excitait aucune surprise; ils finirent même par habiter la même cabane, prenant leurs repas ensemble et partageant les mêmes occupations.

Nous avons déjà fait connaître le nom de baptême de cet ancien chef mohican; mais, lorsqu'il parlait de lui-même, il se nommait toujours Chingachgook, ce qui, dans sa langue, signifiait le Grand-Serpent. Il avait obtenu ce nom, dans sa jeunesse, par sa valeur et sa prudence; mais lorsque le temps eut sillonné son front, et qu'il fut resté le dernier de sa famille et même de sa tribu, le peu de sauvages qui habitaient encore le long des rives de la Delaware lui donnèrent un nom expressif, le nommant le Mohican. Le son d'un tel nom, en lui rappelant sa famille détruite et sa nation dispersée, produisait peut-être une impression profonde sur le cœur de ce vieux chef, car ce n'était que dans les occasions les plus solennelles qu'il se le donnait à lui-même. Quant aux colons, il était généralement connu parmi eux sous le nom de John Mohican, ou on l'appelait plus familièrement encore John l'Indien.

D'après le long commerce qu'il avait eu avec les blancs, les habitudes de Mohican tenaient le milieu entre la civilisation et l'état sauvage, quoiqu'il gardât une préférence marquée pour ce dernier. Son costume était partie national, partie européen. Bravant la rigueur du froid, il avait la tête nue, mais elle était couverte, malgré son âge, d'une forêt de cheveux noirs fort épais. Son front était noble et découvert; son nez, de la forme de ceux qu'on appelle romains; sa bouche grande, mais bien faite; et quand elle s'ouvrait elle laissait apercevoir deux rangs de dents saines et blanches, malgré ses soixante-dix ans. Son menton était arrondi, et l'on reconnaissait dans les arcades saillantes de ses pommettes le signe distinctif de sa race; ses yeux n'étaient pas grands, mais leurs prunelles noires brillaient comme deux étoiles, tandis qu'elles se fixaient successivement sur tous ceux qui étaient dans le salon.

Dès qu'il vit que tous les regards se tournaient vers lui, il laissa retomber sur ses pantalons de peau de daim écrue la couverture qui lui enveloppait la partie supérieure du corps, et qui était attachée à sa taille par une ceinture d'écorce d'arbre; et il s'avança, avec un air de majesté et de résolution, vers le groupe au milieu duquel se trouvait le jeune chasseur.

Ses bras et son corps jusqu'à la ceinture étaient entièrement nus, à l'exception d'une médaille d'argent, représentant Washington, suspendue à son cou par une courroie de peau, et qui flottait sur sa poitrine, au milieu des cicatrices de maintes blessures. Ses épaules étaient larges et musclées; mais ses bras, quoique bien proportionnés, n'avaient pas cette apparence de vigueur que le travail seul peut donner. Ce médaillon était là seule décoration qu'il portât, quoique d'énormes fentes pratiquées dans le cartilage de ses oreilles qui touchaient presque à ses épaules, annonçassent qu'elles avaient été décorées d'autres ornements dans des temps plus heureux. Il avait en main un petit panier fait de branches flexibles de frêne, dépouillées de leur écorce, et dont une partie, bizarrement teinte en rouge et en noir, formait un contraste avec la blancheur du bois.

Lorsque cet enfant des forêts s'approcha de la compagnie, on s'écarta pour lui permettre d'avancer vers celui qui était évidemment l'objet de sa visite. Il s'arrêta devant lui, mais sans lui parler, fixant ses yeux étincelants sur sa blessure, et les tournant ensuite vers le juge avec une attention marquée.

M. Temple fut surpris de ce jeu muet de l'Indien, qui était ordinairement calme, soumis et comme affectant une espèce d'impassibilité. Cependant il lui dit en lui présentant la main :

— Tu es le bienvenu, John. Ce jeune homme paraît avoir une haute opinion de ton savoir, puisqu'il te préfère même à notre bon ami le docteur Todd pour panser sa blessure.

Mohican lui répondit en assez bon anglais, mais d'un ton bas, monotone et guttural.

— Les enfants de Miquon n'aiment pas la vue du sang; et cependant ce jeune aigle a été frappé par la main qui aurait dû s'abstenir de lui faire le moindre mal.

— Mohican! vieux John! s'écria le juge avec une sorte d'horreur, et en tournant sa physionomie franche et ouverte du côté du blessé, comme pour en appeler à lui-même; crois-tu donc que ma main ait jamais répandu volontairement le sang d'un homme? Fi! fi! la religion devrait t'apprendre à juger plus favorablement de ton prochain.

— Le malin esprit s'introduit quelquefois dans le meilleur cœur, dit John d'un ton expressif, fixant toujours les yeux sur le juge, comme pour chercher à lire dans le fond de ses pensées; mais mon frère dit la vérité; sa main n'a jamais ôté la vie à personne, non pas même quand les enfants de notre puissant père d'Angleterre rougissaient les eaux de nos rivières du sang de son peuple.

— Bien sûrement, John, dit M. Grant avec douceur, vous n'avez pas oublié le précepte de notre divin Sauveur : — Ne jugez pas, pour ne pas être jugé. — Quel motif aurait pu avoir le juge Temple pour blesser un jeune homme qui lui est inconnu, dont il n'a à attendre ni bien ni mal?

L'Indien l'écouta avec respect, sans cesser d'examiner avec attention la physionomie de M. Temple, et lorsque le ministre eut cessé de parler il tendit la main au juge, et dit avec énergie:

— Il est innocent. Mon frère n'a pas eu de mauvaises intentions.

Marmaduke reçut avec un sourire de bienveillance la main qui lui était présentée, prouvant ainsi que, s'il était surpris des soupçons qu'avait conçus le vieil Indien, du moins il n'en conservait aucun ressentiment. Pendant ce temps, le blessé regardait alternativement le juge et Mohican avec un air de pitié dédaigneuse. Enfin, la pacification terminée, John songea à s'acquitter des fonctions qu'il était venu remplir. Le docteur Todd ne montra nul mécontentement en voyant un vieux sauvage venir ainsi sur ses brisées ; il lui fit place sans difficulté, et se contenta de dire à demi-voix à M. Le Quoi :

— Il est fort heureux que l'extraction de la balle ait été faite avant l'arrivée de cet Indien; mais une vieille femme suffirait maintenant pour faire le pansement de cette blessure. Je crois que ce jeune homme demeure avec John et Natty Bumppo, et il est toujours à propos de se prêter aux fantaisies d'un malade, quand on peut le faire sans danger.

— Certainement, docteur, oui, répondit le Français; je vous ai vu saisir la balle avec beaucoup de dextérité, et je crois qu'une vieille femme finirait aisément une opération si bien commencée[1].

Mais Richard avait au fond beaucoup de vénération pour les connaissances de Mohican, surtout pour la guérison des blessures, et il ne voulut pas laisser échapper cette occasion d'acquérir une nouvelle gloire.

— Bonjour, Mohican, dit-il en s'approchant de l'Indien; bonjour, mon brave homme ; je suis charmé de vous voir. Quand il faut tailler dans les chairs, donnez-moi un chirurgien régulier comme le docteur Todd ; mais, quand il s'agit de guérir une blessure, laissez faire un naturel du pays. Vous souvenez-vous du jour où nous avons remis ensemble le petit doigt de la main gauche de Natty Bumppo, qu'il s'était démis en tombant du rocher qu'il voulait gravir pour aller ramasser un faisan qui y était tombé ? Jamais je n'ai pu dire lequel de Natty ou de moi l'avait tué. Il tira le premier, et l'oiseau tomba ; mais c'était peut-être de frayeur, car il se relevait pour reprendre son vol, quand je lâchai mon coup. Natty prétendit que la blessure était trop large pour que je pusse l'avoir tué, attendu que mon fusil était chargé de petit plomb, tandis que le sien ne contenait qu'une seule balle.

---

[1]. L'auteur fait *baragouiner* l'anglais à M. Le Quoi; nous ne saurions même imiter cette espèce de patois ridicule en traduisant ce que dit notre compatriote dans sa langue originale.

Mais mon fusil n'écarte pas, et j'ai quelquefois tiré à vingt pas dans une planche sans y faire plus d'un trou; le plomb faisait balle. Voulez-vous que je vous aide, John? Vous savez que j'ai la main heureuse pour toutes ces opérations.

Le Mohican écouta cette tirade avec beaucoup de patience, et quand Richard l'eut terminée il le chargea de tenir le panier qui contenait ses spécifiques. M. Jones fut très-satisfait du rôle qui lui était assigné, et toutes les fois qu'il parla de cette affaire dans la suite il ne manqua pas de dire qu'il avait fait l'extraction de la balle avec le docteur Tood, et le pansement de la blessure avec John l'Indien.

Le patient semblait devoir mériter ce nom, lorsqu'il se trouva entre les mains de Mohican, bien plus que lorsqu'il était sous le scalpel du véritable chirurgien. L'Indien n'exerça pourtant pas longtemps la patience du blessé, car son pansement ne consista qu'à appliquer sur la plaie une écorce pilée avec le suc de quelques simples qu'il avait cueillis dans les bois.

Parmi les habitants sauvages des forêts de l'Amérique, il se trouvait toujours des médecins de deux espèces : les uns prétendaient guérir leurs malades par le moyen d'un pouvoir surnaturel, et ils obtenaient plus de confiance et de vénération qu'ils n'en méritaient; les autres, du nombre desquels était Mohican, possédaient la connaissance des simples qui naissaient dans leurs bois, et ils s'en servaient souvent avec succès pour la guérison de diverses maladies, et notamment des blessures et des contusions.

Pendant que John mettait l'appareil sur la blessure, M. Jones, qui cherchait toujours à se donner de l'importance, avait remis le panier au docteur, pour tenir le bout du bandage dont Mohican enveloppait l'épaule du blessé. Elnathan profita de cette occasion pour jeter un regard curieux sur ce que contenait le panier confié à ses soins. Il ne s'en tint même pas à cet examen superficiel; car sa main, suivant le même chemin que ses yeux, s'introduisit furtivement dans le panier, et fit passer avec dextérité dans sa poche des échantillons des écorces et des simples qui s'y trouvaient.

Il remarqua pourtant que les yeux clairvoyants du juge l'avaient suivi dans cette nouvelle opération, et s'approchant de lui il lui dit à l'oreille :

— On ne peut nier, monsieur Temple, que ces Indiens n'aient quelques connaissances utiles dans les parties secondaires de la science médicale ; par exemple, ils ont d'excellents remèdes contre les cancers et l'hydrophobie : ces secrets leur viennent de tradition. Or, j'emporte ces écorces et ces simples pour les examiner plus à loisir et les analyser ; car un remède qui ne vaudra peut-être rien pour l'épaule de ce jeune homme peut être bon contre le mal de dents, les rhumatismes, ou quelque autre maladie. On ne doit jamais regarder comme au-dessous de soi d'apprendre, fût-ce même d'un sauvage.

Il fut heureux pour le docteur Todd qu'il eût des principes aussi libéraux ; car ce fut à eux et à ses pratiques journalières qu'il dut toutes ses connaissances, et qu'il se rendit peu à peu en état de remplir les devoirs d'une profession qu'il avait embrassée sans beaucoup la connaître. Dès qu'il fut de retour chez lui, il s'occupa à examiner le spécifique de Mohican ; mais le procédé auquel il le soumit n'avait rien de commun avec les règles ordinaires de la chimie ; car, au lieu de séparer les parties qui le constituaient, il travailla à les réunir, afin de pouvoir reconnaître les arbres et les plantes dont il était tiré, et il parvint à y réussir.

Environ dix ans après l'événement que nous venons de rapporter, Elnathan fut appelé pour donner des soins à un officier qui avait été blessé dans une affaire d'honneur. Il employa le remède du vieil Indien, dont il avait reconnu l'efficacité ; et le succès qu'il obtint augmenta tellement sa réputation, que quelques années plus tard, lorsque la guerre se déclara de nouveau entre les États-Unis et l'Angleterre, il obtint le grade de chirurgien-major d'une brigade de milice.

Lorsque John eut fini d'appliquer son écorce, il laissa à Richard le soin de la coudre de manière à l'assujettir, car le maniement de l'aiguille était un art que les naturels du pays n'entendaient guère ; et ce ne fut pas un faible triomphe pour Richard que d'avoir à mettre la dernière main à cette besogne importante.

— Donnez-moi des ciseaux, s'écria-t-il après avoir cousu le bandage aussi solidement que s'il eût dû rester en place un mois et plus ; donnez-moi des ciseaux, voici un fil qu'il faut couper ; car, s'il venait à passer sous le bandage, il pourrait envenimer la blessure. John, je vous prie de remarquer que j'ai recouvert le tout d'une couche de charpie entre deux linges ; non que je doute de la vertu de votre remède ; mais cette précaution sera utile contre l'air froid, et s'il y a de la bonne charpie au monde c'est celle-là, car je l'ai faite moi-même, et je dois m'y entendre, puisque mon grand-père était docteur, et que mon père avait un talent d'instinct pour la médecine.

— Voici des ciseaux, monsieur Jones, dit Remarquable en s'avançant vers lui et en lui en offrant une énorme paire qu'elle venait de détacher de dessous son jupon; en vérité, voilà qui est cousu à ravir! Une femme n'aurait pu mieux faire.

— Une femme n'aurait pu mieux faire! répéta Richard avec indignation, et qu'est-ce qu'une femme entend à pareille besogne? Vous en êtes bien la preuve : qui a jamais vu employer de pareils ciseaux pour panser une blessure? Docteur, vous en avez sans doute une bonne paire dans votre trousse, prêtez-la-moi. Bien. Maintenant, jeune homme, vous pouvez être tranquille, et vous n'êtes pas malheureux. La balle a été extraite avec dextérité, quoiqu'il me convienne peu d'en parler, puisque j'y ai mis la main, et votre blessure a été admirablement bien pansée. Oui, oui, tout ira bien, quoique l'effort que vous avez fait pour faire reculer mes chevaux puisse avoir une tendance à faire enflammer la blessure. Vous avez été un peu pressé, et je présume que vous n'êtes pas habitué aux chevaux; mais je vous pardonne l'accident en faveur de l'intention; car je suis persuadé que vous en aviez une fort bonne.

— Maintenant, Messieurs, dit le jeune étranger en remettant ses habits, je n'abuserai pas plus longtemps de votre temps et de votre patience. Il ne reste qu'une chose à régler, juge Temple, ce sont nos droits respectifs sur le daim.

— Il est à vous, répondit Marmaduke, je renonce à toutes mes prétentions, et nous avons un autre compte à régler ensemble; mais vous reviendrez nous voir demain matin, et nous nous en occuperons alors. Elisabeth, dit-il à sa fille, qui était revenue dans le salon dès qu'elle avait appris que le pansement était terminé, faites servir quelques rafraîchissements à ce jeune homme, avant que nous ne nous rendions à l'église, et qu'Aggy prépare un sleigh pour le conduire où il le désirera.

— Mais, Monsieur, je ne puis partir sans emporter au moins une partie du daim; je vous ai déjà dit que j'avais besoin de venaison.

— Qu'à cela ne tienne, dit Richard, le juge vous paiera votre daim, et cependant vous en emporterez de quoi vous régaler, vous et vos amis. Nous n'en garderons que le train de derrière. Vous pouvez vous regarder comme ayant joué de bonheur aujourd'hui. Vous avez reçu un coup de feu, et vous n'êtes ni tué ni estropié. Votre blessure a été pansée ici, au milieu des bois, aussi bien qu'elle l'eût été à l'hôpital de Philadelphie, pour ne pas dire mieux. Vous avez vendu votre daim un bon prix, et l'on vous en laisse la plus grande partie et la peau tout entière. Entendez-vous, Remarquable, vous aurez soin qu'on lui donne la peau. Si vous voulez me la vendre, je vous en donnerai un demi-dollar, car il m'en faut une pour couvrir une selle que je fais pour ma cousine Elisabeth.

— Je vous remercie de votre libéralité, Monsieur, et je rends grâce au ciel de m'avoir épargné un plus grand malheur. Mais la partie du daim que vous vous réservez est précisément celle qu'il me faut.

— Qu'il vous faut! dit Richard; ce mot est plus difficile à digérer que ne le serait le bois du daim.

— Oui, qu'il me faut, répéta le jeune homme en levant la tête d'un air de fierté, comme pour voir qui oserait lui disputer ce qu'il exigeait; mais, rencontrant en ce moment les yeux d'Elisabeth, qui le regardait avec surprise, il ajouta d'un ton plus doux : — Si un chasseur a droit au gibier qu'il a tué, et si la loi le protége dans la jouissance de ses droits.

— Et la loi vous protégera, dit Marmaduke avec un air d'étonnement et de mortification. Benjamin, faites placer dans le sleigh le daim tout entier. Mais il faut que je vous revoie demain pour vous indemniser de l'accident dont j'ai été la cause involontaire. Comment vous nommez-vous!

— Je me nomme Edwards, Monsieur, Olivier Edwards. Il n'est pas difficile de me voir, car je demeure près d'ici, et je ne crains pas de me montrer, n'ayant jamais blessé personne.

— C'est nous qui vous avons blessé, Monsieur, dit Elisabeth, et si vous refusez d'accepter des preuves de nos regrets, vous ferez beaucoup de chagrin à mon père; il sera charmé de vous revoir demain matin.

Les joues du jeune chasseur se couvrirent de la plus vive rougeur, tandis que l'aimable fille du juge lui parlait ainsi, et il fixait sur elle des yeux pleins de feu et d'admiration; mais il les baissa modestement en lui répondant :

— Je reviendrai donc demain matin pour voir le juge Temple, et j'accepte l'offre qu'il me fait d'un sleigh, pour lui prouver que je n'ai pas de rancune.

— De rancune! s'écria le juge, vous ne devez pas en avoir, puisque c'est bien involontairement que je vous ai blessé.

— Pardonnez-nous nos offenses comme nous pardonnons à ceux qui nous ont offensés, dit M. Grant : ce sont les propres termes de la prière que fit notre divin Maître lui-même, et elle doit servir de règle à ses humbles créatures.

Olivier Edwards resta un moment dans une sorte de stupéfaction; après quoi, jetant à la hâte sur tous ceux qui se trouvaient dans le salon un regard presque égaré, il sortit de l'appartement d'un air sombre et mécontent, qui ne permettait guère qu'on cherchât à le retenir.

— Il est étonnant qu'un si jeune homme nourrisse un ressentiment si profond, dit Marmaduke quand il fut parti; mais il souffre de sa blessure; le sentiment de l'injure qu'il a reçue est encore tout récent; j'espère que demain matin nous le trouverons plus calme et plus traitable.

— Vous êtes le maître, cousin 'Duke, s'écria Richard; mais à votre place, je n'aurais pas abandonné si facilement à cet entêté la possession du daim tout entier. Ces montagnes, ces vallons, ces bois, ne vous appartiennent-ils pas? Quel droit ce jeune drôle et Bas-de-Cuir ont-ils d'y chasser? Passe pour Mohican, il peut en avoir quelque droit, étant un naturel du pays. Si j'étais à votre place, j'afficherais dès demain des placards pour défendre à qui que ce soit de chasser sur mes terres et dans mes bois. Si vous le voulez, je vais en rédiger un auquel on fera attention. Je ne vous demande qu'une heure.

— Richard, dit le major Hartmann en secouant les cendres de sa pipe dans la cheminée, moi afoir vécu soixante-quinze ans avec les Mohawks et dans les bois, et mieux valoir traiter avec le diable qu'avec des chasseurs. Un fusil être plus grand maître que la loi.

— Marmaduke n'est-il pas juge! s'écria Richard. Et à quoi bon être juge et avoir des juges, s'il n'y a pas de lois? Au diable soit le drôle! J'ai grande envie de lui faire moi-même un procès pour s'être mêlé de mes chevaux et avoir fait verser mon sleigh. Croyez-vous que je craigne son fusil? je sais me servir du mien.

Combien de fois ai-je percé un dollar d'une balle à cent pas de distance?

— Tu as manqué plus de dollars que tu n'en as attrapé, Dick, s'écria le juge, qui commençait à reprendre son enjouement. Mais je vois sur le visage de Remarquable que le souper est servi. Monsieur Le Quoi, ma fille a une main à votre service. — Voulez-vous nous montrer le chemin, mon enfant?

— Ma chère demoiselle, dit le Français en lui présentant la main avec politesse, je suis trop heureux en ce moment. C'est une consolation pour un banni que d'obtenir un sourire de la beauté.

Toute la compagnie entra dans une salle à manger qui communiquait au salon, à l'exception de M. Grant, qui resta un moment avec le vieil Indien, et de Benjamin, qui attendait que tout le monde fût sorti pour fermer les portes.

— John, dit le ministre, c'est demain la fête de la Nativité de notre bienheureux Rédempteur. L'église appelle ses enfants à des prières et à des actions de grâces. Puisque vous vous êtes converti à la croix, j'espère que je vous verrai prosterné devant l'autel, et que vous y viendrez avec un cœur contrit et humilié.

— John y viendra, répondit le vieux chef.

— Fort bien, reprit M. Grant en lui appuyant la main sur l'épaule; mais il ne suffit pas de vous y trouver de corps, il faut y être en esprit et en vérité. Le Rédempteur est mort pour tous les hommes, pour l'Indien comme pour le blanc, et il n'y a pas de distinction de couleur dans le ciel. Il est bon d'assister aux prières et aux cérémonies de l'Eglise; mais le plus important, c'est d'y apporter un cœur bien disposé, plein de dévotion et d'humilité.

L'Indien fit un pas en arrière, et se redressant autant qu'il le put, il étendit et leva son bras droit; puis, dirigeant son doigt de manière à montrer le ciel, et frappant de la main gauche sur son sein, il dit:

— L'œil du Grand-Esprit voit du haut des nuages. — Le sein de Mohican lui est ouvert.

— Fort bien, John, dit le ministre. J'espère que vous trouverez du plaisir et de la consolation à accomplir vos devoirs. Le Grand-Esprit n'oublie aucun de ses enfants. L'homme qui vit dans les bois est l'objet de son affection aussi bien que celui qui habite un palais. Je vous souhaite le bonsoir, John; et que Dieu vous accorde sa bénédiction!

Mohican le salua par une inclination de tête, et ils se séparèrent, l'un pour regagner sa hutte, l'autre pour aller se mettre à table avec ses amis.

— Le ministre a raison, dit Benjamin en ouvrant la porte au vieux chef; si l'on faisait attention dans le ciel à la couleur de la peau, on pourrait y rayer du rôle de l'équipage un bon chrétien comme moi, dont le cuir se serait un peu tanné en croisant sous des latitudes brûlantes. Et cependant ce chien de vent nord-ouest suffirait pour blanchir la peau d'un nègre. Ainsi donc, relevez votre couverture, mon brave homme, et serrez bien les voiles autour du mât, ou gare la froidure pour votre peau rouge !

CHAPITRE VIII.

>Les exilés de divers climats se rencontraient ici, et s'adressaient des paroles d'amitié, chacun dans leur langue.
>
>CAMPBELL. *Gertrude de Wyomings.*

Nous avons présenté à nos lecteurs les principaux personnages de notre histoire ; mais comme leur caractère et leurs habitudes établissent entre eux autant de différence qu'il se trouve de distance entre les pays qui les ont vus naître, il nous paraît à propos, pour mettre hors de doute notre véracité, d'exposer brièvement par quel hasard ils se trouvaient rassemblés.

L'Europe était alors au commencement de cette terrible commotion qui ébranla depuis toutes ses institutions politiques. Louis XVI avait perdu la vie, et une nation, jadis renommée comme la plus civilisée du monde, changeait tout à coup de caractère, et substituait la cruauté à la douceur, l'irréligion à la piété, la férocité au courage. Des milliers de Français avaient été forcés de chercher un refuge dans des contrées étrangères, et M. Le Quoi était du nombre de ceux qui avaient émigré dans les Etats-Unis. Il avait été recommandé à M. Temple par le chef d'une maison de commerce de New-York avec laquelle le juge avait des relations fréquentes et intimes, et, dès sa première entrevue avec le Français, Marmaduke avait reconnu en lui un homme bien élevé qui avait vu des jours plus prospères dans son pays natal. Il le soupçonna d'abord d'être un des colons de Saint-Domingue, ou des autres îles françaises, dont un grand nombre, réfugiés en Amérique, y vivaient dans le besoin, et quelques uns même dans un dénuement absolu. M. Le Quoi n'était pas tout à fait dans cette fâcheuse position. — Il n'avait, disait-il, sauvé que peu de chose des débris de sa fortune; mais ce qu'il désirait c'était de savoir quel était l'emploi le plus avantageux qu'il pourrait en faire.

Les connaissances de Marmaduke étaient éminemment pratiques; personne ne pouvait mieux que lui indiquer à un nouvel arrivé les moyens de tirer le meilleur parti possible des ressources faibles ou considérables qu'il avait à sa disposition. D'après son avis, M. Le Quoi acheta un assortiment d'étoffes de diverses espèces, de merceries, de thé, de tabac, de quincaillerie, de poteries, en un mot, tout ce qui est indispensable aux besoins de l'homme, et qu'il peut se procurer à peu de frais. Il y ajouta même quelques objets de luxe, comme de petits miroirs, des rubans, et quelques schalls de soie. De toutes ces marchandises, il ouvrit une boutique à Templeton, où il n'en existait pas encore, et figura derrière un comptoir avec les mêmes grâces qu'il aurait déployées dans toute autre situation. Ses manières douces et polies contribuèrent à lui donner de la vogue; et les dames découvrirent bientôt qu'il avait du goût, que ses étoffes étaient les meilleures, ou du moins les plus jolies qu'on eût jamais vues dans le pays, et qu'il était impossible de marchander avec un homme dont la bouche était toujours pleine de si aimables paroles. Grâce à tous ces moyens réunis, les affaires de M. Le Quoi prospérèrent, et il était généralement regardé comme le personnage le plus important, après M. Temple, qui se trouvât sur toute la patente.

Ce terme *patente*, dont nous nous sommes déjà servi, et dont nous aurons peut-être encore occasion de nous servir, signifie ici l'étendue de terrain qui avait été autrefois accordée au major Effingham par des lettres patentes du roi, et qui appartenait alors à M. Temple en vertu de l'acquisition qu'il en avait faite lors de la confiscation de tous les biens du major. On donnait généralement ce nom aux concessions de terre faites par le gouvernement à des particuliers dans les nouveaux établissements, et l'on y ajoutait ordinairement le nom du propriétaire, comme la patente de Temple ou d'Effingham.

Le major Hartmann descendait d'un homme qui, de même qu'un grand nombre de ses concitoyens, avaient quitté les bords du Rhin pour venir s'établir sur ceux de la Mohawk. Cette émigration avait eu lieu dès le temps de la reine Anne, et leurs descendants vivaient dans la paix et l'abondance sur les rives fertiles de ce beau fleuve.

Fritz ou Frédéric Hartmann avait tous les vices et toutes les vertus, tous les défauts et toutes les qualités, qu'on attribue aux hommes qui ont la même origine. Il était colère, silencieux, opiniâtre, et avait une grande méfiance des étrangers. Son courage était inébranlable, son honneur inflexible, son amitié persévérante. Le seul changement qu'on aperçût en lui était la mobilité de son humeur triste ou joyeuse. Il avait des mois de gravité et des semaines de gaieté. Il y avait déjà très-longtemps qu'il était intimement lié avec M. Temple, le seul homme ne parlant pas allemand qui eût jamais gagné sa confiance. Quatre fois l'an, et à quatre époques à égale distance l'une de l'autre, il quittait sa maison construite en pierres sur les bords de la Mohawk, et faisait trente milles à travers les montagnes pour venir faire une visite au juge. Il restait ordinairement une semaine à Templeton, et avait l'habitude d'employer une bonne partie de ce temps à faire ripaille avec Richard Jones. Cependant chacun l'aimait, même Remarquable Pettibone, tant il avait de franchise, de cordialité, et quelquefois même d'enjouement, quoiqu'il lui occasionnât quelque embarras. Il faisait en ce moment sa visite régulière de Noël, et il n'y avait pas une heure qu'il était arrivé à Templeton quand Richard l'invita à monter dans son sleigh pour aller à la rencontre de M. Temple et de sa fille.

Avant de parler du caractère de M. Grant et de la situation dans laquelle il se trouvait, il est nécessaire de remonter à l'origine des établissements formés dans le district où se trouvait la patente de M. Temple.

Il semble que la nature humaine ait une tendance à s'occuper des besoins de la vie présente, avant de songer à ce qu'exige de nous celle qui doit lui succéder. La religion était une chose à laquelle on ne pensait guère au milieu des premiers défrichements. Mais, comme la plupart de ceux qui vinrent s'établir dans ce canton sortaient des Etats de Connecticut et de Massachusetts, où les principes religieux et moraux étaient en vigueur, dès qu'ils eurent pourvu à leurs premiers besoins physiques, ils donnèrent une attention sérieuse aux devoirs de religion qu'avaient pratiqués leurs ancêtres. Il existait certainement parmi eux une grande variété d'opinions relativement à la grâce et au libre arbitre; mais si l'on prend en considération la diversité des instructions religieuses qu'ils avaient reçues, on n'aura pas lieu d'en être surpris.

Dès que les rues du village de Templeton eurent été tracées de manière à lui donner l'air d'une petite ville, et qu'un certain nombre de maisons s'y furent élevées, une assemblée des habitants fut convoquée pour prendre en considération le projet d'y établir une *académie*[1]; projet qui avait pris naissance dans le cerveau de Richard Jones, qui pourtant aurait préféré donner à cet établissement le nom d'université, ou tout au moins de collége. Rien ne fut déterminé dans cette assemblée, quoique Marmaduke Temple en fût le président et Richard Jones le secrétaire; et plusieurs autres qui eurent lieu les années suivantes n'amenèrent pas un plus heureux résultat. Enfin M. Temple vit que, pour réaliser ce plan, il fallait qu'il donnât le terrain, et qu'il fît construire l'édifice à ses frais; il en prit donc la résolution. Les talents d'Hiram Doolittle, à qui on donnait le titre de *squire* depuis qu'il avait été nommé juge de paix, furent mis de nouveau en réquisition, et Richard se chargea de l'aider de tout le secours de sa science.

Nous ne parlons pas des plans que firent les deux architectes en cette occasion; cela serait d'autant moins nécessaire qu'ils furent soumis à une assemblée de francs-maçons, extraordinairement convoquée, ancienne et honorable compagnie, dont Richard Jones était le grand-maître, et où ils furent examinés, discutés, et unanimement approuvés. Quelques jours après, ce corps respectable descendit d'un grenier de l'auberge du Hardi-Dragon, qui lui servait de loge, et se mit en marche, avec le plus grand appareil, précédé de bannières chargées de symboles mystérieux, chaque frère affublé d'un petit tablier de peau, pour se rendre

---

[1]. Nous avons déjà commenté ce mot qui, en anglais, signifie simplement pension élémentaire, et non assemblée de littérateurs occupés à faire et à refaire le dictionnaire de leur langue.

sur le lieu destiné à l'érection de l'académie future, dont Richard posa la première pierre, en présence de presque tous les colons, hommes et femmes, qui demeuraient à dix milles de distance de Templeton.

Le salaire des ouvriers étant bien assuré, les travaux n'éprouvèrent aucune interruption, et se firent avec beaucoup d'activité : un seul été vit commencer et achever un édifice qui devint l'honneur du village, un modèle à étudier pour ceux qui aspiraient à quelque gloire en architecture, et un objet d'admiration pour tous les habitants qui se trouvaient dans l'étendue de la patente.

C'était une maison construite en bois, peinte en blanc, aussi exagérée en longueur qu'étroite, et percée de tant de croisées que, lorsqu'on s'en trouvait à l'ouest de grand matin, le corps de l'édifice n'offrait guère d'obstacles à ce qu'on pût jouir du spectacle du soleil levant dans toute sa splendeur. Aussi le plus grand mérite du bâtiment était-il d'admettre la lumière avec une grande facilité. La façade en était décorée de plusieurs ornements en bois, sculptés par Hiram d'après les dessins de Richard; mais ce qui faisait surtout la gloire de cet édifice était une grande croisée ouverte au centre du second étage, immédiatement au-dessus de la porte ou grande entrée, et puis le clocher. La fenêtre était certainement d'ordre composite, vu le grand nombre d'ornements variés qui entraient dans son architecture. Elle se divisait en trois compartiments; celui du milieu, plus élevé, se terminait par une arcade, et les deux autres par une ligne droite : toutes les trois étaient enchâssées dans de lourdes bordures en bois de pin, dont la moulure avait coûté un long travail, et elles étaient éclairées par un nombre infini de vitraux verdâtres et à bouillons de cette dimension qu'on nomme communément *huit sur dix*. Des volets mettaient cette croisée à l'abri de tout accident; on avait eu l'intention de les peindre en vert, mais des vues économiques avaient fait préférer une couleur cendrée ou de plomb. Le clocher était une petite coupole élevée au centre du bâtiment sur quatre grands piliers de bois de pin, arrondis à la gouge et décorés de moulures. Sur le haut de ces colonnes s'appuyait un dôme dont la forme était exactement celle d'une tasse renversée. Du milieu s'élevait un autre pilier, terminé par une verge de fer que surmontait un poisson sculpté en bois par Richard, peint en ce qu'il appelait *une couleur d'écaille*, et ressemblant parfaitement, à ce qu'il prétendait, au poisson favori des épicuriens du pays, qu'on nommait par excellence *le poisson du lac;* sans doute cette ressemblance devait exister, car, quoique destiné à servir de girouette, ce poisson avait invariablement la tête tournée du côté de la belle nappe d'eau située au milieu des montagnes qui entouraient la vallée de Templeton.

Peu de temps après que cet édifice fut achevé, on choisit un gradué dans un des meilleurs colléges des Etats-Unis, et on le chargea de donner des leçons aux jeunes gens des environs qui aspiraient à acquérir des connaissances en littérature. Le premier étage ne contenait qu'un seul appartement qui devait servir pour les jours de gala et de représentation; mais le rez-de-chaussée était divisé en deux pièces destinées à l'étude, l'une du latin, l'autre de l'anglais. La première n'eut jamais un grand nombre d'habitants, quoiqu'on entendit de temps à autre sortir des fenêtres les sons de : — *Nominatif, pennaa (penna), génitif, penny (pennæ),* — au grand contentement et à l'édification manifeste des passants.

Un seul des disciples de ce temple de Minerve peut être cité comme en état de traduire Virgile. Il parut en effet le jour de l'examen annuel, à la grande joie de sa famille, qui était celle d'un fermier voisin, et il récita toute la première églogue par cœur, en observant les intonations du dialogue avec beaucoup de jugement; mais ce fut la première et la dernière fois que cet édifice entendit répéter les paroles de cette langue, qui peut-être aussi ne fut jamais plus connue ailleurs [1].

Titty-ree too patty-lee ree-coo-bans sub teg-mi-nee faa-gy
Syl-ves-trem ten-oo-i moo-sam med-i-taa-ris aa-ve-ny.

On ne tarda pas à reconnaître que le siècle de l'instruction classique n'était pas encore arrivé pour Templeton, et le savant gradué fit place à un humble maître d'école qui se borna à enseigner la lecture, l'écriture et l'orthographe en simple anglais.

Depuis cette époque, la grande salle de l'édifice fut employée à divers usages. Elle devint cour de justice toutes les fois qu'une cause un peu importante devait attirer la foule; de temps en temps elle se changeait en salle de bal pour une soirée, sous les auspices

---

1. L'auteur, en citant ici les vers de Virgile avec la prononciation américaine, explique lui-même son idée.

de M. Richard Jones ; tous les dimanches elle avait le titre d'église, et servait invariablement de lieu de réunion pour l'exercice du culte religieux.

Lorsque quelque missionnaire ambulant, méthodiste, anabaptiste, universaliste ou presbytérien se trouvait dans les environs, on l'invitait ordinairement à y célébrer le service divin, et on le récompensait de ses travaux apostoliques par une collecte qu'on faisait dans un chapeau avant que la congrégation se séparât. A défaut de ministre régulier, quelque membre de l'assemblée prononçait une prière en impromptu, et M. Jones lisait ensuite un sermon de Sterne.

Le résultat d'un culte religieux si précaire, et dirigé par des ministres dont les principes, loin de s'accorder entre eux, étaient quelquefois diamétralement opposés, fut une grande diversité d'opinions sur les points les plus abstraits de notre foi. Chaque secte avait ses adhérents, quoique aucune ne fût régulièrement organisée. Nous avons déjà parlé des sentiments religieux de Marmaduke ; il était né quaker, mais il avait été élevé dans une ville où l'on professait la foi de l'église épiscopale ; sa mère et son épouse avaient suivi la même religion, et s'il n'en adoptait pas lui-même tous les dogmes, du moins il en prenait les formes sans répugnance. Quant à Richard, il en était un zélé sectateur. Inflexible dans ses opinions, il avait même, à plusieurs reprises, essayé d'introduire les formes de l'église épiscopale, les jours où la chaire n'était pas occupée par un ministre régulier ; mais, comme il était habitué à porter les choses à l'excès, il se fit soupçonner de donner dans le papisme. Dès la seconde fois, la plupart de ses auditeurs l'abandonnèrent, et, le troisième dimanche, il ne lui resta que le fidèle Ben-la-Pompe.

Avant la guerre de la révolution, la mère patrie soutenait l'église anglicane dans les colonies ; mais pendant cette guerre, et après que l'indépendance des États-Unis eut été reconnue, cette secte chrétienne tomba dans un état de langueur, faute d'évêques. Enfin, des ministres aussi pieux qu'instruits se rendirent en Angleterre pour y obtenir cette qualité, qui, d'après les principes de cette religion, ne peut se transmettre que de l'un à l'autre. Mais des difficultés inattendues se présentèrent dans les serments que la politique anglaise avait exigés de ses prélats, et il se passa quelque temps avant que la conscience de ceux-ci leur permît de déléguer à d'autres l'autorité dont ils étaient eux-mêmes revêtus. Le temps, la patience et le zèle triomphèrent pourtant de tous les obstacles, et les hommes respectables envoyés en Angleterre par l'église d'Amérique y retournèrent revêtus des grades les plus élevés de leur communion. Ils eurent alors le droit d'ordonner de nouveaux ministres, et des missionnaires furent chargés de parcourir les établissements nouvellement formés, pour y répandre les germes de la parole divine, et les faire fructifier.

M. Grant était de ce nombre. Il avait été envoyé dans le district dont Templeton était en quelque sorte la capitale. Marmaduke l'avait invité à fixer sa demeure dans ce village, où il lui avait fait préparer une habitation pour lui et sa famille. M. Grant s'y était installé quelques jours avant le départ du juge pour aller chercher sa fille; mais il n'avait pas encore commencé l'exercice de ses fonctions, la chaire ayant été accordée pour le dimanche suivant à un ministre presbytérien. Ce rival ayant passé comme un météore qui brille un instant et ne laisse après lui aucune trace, Richard Jones, à sa grande satisfaction, fit annoncer dans les rues de Templeton et dans tous les environs, « que dans la soirée de la veille de Noël, le révérend M. Grant célébrerait l'office divin dans la grande salle de l'académie de Templeton, suivant les formes de l'église épiscopale protestante. »

Cette annonce fit beaucoup de bruit parmi les sectaires, qui, quoique divisés d'opinion entre eux, se réunissaient pour réprouver les dogmes de l'église épiscopale. Quelques uns murmurèrent; d'autres se permirent des sarcasmes; mais la très-grande majorité, se rappelant les essais qu'avait déjà faits Richard Jones, et la libéralité des idées, ou plutôt le relâchement des principes de Marmaduke à ce sujet, jugea que le plus prudent était de garder le silence.

On n'en attendait pas moins avec grande impatience le soir où un nouveau ministre devait porter la parole pour la première fois, et employer dans le culte public des formes toutes nouvelles pour un grand nombre des habitants. La curiosité ne diminua nullement lorsque, dans la matinée de ce jour mémorable, on vit Richard et Benjamin sortir du bois voisin, portant chacun sur ses épaules un gros fagot de branches d'arbres verts. Ce digne couple entra dans l'académie et en ferma ensuite soigneusement la porte mais ce qu'ils y firent resta un secret pour tout le village, car

M. Jones avait prévenu le maître d'école, à la grande satisfaction des enfants que gouvernait sa férule, qu'il y aurait congé toute la journée. Il fallut donc attendre la soirée pour voir à quoi aboutiraient tous ces préparatifs.

Après cette digression, nous allons reprendre le fil de notre histoire.

CHAPITRE IX.

> Maintenant tous admirent, dans chaque plat savoureux, les qualités de la viande, de la volaille ou du poisson ; chaque convive prend sa place suivant son rang ; chacun sent son cœur battre d'une douce attente, et goûte par avance les douceurs de la mastication.
>
> *L'Héliogabaliade.*

La salle à manger dans laquelle les convives venaient d'entrer, M. Le Quoi donnant la main à Elisabeth, communiquait au salon par une porte placée sous l'urne que Richard prétendait contenir les cendres de la reine de Carthage. Elle était spacieuse et de proportions convenables ; mais tout y faisait reconnaître le même goût qui régnait dans l'ameublement du salon, et les ornements offraient la même imperfection dans leur exécution. On y remarquait une douzaine de fauteuils peints en vert, et couverts de coussins faits avec une pièce d'étoffe achetée chez M. Le Quoi, et dont le surplus avait servi à faire un jupon à Remarquable, qui le portait précisément ce soir-là. La table était couverte, de manière qu'on ne pouvait voir de quel bois elle avait été faite, mais elle était fort grande, et paraissait très-massive ; une grande glace, dans un cadre de bois doré, était suspendue à la muraille en face de la cheminée, dans laquelle brûlait un grand feu, alimenté par une douzaine de grosses bûches d'érable à sucre.

Ce fut le premier objet qui frappa les regards du juge, lorsqu'il entra dans la salle à manger ; et se tournant vers Richard avec un peu d'humeur : — Combien de fois, s'écria-t-il, ai-je défendu qu'on employât chez moi l'érable à sucre pour faire du feu, et qu'on fît, sans nécessité, une si grande consommation de bois? La vue de la séve qui s'échappe de chaque extrémité de ces bûches m'est véritablement pénible. Il convient au propriétaire de bois aussi étendus que les miens de ne pas donner un si mauvais exemple aux autres habitants, qui ne sont déjà que trop portés à dévaster les forêts, comme si leurs trésors étaient inépuisables. Si nous y allons d'un pareil train, nous manquerons de bois à brûler dans vingt ans.

— Manquer de bois à brûler dans ces montagnes, cousin 'Duke! s'écria Richard; autant vaudrait dire que le poisson mourra faute d'eau dans le lac, parce que j'ai dessein, dès que la terre sera dégelée, de détourner le cours d'un ou deux ruisseaux pour les faire passer dans le village; mais vous avez toujours des idées étranges sur de pareils sujets.

— Qu'y a-t-il d'étrange, répliqua le juge avec gravité, à condamner une pratique inconsidérée qui tend à priver notre postérité des ressources que doivent lui offrir nos forêts, et qui dévoue au feu des arbres utiles qu'on devrait regarder comme une source précieuse d'avantages et de richesses? Dès que la neige aura cessé de couvrir la terre, je ferai bien certainement des recherches sur les montagnes des environs pour tâcher d'y découvrir quelque mine de charbon.

— Du charbon! répéta Richard; et qui diable voudrait s'amuser à creuser la terre pour avoir du charbon, quand, en la fouillant moins avant qu'il ne le faudrait pour en ramasser un boisseau, il trouverait plus de souches et de racines qu'il n'en aurait besoin pour se chauffer toute une année? Allez, allez, cousin 'Duke, laissez-moi le soin de tout cela, personne ne s'y entend comme moi. C'est moi qui ai arrangé ce beau feu pour échauffer le sang qui coule dans les veines de ma jolie cousine Bess.

— Le motif vous servira d'excuse, Dick, répliqua le juge. Mais, Messieurs, nous vous faisons attendre. Elisabeth, mon enfant, placez-vous au haut bout de la table. Je vois que Richard a dessein de m'épargner la peine de découper en se plaçant à l'autre bout.

— Bien certainement, c'est mon dessein, s'écria Richard; ne voilà-t-il pas un dindon à découper? et qui s'entend comme moi à découper un dindon ou une oie? Monsieur Grant! où est donc M. Grant? Allons, ministre, un mot de bénédicité, et qu'il soit court, car tout va se refroidir. Par le temps qu'il fait il ne faut pas cinq minutes pour geler un ragoût qu'on retire du feu. Allons, monsieur Grant, que le Seigneur nous rende reconnaissants de ce que nous allons prendre! C'est tout ce qu'il faut. A table! Messieurs, à table! Cousine Bess, vous servirai-je une aile ou un blanc?

Mais Elisabeth n'était pas encore assise, et elle s'occupait à examiner la profusion de mets sous lesquels gémissait la table. Son père la vit sourire, et lui dit en souriant aussi : — Vous voyez, mon enfant, que Remarquable s'est surpassée aujourd'hui. Elle a jugé que le froid nous donnerait, ainsi qu'à nos amis, un appétit très-actif.

— Je suis charmée que Monsieur soit content, dit Remarquable, j'ai cru devoir faire bien des choses pour l'arrivée d'Elisabeth.

— Ma fille est la maîtresse de ma maison, dit M. Temple d'un ton un peu sévère, et tous ceux qui sont à mon service ne doivent pas la nommer autrement que miss Temple.

— Eh! mon Dieu! s'écria Remarquable, qui a jamais entendu parler de nommer une jeune fille miss? Si le juge avait une femme, je sais que je devrais la nommer *miss* Temple [1]; mais...

— Mais, n'ayant qu'une fille, j'exige que vous ne me parliez d'elle à l'avenir qu'avec ce titre, interrompit Marmaduke.

Il prononça ce peu de mots d'un air si sérieux et d'un ton si positif que la prudente femme de charge ne crut pas devoir y rien répliquer. Chacun se mit à table; et, comme les arrangements de ce repas peuvent servir à faire connaître le goût qui régnait alors dans ce pays, nous allons tâcher d'en donner une courte description.

La table était couverte d'une nappe du plus beau damas, et les plats et les assiettes étaient de vraie porcelaine de Chine, luxe presque inconnu alors dans les Etats-Unis [2]. Les couteaux et les fourchettes étaient de l'acier le mieux poli, montés de manches de l'ivoire le plus blanc. Mais l'honneur de l'article le plus solide appartenait à Remarquable, je veux parler du choix des mets et de leur arrangement sur la table. Devant Elisabeth se trouvait un

---

1. Cette réponse est fondée sur une erreur commune que commettent en Amérique les personnes de la classe de Remarquable en appelant une femme mariée *miss* au lieu de *mistress*.

2. Aujourd'hui cette porcelaine est aussi commune aux Etats-Unis que celle de *Sèvres* en France.

énorme dindon rôti, et devant Richard on en voyait un bouilli de même taille. Au centre de la table était une paire de grands castors ¹ d'argent entourés de quatre entrées, deux de poisson frit et bouilli, et deux fricassées, l'une d'écureuils gris, l'autre de tranches de venaison. Entre ces entrées et les dindons, étaient d'un côté une prodigieuse échinée d'ours rôti, et de l'autre un gros gigot de mouton bouilli. Les plats de légumes étaient innombrables, et l'on y voyait tous ceux que la saison et le pays pouvaient offrir. Quatre plats de pâtisserie de différentes espèces s'élevaient en pyramides aux quatre coins de la table ; huit saucières, placées à égale distance les unes des autres, contenaient des sauces aussi variées par le goût que par la couleur ; enfin des carafes d'eau-de-vie, de rum, de genièvre, de différents vins, et des pots de bière, de cidre et de flip ², remplissaient si bien tous les vides, qu'à peine apercevait-on la nappe qui couvrait la table. Le but de l'ordonnatrice paraissait avoir été la profusion, et elle l'avait atteint aux dépens de l'ordre et de l'élégance.

Ni le juge ni aucun des convives ne parurent surpris de l'ordonnance de ce repas ; l'habitude les y avait familiarisés, et chacun commença à donner des preuves d'un appétit qui promettait de ne pas dédaigner les apprêts si bien entendus de Remarquable. Il était pourtant vrai que le major et Richard avaient déjà dîné avant de partir pour aller à la rencontre de M. Temple ; mais l'Allemand, dans ses excursions, avait sans cesse faim et soif, et Richard se faisait un point d'honneur de se mettre toujours au niveau des autres, de quelque affaire qu'il pût être question.

Pendant quelques minutes on n'entendit que le bruit des couteaux et des fourchettes, et ce fut Marmaduke qui prit enfin la parole.

— Richard, dit-il en se tournant vers M. Jones, pouvez-vous m'apprendre quelque chose sur le jeune homme que j'ai eu le malheur de blesser ? Je l'ai trouvé chassant sur la montagne avec Bas-de-Cuir, comme s'ils étaient compagnons et de la même

---

1. Ce mot s'écrit toujours au pluriel (*castors*) (*). C'est le nom qu'on donne en Angleterre à un ustensile à peu près de même forme que nos huiliers ou porte-liqueurs. Il est garni de quatre à dix fioles à bouchons de cristal, dans lesquelles on met du poivre, du sucre, de l'huile, du vinaigre, et des sauces de différentes sortes.
2. Breuvage composé de bière, d'eau-de-vie et de sucre.

(*) L'animal que nous appelons castor s'appelle, en anglais, *beaver*.

famille; mais il y a une différence palpable dans leur air, leur tournure, leurs manières. Ce jeune homme s'exprime toujours en termes choisis, et auxquels je ne m'attendais guère en le voyant en pareille compagnie et avec des vêtements si grossiers. John Mohican paraît le connaître. Il habite sans doute la hutte de Natty. Avez-vous remarqué comme il parle bien, monsieur Le Quoi?

— Certainement, monsieur Temple, répondit le Français; il converse en excellent anglais, et sans aucun accent.

— Ah! s'écria Richard. Je vous dirai, moi qui m'y connais, que ce jeune homme n'est pas un miracle. Je ne prétends pas dire qu'il parle mal; mais j'ai connu des enfants qui avaient été envoyés fort jeunes à l'école, et qui parlaient mieux à l'âge de douze ans; Zared Coe, par exemple, le fils du vieux Nehemia, qui s'est établi le premier dans la prairie de l'écluse du Castor [1]. Il n'avait pas quatorze ans qu'il écrivait presque aussi bien que moi. Il est vrai que je lui avais donné quelques leçons pendant les longues soirées. Quant à ce jeune chasseur, il mérite d'être mis au pilori s'il lui arrive jamais de toucher encore aux rênes d'un cheval; c'est le plus grand maladroit que j'aie vu de ma vie. Il ne sait ce que c'est qu'un cheval. Je réponds qu'il n'a jamais conduit que des bœufs.

— Je crois, Dickon [2], que vous ne lui rendez pas justice, dit le juge; il a montré en cette occasion autant de sang-froid que de résolution. Ne pensez-vous pas comme moi, Elisabeth?

Ni cette question ni le ton dont elle était faite n'offraient rien d'extraordinaire, et cependant elle ne put y répondre sans rougir jusqu'au front.

— Oui sans doute, mon père; et la manière dont il a agi annonce un jeune homme bien né et bien élevé.

— Est-ce dans votre pension, ma jolie cousine, demanda Richard d'un air ironique, que vous avez appris à juger si un homme a été bien élevé?

— On a droit de le croire, répondit-elle d'un ton un peu piqué, quand il sait traiter une femme avec respect et considération.

— Je vois ce que c'est, s'écria Richard; il a gagné vos bonnes

1. Les riches prairies alluviales où les castors avaient autrefois leurs écluses, et par conséquent leurs bassins, sont très-estimées des fermiers américains, et sont très-communes en Amérique.
2. Ce diminutif de Richard est plus gracieux en anglais que Dick son synonyme. Le juge n'appelle jamais son cousin que Dickon dans le roman.

grâces en hésitant à ôter son habit devant vous pour se faire panser l'épaule. Soit! soit! quant à moi, je ne puis dire qu'il m'ait paru un homme bien élevé. Je suis prêt à lui rendre ce qui lui appartient pourtant, et je conviens qu'il n'est pas mauvais tireur, car il a tué ce daim fort proprement. N'est-il pas vrai, cousin 'Duke? car vous n'y prétendez plus rien?

— Richard, dit le major Hartmann en le regardant d'un air grave et sérieux, c'est un brave jeune homme. Lui avoir sauvé votre vie, la mienne, celle du ministre et celle de monsir Le Quoi. Tant que Fritz Hartmann avoir un hangar pour couvrir sa tête, lui jamais ne manquer d'apri.

— Fort bien, fort bien; comme il vous plaira, mon vieil ami, répliqua M. Jones en affectant un air d'indifférence; installez-le dans votre maison de pierre, si bon vous semble; personne n'en sera plus étonné que lui, car je réponds qu'il n'a jamais couché sous un meilleur gîte que celui que peut offrir une hutte de sauvage comme celle de Bas-de-Cuir. Au surplus, si peu qu'il vaille, je vous prédis que vous le gâterez bientôt. N'avez-vous pas vu comme il a déjà pris un air fier pour s'être jeté étourdiment devant la tête de mes chevaux, à l'instant où je les forçais de tourner dans le bon chemin?

— Ce sera moi, major, dit Marmaduke à Hartmann, sans faire attention à ce que Richard venait de dire; ce sera moi qui veillerai à ce que ce digne jeune homme ne manque jamais de rien. Indépendamment du service qu'il m'a rendu en sauvant peut-être la vie à mes amis, j'ai contracté personnellement aujourd'hui une dette considérable envers lui. Mais je crains qu'il ne me soit pas facile de m'en acquitter. Il ne me paraît pas disposé à accepter mes offres de service. Il n'a répondu que par un air de répugnance bien prononcé à la proposition que je lui faisais de rester chez moi toute sa vie, si bon lui semblait. Ne l'avez-vous pas remarqué comme moi, Bess?

— En vérité, mon père, répondit Elisabeth en baissant les yeux, je n'ai pas assez étudié sa physionomie pour pouvoir juger de ses sentiments d'après ses traits. Mais si vous voulez avoir sur lui quelques renseignements, interrogez Benjamin. Il est impossible que ce jeune homme ait passé quelque temps dans nos environs sans que Benjamin l'ait déjà vu.

— Sans doute, sans doute, je l'ai déjà vu, dit Benjamin, qui était toujours prêt à saisir l'occasion de placer son mot; et je l'ai vu plus d'une fois. Il est toujours à courir des bordées dans les eaux de Natty Bumppo, c'est-à-dire le suivant à la chasse sur les montagnes, comme une longue barque hollandaise qu'un sloop albanais mène à la remorque. Et personne ne sait mieux ajuster; jamais canonnier de marine n'a mieux pointé une pièce de vingt-quatre. C'est ce que me disait Bas-de-Cuir, pas plus tard que jeudi dernier, en nous chauffant devant le feu de Betty Hollister; et il ajouta que, quand il tire sur une bête sauvage, c'est autant de mort. Si cela est vrai, je voudrais bien qu'il rencontrât la panthère qu'on a entendue plusieurs fois hurler dans le bois du côté du lac. C'est un corsaire que je n'aime pas à voir croiser dans nos parages.

— Mais demeure-t-il donc avec Natty Bumppo? demanda le juge avec quelque intérêt, tandis que les yeux noirs de sa fille se fixaient avec curiosité sur le visage tanné de Benjamin en attendant sa réponse.

— Ils ne se quittent pas plus que la poupe et le gouvernail, répondit l'intendant. Il y aura mercredi trois semaines qu'il a mouillé dans cette rade de conserve avec Bas-de-Cuir. Ils ont fait une prise entre eux deux, un loup qu'ils ont tué, et Natty a apporté la peau de la tête pour recevoir la récompense promise pour la destruction d'une bête féroce. Personne n'écorche une tête plus promptement que lui, et cela n'est pas étonnant, s'il est vrai, comme on le dit, qu'il ait appris ce métier en scalpant[1] des chrétiens. En ce cas il mériterait d'être attaché au grand mât, pour passer sous les lanières de tout l'équipage; et si Votre Honneur l'ordonne....

— Il ne faut pas croire tous les sots contes qu'on fait courir sur Natty, dit M. Temple; il a une espèce de droit naturel à gagner sa vie dans ces montagnes, et le bras de la loi le protégera, si quelque fainéant du village s'avise de le molester.

— Le fusil être une meilleure protection que la loi, dit le major d'un ton sentencieux.

— Quant au fusil, s'écria Richard, on peut savoir le manier aussi bien et mieux que lui, et je...

Il fut interrompu par le son d'une petite cloche, ou plutôt

---

1. Voyez sur ce mot les notes du *Dernier des Mohicans*.

d'une grosse clochette qu'on avait placée dans le beffroi de l'académie, et qui annonçait que l'heure du service divin était arrivée, et la compagnie, quittant la table, se prépara à se rendre à l'église, ou plutôt à l'académie.

CHAPITRE X.

> En appelant l'homme pécheur à la prière, la cloche avait fait retentir ses sons éclatants et prolongés.
> *Traduction de* Burger *par* sir Walter Scott.

Tandis que Richard et M. Le Quoi, suivis de Benjamin, se rendaient à l'église par un sentier plus direct, mais où la neige était à peine battue, le juge, sa fille, le ministre et le major Hartmann, prenaient pour y arriver une route un peu plus longue, mais plus sûre, en suivant les rues du village.

La lune s'était levée pendant que nos voyageurs étaient à table, et son orbe jetait des torrents de lumière sur les forêts de pins qui couronnaient les montagnes du côté de l'orient. Dans d'autres climats, le ciel aurait paru éclairé comme en plein midi. Les étoiles ne brillaient au firmament que comme les restes d'autant de feux allumés dans le lointain et sur le point de s'éteindre, tant leur éclat était éclipsé par celui des rayons de la lune, réfléchis par la neige qui couvrait le lac et toute la campagne.

Comme les chevaux attelés au sleigh avançaient d'un pas lent et tranquille, Elisabeth s'occupait à lire les enseignes placées au-dessus de la porte de presque toutes les maisons. Non seulement elle trouvait à chaque pas des noms qui lui étaient étrangers, mais à peine pouvait-elle même reconnaître les habitations. Cette maison avait été repeinte; celle-ci avait reçu des augmentations; celle-là avait été nouvellement construite sur les débris d'une autre qui avait disparu. Mais tous les habitants sortaient pour se rendre à l'église, quelques uns par dévotion, un grand nombre par curiosité.

Tout en examinant des bâtiments qui se montraient avec quelque avantage à la brillante mais douce clarté de la lune, les yeux d'Elisabeth cherchaient aussi à reconnaître parmi les passants quelques personnes de sa connaissance. Mais les précautions de costumes que le froid exigeait faisaient que toutes paraissaient se ressembler, les hommes étant couverts de grandes redingotes et d'énormes manteaux qui les cachaient de la tête aux pieds, les femmes s'enveloppant soigneusement dans de larges mantes qu'elles serraient autour de leur corps, et ayant la tête enfoncée dans des capuchons doublés en fourrure ; d'ailleurs chacun suivait un sentier pratiqué le long des maisons, dans la neige qui, ayant été rejetée de l'autre côté, formait comme un mur à hauteur d'appui. Une ou deux fois elle crut reconnaître la taille ou la démarche de quelqu'un d'entre eux ; mais avant qu'elle eût le temps de s'assurer si elle ne se trompait pas, la personne aperçue disparaissait derrière un de ces tas de bois amoncelés devant chaque porte. Ce ne fut qu'en tournant le coin de la principale rue, pour entrer dans une autre qui la coupait à angle droit, qu'elle vit une maison et une figure qu'elle reconnut sur-le-champ.

Cette maison, comme nous venons de le dire, formait le coin de la grande rue. L'enseigne annonçait une auberge, et la neige bien battue devant la porte, à force d'être foulée aux pieds, prouvait qu'elle était fréquentée. Le bâtiment n'avait qu'un étage au-dessus du rez-de-chaussée, mais les murs bien peints, les vitres bien nettoyées, et des volets à toutes les fenêtres, lui donnaient un air de supériorité sur toutes les maisons voisines. L'enseigne représentait un cavalier armé d'un sabre et de pistolets, ayant sur la tête un bonnet de peau d'ours, et la clarté de la lune permettait de lire ces mots tracés au bas, en grandes lettres noires assez mal formées : *Au Hardi Dragon.*

Un homme et une femme sortaient de cette habitation, comme le sleigh passait devant la porte. Le premier, quoique boiteux, marchait avec une raideur tout à fait militaire, et la femme s'avançait avec un air décidé, et d'un pas qui semblait dire qu'elle s'inquiétait peu de ce qu'elle rencontrait en route. Les rayons de la lune tombant directement sur sa figure pleine, large, et d'un rouge écarlate, faisaient distinguer sa physionomie masculine sous un bonnet garni de mauvaises dentelles et de rubans fanés. Un tel bonnet avait été adopté à dessein pour adoucir un peu la dureté de ses traits. Il était surmonté d'un petit chapeau de soie noire, que la dame n'y avait placé que pour se donner un air d'élégance; il était rejeté en arrière, ce qui l'exposait à l'action du vent. Aux yeux d'un poëte à belles phrases, sa figure, en face de la lune qui se trouvait alors à l'orient, aurait pu passer pour un soleil se levant à l'occident. Elle s'avança à grandes enjambées pour rejoindre le sleigh, et M. Temple l'ayant aperçue, dit à l'homonyme du roi des Grecs qui tenait les rênes, d'arrêter un moment les chevaux.

— Bonjour, juge, soyez le bien revenu, et, s'écria-t-elle avec un accent irlandais fortement prononcé, à coup sûr je suis toujours contente de vous voir ; et voilà miss Lizzy [1] qui est devenue une belle jeune fille à coup sûr ! Le cœur des jeunes officiers n'aurait qu'à bien se tenir, s'il y avait par bonheur un régiment dans le village. Mais il ne faut pas parler de ces vanités quand la cloche nous appelle à la congrégation, comme nous serons appelés quelque jour là-haut, à coup sûr, et à l'instant où nous y penserons le moins. Bonjour, major. Vous préparerai-je un bol de gin-toddy [2] ce soir ? Oh ! il est probable que vous resterez à la grande maison ; vous n'êtes arrivé que d'aujourd'hui, et c'est la veille de Noël.

— Je suis bien aise de vous voir, mistress Hollister, dit Elisabeth. Depuis que nous sommes sortis de la maison, je cherche une figure de connaissance, et je n'ai pu encore rencontrer que vous. Votre maison n'a nullement changé, tandis que je ne reconnais les autres que par la place qu'elles occupent. Vous avez aussi conservé l'enseigne que j'ai vu peindre par le cousin Richard, et même l'inscription qui est au bas, relativement à laquelle vous devez vous souvenir que vous avez eu ensemble quelque altercation.

— Est-ce le Hardi Dragon que vous voulez dire, miss Lizzy ? et quel autre nom aurait-on pu lui donner ? C'était celui sous lequel il était connu, comme mon mari le sergent peut en rendre témoignage. C'était un plaisir de le servir, et à l'heure du besoin on le trouvait toujours le premier. C'est dommage que sa fin soit venue si vite. Mais la cause qu'il servait lui aura fait trouver grâce, et voilà M. Grant, le digne ministre, qui ne me contredira point.
—Votre servante, monsieur Grant. — Oui, oui, M. Jones a voulu

---

1. Lizzy, Bess, Bessy, Betzy, Betty, sont autant d'abréviations d'Elisabeth.
2. Du toddy au gingembre : le toddy est ordinairement un mélange de rum, de sucre et de cannelle avec une rôtie de pain.

peindre une enseigne, et moi j'ai voulu y admirer celui qui a souvent partagé avec nous le bien et le mal. Je conviens que les yeux ne sont ni aussi grands ni aussi noirs que les siens ; mais pour les moustaches et le bonnet, ils sont aussi ressemblants, à coup sûr, que deux pois ressemblent à deux autres. Mais je ne veux pas vous arrêter plus longtemps, par le froid qu'il fait. Demain j'irai m'informer comment vous vous portez tous, comme c'est mon devoir. Eh bien ! major, vous préparerai-je du gin-toddy pour ce soir?

L'Allemand répondit affirmativement à cette question avec un air de gravité imperturbable, et, après un moment de conversation entre le juge et le mari de l'hôtesse à la face enflammée, le sleigh se remit en marche. Il arriva bientôt à la porte de l'académie, et la compagnie étant descendue entra dans le bâtiment.

M. Jones et ses deux compagnons ayant une distance beaucoup plus courte à parcourir y étaient déjà depuis plusieurs minutes. Au lieu d'entrer dans la grande salle pour jouir de l'étonnement des colons, Richard mit les mains dans ses poches, et affecta de se promener en long et en large devant la porte, avec un air d'indifférence.

Cependant les villageois arrivaient avec le décorum et la gravité que la circonstance exigeait, mais d'un pas si rapide qu'on voyait qu'il était accéléré par la curiosité. Ceux qui venaient d'habitations plus éloignées n'entrèrent pourtant qu'après avoir étendu sur le dos de leurs chevaux des couvertures blanches ou bleues, fabriquées dans le pays. Richard s'approchait de la plupart d'entre eux et leur demandait des nouvelles de leur famille. La facilité avec laquelle il se rappelait le nom de tous leurs enfants prouvait qu'il les connaissait tous individuellement ; et l'accueil qu'il en recevait annonçait qu'on le voyait généralement d'un œil favorable.

Enfin un des piétons arrivant du village s'arrêta aussi devant la porte, et se mit à examiner avec attention un nouvel édifice construit en briques qui jetait une ombre prolongée sur des champs couverts de neige, en s'élevant avec une belle gradation d'ombre et de lumière sous les rayons de la pleine lune. En face de l'académie était une grande pièce de terre inculte destinée à former une place publique, et vis-à-vis, de l'autre côté, on apercevait le bâtiment dont nous parlons, qui n'était pas encore terminé, et qu'on appelait l'église de Saint-Paul.

On avait commencé à le bâtir l'été précédent, à l'aide d'une prétendue souscription, car presque tout l'argent que coûtait cette construction sortait d'une seule poche, celle de Marmaduke Temple, parce qu'on avait senti la nécessité d'avoir, pour la célébration du culte public, un lieu de réunion plus convenable qu'une salle qui avait été destinée à servir d'école. Sans qu'on eût fait aucune stipulation expresse à cet égard, il avait été entendu qu'on attendrait qu'il fût terminé pour décider à quelle secte il appartiendrait, et cette attente entretenait une sorte de fermentation parmi les habitants les plus attachés à leurs sectes respectives, quoiqu'ils ne se permissent guère d'en parler ouvertement. Si M. Temple eût épousé la cause d'une secte quelconque, la question aurait été bientôt décidée, car son influence était trop puissante pour qu'on pût y résister ; mais il avait positivement refusé d'intervenir dans cette affaire, et même de prêter le poids de son nom à Richard, qui avait secrètement donné l'assurance à son évêque diocésain que l'édifice et la congrégation seraient dans le giron de l'église épiscopale protestante. Mais dès que le juge eut annoncé clairement sa neutralité, M. Jones découvrit qu'il ne lui serait pas difficile de subjuguer l'obstination des habitants. La première mesure qu'il prit fut de faire une ronde chez chacun d'eux, et d'employer les raisonnements pour les amener à sa façon de penser. Tous l'écoutèrent patiemment ; pas un seul n'entreprit de répondre à ses arguments, et quand il eut fini sa tournée, il crut avoir ce qu'on appelle ville gagnée. Voulant battre le fer pendant qu'il était chaud, il convoqua quelques jours après une assemblée pour décider la question. La réunion devait avoir lieu à l'auberge du Hardi Dragon. Personne ne s'y rendit, et Richard passa toute la soirée, la plus cruelle qu'il eût jamais connue, à discuter sans fruit avec mistress Hollister, qui soutint fortement que l'église méthodiste, dont elle faisait partie devait être mise en possession du nouvel édifice, et que nulle autre secte ne le méritait si bien et n'y avait autant de droits. Richard reconnut alors qu'il s'était trop flatté, et qu'il était tombé dans l'erreur commune à la plupart de ceux qui ont à traiter avec des gens malins, opiniâtres et dissimulés. Il dissimula lui-même, c'est-à-dire autant qu'il en était capable, et quoique déterminé à arriver à son but, il résolut de gagner le terrain pied à pied.

Le soin d'ériger ce monument avait été confié, d'une voix unanime, à Richard Jones et à Hiram Doolittle. Ils avaient construit ensemble la maison du juge, l'académie, une prison, et eux seuls étaient en état de concevoir et d'exécuter le plan d'un tel édifice. Les deux architectes avaient ensuite fait la division du travail entre eux, le premier s'étant chargé de préparer les plans, et le second de surveiller leur exécution.

Profitant de cet avantage, Richard résolut, à part lui que les croisées auraient la voussure romaine, premier pas qui devait le conduire à l'accomplissement de ses désirs, en donnant à ce bâtiment la forme extérieure des églises de la religion épiscopale protestante. Comme l'édifice se construisait en briques, il put cacher ses projets à son associé jusqu'au moment où il fallut placer la charpente des croisées. Alors il fallut bien qu'il communiquât ses intentions à Hiram, mais il le fit avec beaucoup de précaution, sans le mettre le moins du monde dans la confidence de la partie spirituelle de son projet, mais en se bornant à insister sur la beauté architecturale qui en résulterait. Hiram ne le contredit en rien, il se tint sur la réserve, il ne fit aucune objection, mais des difficultés inattendues et sans nombre s'élevèrent quand il fallut passer à l'exécution. D'abord il prétendit que de la dimension dont Richard voulait les croisées, on trouverait fort difficilement dans le pays les matériaux convenables pour en former la charpente. Cette objection n'arrêta pas Richard un seul instant; en trois coups de crayon, il diminua les croisées de deux pieds en tous sens. Hiram fit ensuite valoir la dépense additionnelle qu'elles occasionneraient; Richard lui rappela que c'était M. Temple qui payait, et qu'il était son trésorier. Cette réponse eut beaucoup de poids, et après quelques autres objections qui n'eurent pas plus de succès, les travaux se continuèrent conformément au plan de M. Jones.

Le clocher était une des grandes difficultés. Richard en avait fait le plan à l'imitation du plus petit de ceux qui ornent la belle cathédrale de Londres. A la vérité, l'imitation n'était point parfaite, car l'architecte ne s'était pas astreint à en observer exactement les proportions. Mais après bien des obstacles heureusement surmontés, M. Jones eut la satisfaction de voir s'élever quelque chose qui ressemblait prodigieusement à une vieille burette à vinaigre. Ce clocher n'éprouva pas la même opposition que les croisées, car les habitants aimaient la nouveauté, et bien certainement jamais on n'avait vu un clocher semblable.

Les travaux en étaient là ; rien n'avait encore été fait pour la distribution et la décoration de l'intérieur, et c'était ce qui causait à Richard le plus d'embarras et d'inquiétude. Il savait que, s'il proposait seulement un lutrin, c'était jeter le masque, car on ne les admettait en Amérique que dans les églises de la religion épiscopale. Il profita pourtant des avantages qu'il avait déjà obtenus pour faire un pas de plus, et il donna hardiment à cet édifice le nom de Saint-Paul. Hiram y consentit prudemment, mais il proposa une légère addition à ce nom, et on l'appela définitivement *le nouveau Saint-Paul*, car il avait moins de répugnance à emprunter le nom d'une cathédrale anglaise que celui d'un saint du calendrier.

Le piéton qui s'était arrêté en contemplation devant ce monument était le personnage dont nous avons déjà parlé plus d'une fois, M. ou le squire Hiram Doolittle, juge de paix et architecte.

C'était un homme grand, sec et maigre, dont les traits durs et vulgaires annonçaient en même temps la suffisance, la petitesse et l'astuce.

Richard s'approcha de lui, suivi de M. Le Quoi et du majordome.

— Bonsoir, monsieur Doolittle, lui dit-il en faisant un mouvement de tête, sans ôter ses mains de ses poches.

— Bonsoir, monsieur Jones, répondit Hiram en tournant vers lui le corps et la tête, car l'un suivait invariablement l'autre.

— Voilà une nuit froide, monsieur Doolittle, une nuit très-froide.

— Un peu fraîche, monsieur Jones, un peu fraîche.

— Et vous êtes là à regarder notre église. Elle a bonne mine au clair de lune. Voyez comme l'étain du dôme reluit ! je vous garantis que celui de l'autre Saint-Paul ne brille jamais ainsi au milieu de la fumée de Londres.

— C'est vraiment une jolie maison pour recevoir une congrégation de fidèles. Elle fait plaisir à voir, et je suis sûr que M. Le Quoi et M. Penguillan sont de mon avis.

— Certainement, dit le complaisant Français, elle est magnifique !

— J'étais sûr que le monsir [1] en conviendrait. La dernière mé-

---

1. *The Mounsheer* : c'est ironiquement que M. Hiram désigne ainsi le Français de l'établissement.

lasse que vous nous avez vendue était excellente, monsieur Le Quoi ; probablement vous n'en avez plus de semblable?

— Oh! pardonnez-moi, pardonnez-moi, j'en ai encore. Je suis enchanté que vous en ayez été content. J'espère que madame Doolittle est en bonne santé?

— Assez bonne pour sortir, monsieur Le Quoi, je vous remercie. Eh bien! monsieur Jones, vous avez fini les plans pour l'intérieur?

— Non, non, pas encore tout à fait, répondit Richard en mettant un intervalle assez considérable entre chaque négation ; cela demande des réflexions. Il y a beaucoup d'espace à remplir, et il s'agit d'en tirer le meilleur parti. Il y aura une grande place vide autour de la chaire, car je n'ai pas dessein de l'adosser à la muraille comme la guérite d'une sentinelle.

— Il est d'usage de placer le banc des anciens sous la chaire, dit Hiram. Au surplus, ajouta-t-il comme s'il eût craint de s'être trop avancé, les usages varient suivant les pays.

— C'est cela même, dit Benjamin. En voguant le long des côtes d'Espagne et de Portugal, vous voyez sur chaque promontoire un monastère sur lequel s'élèvent plus de clochers qu'on ne voit de mâts sur un vaisseau de ligne de haut bord. Quant à moi, je pense que si l'on veut une église bien gréée, c'est dans la vieille Angleterre qu'il faut aller chercher des modèles ; et pour Paul[1], quoique je ne l'aie jamais vu, attendu qu'il y a bien loin de Ratcliffe-Highway[2] à cette cathédrale, chacun sait que c'est la plus belle église du monde. Or je pense que l'église que voilà lui ressemble comme un souffleur à une baleine ; il n'y a de différence que dans la taille. Voilà M. Le Quoi qui a été en pays étranger, et quoique ce ne soit pas la même chose que d'avoir été en Angleterre, il a dû voir des églises en France, et il peut se faire une idée de ce que doit être une église. Or, je lui demande si, tout considéré, celle-ci n'est pas, au total, une petite corvette bien construite?

— Il est à propos de faire remarquer, dit le Français, que ce n'est que dans les pays catholiques qu'on trouve de grandes et belles églises[3]. La cathédrale de Saint-Paul de Londres est fort

---

1. Paul's, c'est-à-dire Saint-Paul.
2. Ratcliffe Highway est situé au-delà de la Tour de Londres. C'est un quartier habité par les marins.
3. Il est certain que depuis les subdivisions innombrables du culte en Angleterre, on construit plus de chapelles que de basiliques.

belle sans doute, fort grande, ce que vous appelez *big*, mais il faut que vous m'excusiez, monsieur Ben, si je vous dis que Saint-Paul ne vaut pas Notre-Dame.

— Que dites-vous là ? s'écria Benjamin ; ah ! monsir, l'église de Saint-Paul ne pas valoir un *damn* [1] ! Peut-être direz-vous aussi que *le Royal Billy*,[2] n'est pas aussi bon vaisseau que *la Ville de Paris*,[3] et cependant il en eût avalé deux semblables, par tout temps et par tout vent.

Benjamin, en finissant de parler, ayant pris une attitude menaçante, en serrant un poing qui était aussi gros que la tête de M. Le Quoi, Richard crut qu'il était temps d'interposer son autorité.

— Silence, Benjamin, lui dit-il ; vous avez mal compris M. Le Quoi, et vous vous oubliez. Mais voici M. Grant qui arrive, et le service va commencer ; il est temps que nous entrions.

Le Français, qui avait entendu sans humeur la réplique de Benjamin, dit à Richard en souriant que l'ignorance du majordome ne pouvait inspirer que la pitié, et entra avec lui dans l'académie.

Hiram et Benjamin formèrent l'arrière-garde, et le dernier, tout en entrant, murmurait à demi-voix : — Si le roi de France avait seulement pour demeure une maison aussi longue qu'un côté de Saint-Paul, on pourrait supporter cette jactance. Mais entendre un Français tirer à boulets rouges de cette manière sur une église anglaise, c'est plus que la chair et le sang ne peuvent supporter. Certes, squire Doolittle, n'ai-je pas vu couler à fond en un jour deux de leurs frégates, bien construites, bien armées, bien équipées, et auxquelles il ne manquait que des Anglais à bord pour qu'elles pussent combattre le diable ?

Il avait à la bouche ce mot de fâcheux augure,[4] quand il entra dans le bâtiment qui servait d'église.

---

1. *Ne pas valoir un Dieu me damne !* *not a damn* : *pas un damné !* la similarité des sons produit en anglais une pauvre équivoque qu'il serait bien permis de négliger dans la traduction : nous l'indiquons par respect pour l'exactitude.

2. Le royal Guillaume.

3. *The Billy de Paris. Billy* veut aussi dire ville. Autre équivoque ou prétention à l'équivoque.

4. Le diable.

CHAPITRE XI.

Et les écervelés, qui venaient pour railler, restaient pour prier.

Malgré les efforts réunis de Richard et de Benjamin, la chambre longue n'était qu'un temple fort simple qui devait peu de chose à l'art. Des bancs, qui n'avaient pas même été rabotés, mais disposés pour qu'on pût simplement s'y asseoir, remplissaient toute la longueur de cette salle, à l'exception du centre qui restait vide. Le tiers de cet espace, à partir du mur, était entouré d'une balustrade dont le travail n'était pas plus fini que celui des bancs, et destiné à servir de chaire au ministre. En face et au milieu de ce rostrum s'élevait, appuyée sur la balustrade, une espèce de lutrin, ou pour mieux dire de pupitre ; et un peu plus loin une petite table d'acajou, venant de *la grande maison*, et couverte d'une nappe de damas bien blanche, tenait lieu d'autel. Les murailles, grossièrement badigeonnées, étaient ornées de festons en branches de pins et d'autres arbres verts, ouvrage mystérieux de Richard et de Benjamin. Cette grande pièce n'étant éclairée que par douze ou quinze misérables chandelles, la clarté qui y régnait était principalement due au bon feu qu'on avait eu soin d'allumer dans deux immenses cheminées situées à chaque extrémité.

Les deux sexes étaient séparés, chacun occupant un des bouts de la salle. Vis-à-vis de l'enceinte destinée au ministre, on voyait quelques bancs qui devaient être remplis par les personnages les plus distingués du village et des environs, distinction qui était plutôt une concession gratuite faite par la classe la plus humble de la communauté, qu'un droit réclamé par le petit nombre d'individus qu'elle favorisait. Le juge Temple, sa fille et leurs amis se placèrent sur le premier ; mais, à l'exception du docteur Todd, personne ne voulut s'exposer au reproche d'orgueil, en prenant place dans ce qui était à la lettre *le haut lieu dans le tabernacle*.

Richard, exerçant les fonctions de clerc de ministre, remplissait une chaise devant une petite table placée à côté de la balustrade qui séparait le pasteur de ses ouailles ; et Benjamin, après avoir jeté du bois sur les deux feux, resta debout près de Richard, comme une corvette légère, prête à se porter partout où l'amiral pourrait l'envoyer.

Faire la description de la congrégation, ce serait outrepasser considérablement nos limites, car on y voyait autant de costumes différents qu'il s'y trouvait d'individus ; mais on pouvait remarquer dans la parure des deux sexes quelque chose qui prouvait du moins la volonté que chacun avait eue de s'endimancher de son mieux. A côté d'une femme qui portait sur de gros bas de laine noire une robe de soie conservée avec soin pendant trois générations, une autre étalait un châle brillant de toutes les couleurs de l'arc-en-ciel, sur une robe conservée par une aiguille industrieuse, en dépit des ravages du temps. Cet homme portait un vieil uniforme des volontaires de l'artillerie, pour rappeler qu'il avait jadis servi dans ce corps ; cet autre une belle veste de chasse dont la blancheur et la légèreté faisaient frissonner ceux qui la voyaient, quoique le gilet qu'elle couvrait, et qui était d'une étoffe grossière de laine brune fabriquée dans le pays, mît à l'abri du froid celui qui le portait. On remarquait plusieurs jeunes gens avec des pantalons bleus, garnis de drap rouge sur toutes les coutures, reste de l'équipement de l'infanterie légère de New-York.

La physionomie de tous les auditeurs offrait une uniformité marquée, surtout à l'égard de ceux qui, ne demeurant pas à Templeton, n'avaient pas reçu le poli que le village [1] donnait à ses habitants. On leur voyait à tous une peau basanée, résultat du froid et de la chaleur qu'ils bravaient successivement en s'occupant de leurs travaux, et un air de décence et d'attention généralement mêlé d'une expression d'intelligence et de curiosité. On apercevait pourtant çà et là quelques figures et quelques costumes auxquels cette description générale ne pourrait s'appliquer. Si l'on voyait un visage fleuri et marqué de petite vérole, des jambes

---

1. En Amérique le fermier est généralement le propriétaire du sol qu'il cultive. Il vit toujours dans sa ferme. Le pays (c'est-à-dire le pays entièrement défriché) est par conséquent couvert de fermes. On trouve communément une ferme avec ses granges et dépendances pour chaque centaine d'acres de terre. Les villages sont occupés par les hommes de loi, les médecins, les apothicaires, les marchands, les ouvriers, etc , etc.

couvertes de guêtres, un habit prenant bien la taille, on était sûr que c'était un émigré anglais qui avait dirigé ses pas vers ce quartier retiré du globe. Des traits durs et sans couleur, et les os des joues très-saillants, annonçaient un Ecossais. L'homme à petite taille, aux yeux noirs, au teint presque olivâtre, était un Irlandais qui avait cessé de porter la balle de colporteur pour s'établir comme marchand stationnaire à Templeton. En un mot, la moitié des nations du nord de l'Europe avaient leurs représentants dans cette assemblée ; mais tous finissaient par prendre le costume et les mœurs du pays, à l'exception de l'Anglais, qui, non seulement conservait avec obstination toutes les habitudes de son pays, tant pour ses vêtements que pour sa nourriture, mais qui persistait même à conduire sa charrue dans un terrain rempli de vieilles souches, comme il l'avait fait dans les plaines de Norfolk, jusqu'à ce qu'une expérience achetée bien cher lui eût donné la leçon utile qu'un peuple laborieux et réfléchi savait mieux ce qui convenait aux circonstances dans lesquelles il se trouvait, que ne pouvait le savoir un nouveau-venu ayant trop de préjugés pour comparer, et trop d'orgueil pour apprendre.

Elisabeth s'aperçut bientôt qu'elle partageait avec M. Grant l'attention de la congrégation, et la timidité l'empêcha d'examiner la compagnie au milieu de laquelle elle se trouvait, autrement qu'en jetant un coup d'œil à la dérobée. Insensiblement le bruit que faisaient ceux qui arrivaient successivement diminua, et finit par cesser tout à fait. On toussa, on se moucha ; en un mot on donna tous les signes préliminaires qu'on remarque dans un auditoire qui se dispose à écouter un prédicateur avec une attention respectueuse. Enfin un silence profond s'établit dans l'assemblée, et tous les yeux se tournèrent vers le ministre.

En ce moment, on entendit frapper fortement des pieds dans le vestibule, comme si quelques nouveaux auditeurs arrivant encore cherchaient à se débarrasser de la neige attachée à leurs souliers, et presque au même instant on vit entrer dans la salle le vieil Indien, Bas-de-Cuir et le jeune chasseur.

John Mohican s'avança gravement jusqu'au milieu de la chambre, et voyant une place vacante sur le banc du juge, il s'y assit d'un air qui semblait dire que le rang qu'il avait tenu dans sa tribu lui donnait droit à cette distinction. S'enveloppant dans sa couverture de manière à avoir le visage presque entièrement caché, il resta immobile pendant tout le temps que dura l'office, et parut y donner une profonde attention. Natty Bumppo s'arrêta près de la cheminée, s'assit sur un tronc d'arbre dont l'autre bout alimentait le feu, et, son fusil entre ses jambes, il resta absorbé dans ses réflexions qui ne semblaient pas d'une nature très-agréable. Le jeune homme prit la première place qu'il trouva sur les bancs.

Dès qu'ils furent assis et que le silence se fut rétabli, M. Grant se leva et commença le service par la déclaration sublime du prophète hébreu : — Le Seigneur est dans son saint temple ; que toute la terre soit en silence devant lui.

L'exemple de M. Jones n'était pas nécessaire pour apprendre à l'auditoire qu'il devait se lever en ce moment ; l'air solennel du ministre produisit cet effet comme par magie. Après une courte pause, M. Grant commença l'exhortation pathétique qui précède la prière ; mais pendant qu'il la prononçait, quelque nouvelle idée s'étant présentée à l'imagination de M. Jones, il se leva tout à coup, quitta sa place sans bruit, et sortit de la salle sur la pointe des pieds.

Le ministre, tout occupé des fonctions qu'il remplissait, ne s'aperçut pas de cette disparition. Il commença les prières, mais quand il arriva au premier endroit qui exigeait une réponse, il n'avait plus de clerc pour la faire. Une pause d'un instant s'ensuivit, et Elisabeth commençait à sentir péniblement combien cette situation devait être désagréable pour M. Grant, quand la voix douce d'une femme prononça avec timidité la réponse attendue. Ses yeux, guidés par le son, aperçurent alors une jeune étrangère, car elle l'était du moins pour elle, dans l'attitude de la plus humble dévotion, et les yeux fixés sur son livre. Ses vêtements n'étaient ni riches ni à la mode, mais ils étaient propres, et paraissaient élégants parce qu'ils lui allaient à ravir. Son teint pâle et son air de douceur excitaient un intérêt qu'augmentait encore l'expression mélancolique de ses traits. Une seconde réponse étant devenue nécessaire, la jeune inconnue la fit encore ; mais une voix non moins harmonieuse quoique plus mâle se joignit à la sienne, et miss Temple reconnut aussitôt celle du jeune chasseur. Elle chercha alors à vaincre sa timidité, et à la troisième réponse, sa voix se fit entendre avec les deux autres.

Pendant tout ce temps, Benjamin s'évertuait à feuilleter son livre de prières, afin de pouvoir remplir les fonctions du clerc

absent, mais il lui fut impossible de trouver l'endroit dont il avait
besoin. Cependant la prière continua, et avant qu'elle fût terminée Richard reparut, et tout en s'avançant dans la salle, sans
faire de bruit, il fit les réponses d'un ton qui n'annonçait d'autre
inquiétude que celle de ne pas être entendu. Il apportait une
petite caisse d'environ huit pouces de hauteur, qu'il plaça devant
M. Grant pour lui servir de marche-pied, car l'idée qui l'avait
frappé était qu'il convenait que le ministre ne fût pas placé au
même niveau que le reste de l'auditoire, et il reprit sa place assez
à temps pour prononcer d'une voix très-sonore : *Amen.*

La longue expérience de M. Grant lui avait donné tout ce qui
était nécessaire pour remplir avec succès la tâche qu'il s'était im-
posée. Il connaissait parfaitement le caractère de ses auditeurs,
qui par leurs habitudes étaient presque un peuple primitif, et
qui, dans leurs opinions religieuses, ayant, pour la plupart, un
penchant décidé pour les distinctions subtiles de la scolastique,
voyaient avec inquiétude, et même avec mécontentement, le
secours temporel des rites s'introduire dans leur culte purement
spirituel. Le ministre devait une grande partie de ses connaissances à l'étude qu'il avait faite du grand livre de la nature,
ouvert à tous ceux qui veulent le lire ; et sachant combien il est
dangereux de lutter contre l'ignorance, au lieu de prendre un ton
magistrat et dictatorial, il ne faisait entendre que le langage de la
raison et de la persuasion. Son orthodoxie ne dépendait pas de son
habit. Il pouvait prier avec autant de foi que de ferveur, sans
l'assistance de son clerc, si les circonstances l'exigeaient ; et il
avait même prêché plus d'une fois un sermon très-évangélique,
sans avoir besoin du secours d'un mouchoir de batiste.

En cette occasion, il accorda quelque chose aux préjugés de
ses auditeurs, et quand l'office fut terminé, il n'y en eut pas un
qui ne pensât que, quoique M. Grant fût attaché à une Église
qui admettait des formes dans son culte, cependant le cérémonial
blessait moins ses idées qu'il ne l'avait pensé. Richard trouva
donc en lui ce soir un puissant coopérateur pour ses projets.

M. Grant, dans son sermon, tâcha de tenir un juste milieu
entre les doctrines mystiques de ces sublimes systèmes de croyance
qui jettent tous les jours ceux qui les adoptent dans les plus
absurdes contradictions, et ces instructions didactiques qui
abaisseraient notre divin Sauveur au niveau d'un professeur de

morale. Il était nécessaire qu'il parlât de doctrine, car rien autre chose n'aurait pu satisfaire des auditeurs attachés à la dialectique religieuse, et qui auraient regardé son silence à cet égard comme l'aveu indirect de la nature superficielle de la foi, ou de son incapacité pour la défendre. Car nous avons déjà dit qu'au milieu de la multiplicité des sectes dont les missionnaires errants parcouraient les nouveaux établissements, chacun d'eux ne songeait qu'à faire valoir les dogmes qu'il professait, et à dépriser ceux des autres; or, se montrer insensible à cet objet intéressant, c'eût été risquer de ne faire aucune impression. Mais M. Grant sut fondre si heureusement les opinions universellement reçues par tous ceux qui portent le nom de chrétiens, avec les principes de l'Eglise dont il était membre, que personne ne put être entièrement à l'abri de son influence, et que très-peu prirent ombrage de ses innovations.

« — Quand nous considérons l'immense variété qu'offre le caractère des hommes, dit-il en terminant son sermon, et l'influence qu'exercent sur eux l'éducation, les circonstances, et la situation morale et physique des individus, peut-on être surpris que tant de croyances, si différentes en elles-mêmes, soient nées d'une religion révélée à la vérité, mais dont la révélation est obscurcie par le laps des siècles, et dont les doctrines, d'après l'usage des contrées où elles furent d'abord promulguées, furent souvent conçues en paraboles, et écrites dans une langue fertile en métaphores et chargée de figures? Est-il surprenant que les ignorants ne soient pas d'accord dans des points sur lesquels les savants, dans la pureté de leur cœur, n'ont pu s'accorder? Mais, heureusement pour nous, mes frères, le fleuve de l'amour divin coule d'une source trop pure pour que le cours en puisse être souillé; elle promet à ceux qui se désaltèrent dans ses eaux vivifiantes la paix du juste et la vie éternelle; s'il y a du mystère dans la manière dont elle opère, c'est le mystère d'une Divinité. Si nous pouvions comprendre clairement la nature, la puissance et tous les attributs de Dieu, nous pourrions éprouver de la conviction, mais il n'y aurait pas de foi. Si nous sommes requis de croire des doctrines qui ne semblent pas d'accord avec les suggestions de la raison humaine, n'oublions jamais que telle est la volonté d'une sagesse infinie. Il suffit qu'elle nous ait éclairés d'une lumière suffisante pour nous faire apercevoir le bon chemin, et pour guider nos pas errants vers cette porte dont les battants doivent s'ouvrir aux clartés d'un jour qui ne connaîtra point de fin. Alors on peut humblement espérer que la lumière spirituelle du ciel dissipera le brouillard répandu autour de nous par la subtilité des arguments terrestres, et que l'heure de notre probation, à l'aide de la grâce divine, étant une fois passée en triomphe, sera suivie par une éternité d'intelligence, et des siècles sans fin de félicités. Tout ce qui nous paraît maintenant obscur deviendra clair à nos facultés agrandies; tout ce qui peut paraître à nos sens bornés inconciliable avec nos idées limitées de bonté, de justice et d'amour, rendu clair alors, grâce aux rayons du soleil de vérité, deviendra le résultat indispensable d'une toute puissance aussi équitable que bienveillante.

« Quelle leçon d'humilité ne donnerait pas à chacun de nous, mes frères, le souvenir de ses premières années! Ces punitions infligées par un père, et qui nous semblaient si rigoureuses dans notre enfance, les voyons-nous du même œil lorsque nous arrivons à l'âge d'homme? Quand le sophiste veut combattre avec les folles théories de la sagesse humaine les ordres positifs de la révélation, qu'il songe à tout ce qui échappe à son intelligence dans la nature; qu'il reconnaisse la sagesse de Dieu dans ce qu'il nous a caché, comme dans ce qu'il lui a plu de nous révéler! qu'il substitue l'humilité de la religion à l'orgueil de la raison; en un mot, qu'il ait de la foi, et qu'il soit sauvé!

« La considération d'un tel sujet, mes frères, nous donne à la fois des consolations et des leçons d'humilité, qui, si nous en profitions, nous châtieraient le cœur et fortifieraient notre faiblesse. Elle nous fournit une consolation en nous mettant en état de déposer les doutes de notre présomptueuse nature à la porte du palais de la Divinité, pour les voir se dissiper, lorsqu'elle s'ouvrira comme un léger brouillard sous les rayons du matin. Elle nous donne une leçon d'humilité, en nous faisant sentir l'imperfection des facultés humaines; en nous faisant connaître les points vulnérables qui sont ouverts en nous aux attaques du grand ennemi de notre race : elle nous prouve que nous ne sommes jamais en plus grand danger d'être faibles que lorsque notre vanité nous porte à croire que nous sommes forts; elle nous démontre combien nous avons peu droit de nous glorifier de nos connaissances, combien est grande la différence entre la foi qui sauve, et les maximes d'une théologie philosophique; enfin elle nous apprend à soumettre l'examen de notre conscience à l'épreuve des bonnes œuvres. Par bonnes œuvres il faut entendre les fruits du repentir, dont le premier est la charité, non pas seulement cette charité qui nous porte à consoler l'affligé, à soulager celui qui est dans le besoin, mais ce sentiment de philanthropie universelle qui nous fait juger les autres avec indulgence, et qui nous défend de les condamner, quand nous ignorons si nous-mêmes nous serons absous.

« Notre humilité doit encore puiser une autre leçon dans la contemplation du même sujet. En ce qui concerne les points principaux et essentiels de la foi, il y a peu de différence d'opinion parmi ces classes de chrétiens qui reconnaissent les attributs du Sauveur, et qui comptent sur sa médiation. Mais des hérésies ont souillé toutes les Eglises, et des schismes sont nés de l'argumentation. Pour arrêter ces dangers, et pour assurer l'union de ses disciples, Jésus-Christ a établi son Eglise visible et en a institué les ministres. Des hommes recommandables par leur science, leur sagesse et leur sainteté, ont travaillé à tirer des obscurités du langage ce qui était révélé, et les résultats de leurs recherches et de leur expérience ont formé un corps de discipline évangélique. Que cette discipline doive être salutaire, c'est ce que la faiblesse de la nature humaine rend évident; qu'elle puisse nous être profitable, ainsi qu'à tous ceux qui en suivent les préceptes et la liturgie, c'est ce que nous devons prier Dieu, dans sa sagesse infinie, de nous accorder; et maintenant, mes frères, etc., etc. »

Ce fut par cette allusion ingénieuse à son ministère et aux formes de son Eglise que M. Grant termina son discours, et il fut écouté avec l'attention la plus profonde, quoique les prières n'eussent pas été accueillies avec le même respect. Ce n'était point par un sentiment de mépris pour cette liturgie dont avait voulu parler le ministre, mais plutôt par l'habitude d'un peuple qui devait son existence comme nation à une doctrine tout opposée. Hiram et deux ou trois autres membres de la *conférence* échangèrent entre eux à la vérité un regard de mécontentement, mais ce sentiment ne fut pas contagieux, et la congrégation, après avoir reçu la bénédiction du ministre, se dispersa en silence et avec le plus grand recueillement.

CHAPITRE XII.

> Vos croyances, vos dogmes d'une savante Eglise,
> peuvent édifier une œuvre magnifique de morale,
> mais il semblerait que la main de Dieu seule peut
> arracher le démon du fond des cœurs.
>
> Duo.

Tandis que la congrégation se dispersait, M. Grant prit la main de la jeune personne dont nous avons parlé dans le chapitre qui précède, et s'approchant de Marmaduke et d'Elisabeth, il la leur présenta comme sa fille. Miss Temple lui fit un accueil aussi franc que cordial, et chacune d'elles sentit au même instant que la société de l'autre ajouterait considérablement à son bonheur. Le juge, qui ne connaissait pas encore la fille du ministre, fut enchanté que la sienne trouvât, dans le premier moment de son arrivée à Templeton, une compagne de son âge qui pût l'aider à oublier la différence qu'il y avait entre un village à peine habité, et la ville populeuse de New-York. L'accueil plein d'aisance et d'affection que fit Elisabeth à miss Grant eut bientôt dissipé le léger embarras que celle-ci éprouva d'abord. Les quelques minutes que la congrégation mit à sortir de la salle, leur suffirent pour faire connaissance. Elles prirent des arrangements pour passer ensemble la journée du lendemain, et elles commençaient à s'occuper des jours suivants, quand le ministre interrompit leur conversation.

— Doucement, doucement, ma chère miss Temple, dit-il en souriant; songez que Louise est ma femme de ménage, et que, si elle acceptait la moitié des propositions que vous voulez bien lui faire, mes affaires domestiques en souffriraient nécessairement.

— Et pourquoi avez-vous des affaires domestiques? lui demanda-t-elle avec gaieté. Vous n'êtes que deux; que ne venez-vous demeurer chez mon père? Sa maison est assez grande pour vous contenir, et les portes s'en ouvriront d'elles-mêmes pour recevoir de pareils hôtes. Faut-il que trop d'égards pour des formes glaciales nous privent des avantages de la société, quand elle est doublement précieuse dans un désert comme celui-ci? Je me souviens d'avoir entendu dire à mon père que l'hospitalité n'est pas une vertu dans un pays nouvellement habité, attendu que toute l'obligation est du côté de celui dont on veut bien venir embellir la solitude.

— La manière dont M. Temple en exerce les rites, répondit le ministre, confirmerait cette opinion; mais nous ne devons pas abuser de ses dispositions hospitalières. Soyez bien sûrs que vous nous verrez souvent, surtout ma fille, pendant les fréquentes excursions que mon ministère rend indispensables. Mais, pour obtenir quelque influence sur un peuple semblable, ajouta-t-il en jetant un coup d'œil sur quelques villageois qui étaient encore dans la salle, il ne faut pas qu'un ministre éveille l'envie en demeurant sous un toit aussi splendide que celui du juge Temple.

— Vous êtes donc satisfait du toit, monsieur Grant? s'écria Richard, qui, occupé à donner les ordres nécessaires pour éteindre les feux et faire quelques nouveaux arrangements dans la salle, n'avait entendu que les dernières paroles du ministre; je suis bien aise de trouver un homme de goût. Voilà le cousin Duke qui se donne les airs d'appliquer à ce toit toutes les épithètes insultantes que peut fournir la langue anglaise. Mais, quoique juge passable, le cousin Duke n'est qu'un pauvre charpentier... Eh bien! monsieur Grant, je crois que je puis dire, sans me vanter, que nous avons célébré le service ce soir aussi bien qu'on puisse le faire dans aucune église, c'est-à-dire sauf l'orgue. Le maître d'école entonne un psaume assez proprement. J'aurais bien pu m'en charger; mais depuis quelque temps je ne chante plus que la basse. Il faut une certaine science pour chanter la basse, et cela fournit l'occasion de déployer une voix pleine et sonore. Benjamin chante aussi la basse, mais il n'est pas fort sur la mesure. L'avez-vous jamais entendu chanter la *Baie de Biscaye* [1]?

— Je crois qu'il nous en a donné un échantillon ce soir, dit Marmaduke en riant, car il a une telle prédilection pour cet air, qu'il ne peut rien chanter sans y retomber. Mais allons, Messieurs, le chemin est libre, et le sleigh nous attend. Bonsoir, ministre; bonsoir, miss Grant, n'oubliez pas que vous devez dîner demain avec Elisabeth sous un toit d'ordre composite.

---

[1]. Voyez une note du *Dernier des Mohicans* sur le nom des airs appliqués aux psaumes en Amérique.

LES PIONNIERS. 117

À ces mots, M. Temple donna le bras à sa fille et partit avec ses amis; Richard, retenant en arrière M. Le Quoi pour lui faire une dissertation sur le plain-chant, et sur la manière dont Benjamin chantait la *Baie de Biscaye*.

Pendant la conversation précédente, John Mohican était resté assis à la place qu'il avait prise, la tête enveloppée de sa couverture, semblant faire aussi peu d'attention à ceux qui l'environnaient, que ceux-ci lui en accordaient. Natty restait aussi sur le tronc d'arbre qu'il avait pris pour siége, la tête appuyée sur une de ses mains, tandis que l'autre reposait sur son fusil négligemment placé en travers sur ses genoux. Sa physionomie exprimait l'inquiétude, et les regards qu'il avait jetés de temps en temps autour de lui pendant le service annonçaient clairement qu'il existait une cause secrète qui le mettait mal à l'aise. Il demeurait ainsi par respect pour le vieux chef qu'il attendait et à qui il montrait en toute occasion la plus grande déférence, quoique avec un mélange de l'humeur brusque d'un chasseur.

Le jeune compagnon de ces deux anciens habitants de la forêt était debout devant une des cheminées, probablement parce qu'il ne voulait pas se retirer sans ses deux amis.

Il ne restait plus dans la salle que ces trois individus, avec le ministre et sa fille, quand le juge en fut sorti avec sa compagnie. John Mohican, se levant alors, laissa tomber sur ses épaules la couverture qui était appuyée sur sa tête, secoua les cheveux noirs qui la couvraient pour les rejeter en arrière, et s'approcha de M. Grant en présentant la main :

— Père, lui dit-il d'un air grave et solennel, je vous remercie. Les paroles que vous avez prononcées depuis que la lune s'est levée ont monté en haut, et le Grand-Esprit en a été satisfait. Vos enfants se souviendront de ce que vous leur avez dit, et ils deviendront bons. Il cessa un instant de parler, se redressa, et puis ajouta en prenant l'air de grandeur d'un chef indien :

— Si Chingachgook va jamais rejoindre sa nation du côté du soleil couchant, et que le Grand-Esprit lui fasse traverser les lacs et les montagnes avec le souffle de vie, il rapportera à ses compagnons ce qu'il vient d'entendre, et ses compagnons le croiront; car qui peut dire que Chingachgook ait jamais menti ?

— Que Chingachgook mette sa confiance dans la bonté divine, dit M. Grant, à qui la fierté du vieux chef semblait un peu hétérodoxe, et elle ne l'abandonnera jamais. Quand le cœur est plein de l'amour de Dieu, il n'y reste aucune place pour le péché. Mais vous, jeune homme, je vous ai une obligation en commun avec tous ceux à qui vous avez sauvé la vie ce matin ; et je vous dois en outre des remerciements pour la manière pieuse dont vous êtes venu à mon secours pendant l'office, dans un moment assez embarrassant pour moi. Je serai charmé de vous voir quelquefois chez moi, et ma conversation vous affermira peut-être dans le sentier que vous paraissez avoir choisi. Nous ne devons plus être étrangers l'un à l'autre. Vous semblez connaître parfaitement le service de l'église épiscopale, car vous répondiez sans avoir de livre, quoique le bon M. Jones en eût placé dans différentes parties de la salle.

— Il n'est pas étonnant, Monsieur, répondit le jeune homme, que je connaisse le service de l'Eglise dans le sein de laquelle je suis né et j'ai vécu jusqu'ici, comme l'ont fait mes ancêtres avant moi.

— J'ai grand plaisir à vous entendre parler ainsi, s'écria le ministre en lui serrant la main cordialement ; il faut que vous veniez avec moi sur-le-champ, il le faut ; ma fille doit aussi ses remerciements à celui qui a sauvé les jours de son père ; ne cherchez pas d'excuses, je n'en accepterai aucune. Ce digne Indien et votre ami vous accompagneront. Je remercie Dieu de penser qu'il est arrivé à l'âge viril sans être entré dans une église dissidente [1].

— Non, non, s'écria Natty, il faut que je retourne au wigwam [2], j'ai de la besogne qui m'y attend, et ni l'église ni la bonne chère ne doivent la faire oublier. Que le jeune homme aille avec vous, à la bonne heure ; il est habitué à faire compagnie aux ministres, et il est en état de raisonner avec eux. Le vieux John peut vous suivre aussi, si bon lui semble : car c'est un chef, et il a été fait chrétien par les frères Moraves, du temps de l'ancienne guerre. Quant à moi, je n'ai ni usage du monde ni instruction ; j'ai servi, dans mon temps, le roi et mon pays contre les Français et les sauvages ; mais, depuis que je suis au monde, je n'ai jamais mis le

---

1. Les ministres de l'église épiscopale protestante des Etats-Unis se servent communément du mot *dissident* en parlant des autres Eglises, bien qu'il n'y ait jamais eu d'*Eglise établie* dans ce pays.

2. Nom que donnent les Indiens à leurs huttes. (Voyez le *Dernier des Mohicans*.)

nez dans un livre, et je ne vois pas à quoi cela peut servir. Sans savoir ni lire ni écrire, je n'en ai pas moins tué jusqu'à deux cents castors dans une saison, sans compter le reste du gibier ; et, si vous en doutez, vous pouvez le demander à Chingachgook que voilà, car c'était dans le cœur du Delaware, et il sait que je ne dis que la vérité.

— Je ne doute pas, mon cher ami, dit le ministre, que vous n'ayez été brave soldat et bon chasseur ; mais il faut quelque chose de plus pour vous préparer à la fin qui approche. Vous connaissez peut-être le proverbe qui dit que les jeunes gens *peuvent* mourir, mais qu'*il faut* que les vieillards meurent.

— Je n'ai jamais été assez sot pour m'imaginer que je vivrais toujours, répliqua Natty en riant à sa manière, c'est-à-dire du bout des lèvres ; on ne peut avoir une telle idée quand on a vécu dans les bois avec les sauvages comme je l'ai fait, et quand on a habité pendant les mois de chaleur sur le bord des lacs. J'ai une bonne constitution, je puis bien le dire, car j'ai bu cent fois l'eau de l'Onondago[1], tandis que je guettais les daims qui venaient y boire, et quand on y voyait croître la plante à fièvre en aussi grande quantité qu'on voit des serpents à sonnettes sur le vieux Crumborn. Malgré tout cela, il ne m'est jamais venu à l'esprit que je vivrais éternellement, quoiqu'il existe encore des gens qui ont vu d'épaisses forêts couvrir des terres aujourd'hui en pleine culture, et où vous chercheriez une semaine entière avant de trouver seulement une souche de pin. Et pourtant c'est un bois qui dure en terre la meilleure partie d'un siècle.

— Tout cela n'est que du temps, mon cher ami, dit M. Grant, qui commençait à prendre intérêt à sa nouvelle connaissance, et c'est à l'éternité qu'il faudrait vous préparer. C'est un devoir pour vous d'assister à l'exercice du culte public, et je suis charmé que vous l'ayez fait ce soir. Penseriez-vous à partir pour la chasse avec un fusil sans baguette et sans pierre ?

— Il faudrait être bien maladroit, dit Natty en riant encore, pour ne pas savoir faire une baguette avec une pousse de frêne, et trouver une pierre à feu dans les montagnes. Mais je vois que les temps sont changés ; ces montagnes ne sont plus ce qu'elles étaient autrefois, il y a trente ans, il y en a dix ; la force l'emporte

---

1. L'Onondago ou Onondaga est un lac, dans le comté du même nom, autour duquel habitait la tribu des Onondagas, alliée des Iroquois.

sur le droit, et la loi est plus forte qu'un vieillard, qu'il soit savant, ou qu'il soit semblable à moi, qui suis maintenant plus propre à chasser à l'affût qu'à suivre les chiens, comme je le faisais ci-devant. Ha! ha! je n'ai jamais vu un prédicateur venir dans un canton nouvellement habité, sans que le gibier y devînt plus rare et la poudre plus chère ; et c'est une chose qui n'est pas aussi facile à trouver qu'une baguette ou une pierre à fusil.

Le ministre, s'apercevant que le malheureux choix qu'il avait fait d'une comparaison avait fourni un argument à son adversaire, résolut prudemment de renoncer à la controverse en ce moment, sauf à la reprendre dans un moment plus opportun. Ayant réitéré avec chaleur son invitation au jeune homme, celui-ci consentit, ainsi que le vieil Indien, à l'accompagner lui et sa fille dans la maison que les soins de Richard Jones avaient préparée pour leur demeure temporaire. Natty Bumpo persista dans sa résolution de retourner dans sa chaumière, et il se sépara d'eux en sortant de l'académie.

Après avoir suivi une des rues du village presque dans toute sa longueur, M. Grant, qui remplissait les fonctions de guide, tourna à gauche dans un champ, à travers deux barrières ouvertes, et entra dans un sentier dont la largeur n'était pas suffisante pour permettre à deux personnes d'y passer de front. La lune s'était alors élevée à une hauteur d'où ses rayons tombaient presque perpendiculairement sur la vallée ; et l'ombre de chacun d'eux se dessinant distinctement sur la neige, aurait pu passer pour autant d'êtres aériens se rendant à une assemblée nocturne. Le froid était piquant, quoiqu'on ne sentît pas un souffle de vent, et le sentier était si bien battu, que la jeune personne qui faisait partie de la compagnie n'éprouvait aucune difficulté à marcher sur la neige, quoiqu'on l'entendît craquer sous ses pieds légers.

En tête de ce groupe assez singulier, marchait le ministre, en habit noir carré, tournant de temps en temps la tête en arrière, avec un air de bienveillance, pour s'entretenir avec ses compagnons. L'Indien le suivait, enveloppé de sa couverture appuyée sur ses épaules, la tête nue, mais couverte d'une forêt de cheveux qui lui tombait sur le front et les épaules. Avec son teint brûlé par le soleil, son air calme et ses muscles raidis par l'âge, il semblait, à la clarté de la lune, dont les rayons tombaient obliquement sur sa figure, l'image de la vieillesse résignée, après avoir bravé les efforts de cinquante hivers. Mais lorsque, tournant la tête, sa figure se trouvait sous l'influence directe de cet astre, ses yeux noirs et vifs annonçaient des passions qui ne connaissaient aucune contrainte, des idées qui étaient aussi libres que l'air qu'il respirait. La taille svelte de miss Grant, qui venait ensuite, et qui était vêtue un peu légèrement pour une nuit si froide, formait un contraste frappant avec le costume sauvage et les membres encore robustes du vieux chef mohican ; et, plus d'une fois, chemin faisant, le jeune chasseur, qui formait l'arrière-garde, quoiqu'il ne fût pas le personnage le moins remarquable du groupe, réfléchit sur la différence que pouvait présenter la figure humaine, quand Louise, dont les yeux rivalisaient avec l'azur du firmament, et le vieux John, dont les traits étaient durs et fortement prononcés, se retournaient de son côté pour jeter un coup d'œil sur le bel astre qui les éclairait.

Le ministre fut le premier qui rompit le silence. — En vérité, dit-il au jeune chasseur, c'est une chose singulière de trouver un jeune homme de votre âge visitant une autre Église que celle où il fut élevé, par tout autre motif qu'une curiosité vaine. Aussi j'éprouve une vive curiosité de connaître l'histoire d'une vie si bien dirigée. Vous devez avoir reçu une excellente éducation, car votre ton et vos manières en sont une preuve évidente. Dans lequel de nos États êtes-vous né, monsieur Edwards, car je crois vous avoir entendu dire au juge Temple que vous vous nommez ainsi ?

— Dans celui-ci, répondit Edwards.

— Dans celui-ci ! répéta M. Grant. Je ne savais qu'en penser, car je n'ai remarqué dans vos discours ni l'accent ni le dialecte d'aucune des contrées des États-Unis que j'ai parcourues. Vous avez sans doute habité constamment quelque ville, car ce n'est que là qu'on peut trouver notre culte observé constamment.

Le jeune chasseur sourit, mais il garda le silence, ayant sans doute des raisons particulières pour ne pas répondre à cette question.

— Au surplus, mon jeune ami, continua le ministre, trop poli pour insister, je me félicite de vous rencontrer, car votre exemple prouvera, j'espère, la supériorité des principes religieux que nous professons. Vous avez dû voir que j'ai été obligé ce soir de me prêter un peu aux dispositions de mes auditeurs. Le bon

M. Jones désirait que je prononçasse les prières de la communion et tout le service du matin ; mais, comme les canons de notre Eglise ne l'exigent pas, je m'en suis dispensé, de crainte de fatiguer ma nouvelle congrégation. Demain je me propose d'administrer le sacrement aux fidèles de notre communion : y participerez-vous, mon jeune ami ?

— Je ne le crois pas, Monsieur, répondit Edwards avec un peu d'embarras, qui s'augmenta encore quand il vit miss Grant s'arrêter involontairement, et le regarder avec un air de surprise ; je crains de ne pas être dans des dispositions convenables ; les idées qui m'occupent en ce moment tiennent trop au monde pour me permettre d'approcher de l'autel.

— Chacun doit être son juge à cet égard, dit le ministre ; et j'avouerai même que j'ai remarqué ce soir, dans vos manières à l'égard du juge Temple, un ressentiment qui n'était nullement d'accord avec ce que nous prescrit l'Evangile. Nous avons toujours tort de nous livrer à notre ressentiment, en quelque circonstance que ce puisse être ; mais nous sommes doublement répréhensibles quand l'injure que nous avons reçue ne nous a pas été faite avec intention.

— Il y a du bon dans les paroles de mon père, dit John Mohican ; ce sont les paroles de Miquon [1]. L'homme blanc peut faire ce que ses pères lui ont appris ; mais le jeune aigle a dans ses veines le sang d'un chef délaware. Ce sang est rouge, et la tache qu'il fait ne peut se laver que dans celui d'un Mingo [2].

Surpris de cette interruption, M. Grant s'arrêta et se tourna vers le vieil Indien, qui le regarda d'un air fier et déterminé.

— John, s'écria-t-il en levant les mains vers le ciel, est-ce là la religion que vous ont apprise vos frères Moraves ? Non, je ne serai pas assez peu charitable pour le croire ; ce sont des gens doux et pieux ; ni leur exemple ni leurs préceptes ne peuvent vous avoir inspiré de tels sentiments. Ecoutez le langage de notre Rédempteur : Aimez vos ennemis ; bénissez ceux qui vous maudissent ; faites du bien à ceux qui vous haïssent, et priez pour ceux qui vous maltraitent et vous persécutent. Tel est le com-

---

1. Il ne faut pas oublier que c'est Penn que l'Indien désigne toujours sous ce nom ; et, quand il parle des enfants ou des frères de Miquon, il veut désigner les quakers.

2. *Mingo* est le nom général sous lequel les Indiens Delawares désignent les Indiens des six nations qui étaient leurs ennemis. (Voyez les notes du *Dernier des Mohicans*.)

mandement de Dieu, John, et personne ne peut espérer de voir Dieu s'il n'obéit à ce commandement.

L'Indien écouta le ministre avec attention. Le feu qui brillait dans ses yeux se calma peu à peu, et ses muscles reprirent leur état de tranquillité ordinaire; mais, secouant légèrement la tête, il fit signe à M. Grant de se remettre en marche, et il le suivit en silence. L'agitation qu'éprouvait M. Grant donna plus de rapidité à sa marche, et le vieux chef prit le même pas, sans paraître avoir besoin de faire le moindre effort; mais Edwards s'aperçut que Louise au contraire ralentissait sa marche, et ils se trouvèrent bientôt à quelques pas de distance de leurs compagnons. Comme le sentier était alors plus large, il s'approcha d'elle et se mit à ses côtés.

— Vous êtes fatiguée, miss Grant, lui dit-il ; la neige cède sous les pieds, et rend la marche difficile. Acceptez le secours de mon bras. J'aperçois une lumière en face de nous ; c'est sans doute la maison de votre père, mais nous en sommes encore à quelque distance.

— Je suis en état de marcher, répondit-elle d'une voix faible et tremblante, mais ce vieil Indien m'a effrayée ; son regard était terrible quand il s'est retourné en parlant à mon père..... J'oublie que c'est votre ami, peut-être votre parent, d'après ce qu'il vient de dire, et cependant vous ne m'inspirez pas la même crainte.

— Vous ne connaissez pas bien cette race d'hommes, miss Grant, lui répliqua son jeune conducteur, sans quoi vous sauriez que la vengeance passe pour une vertu parmi les Indiens. La première leçon que reçoit leur enfance, c'est de ne jamais oublier, de ne jamais pardonner une injure..... Les droits de l'hospitalité peuvent seuls l'emporter sur leur ressentiment.

— J'espère, Monsieur, dit Louise en retirant son bras involontairement, que vous n'avez pas été élevé dans de tels sentiments?

— Si votre digne père me faisait une pareille question, répondit-il, il me suffirait de lui dire que j'ai été élevé dans le sein de l'Eglise. Mais à vous, miss Grant, je vous répondrai que j'ai reçu plus d'une leçon pratique du pardon et de l'oubli des injures. Je crois que j'ai peu de reproches à me faire à cet égard, et je tâcherai d'en avoir encore moins à l'avenir.

Tout en parlant ainsi, il lui offrit de nouveau son bras; Louise l'accepta, et, s'entretenant alors de choses indifférentes, ils arrivèrent à la maison du ministre.

M. Grant et John Mohican s'étaient arrêtés à la porte pour les attendre; le premier s'efforçant de déraciner par ses préceptes religieux et moraux les principes peu chrétiens qu'il avait découverts dans le second; et le vieil Indien l'écoutant avec attention, mais sans se montrer convaincu autrement que par un silence respectueux.

Dès que les jeunes gens furent arrivés, ils entrèrent dans la maison. Elle était située à quelque distance du village, au milieu d'un champ encore rempli de souches de pins, qu'on distinguait par les monticules de neige qu'elles formaient, et qui s'élevaient à environ deux pieds. L'extérieur de la maison offrait de grandes traces de la négligence et de la précipitation avec lesquelles on construit les premières maisons dans un pays nouvellement habité; mais l'intérieur en était assez commode, et du moins la plus grande propreté y régnait.

La première pièce dans laquelle ils entrèrent semblait destinée à servir de salle à manger, quoiqu'une grande cheminée fût arrangée de manière à indiquer qu'elle servait aussi quelquefois de cuisine. Un bon feu y avait été allumé, et la clarté qu'il produisait rendait presque inutile le secours de la chandelle que Louise alluma. Le milieu de la salle était couvert d'un tapis de manufacture du pays; et, à l'exception d'une table à ouvrage et d'une bibliothèque de forme antique en acajou, le mobilier était tout ce qu'on pouvait trouver de plus simple et de meilleur marché. Contre les murs on voyait suspendus, dans des cadres de bois noirci, quelques paysages brodés à l'aiguille.

Un de ces dessins représentait un tombeau sur lequel une jeune fille répandait des larmes. Sur ce tombeau étaient inscrits les noms de plusieurs individus, tous portant le nom de Grant. Ce fut ainsi qu'Edwards apprit que le ministre était veuf, et que la jeune fille qui s'était appuyée sur son bras, chemin faisant, était tout ce qui lui restait de six enfants qu'il avait eus.

Chacun s'assit devant le bon feu qui brillait dans la cheminée. Louise quitta une redingote de soie un peu fanée, et un petit chapeau de paille qui convenait mieux à ses traits modestes et ingénus qu'à la rigueur de la saison, et, s'étant assise entre son père et Edwards, M. Grant adressa de nouveau la parole au jeune homme.

— Je me flatte, mon jeune ami, lui dit-il, que l'éducation que vous avez reçue vous a fait renoncer à ces principes de vengeance que votre naissance vous avait comme naturellement inculqués; car, d'après quelques expressions de John, je dois croire que votre sang est en partie celui des Delawares. N'en rougissez pas. Ce n'est ni la couleur ni la naissance qui constituent le mérite; et je ne sais pas si celui qui a quelque liaison de parenté avec les anciens propriétaires de ce sol n'a pas un meilleur droit de parcourir ces montagnes que ceux qui se les sont appropriées.

— Père, dit le vieux chef en se tournant vers le ministre et en accompagnant son discours des gestes expressifs ordinaires aux Indiens, vous n'avez pas encore passé l'été de la vie; vos membres sont encore jeunes; montez sur la plus haute de ces montagnes, et regardez autour de vous. Tout ce que vous verrez entre le soleil levant et le soleil couchant, depuis les grandes eaux jusqu'à l'endroit où la rivière tortueuse[1] se cache derrière les montagnes, tout cela, dis-je, appartient au jeune aigle. Son sang est celui des Delawares, et son droit est fort. Mais le frère de Miquon est juste. De même que la rivière, il coupera le pays en deux parties, et il lui dira : — Enfant des Delawares, prends cela, garde-le, et sois un chef sur le territoire de tes pères.

— Jamais, s'écria le jeune homme avec une énergie qui attira sur lui l'attention que M. Grant et sa fille donnaient au vieil Indien. Le loup de la forêt n'est pas plus acharné après sa proie que cet homme n'est dévoré de la soif de l'or; quoique, pour arriver à la richesse, il ait rampé avec toute l'astuce d'un serpent.

— Prenez garde, mon fils, prenez bien garde, dit M. Grant. Ces mouvements impétueux de ressentiment doivent être réprimés. L'injure accidentelle que vous a faite M. Temple vous fait sentir plus vivement celles qu'ont reçues vos ancêtres. Mais l'une fut involontaire, et les autres furent la suite d'un de ces grands changements politiques qui de temps en temps abaissent l'orgueil des rois, et font disparaître des nations puissantes de la surface de la terre. Où sont maintenant les Philistins qui tinrent si souvent les enfants d'Israël en esclavage ? Qu'est devenue cette superbe Babylone, séjour du luxe et des vices, qui dans son ivresse se nommait

---

1. *Susquehannah* veut dire *rivière tortueuse*. Hannah où Hannock signifie rivière dans plusieurs dialectes des naturels. Ainsi nous trouvons le Rappehannock dans le sud de la Virginie.

la reine des nations ? Songez que nous n'avons le droit d'obtenir le pardon de notre père céleste qu'autant que nous l'accordons nous-mêmes à ceux qui nous ont offensés. D'ailleurs, le mal que vous a fait le juge Temple était involontaire, et votre bras ne tardera pas à être guéri.

— Mon bras ! répéta Edwards d'un ton de mépris ; croyez-vous que je pense qu'il ait voulu m'assassiner ? Non, non ! il est trop prudent, trop lâche, pour commettre un pareil crime. Soit ! que sa fille et lui s'applaudissent de leurs richesses, le jour de la rétribution n'en arrivera pas moins. Non, non, Mohican peut le soupçonner d'avoir eu des desseins meurtriers, mais je l'acquitte de cette intention ; je ne l'accuse pas de ce crime.

Tout en parlant ainsi, il s'était levé, et parcourait la chambre à grands pas, avec l'air de la plus vive agitation. Louise, effrayée, s'était rapprochée de son père, et avait passé son bras sous le sien.

— Telle est la violence héréditaire des naturels du pays, ma fille, lui dit le ministre. Le sang européen est mêlé dans ce jeune homme avec celui des Indiens, comme vous venez de l'entendre ; et ni les avantages de l'éducation, ni ceux de la religion, n'ont pu déraciner ce funeste penchant. Le temps et mes soins y réussiront peut-être.

Quoiqu'il parlât à voix basse, Edwards l'entendit ; et, levant la tête avec un sourire dont l'expression était indéfinissable, il reprit la parole d'un ton plus calme.

— Ne vous alarmez pas, miss Grant ; je me suis laissé emporter par un mouvement que j'aurais dû réprimer. Je dois, comme votre père, l'attribuer au sang qui coule dans mes veines, sans pourtant convenir que j'aie à rougir de ma naissance, seule chose dont il me soit permis d'être fier. Oui, je me glorifie de descendre d'un chef delaware, d'un guerrier qui faisait honneur à la nature humaine. Le vieux Mohican était son ami, et il rendra justice à ses vertus.

M. Grant, voyant que le jeune homme était plus calme, et le vieil Indien toujours aussi attentif, commença alors une dissertation théologique sur le devoir du pardon des injures ; et, après une heure de conversation amicale, ses deux auditeurs se levèrent et prirent congé de leurs hôtes. Ils se séparèrent à la porte, Mohican prenant le chemin qui conduit au village, tandis que le jeune homme se dirigeait vers le lac. Le ministre, qui les avait conduits jusqu'à la porte, y resta quelques instants, suivant des yeux le vieux chef qui marchait avec une agilité qu'on n'aurait pas attendue de son âge, le long du sentier par où ils étaient venus; ses cheveux noirs se faisaient remarquer au-dessus de la couverture blanche placée sur ses épaules, et qui se confondait presque avec la neige.

En rentrant chez lui, M. Grant trouva sa fille debout devant une croisée située sur le derrière de la maison, et qui commandait la vue du lac. Il s'en approcha, et vit, à la distance d'environ un demi-mille, le jeune chasseur traversant à grands pas le lac dont le froid avait rendu la surface solide, et se dirigeant vers une pointe de terre où il savait qu'était située la hutte de Natty Bumppo, sur le bord du lac, au pied d'un rocher couronné de pins.

— Il est étonnant, dit-il, comme les penchants des sauvages se perpétuent, et conservent longtemps leur ascendant dans cette race remarquable! Mais, s'il persévère comme il a commencé, il finira par triompher. La première fois qu'il viendra nous voir, mon enfant, ne me laissez pas oublier de lui prêter mon homélie contre l'idolâtrie.

— Quoi! mon père, le croiriez-vous en danger de retomber dans les erreurs de ses ancêtres?

— Non, ma fille, il est assez instruit pour que ce péril ne soit pas à craindre. Mais il est une autre idolâtrie non moins à redouter, celle de nos passions.

CHAPITRE XIII.

Et je veux boire à même du pot!
Allons, buvons à la meule d'orge.
Chanson à boire.

A l'un des points d'intersection des deux principales rues de Templeton, était, comme nous l'avons déjà dit, l'auberge du Hardi Dragon. Dans l'origine, il avait été résolu que le village s'étendrait le long du petit ruisseau qui coulait dans la vallée, et la rue conduisant du lac à l'académie devait lui servir de limites du côté de l'occident. Mais le hasard dérange souvent les plans les mieux combinés. Quoique la maison de M. Hollister, ou du capitaine Hollister, comme on l'appelait souvent, attendu qu'il était sergent de la milice des environs, eût été bâtie directement en face de la grande rue, de manière à l'empêcher de pouvoir s'étendre plus loin, les voyageurs à pied, à cheval, et même en sleigh, trouvèrent plus commode de marcher à peu près en ligne droite, au lieu de passer par la rue latérale qui obligeait à faire un circuit. Il en résulta que, cette route étant la plus fréquentée, quelques maisons furent construites à la suite de l'auberge, et de l'autre côté de la rue qui, par ce moyen, se prolongea beaucoup plus loin qu'on n'en avait eu l'intention.

Deux inconvénients matériels furent la conséquence de ce changement survenu dans les plans du fondateur de Templeton. Le premier fut que la rue principale se trouva brusquement rétrécie vers son milieu ; l'autre que le Hardi Dragon devint, après l'habitation du juge, l'édifice qui frappait davantage les yeux dans tout le village.

Cette circonstance, aidée du caractère de l'hôte et de l'hôtesse, assura à cette auberge une supériorité que les efforts d'aucun compétiteur ne purent lui ravir ; car on en fit la tentative, et ce fut dans une maison située à l'autre coin de la même rue. Elle était bâtie en bois, et l'on avait adopté pour sa construction l'ordre d'architecture à la mode de Templeton ; en un mot, c'était une des maisons où l'on avait voulu imiter le toit et les balustrades de celle du juge. Les fenêtres des étages supérieurs étaient encore bouchées avec des planches brutes, car l'édifice était loin d'être fini, mais celles du rez-de-chaussée étaient garnies de vitres ; et le bon feu qu'on voyait à travers prouvait que la maison était habitée. La façade en était crépie en blanc ; mais les côtés et le derrière étaient grossièrement badigeonnés en brun d'Espagne. Devant la porte s'élevaient deux grands poteaux joints par le haut, au moyen d'une poutre à laquelle était suspendue une énorme enseigne en bois sculpté, représentant divers emblèmes de franc-maçonnerie. Au-dessus de ces signes mystérieux, on lisait en grosses lettres :

THE TEMPLE-TOWN'S COFFEE-HOUSE AND TRAVELLER'S HOTEL.

CAFÉ TEMPLETON ET HÔTEL DES VOYAGEURS.

Et en dessous :

HABACUC FOOTE ET JOSUE KNAPP.

Cette rivalité était d'autant plus dangereuse pour le Hardi Dragon, que ces noms formidables se lisaient encore sur la porte de deux établissements nouvellement formés dans le village, une boutique de chapelier et une tannerie. Mais, soit parce qu'il est vrai que qui *trop embrasse mal étreint*, comme dit le proverbe, soit parce que le Hardi Dragon s'était fait une réputation que rien ne pouvait désormais ébranler, cette dernière auberge conserva la pratique non seulement du juge Temple et de ses amis, mais même de presque tous ceux des habitants du village qui ne figuraient pas en qualité de débiteurs sur les livres des associés Habacuc et Josué.

Dans la soirée dont nous parlons, le sergent boiteux, dit capitaine Hollister, et sa moitié, vraie virago, étaient à peine de retour de l'académie, qu'un bruit de pieds qui secouaient la neige à leur porte leur annonça l'arrivée de quelques pratiques, qui se rassemblaient sans doute pour discuter sur la cérémonie religieuse à laquelle les habitants venaient d'assister.

La salle ouverte au public dans l'auberge du Hardi Dragon était un appartement spacieux, garni de bancs de trois côtés seulement, car le quatrième était entièrement occupé par deux cheminées d'énorme dimension, qui en remplissaient tout l'espace, à l'exception de la porte d'entrée qui les séparait, et d'une ouverture sans porte, mais défendue par une palissade en miniature, donnant entrée dans un cabinet convenablement muni de verres et de bouteilles. Mistress Hollister, avec un air de grande gravité, était assise à l'entrée de ce sanctuaire, tandis que son mari s'occupait à remuer le feu avec un pieu en bois, brûlé par le bout.

— Eh bien! mon cher sergent! dit l'hôtesse, aurez-vous bientôt fini de remuer le feu? A quoi cela peut-il servir à présent qu'il brûle à ravir? Mettez des verres sur les tables, et placez près du feu un pot de cidre au gingembre pour le docteur; vous savez qu'il le boit toujours chaud. Mettez tout bien en ordre; car nous aurons ce soir le major, et probablement le juge et M. Jones, sans compter Ben-la-Pompe et les hommes de loi. Veillez donc à ce que rien ne manque, et dites à cette coureuse de Judy que si elle ne tient pas sa cuisine plus proprement, je lui donnerai son congé.

Elle n'a qu'à aller se présenter au café, la fainéante! elle n'y sera pas surchargée d'ouvrage. Mais, à propos, sergent, n'est-ce pas un grand bonheur que de pouvoir assister au service divin, assis bien à son aise, sans être obligé de se lever je ne sais combien de fois, comme ce soir?

— Mistress Hollister, répondit le vétéran tout en s'occupant d'exécuter les ordres qu'il avait reçus de sa moitié, c'est toujours un bonheur d'y assister, n'importe que ce soit assis, debout ou à genoux, comme M. Whitefield [1] nous ordonnait autrefois de le faire, après une journée de marche fatigante, tandis qu'il levait les mains au ciel, comme Moïse. Et à propos de cela, Betty, ce dut être une belle bataille que celle que les Israélites livrèrent ce jour-là aux Amalécites! Il paraît qu'elle eut lieu dans une plaine; car il est écrit que Moïse monta sur une hauteur pour en être témoin en employant les armes de la prière. Et, d'après mon petit jugement, Betty, je crois que les Israélites durent la victoire à leur cavalerie; car le texte dit que Josué extermina les ennemis par le tranchant du sabre; d'où je conclus non seulement qu'il avait sous ses ordres des cavaliers, mais des cavaliers bien disciplinés; ce que je prouve encore par le texte qui dit que c'étaient des hommes d'élite, c'est-à-dire des volontaires, des miliciens; car il est rare que des recrues de dragons sachent se servir du tranchant du sabre, et...

— Laissez-moi donc tranquille avec vos textes! sergent. Faut-il tant de paroles pour si peu de chose? A coup sûr, les Israélites ont gagné la bataille parce que le Seigneur combattait pour eux, comme il le fit toujours jusqu'à ce qu'ils l'eussent renié. Et si le Seigneur combattait pour eux, qu'importe quels hommes commandait Josué? Des miliciens! Dieu me pardonne de jurer! ce sont eux qui ont été la cause de la mort du brave capitaine, le jour de la bataille que vous savez. Sans leur lâcheté, il aurait remporté la victoire.

— Je dois vous dire, mistress Hollister, qu'aucune troupe ne se battit mieux que le flanc gauche des miliciens à l'affaire dont vous parlez; ils se rallièrent fort proprement, quoique sans tambours, ce qui n'est pas facile à faire quand on est sous le feu de l'ennemi; et ils tenaient encore ferme quand le capitaine tomba.

---

1. Whitefield fut un des apôtres du méthodisme, et se rendit en Amérique pour y propager les principes de sa secte.

Mais, comme les Ecritures ne contiennent pas de paroles inutiles, je vous dirai que si la cavalerie de Josué n'avait pas taillé en pièces les Amalécites avec le tranchant du sabre, le texte aurait dit seulement qu'il les avait exterminés avec le sabre, sans employer le mot *tranchant*. Et pour en revenir au capitaine, s'il avait appelé la compagnie de dragons de milice, quand il rallia l'infanterie, ils auraient fait voir à l'ennemi ce que c'est que le tranchant d'un sabre; car, quoiqu'ils n'eussent pas d'officiers à brevet, je crois que je puis dire que celui qui les conduisait était en état de leur montrer leur devoir en pratique, comme il l'avait fait en théorie [1].

En prononçant ces derniers mots, le sergent vétéran se redressa d'un air d'importance en arrangeant sa cravate.

— Tout cela est bel et bon, sergent, mais cela n'empêche pas qu'il ne soit mort, et il y a bien des années. Plût au ciel qu'il eût assez vécu pour voir la vraie lumière! Au surplus j'espère qu'il y a de la merci dans le ciel pour un brave homme qui est mort pour la bonne cause. Quoi qu'il en soit, on ne lui a donné qu'une pauvre sépulture, ainsi qu'à tant d'autres qui sont morts comme lui; mais mon enseigne est là, et, à coup sûr, elle lui ressemble; car si ce ne sont pas tout à fait ses yeux, il ne manque pas un poil à ses moustaches, et je la conserverai tant qu'un serrurier pourra faire un crampon pour la suspendre, en dépit de tous les cafés de Templeton et des Etats-Unis.

On ne saurait dire jusqu'où cette conversation aurait conduit le digne couple, si ceux qui secouaient la neige attachée à leurs pieds sur la petite plate-forme qui ornait la porte de l'auberge, ne fussent entrés en ce moment. Ils furent suivis d'un assez grand nombre d'habitants du village, de toute condition, et l'hôtesse eut la satisfaction de voir ses bancs presque complètement remplis.

Tandis qu'ils se formaient en différents groupes, le docteur Todd prenait place sur un banc à dossier, placé près d'une des cheminées. Il était accompagné d'un jeune homme dont le costume, fort négligé du côté de la propreté, annonçait pourtant des prétentions, et dont l'habit, de drap étranger, n'était pas coupé de la même manière que ceux des autres habitants. Ce nouveau venu tirait fréquemment une grande montre française en argent, atta-

---

1. Voyez *l'Espion*.

chée à une chaîne en cheveux, portait à sa chemise une épingle garnie d'une grosse pierre fausse, et prenait du tabac à chaque instant dans une tabatière ornée d'un portrait de femme.

Pendant un certain temps l'hôte et l'hôtesse ne furent occupés qu'à préparer et à servir les divers breuvages qui leur furent demandés, et qui, étant pour la plupart un mélange de plusieurs liqueurs, exigeaient quelque science ou du moins de l'habitude pour leur composition. Les verres n'étaient pas d'un grand usage, car en général le même pot passait de main en main et de bouche en bouche dans chaque groupe, jusqu'à ce qu'ayant fait le tour du cercle, ou étant arrivé au bout de la ligne, il revînt à celui qui y avait bu le premier.

Quand la première soif fut apaisée, une conversation particulière s'établit dans chaque groupe, et partout elle roulait sur l'événement important du jour, la célébration du service religieux à Templeton, suivant les rites de l'église épiscopale. Mais un silence général s'établit dans la salle, quand on entendit le compagnon du docteur, un des deux hommes de loi établis à Templeton, lui demander :

— A propos, docteur, est-il vrai que vous avez fait ce soir une opération importante ; que vous avez extrait toute une charge de chevrotines de l'épaule du fils de Bas-de-Cuir ?

— Oui, répondit le docteur avec une sorte d'insouciance, mais en redressant la tête d'un air d'importance ; j'ai fait quelque chose de cette nature chez le juge. Mais ce n'était rien en comparaison de ce qui aurait pu arriver si le coup avait porté dans quelque autre partie très-vitale, et j'ose dire que le jeune homme sera bientôt guéri. Mais j'ignorais que mon patient fût fils de Bas-de-Cuir. C'est une nouvelle que vous m'apprenez. Je ne savais pas que Natty fût marié.

— Ce n'est pas une conséquence nécessaire, répondit le procureur en ricanant. Je suppose que vous savez qu'il existe des êtres auxquels nous donnons le nom de *filius nullius*.

— Et pourquoi ne pas parler en bon anglais ? s'écria mistress Hollister. Pourquoi parler indien dans une salle qui n'est remplie que de chrétiens, quoiqu'il s'agisse d'un pauvre chasseur qui ne vaut guère mieux que les sauvages ?

— C'est du latin, et non de l'indien, mistress Hollister, répondit le suppôt de Thémis en regardant autour de lui d'un air satisfait de lui-même ; et le docteur Todd sait le latin ; sans cela, comment pourrait-il lire les étiquettes de ses fioles ? N'est-il pas vrai, docteur, que vous savez le latin ?

— Je me flatte que c'est une langue qui ne m'est pas tout à fait étrangère, répondit Elnathan en cherchant à faire bonne contenance, quoiqu'il fût intérieurement fort mal à l'aise. Mais le latin n'est pas facile, Messieurs, ajouta-t-il en s'adressant à la compagnie, et je pense qu'à l'exception de monsieur Lippet, il n'y a personne dans cette salle qui sache que *far. av.*[1] signifie en anglais de la farine d'avoine.

Le procureur se trouva à son tour fort embarrassé. Ses connaissances en latin ne s'étendaient pas bien loin, quoiqu'il eût pris ses degrés dans une université des Etats-Unis, et les deux monosyllabes que son compagnon venait de prononcer étaient pour lui de l'hébreu. Mais comme il aurait été imprudent de paraître moins savant que le docteur dans une compagnie où il se trouvait un grand nombre de ses clients, il lui adressa un sourire approbatif qui semblait confirmer qu'eux seuls étaient en état de converser en une si docte langue, et voyant tous les yeux se fixer sur lui avec un air d'admiration, il se leva, se plaça devant la cheminée, prit sous ses deux bras les pans de son habit, et reprit la parole avec une nouvelle assurance.

— Qu'il soit fils de Natty ou fils de personne, j'espère que ce jeune homme ne souffrira pas que les choses en restent là. Nous vivons dans un pays où les lois ne font acception de personne ; et je voudrais juger la question de savoir si un homme qui est ou qui se dit propriétaire de cent mille acres de terre, a plus de droit qu'un autre de tirer sur qui que ce soit. Qu'en dites-vous, docteur Todd ?

— Je dis, monsieur Lippet, répondit Elnathan, que le jeune homme guérira bientôt, comme je l'ai déjà dit ; car la blessure n'ayant pas offensé un organe essentiel, la balle ayant été convenablement extraite, et le pansement de la blessure ayant été fait avec soin, le danger n'est pas aussi considérable qu'il aurait pu l'être.

— Qu'importe ? répliqua le procureur. J'en fais juge M. Doolittle, qui nous a écoutés. Vous êtes magistrat, monsieur Doolittle ;

---

[1]. *Far. av.*, *farina avenæ*. Le docteur se sert d'abréviations dans le discours comme dans son style d'ordonnances.

vous savez ce que la loi permet et ce qu'elle défend ; or, je vous le demande, pensez-vous qu'une blessure faite à un homme avec une arme à feu, soit une chose qui puisse s'arranger si facilement ? Supposez, Monsieur, que ce jeune homme soit un artisan, un ouvrier ; qu'il ait femme et enfants, que sa famille ait besoin de son travail pour avoir du pain, et que la balle, au lieu de passer dans les chairs, l'ait mis hors d'état de se servir de son bras pour le reste de ses jours ; je vous le demande à tous, Messieurs, n'aurait-il pas le droit, dans cette supposition, de demander des dommages et intérêts considérables ?

Comme la dernière partie de cette phrase s'adressait à toute la compagnie, Hiram crut d'abord qu'il pouvait se dispenser d'y répondre. Mais voyant tous les regards se diriger vers lui, et se rappelant qu'il avait été depuis peu nommé juge de paix, il pensa enfin que son caractère officiel ne lui permettait pas de garder le silence, et répondit avec un air de gravité magistrale :

—Certainement, monsieur Lippet, vous savez comme moi que si un homme en blesse un autre d'un coup d'arme à feu, et que, l'ayant fait avec intention, il soit mis en jugement pour ce fait, et déclaré coupable par le jury, ce sera une mauvaise affaire pour lui.

—Une très-mauvaise, reprit le procureur. La loi ne fait d'exception pour personne dans un pays libre. Un des plus grands bienfaits dont nous soyons redevables à nos ancêtres, c'est qu'ici tous les hommes sont égaux aux yeux de la loi, comme ils le sont à ceux de la nature. Quoiqu'un homme ait acquis d'immenses propriétés, n'importe par quels moyens, il n'a pas plus le droit de contrevenir aux lois que le plus pauvre des citoyens. Voilà ma façon de penser, Messieurs ; et je garantis que si ce jeune homme est bien conseillé, il tirera de cette affaire de quoi joliment payer le pansement. Entendez-vous, docteur ?

—Quant à cela, répondit Elnathan que la tournure qu'avait pris la conversation semblait mettre sur des épines, j'ai la parole du juge Temple, en présence de... non pas que sa parole ne vaille tous les écrits du monde, mais il me l'a donnée en présence de... voyons de qui, de monsir Le Quoi, et de squire Jones, et du major Hartmann, et de miss Pettibone, et d'une couple de nègres : c'est devant eux qu'il m'a dit que ce serait sa poche qui me paierait.

—Vous a-t-il fait cette promesse avant, ou après l'opération ? demanda le procureur.

— Avant ou après, qu'importe ? répondit le docteur ; mais je suis sûr qu'il me l'a faite avant que j'eusse touché au bras du jeune homme.

— Mais il paraît qu'il vous a dit que ce serait sa poche qui vous paierait, dit Hiram Doolittle avec un sourire malin. Or qui l'empêche de couper sa poche et de vous la donner avec une pièce de six pence au fond ? il aurait rempli sa promesse aux yeux de la loi.

— Point du tout, s'écria Lippet, ce serait un subterfuge dont elle ferait justice. Il faut que le docteur reçoive *quid pro quo*[1]. La poche, dans le cas dont il s'agit, doit être considérée comme faisant partie, non de l'habillement, mais de la propre personne de celui qui a promis. Je soutiens que le docteur a une action contre le juge Temple à cet égard, et, s'il n'obtient pas satisfaction complète à l'amiable, je me charge de lui faire rendre justice sans qu'il lui en coûte aucuns frais.

Le docteur ne répondit rien à cette offre, mais il jeta un coup d'œil autour de lui, comme pour compter ceux dont il pourrait invoquer aussi le témoignage pour constater cette promesse, si un jour cela devenait nécessaire.

Un sujet de conversation tel que celui d'un procès à intenter au juge Temple n'était pas de nature à délier la langue de beaucoup d'interlocuteurs dans la salle ouverte au public de la principale auberge de Templeton. Il s'ensuivit un instant de silence, pendant lequel la porte de l'appartement s'ouvrit, et l'on y vit entrer Natty Bumppo lui-même.

Le vieux chasseur portait à la main son compagnon inséparable, son long fusil. Sans ôter son bonnet, sans faire attention à qui que ce fût, il s'avança vers une des cheminées, et s'assit, sous le manteau, sur un monceau de troncs d'arbres destinés à alimenter le feu. Quelques personnes lui firent différentes questions sur le gibier qu'il avait tué depuis peu, et il leur répondit avec un air d'insouciance. Mais l'hôte, qui avait contracté avec Natty une sorte d'intimité fondée sur ce qu'ils étaient tous deux d'anciens soldats, étant venu lui présenter une pinte remplie de je ne sais quel liquide, la manière dont il reçut cette offrande put faire juger qu'elle ne lui était pas désagréable.

1. Quelque chose pour quelque chose.

Cependant le procureur reprit la conversation interrompue, et s'adressant au docteur Todd : — Le témoignage des nègres, lui dit-il, ne pourrait être reçu en justice, car ils sont esclaves, et censés appartenir à M. Jones. Mais je sais le moyen d'obtenir justice, soit du juge Temple, soit de quiconque se permet de tirer sur un autre, et il ne serait pas besoin pour cela de plaider devant *la cour des erreurs* [1].

— Et ce serait une fameuse erreur, s'écria l'hôtesse, que de se mettre en procès avec le juge Temple, qui a une bourse aussi longue que le plus grand des pins qui soient sur nos montagnes ; d'ailleurs n'est-il pas l'homme le plus accommodant du monde quand on sait le prendre ? C'est un brave homme que le juge Temple, et un homme équitable, et un homme qui n'a pas besoin d'être menacé pour faire ce qui est juste. Je n'ai qu'un reproche à lui adresser, c'est d'être trop insouciant à l'encontre de son âme : il n'est ni méthodiste, ni papiste, ni presbytérien, ni..... en un mot, je crois qu'il n'est rien du tout ; et, quand on ne combat pas sous la bannière d'une Église régulière en ce monde, il y a lieu de craindre qu'on ne passe pas la revue dans l'autre avec le petit nombre des élus, comme dit mon mari, que vous appelez le capitaine ; car pour moi je ne connais qu'un capitaine qui mérite ce nom, et c'est celui qui est sur mon enseigne. A coup sûr, Bas-de-Cuir, j'espère que vous ne serez pas assez fou pour mettre dans la tête de ce jeune homme d'aller en justice pour cette affaire : ce serait pis, pour lui et pour vous, que le coup de fusil qu'il a reçu. Il ne faut pas faire de la peau d'un agneau un os à ronger. Dites-lui qu'il peut venir boire ici pour rien, tant qu'il le voudra, jusqu'à ce que son épaule soit guérie.

— Voilà qui est généreux ! s'écrièrent vingt bouches à la fois, à cette offre libérale de mistress Hollister, tandis que Natty, qu'on aurait pu supposer ne devoir pas entendre parler de la blessure qu'avait reçue son jeune compagnon sans en montrer quelque ressentiment, ouvrit la bouche dans toute sa largeur pour faire un de ces éclats de rire silencieux qui lui étaient particuliers.

— Je savais bien, dit-il ensuite, que le juge ne ferait rien de bon avec son fusil de chasse, quand il descendit de son sleigh. Je n'ai jamais vu qu'un fusil de chasse qui fît de bonne besogne, et

---

1. *Court of errors* : c'est la cour d'appel du comté.

c'était un fusil français, ce qu'on appelle une canardière, dont le canon est presque une fois ausssi long que celui-ci. Je lui vis faire un tel abattis de gibier sur le grand lac qu'il fallut une barque pour le porter. Quand je suivis sir William contre les Français au fort Niagara, on ne connaissait que le long fusil, comme celui-ci ; et c'est une fière arme dans les mains d'un homme qui sait la charger, et qui a le coup d'œil sûr. Le capitaine sait comme nous nous escrimâmes contre les Français et les Iroquois dans cette guerre. Chingachgook, ce qui signifie le Grand-Serpent en anglais, le vieux John Mohican, si vous l'aimez mieux, qui demeure avec moi dans ma hutte, était un grand guerrier alors, et il pourrait vous en conter tous les détails ; cependant il était plus fort au tomahawk[1] qu'au fusil, et, quand il avait tiré un ou deux coups, il ne songeait plus qu'à se procurer des chevelures. Hélas ! le bon temps est passé. Alors, depuis la Mohawk jusqu'aux forts, on trouvait à peine des sentiers par où un cheval chargé pouvait passer ; et l'on n'était embarrassé que du choix du gibier. Aujourd'hui, tout le pays est découvert ; on voit des grandes routes partout, et, si mon vieux Hector n'avait pas le nez si bon, je passerais quelquefois des journées entières sans trouver une pièce de gibier.

— Il me semble, Bas-de-Cuir, dit l'hôtesse, que vous faites un pauvre compliment à votre camarade en lui donnant un des noms du malin esprit, et d'ailleurs le vieux John ne ressemble guère aujourd'hui à un serpent. Vous auriez mieux fait de l'appeler Nemrod, d'autant plus que c'est un nom chrétien, puisqu'il se trouve dans la Bible. Le sergent m'en a lu un chapitre où il était question de lui, le soir d'avant mes relevailles, et l'on n'oublie pas ce qu'on entend lire dans ce livre.

— Le vieux John et Chingachgook étaient deux hommes bien différents, répliqua Natty en secouant la tête à ce souvenir mélancolique. Pendant la guerre de 58, il était dans la maturité de l'âge, et il avait trois pouces de plus que moi. Si vous l'aviez vu le matin du jour où nous battîmes Dieskau, vous auriez avoué qu'il était impossible de voir une peau rouge plus avenante. Il était nu jusqu'à la ceinture, et il était peint... non, jamais créature ne l'a si bien été. Il avait un côté de la figure noir, l'autre

---

1. Espèce de hache des Indiens. (Voyez les notes du *Dernier des Mohicans*.)

rouge, et le reste du corps jaune. Ses cheveux étaient rasés, à l'exception d'une touffe au haut de la tête, sur laquelle il portait un panache de plumes d'aigle, aussi brillantes que si elles avaient été tirées de la queue d'un paon. Enfin, avec son air fier et hardi, son grand couteau à scalper, et son tomahawk, on ne pouvait voir une figure plus guerrière. Aussi joua-t-il son rôle bravement, car le lendemain du combat, je le vis ayant treize chevelures attachées à son bâton. Et il les avait acquises de franc jeu, car le Grand-Serpent n'était pas un homme à scalper un ennemi qu'il n'avait pas tué de sa propre main.

— Eh bien! eh bien! dit l'hôtesse, se battre, c'est se battre après tout, n'importe comment, puisqu'il y a plusieurs façons de le faire : mais je n'aime pas qu'on arrache la peau de la tête à un ennemi mort, et je ne crois pas que la Bible y autorise. J'espère, sergent, que vous n'avez jamais aidé à cette besogne?

— Mon devoir était de rester à mon rang, répondit Hollister, et d'y attendre le plomb ou la baïonnette. J'étais alors dans le fort, et comme j'en sortais rarement, j'ai peu vu les sauvages, qui ne faisaient qu'escarmoucher sur les flancs. Je me souviens pourtant d'avoir entendu parler du Grand-Serpent, comme on le nommait, car c'était un chef de renom, et je ne m'attendais guère à le voir un jour civilisé en chrétien sous le nom du vieux John.

— Il a été fait chrétien par les frères Moraves, qui s'étaient toujours faufilés parmi les Delawares, dit Natty. A mon avis, si l'on avait laissé les sauvages tranquilles, nous n'en serions pas où nous en sommes; ces montagnes appartiendraient encore à leur légitime propriétaire, qui n'est pas trop vieux pour porter un fusil comme celui-ci, et dont le coup d'œil est sûr. Il aurait laissé le pays dans l'état où l'avait mis la nature, et...

Il fut interrompu par un nouveau bruit qui se fit entendre à la porte, et au même instant une nouvelle compagnie entra dans l'appartement.

CHAPITRE XIV.

> Voici un pòt, un pot d'une pinte, un pot d'une demi-pinte, un pot d'un quart de pinte, un pot de la plus petite mesure et le bol brun. Buvons à la meule d'orge, mes braves garçons, buvons à la meule d'orge.
>
> *Chanson à boire.*

La compagnie que nous avons vue entrer dans l'auberge du Hardi Dragon, à la fin du chapitre précédent, se composait du juge Temple, du major Hartmann, de M. Le Quoi et de Richard Jones. L'arrivée de ces personnages distingués produisit un moment de commotion générale, et le procureur Lippet en profita pour s'évader. La plupart de ceux qui étaient dans la salle s'approchèrent de Marmaduke pour prendre la main qu'il leur offrait, en lui disant qu'ils espéraient que le juge se portait bien.

Pendant ce temps le major s'asseyait fort tranquillement sur le banc à dossier que le docteur et le procureur venaient d'abandonner. Il ôta son chapeau et sa perruque, et y substitua un bonnet de laine bien chaud, qu'il s'enfonça sur les oreilles; tira de sa poche sa boîte à tabac, demanda à l'hôte une pipe neuve, la chargea, l'alluma, et dès qu'il en eut tiré une bouffée de fumée, il l'ôta un instant de sa bouche, et tournant la tête du côté du comptoir : — Petty, s'écria-t-il, votre toddy être prêt, sans doute ?

Le juge, après avoir reçu les salutations de toute la compagnie, alla s'asseoir à côté du major, tandis que Richard cherchait des yeux dans toute la salle quelle était la place où il serait le plus à l'aise. M. Le Quoi prit une chaise, et s'assit près d'une cheminée, en ayant soin de se placer de manière à ne pas empêcher un seul rayon de chaleur d'arriver à qui que ce fût. John Mohican, qui était entré presque au même instant, alla s'asseoir, sans parler à personne, au bout d'un banc voisin du comptoir.

Lorsque tout le monde fut placé, le juge prit la parole, et dit à l'hôtesse d'un ton badin : — Eh bien ! Betty, je vois que vous conservez votre vogue, malgré le mauvais temps, en dépit des rivaux, et au milieu de toutes les religions. Comment avez-vous trouvé le sermon?

— Le sermon, répéta-t-elle; à coup sûr je ne puis dire qu'il n'était pas raisonnable; mais pour les prières, c'est tout différent. Ce n'est pas peu de chose, voyez-vous, juge, quand on est dans sa cinquante-neuvième année, que d'être obligée de se remuer sans cesse dans une église pour se lever et s'asseoir je ne sais combien de fois dans le cours d'une heure. Du reste, M. Grant paraît un digne homme, et, à coup sûr, je n'ai rien à dire contre lui. Tenez, John, voilà une pinte de cidre au genièvre : un Indien n'a pas besoin d'avoir soif pour boire.

— Je conviendrai, dit Hiram, d'un ton réfléchi, que le discours a été bien débité, et je crois qu'en général il a été entendu avec plaisir. Cependant, il s'y trouvait certaines choses qu'il aurait mieux valu supprimer, ou, pour mieux dire, remplacer par d'autres; mais c'est ce qui n'était pas facile, puisque le sermon était écrit [1].

— Et voilà justement l'enclouure, juge, s'écria l'hôtesse; comment un ministre peut-il être inspiré en prêchant, quand il est lié et garrotté à tout ce qu'il a écrit d'avance, ni plus ni moins qu'un dragon maraudeur à un piquet?

— Fort bien, fort bien, dit Marmaduke en faisant un geste de la main pour leur imposer silence à tous deux; mais en voilà bien assez. M. Grant nous a dit ce soir qu'il y avait différence d'opinion à ce sujet, et, à mon avis, il a parlé très-sensément.

Un moment de silence s'ensuivit; mais Hiram Doolittle, ne voulant pas avoir l'air de ne plus oser rien dire, entreprit de renouer la conversation en parlant d'autre chose.

— Et quelles nouvelles nous apportez-vous du congrès, juge? lui demanda-t-il; il n'est pas vraisemblable qu'il ait fait grand'-chose pendant cette session? Sait-on comment les choses vont maintenant en France?

— Depuis que les Français ont décapité leur roi, répondit Marmaduke, ils ne font plus que se battre. Le caractère de cette nation semble changé.

— Ah! mon malheureux roi! murmura tristement M. Le Quoi.

— J'ai connu bien des Français pendant la guerre que nous avons soutenue pour notre indépendance, continua M. Temple,

---

1. Les ministres de l'église anglicane lisent généralement leurs sermons; ceux de certaines sectes ne prêchent que d'improvisation, les méthodistes, par exemple.

et tous m'ont paru être des hommes pleins d'humanité, des hommes doués d'un excellent cœur; mais ces jacobins ont soif du sang comme de vrais boule-dogues.

— Il y avait avec nous à Yorktown, dit l'hôtesse, un nommé Roschambog[1], et, à coup sûr, c'était un brave garçon, ainsi que son cheval. Ce fut là que mon pauvre sergent reçut à la jambe, en attaquant les batteries anglaises, un coup de pied de cheval qui le rendit boiteux.

— La *législature*[2], continua Marmaduke, a rendu plusieurs lois dont le pays avait grand besoin. Il y en a une entre autres qui défend de pêcher à la seine dans certaines rivières et dans les petits lacs, autrement qu'en saison convenable; une autre qui défend de tuer les daims pendant les mois de gestation. J'espère que le temps viendra où l'on défendra de même d'abattre des arbres sans nécessité.

Natty écouta ce détail avec une attention qui lui permettait à peine de respirer; et quand M. Temple eut fini de parler, il se mit à rire à la muette, suivant sa coutume, comme en dérision de ce qu'il venait d'entendre.

— Faites des lois, juge, faites des lois, dit-il ensuite; mais où trouverez-vous du monde pour garder les montagnes pendant les longs jours d'été, et les lacs pendant les nuits? Le gibier est gibier, et celui qui le trouve a droit de le tuer. Telle est la loi qui a existé sur ces montagnes, à ma connaissance, pendant quarante ans, et je crois qu'une vieille loi en vaut bien deux nouvelles. A moins qu'on n'eût besoin d'une paire de guêtres, il faudrait être fou pour tuer une biche qui a son faon à côté d'elle, car chacun sait que la chair en est maigre et dure. D'ailleurs, un coup de fusil le long du lac retentit quelquefois dans les rochers comme si on en avait tiré cinquante; et qui pourrait dire où était placé l'homme qui l'a lâché?

— Armé de la force des lois, monsieur Bumppo, dit le juge d'un ton grave, un magistrat vigilant peut prévenir une grande partie des désordres qui ont eu lieu jusqu'à présent, et qui contri-

---

1. Rochambeau. Il y a dans le texte une espèce de patois, à peu près intraduisible en français.
2. Chaque Etat de l'Union a son propre gouvernement, un gouverneur, un sénat et une assemblée qui décrètent toutes les lois intérieures. Le sénat et l'assemblée de chaque Etat s'appellent la *législature*; comme le sénat et l'assemblée des représentants des deux Etats s'appellent *congrès*.

buent déjà à rendre le gibier plus rare. J'espère vivre assez longtemps pour voir le jour où l'on respectera les droits d'un propriétaire sur son gibier, autant que ceux qu'il a sur ses fermes.

— Vos lois et vos fermes sont de la même date, s'écria Natty, tout cela est né d'hier. Mais les lois devraient être impartiales, et ne pas favoriser l'un aux dépens de l'autre. Il y a eu mercredi quinze jours, j'avais tiré sur un daim, je l'avais blessé, et je comptais bien l'abattre du second coup, car il est sans exemple que j'aie tiré trois fois sur la même pièce. Mais pas du tout, il sauta par-dessus une maudite barrière, pendant que je rechargeais mon fusil, et je ne pus la traverser pour le poursuivre. Or, qui m'indemnisera d'avoir perdu ce daim, un des plus beaux de la saison? Allez, allez, juge, ce sont les fermiers, et non les chasseurs, qui font que le gibier devient rare.

— Les daims n'être pas si nompreux maintenant que pendant l'ancienne guerre, monsieur Pumpo, dit le major au milieu d'un nuage de fumée; la terre n'être pas faite pour les daims, mais pour les chrétiens.

— Je crois que vous êtes ami de la justice, major, répondit Natty, quoique vous alliez souvent à la grande maison; dites-moi donc s'il n'est pas bien dur pour un homme de se voir privé, par de pareilles lois, de ses moyens honnêtes d'existence, quand, si justice était rendue, il pourrait pêcher et chasser tous les jours de la semaine, et même sur les meilleurs défrichements, si l'envie lui en prenait?

— Moi pien vous entendre, Pas-de-Cuir, dit le major, en fixant sur lui ses grands yeux noirs d'un air particulièrement expressif, mais vous n'avoir pas toujours été si prudent.

— Je n'en avais peut-être pas les mêmes raisons, répliqua Natty d'un air sombre. Et appuyant la tête sur ses deux mains, il parut décidé à ne plus parler.

— Le juge avait commencé à nous dire quelque chose sur les Français, dit Hiram après un moment de silence général.

— Oui, Messieurs, dit Marmaduke, je vous disais que les jacobins semblent décidés à ne pas mettre de bornes à la carrière de leurs crimes. Ils continuent ces meurtres auxquels ils donnent le nom d'exécutions. Vous savez sans doute qu'ils ont ajouté l'assassinat de leur reine à la longue liste de leurs forfaits?

— Les scélérats ! s'écria encore M. Le Quoi en se retournant sur sa chaise avec une sorte de tressaillement convulsif.

— La Vendée est dévastée par les troupes de la république, continua M. Temple; et l'on en fusille les habitants par centaines, uniquement parce qu'ils sont royalistes. La Vendée est une province du sud-ouest de la France qui continue à être fort attachée aux Bourbons. Mais M. Le Quoi connaît sans doute ce pays, et il pourrait nous donner quelques détails.

— De grâce! de grâce! s'écria M. Le Quoi en s'appuyant la main sur le front, ne m'interrogez pas sur toutes ces horreurs; laissez-moi tâcher de les oublier.

— Ces républicains furieux ont livré depuis peu plusieurs batailles, ajouta le juge, et ils n'ont été que trop souvent victorieux. Cependant je ne puis dire que je sois fâché qu'ils aient repris Toulon, car ce port appartient naturellement à la France.

— Ils ont repris Toulon! s'écria M. Le Quoi en se levant avec vivacité et en sautant de joie; j'en suis enchanté! Ah! ah! messieurs les Anglais! Mais cette pauvre reine! ce nombre immense de victimes! Les Français sont toujours braves; ils ont repris Toulon! je voudrais qu'ils prissent Londres.

Il continua à se promener quelques instants, en proie à une vive agitation; tantôt se frottant les mains de plaisir, tantôt se battant le front de chagrin. Enfin ne pouvant résister à l'émotion que lui causaient les sentiments qui se combattaient dans son cœur, l'amour de sa patrie, et l'horreur des crimes qui s'y commettaient, il sortit brusquement de l'appartement, et reprit le chemin de sa boutique.

Son départ ne parut pas surprendre les villageois, qui étaient habitués à ses manières; mais le major Hartmann partit d'un grand éclat de rire, ce qui lui arrivait rarement, et s'écria : — Ce Français être fou; mais ne pas avoir besoin de boire, lui être ivre de joie tout en pleurant de chagrin.

— Les Français sont de bons soldats, dit Hollister; ils nous ont donné un bon coup de main à Yorktown; et, quoique je ne sois qu'un ignorant en ce qui concerne les grands mouvements d'une armée, je crois que sans eux Son Excellence n'aurait pu marcher contre Cornwallis.

— Vous dites la vérité, sergent, s'écria sa femme, et je voudrais que vous fissiez toujours de même. Oui, oui, les Français sont de bons soldats, et de jolis garçons, par-dessus le marché. Je me souviens que quand je conduisais ma charrette, comme vivandière, pendant que vous étiez en avant avec la milice, j'ai rencontré un régiment français qui rejoignait l'armée, et je n'ai pas eu la peine d'aller plus loin pour trouver le débit de ma marchandise. Mais ont-il payé? me demanderez-vous. A coup sûr, ils ont payé, et en belles couronnes françaises; du diable s'ils avaient entre eux tous un chiffon de papier américain. Que Dieu me pardonne de jurer, mais c'est qu'ils ont payé en bel et bon argent. Et avec eux, sur six verres, il y en a un qui est tout profit, parce qu'en vous le rendant, ils laissent toujours quelque chose au fond. Or vous sentez que le commerce va bien, juge, quand les pratiques paient bien et n'y regardent pas de trop près.

— Et cela vous a profité, mistress Hollister, dit Marmaduke. Mais où est donc Richard? A peine était-il assis que je l'ai vu se lever pour sortir, et il est absent depuis si longtemps que je crains qu'il ne soit gelé quelque part.

— Ne craignez rien, cousin 'Duke, ne craignez rien! s'écria M. Jones qui rentrait en ce moment. Les affaires réchauffent, même pendant la nuit la plus froide. Betty, votre mari m'a dit en sortant de l'église qu'il craignait que ses porcs ne devinssent ladres. J'ai été les voir, et j'ai reconnu qu'il avait raison. J'ai couru chez vous, docteur, et j'ai demandé à votre apprenti quelques ingrédients que j'ai mêlés avec de la lavure de vaisselle, et que j'ai jetés dans leur auge. A présent, je réponds de tout, et je gage un daim contre un écureuil qu'ils se porteront bien avant la fin de la semaine. Allons, mistress Hollister, j'attends un pot de flip ¹ maintenant.

— Il est tout prêt, monsieur Jones, répondit l'hôtesse, je savais bien qu'il vous en faudrait un. Mon cher sergent, servez donc M. Jones; le pot est auprès du feu. Eh non! pas celui-là, le plus grand; bien. Goûtez cela, monsieur Jones, et j'ose dire que vous en serez satisfait.

— Il est parfait, Betty, répliqua Richard; personne ne sait parer le flip comme vous. Vous voilà, John! tenez, goûtez-le. Buvez, buvez; moi, vous et le docteur, nous avons fait ce soir

---

1. Flip: c'est un mélange de petite bière, d'eau-de-vie et de sucre, avec l'addition d'un citron. Ce breuvage est un régal favori des marins anglais et américains.

LES PIONNIERS.

une belle opération. Et comment va notre patient? A propos, cousin 'Duke, pendant votre absence, un jour que je n'avais rien à faire, ce qui m'arrive rarement, j'ai fait une chanson. Il faut que je vous la chante.

> Si nous cédons aux soucis
> Dont notre vie est remplie,
> Nous aurons de cheveux gris
> La tête bientôt garnie :
> Mais pour narguer le chagrin
> Et pour chasser l'humeur noire,
> Il faut, du soir au matin,
> Chanter, rire et boire.
>
> Buvons, chantons, rions,
> C'est la façon des bons garçons ;
> Vive la folie,
> Nargue les soucis,
> Les soucis abrègent la vie,
> Les soucis donnent des cheveux gris [1].

Eh bien! cousin 'Duke, qu'en pensez-vous? J'ai fait aussi un autre couplet, mais il me manque le dernier vers, parce que je n'ai pas encore trouvé la rime. J'étais vraiment né poëte. Et vous, vieux John, comment trouvez-vous cette musique? vaut-elle celle de vos chansons de guerre?

— Elle est bonne, répondit l'Indien, qui avait bu avec tous ses voisins, indépendamment de ce que lui avait donné l'hôtesse, et dont la tête commençait à se ressentir de ces copieuses libations.

— Prafo! prafo! Richard! s'écria le major, dont les yeux annonçaient aussi l'influence que son troisième pot de toddy exerçait sur sa tête, prafissimo! c'être une fort ponne chanson; mais Natty Pumpo en safoir une meilleure. Allons, Pas-de-Cuir, mon fieux garçon, chante-nous ta chanson sur le gipier des bois.

— Non, major, non, répondit Natty en secouant la tête d'un air triste; j'ai vécu pour voir ce que je croyais que mes yeux ne verraient jamais dans ces montagnes, et je n'ai plus le cœur de chanter. Quand celui qui devrait être le maître ici est réduit à boire

---

[1]. Voici la traduction littérale de ce refrain imité seulement par le traducteur.
« Qu'est-ce que la vie, si ce n'est un théâtre de soucis où chacun doit en avoir sa part à sa manière? Mais soyons joyeux et prouvons que nous sommes une bande de bons garçons, qui savent rire et chanter tout le jour. Soyons joyeux, et vive la folie, car le chagrin blanchit les cheveux noirs. »

de l'eau de neige pour étancher sa soif, il ne convient pas à ceux qui ont vécu de ses bontés de se réjouir comme si tout était soleil et printemps.

Après avoir ainsi parlé, il laissa retomber sa tête sur ses genoux, et reprit sa première attitude, se couvrant le visage des deux mains.

Le changement de température qu'avait éprouvé Richard Jones en passant d'un froid excessif à une chaleur extrême, et la promptitude avec laquelle il avait vidé, coup sur coup, plusieurs mesures de flip que mistress Hollister avait à peine le temps de lui préparer, avaient déjà mis sa tête au niveau de celles de presque toute la compagnie. Prenant en main un pot de sa liqueur favorite il se leva et s'avança vers le vieux chasseur.

— Soleil et printemps ! s'écria-t-il, vous êtes aveugle, Bas-de-Cuir : c'était la lune et l'hiver qu'il fallait dire. Buvez ceci pour vous éclaircir la vue.

> Il faut, du soir au matin,
> Chanter, rire et boire.

Mais écoutez, voilà ce vieux John qui entonne une chanson. Quelle chienne de musique que celle de ces Indiens, major ! je suis sûr qu'ils n'en connaissent pas une note.

Tandis que Richard chantait et parlait, le vieux Mohican faisait entendre des sons lents et monotones, en marquant la mesure par un mouvement de la tête et du corps ; il n'y joignait que peu de paroles, et comme il les prononçait dans sa langue naturelle, Natty était le seul qui pût les comprendre. Sans faire attention à ce que venait de dire Richard, il continua à chanter une espèce d'air sauvage et mélancolique, qui montait quelquefois à des notes très-élevées, et qui retombait tout à coup dans ces sons bas et tremblottants qu'on eût dit être le caractère de cette musique.

L'attention de la compagnie était alors très-partagée. On formait différents groupes qui discutaient sur divers sujets, dont les principaux étaient le traitement des porcs attaqués de ladrerie, et le sermon prononcé par M. Grant, pendant que le docteur Todd tâchait d'expliquer à Marmaduke la nature de la blessure qu'avait reçue le jeune chasseur. Cependant le vieux Mohican continuait à chanter ; ses yeux commençaient à s'égarer, et sa physionomie prenait peu à peu une expression de férocité brutale. Son chant s'élevait par degrés, et il arriva enfin à un diapason qui mit fin à toute conversation. Natty, relevant alors la tête, lui parla avec chaleur dans sa langue naturelle; mais par égard pour nos lecteurs, nous traduirons son discours dans un langage plus intelligible pour eux.

—A quoi bon chanter vos exploits, Chingachgook, et parler des guerriers que vous avez tués, quand le plus grand ennemi est près de vous et usurpe les droits du jeune aigle? J'ai combattu dans autant de batailles qu'aucun guerrier de votre nation, mais je ne saurais m'en vanter dans un temps comme celui-ci.

L'Indien fit un effort pour se lever, mais il ne put se soutenir sur ses jambes, et il retomba sur son banc. — Œil-de-Faucon, dit-il, je suis le grand serpent des Delawares; je puis suivre les Mingos à la piste comme la couleuvre qui dérobe les œufs d'un oiseau, et, comme le serpent à sonnettes, les terrasser d'un seul coup. L'homme blanc a bien parlé ce soir; il a voulu donner au tomahawk de Chingachgook la blancheur des eaux de l'Otsego; mais il est encore rouge du sang des Maquas.

— Et pourquoi avez-vous tué ces guerriers mingos? N'était-ce pas pour assurer aux enfants de vos pères la possession de ces bois et de ces lacs qui ont été abandonnés en conseil solennel au mangeur de feu! Et cependant le sang d'un guerrier ne coule-t-il pas dans les veines d'un jeune chef qui devrait parler bien haut dans les lieux où sa voix ne peut se faire entendre?

Cette conversation, que chacun écoutait sans la comprendre, sembla rendre un moment au vieil Indien l'usage de ses facultés. Il secoua la tête d'un air menaçant, rejeta en arrière ses cheveux noirs, se leva de nouveau, parvint à s'affermir sur ses jambes, et fixant sur Marmaduke des yeux brillants d'un ressentiment sauvage, il porta la main sur son tomahawk qui était attaché à sa ceinture.

— Ne verse pas de sang! s'écria Natty qui vit que le vieux chef reprenait le caractère de férocité qui lui était naturel.

Mais Richard venait de placer devant le Mohican un pot rempli de flip; le vieux sauvage le saisit des deux mains et le vida tout d'un trait. Au même instant ses yeux s'égarèrent; sa vue se troubla; ses traits n'exprimèrent plus que l'idiotisme, le pot lui échappa des mains, et il retomba sur son banc, la tête en avant et appuyée sur la table.

— Voilà bien les sauvages, dit Natty ; donnez-leur à boire, et vous en faites des chiens enragés ou des pourceaux. Mais patience, patience ! le jour de la justice arrivera peut-être.

Il lui dit encore quelques mots dans sa langue naturelle, mais John ne pouvait plus l'entendre.

— A quoi bon lui parler ? s'écria Richard ; ne voyez-vous pas qu'il est sourd, aveugle et muet ? Allons, capitaine Hollister, donne-lui une chambre à coucher dans ta grange, et je te paierai pour lui. Je suis riche ce soir ; vingt fois plus riche que le cousin 'Duke avec ses bois, ses terres, ses lacs, ses rentes et son argent comptant.

> Car, pour narguer le chagrin,
> Et pour chasser l'humeur noire,
> Il faut, du soir au matin,
>   Chanter, rire et boire.
>   Vive la folie,
> Les soucis abrégent la vie ;
> Les soucis donnent des cheveux gris.

Allons, roi Hiram ; allons, prince Doolittle, faites comme moi, buvez, buvez, vous dis-je. C'est aujourd'hui la veille de Noël, et elle n'arrive qu'une fois l'an.

— Eh ! eh ! eh ! monsieur Jones est d'une humeur tout à fait musicale ce soir ! dit Hiram, dont la langue était aussi un peu épaisse. Eh bien ! monsieur Jones, je crois qu'après tout, nous ferons de notre monument une église.

— Une église ! Doolittle, s'écria Richard. Nous en ferons une cathédrale, et nous aurons un évêque, des chanoines, des prêtres, des diacres, des enfants de chœur, des sacristains, des marguilliers, un organiste et un souffleur. Par le lord Henry, comme dit Benjamin, nous planterons un clocher à l'autre bout, et nous en ferons deux églises. Qu'en dites-vous, cousin 'Duke ? paierez-vous cette dépense ? Oui, oui, vous la paierez.

— Tu fais tant de bruit, Dick, dit le juge à Richard, qu'il m'est impossible d'entendre ce que me dit le docteur. Ne me disiez-vous pas, docteur Todd, qu'il était à craindre que la blessure ne s'envenimât, attendu la rigueur du froid ?

— Je vous disais, au contraire, juge, répondit le docteur, que quelque rigoureux que fût le froid, on ne pouvait craindre de voir s'envenimer une blessure que j'ai pansée avec le plus grand soin, et dont j'ai extrait la balle que j'ai encore dans ma poche. Comme il paraît que vous avez dessein de prendre ce jeune homme chez vous, monsieur Temple, je suppose qu'il vaudra mieux que je ne fasse qu'un seul mémoire pour l'opération et les soins subséquents?

— Oui, je pense qu'un seul mémoire suffira, répliqua Marmaduke avec un de ces sourires équivoques qui lui étaient familiers, et qu'on n'aurait pu dire s'il fallait l'attribuer à l'ironie ou à la bonne humeur.

Cependant Hollister, aidé de quelques unes de ses pratiques, avait emporté le vieil Indien dans sa grange; il l'y étendit sur la paille, et John Mohican y dormit paisiblement jusqu'au lendemain.

Pendant ce temps, le major vidait autant de pots de toddy qu'il fumait de pipes de tabac, et commençait à devenir aussi d'une gaieté bruyante. La nuit était fort avancée, ou plutôt elle avait fait place au matin, quand il montra quelque intention de retourner à ce que les villageois appelaient *la grande maison*. La salle était alors presque vide; mais Marmaduke connaissait trop bien les goûts et les habitudes de son vieil ami pour faire plus tôt la proposition de se retirer. Il profita, pour se lever, de la première occasion que lui en offrit le vétéran allemand, et il partit avec lui et Richard Jones. Mistress Hollister les accompagna jusqu'à la porte, en leur recommandant de marcher avec précaution.

— Prenez le bras de M. Jones, major; il est le plus jeune, et c'est à lui à vous soutenir. C'est un plaisir de vous voir tous au Hardi Dragon, et, à coup sûr, il n'y a pas de mal à passer gaiement la veille de Noël; qui sait ce qui peut arriver avant que nous en voyions une autre? Bonsoir, juge; je vous souhaite à tous trois d'heureuses fêtes de Noël.

Ils prirent le milieu de la rue, où la neige était bien battue, Marmaduke marchant à l'avant-garde d'un pas assez ferme, et ses deux satellites le suivirent d'abord assez passablement. Mais quand ils quittèrent la rue pour entrer dans les domaines du juge, n'ayant plus de chemin tracé pour les guider, il leur devint impossible de suivre une ligne droite; ils divergèrent considérablement, et quand M. Temple arriva à sa porte, il s'aperçut qu'il était seul. Il retourna sur ses pas, et, suivant les traces de ses deux amis, il les trouva enterrés jusqu'au cou dans la neige, où ils étaient tombés. Ayant réussi, non sans quelque peine, à les remettre sur leurs jambes, il se plaça au milieu d'eux, leur prit un bras à chacun, et, comme l'aurait dit Benjamin, réussit à les faire entrer au port sans nouveau naufrage, Richard chantant d'un air de triomphe :

> Il faut du soir au matin
> Chanter, rire et boire ;
> Nargue les soucis !
> Les soucis donnent des cheveux gris.

CHAPITRE XV.

> Elle était en ce jour au golfe de Biscaye.
> *Ancienne ballade.*

AVANT la scène qui se passa au Hardi Dragon, et dont nous avons rendu compte dans le chapitre précédent, M. Temple avait reconduit sa fille chez lui, et l'y avait laissée maîtresse de passer la soirée comme bon lui semblerait. Avant de partir pour aller à l'académie, Benjamin avait eu soin d'éteindre les lumières qui brillaient dans les lustres et les candélabres, mais il avait recommandé à Aggy d'entretenir un bon feu dans le salon, et quatre grosses chandelles placées dans de grands chandeliers de cuivre rangés sur le buffet, ayant été allumées, on s'y trouvait mieux éclairé et plus chaudement que dans la salle d'où l'on sortait.

Remarquable Pettibone, qui avait fait partie des auditeurs de M. Grant, était revenue avec sa jeune maîtresse, dont elle n'avait pas vu l'arrivée de très-bon œil. Elle se flatta pourtant qu'attendu la grande jeunesse d'Elisabeth, il ne lui serait pas très-difficile de conserver l'exercice, du moins indirect, d'une autorité que personne ne lui avait disputée jusqu'alors. L'idée d'être gouvernée, d'avoir à obéir aux ordres d'une jeune fille, au lieu d'en donner elle-même aux autres domestiques, lui était insupportable. Elle avait déjà résolu cinq à six fois de faire un effort pour décider tout d'un coup ce qu'elle avait à craindre ou à espérer ; mais dès qu'elle rencontrait les yeux noirs et le regard imposant d'Elisabeth qui se promenait dans le salon en réfléchissant sur les scènes de sa jeunesse, sur le changement survenu dans sa situation, et peut-être aussi sur les événements de la journée, un mouvement de crainte respectueuse dont la femme de charge ne se serait pas crue susceptible semblait lui coller la langue au palais. Elle se décida enfin à ouvrir la conversation par un sujet propre à réduire tous les hommes au même niveau, et qu'elle croyait pouvoir traiter de manière à déployer ses talents.

— M. Grant nous a prêché ce soir un sermon bien peigné, dit-elle ; tous les ministres de son Eglise prononcent toujours de beaux discours ; mais il faut dire qu'ils mettent d'avance leurs idées par écrit, ce qui est un grand privilége ; car je doute qu'ils fussent en état de prêcher d'abondance de cœur comme les prédicateurs du culte debout [1].

— Qu'entendez-vous par les prédicateurs du culte debout? demanda Elisabeth.

— J'entends les presbytériens, les anabaptistes, répondit Remarquable, et tous ceux qui ne se mettent pas à genoux pour prier.

— Par conséquent vous appelleriez la religion de mon père le culte assis, dit Elisabeth en riant.

— Bien certainement, miss Elisabeth, répliqua Remarquable, je ne me suis jamais permis de parler d'une manière inconvenante de monsieur votre père, ni de personne de sa famille. Je sais que les quakers, comme on les appelle, sont des gens prudents et industrieux. Dans leurs réunions, ils restent assis bien tranquilles, et pour la plupart du temps, personne n'y ouvre la bouche. Dans vos églises, au contraire, il faut qu'on change de posture à chaque instant ; j'en puis parler, car j'y avais déjà été une fois avant de venir à Templeton, et je croyais vraiment être à un concert.

— Vous me faites apercevoir un avantage de notre culte auquel je n'avais pas encore fait attention, dit Elisabeth ; mais je me sens fatiguée, et j'ai dessein de me retirer. Voulez-vous bien voir s'il y a du feu dans ma chambre?

Mistress Pettibone mourait d'envie de répondre à sa jeune maîtresse qu'elle pourrait le voir en y montant elle-même ; mais la

---

1. Outre ces expressions bizarres qui embarrassent même les personnes qui sont familiarisées avec son genre d'esprit, Remarquable Pettibone a son jargon à part ou son patois comme les autres personnages secondaires du roman.

prudence l'emporta sur l'humeur, et après un délai de quelques instants, comme pour sauver sa dignité, elle obéit. Le rapport qu'elle vint faire ensuite fut satisfaisant, et Elisabeth se retira en souhaitant le bonsoir à la femme de charge et à Benjamin, qui remettait du bois dans le poêle.

Du moment qu'elle fut partie, Remarquable commença un discours mystérieux et ambigu, qui n'était ni une critique ni un éloge de sa jeune maîtresse, mais qui exprimait assez de mécontentement. Benjamin n'y fit aucune attention, et continua de donner ses soins au feu. Il alla ensuite consulter le thermomètre ; puis, ouvrant un tiroir du buffet, il en tira des stimulants qui auraient suffi pour entretenir sa chaleur intérieure, sans l'aide de tout le bois qu'il venait d'entasser dans le poêle. Il approcha du poêle une petite table, y mit les bouteilles et deux verres, prit deux chaises, s'assit sur l'une, remplit son verre, et adressa enfin la parole à sa compagne.

— Allons, mistress Pettibone, allons, mettez-vous à l'ancre sur cette chaise ; il fait au dehors un vent piquant d'est-quart-nord-est ; mais qu'importe de quel point vienne le vent ? Les nègres sont bien chaudement là-bas à fond de cale, devant un feu qui pourrait rôtir un bœuf tout entier ; le thermomètre est ici à 55 degrés, et s'il y a quelque vertu dans de bon bois d'érable, il en marquera dix de plus avant une demi-heure. Approchez-vous donc, asseyez-vous, et dites-moi ce que vous pensez de notre jeune maîtresse.

— A mon avis, monsieur Benjamin Penguillan...

— Ben-la-Pompe, appelez-moi Ben-la-Pompe, mistress Remarquable ; c'est aujourd'hui la veille de Noël, et j'ai dessein de pomper dans cette bouteille jusqu'à ce qu'il n'y reste rien.

— Vous êtes une créature bien bizarre, Benjamin ; mais ce que je voulais vous dire, c'est que je crois que nous verrons bien des changements dans la maison.

— Des changements ! s'écria le majordome, en examinant sa bouteille, où le vide s'opérait avec une rapidité qui tenait du prodige. Que m'importe, pourvu que je conserve la clef du caisson[1] ?

— Je crois bien qu'on trouvera toujours de quoi boire et manger dans la maison. — Un peu plus de sucre, s'il vous plaît, monsieur Benjamin ! — Car M. Jones est excellent pourvoyeur. Mais nou-

1. Terme de marine. L'endroit où l'on garde les provisions.

veau maître, nouvelles lois ; et je crois que la durée de notre séjour ici est fort incertaine.

— Ce n'est pas d'hier, mistress Remarquable, que nous sommes embarqués sur la mer orageuse de la vie. Nous avons rencontré des vents alisés qui nous ont protégés pendant notre traversée ; mais rien n'est plus variable que le vent, et il peut survenir une bourrasque qui fasse chavirer le bâtiment, ce qui doit nous arriver un jour ou l'autre.

— Si vous voulez dire que la vie est incertaine, monsieur Benjamin, je le sais tout comme vous, mais ce n'est pas de cela que je vous parle. Je vous dis que nous ne resterons pas longtemps dans cette maison sur le même pied que nous y sommes à présent. Et je vous le demande, aimeriez-vous à voir un blanc-bec vous passer sur le corps et vous donner des ordres ? Il me semble que cela est bien dur, monsieur Benjamin.

— Quant à cela, mistress Pettibone, l'avancement doit se régler d'après le nombre des années de service. M. Richard Jones est un capitaine sous les ordres duquel on aime à faire voile. Mais s'il lui plaisait de vouloir que le pilote reçût les ordres d'un mousse, eh bien ! le pilote abandonnerait le gouvernail. Un homme qui a servi plus de trente ans sur des vaisseaux de tout bord n'est jamais embarrassé de sa personne, mistress Remarquable, et sur cela je bois à votre santé.

La femme de charge ne pouvait faire moins que de boire à celle du majordome, et il faut convenir d'ailleurs qu'elle n'était nullement ennemie d'un verre de vin, d'eau-de-vie ou de genièvre mélangé avec moitié d'eau chaude, pourvu qu'il fût bien sucré. Après cet échange de politesse, la conversation se renoua.

— Vous devez avoir acquis beaucoup d'expérience, monsieur Benjamin ; car, comme dit l'Ecriture : celui qui va en mer sur un navire voit les œuvres du Seigneur.

— Et quelquefois aussi les œuvres du diable, mistress Pettibone. Mais après tout, la mer offre de grands avantages à un homme, car c'est là qu'on apprend à connaître non seulement les différentes nations, mais les différents pays. Moi, par exemple, je ne suis qu'un ignorant, en comparaison de certains capitaines qui fréquentent la mer, et cependant, depuis le cap de la Hogue jusqu'au cap *finis à terre*[1], il n'y a pas un promontoire, pas une île,

---

1. *Finistère*: en anglais Ben-la-Pompe dit *Cape finish there*, Cap finit ? là.

dont je ne sois en état de vous dire le nom. Oui, je connais toute cette côte aussi bien que le chemin d'ici au Hardi Dragon ; et c'est une chienne de connaissance que cette baie de Biscaye. Je voudrais seulement que vous pussiez entendre le vent qui y souffle ; cela vous ferait dresser les cheveux sur la tête. Naviguer dans cette baie, c'est à peu près la même chose que lorsqu'on voyage dans ce pays-ci de montagne en montagne.

— Quoi ! monsieur Benjamin, est-ce que la mer s'élève jamais à la hauteur de nos montagnes ?

— Eh ! oui, oui, encore plus haut, mistress Pettibone. Mais goûtons le grog et mettez un peu plus de rum dans votre eau ; à peine est-elle colorée. Voilà le sucrier ; servez-vous à votre guise. Par le lord Henry, si Guernesey était situé entre le cap Hattera et Logau[1] le rum serait bien meilleur marché. Quant à la mer, elle est bien plus paisible dans la baie de Biscaye, à moins que le vent ne souffle du sud-ouest, auquel cas elle est plus houleuse. Mais si vous voulez voir de belles montagnes d'eau, naviguez près des Açores, par un vent d'ouest, ayant la terre à babord et la proue du vaisseau tournée vers le sud ; mettez en panne avec tous vos riz pris, et restez seulement l'espace de deux quarts ; vous m'en direz des nouvelles ensuite. Eh bien ! mistress Remarquable, j'y ai pourtant été à bord de la frégate *la Boadicée*, et il y avait des moments où nous étions enlevés si haut, qu'on aurait cru que nous allions voguer sur les nuages, tandis que nous avions sous le vent un précipice dans lequel toute la marine de l'Angleterre aurait pu s'engloutir.

— Juste ciel, monsieur Benjamin ! comme vous avez dû avoir peur ! Et comment vous en êtes-vous tirés ?

— Peur ! et pourquoi diable aurions-nous eu peur de quelques gouttes d'eau salée qui nous tombaient sur la tête ? Comment nous nous en tirâmes ? On appela tout l'équipage, car ceux qui n'étaient pas de quart dormaient dans leur hamac aussi tranquillement que vous dormirez cette nuit dans votre lit ; tous les bras se mirent à la manœuvre, et il fallut bien que la frégate marchât. Mais je vous le dis, mistress Pettibone, et je ne suis pas un menteur, elle sautait de montagne en montagne ni plus ni moins que les écureuils que vous voyez ici sauter de branche en branche. Mais aussi elle était si bonne voilière ! Il n'y avait personne de

---

[1]. Dans le Kentucky.

nous qui n'eût préféré y passer toute la vie, plutôt que de vivre dans un palais. Si j'étais roi d'Angleterre, je ferais héler sur le pont de Londres et je n'aurais pas d'autre demeure. Bien certainement, si quelqu'un a droit de se bien loger, c'est Sa Majesté.

— Mais vous, monsieur Benjamin, vous, que faisiez-vous pendant tout ce temps?

— Ce que je faisais? je faisais... mon devoir comme les autres, et nous ne manquions pas de besogne. Or, si *la Boadicée* avait été montée par des compatriotes de M. Le Quoi, ils l'auraient fait échouer sur les côtes de quelque petite île ; mais nous ne fûmes pas si sots : nous voyant à la hauteur de l'île du Pic, nous courûmes des bordées tantôt de babord, tantôt de tribord, et je ne saurais dire si nous sautâmes par-dessus l'île, ou si nous en fîmes le tour. Plus d'une fois notre frégate était comme un poisson entre deux eaux ; mais enfin le vent se calma, le soleil reparut, et nous ne songeâmes plus qu'à nous sécher, ce qui n'était pas inutile.

— La vie d'un marin doit être bien terrible, dit Remarquable pour qui la plupart des termes employés par Benjamin étaient inintelligibles, mais qui se faisait une idée confuse d'une tempête furieuse. Aussi ne suis-je pas surprise que vous ayez préféré de servir dans une bonne maison comme celle-ci. Ce n'est pourtant pas que je me soucie d'y rester ; Dieu merci, je ne suis pas en peine d'en trouver une autre, et je puis plus aisément me passer d'elle qu'elle ne pourra se passer de moi. Tout mon regret, c'est d'y être jamais entrée, et c'est ce qui ne me serait pas arrivé, si j'avais pu prévoir comment tout cela devait finir.

— Mais puisque vous êtes restée si longtemps à bord, mistress Remarquable, il faut que vous ayez trouvé que le bâtiment marchait bien?

— Si vous voulez dire que la place était bonne, j'en conviens, et je n'ai rien à reprocher ni au juge ni à M. Jones. Mais tout cela va changer à présent que nous allons avoir à la tête de cette maison une petite laide mijaurée.

— Laide! s'écria Benjamin, en ouvrant dans toute leur grandeur des yeux que le sommeil commençait à fermer ; laide! par la sainte-barbe! autant vaudrait dire que *la Boadicée* était une frégate mal construite. Comment diable! et que lui manque-t-il donc? n'a-t-elle pas des yeux aussi brillants que l'étoile du matin, des cheveux aussi noirs que les agrès les mieux goudronnés? Ses mouvements ne sont-ils pas aussi gracieux que ceux de la corvette la meilleure voilière? Sur ma foi, la figure qui ornait la poupe de *la Boadicée* n'était rien auprès d'elle, et cependant c'était le portrait d'une reine, à ce que j'ai entendu dire au capitaine : or, les reines sont toujours belles ; car qui aurait le droit d'avoir une belle femme, si ce n'était un roi?

— Parlez tranquillement, Benjamin, si vous voulez que je vous tienne compagnie. Je ne prétends pas dire qu'elle ne soit pas assez avenante à voir ; mais je soutiens qu'il n'y aura pas moyen de vivre avec elle. D'après ce que m'avait dit M. Jones, je croyais trouver en elle un modèle de toutes les perfections ; mais, à mon avis, Louise Grant est vingt fois plus aimable que Betsy Temple. Elle se croit déjà trop grande dame pour parler à une pauvre domestique. Quand je lui ai demandé ce qu'elle avait pensé en arrivant ici, sans y retrouver sa maman, elle a tourné la tête d'un autre autre côté, et n'a pas seulement daigné me répondre.

— Peut-être n'a-t-elle pas compris ce que vous lui disiez ; car vous avez un accent terrible, mistress Remarquable, et miss Lizzy a eu pour maîtresse d'anglais à New-York une dame de Londres ; ni moi, ni aucun capitaine de la marine anglaise, nous ne serions en état de parler cette langue mieux qu'elle. Vous avez oublié les leçons de l'école, et votre jeune maîtresse est une personne fort instruite.

— Ma maîtresse! me prenez-vous pour une négresse, monsieur Benjamin ? Elle n'est pas une maîtresse, et elle ne le sera jamais. Et quant à ma manière de parler, je me flatte que je ne le cède à personne dans toute la Nouvelle-Angleterre, je suis née et j'ai été éduquée dans le comté d'Essex, et chacun sait que Bay-State a toujours été cité pour la prononciation.

— J'ai quelquefois entendu parler de cette baie de State, mais je ne puis dire que j'y sois jamais entré. Je suppose que c'est quelque petite crique qui n'est fréquentée que par des barques de pêcheurs, et qui n'est pas plus comparable à la baie de Biscaye qu'un lougre ne l'est à un vaisseau du roi. Mais si vous voulez apprendre à parler, il faut que vous alliez passer quelque temps à Wapping[1], et que vous écoutiez les habitants de Londres. Au surplus, je ne vois pas en quoi vous avez à vous plaindre de miss

---

1. Faubourg de Londres habité par la populace du port.

Temple, bonne femme ; ainsi buvez encore un coup, et n'y pensez plus.

— Si vraiment, j'y penserai. Un pareil traitement est une chose neuve pour une femme comme moi. J'ai cent cinquante dollars à mon service, un lit, vingt moutons, et je ne resterai pas dans une maison où il n'est pas permis d'appeler une fille par son nom de baptême. Oui, je l'appellerai Betzy, Lizzy, et tout comme il me plaira ; qui peut m'en empêcher ? Nous vivons dans un pays libre. Je comptais passer ici encore l'été prochain, mais je m'en irai demain, ou je parlerai comme bon me semble.

— Quant à cela, mistress Remarquable, personne ne vous contredira ; car je suis d'avis qu'il serait aussi facile d'arrêter un ouragan en lui opposant un mouchoir de Barcelonne, que de forcer votre langue à mettre en panne, quand elle a une fois pris le vent. Et dites-moi, bonne femme, trouve-t-on beaucoup de guenons sur les côtes de la baie de State ?

— C'est vous qui êtes un singe, monsieur Penguillan, ou pour mieux dire un ours, un ours noir, et vous ne méritez pas qu'une femme comme il faut vous tienne compagnie. Cela ne m'arrivera plus, vous pouvez bien y compter : non, quand je voudrais rester encore trente ans chez le juge. On ne parlerait pas ainsi à une laveuse de vaisselle.

— Ecoutez-moi, mistress Pitty... Patty... Pettibone, il est possible que je sois un ours, comme je le prouverai à quiconque voudra jeter un grappin sur moi ; mais un singe ! Dieu me damne ! me prenez-vous pour une guenon qui montre les dents et remue les lèvres sans rien dire ? pour une perruche qui peut parler une douzaine de langues, le grec, l'allemand et le jargon de la baie de State, mais qui n'en comprend pas un mot. Un midshipman[1] peut répéter l'ordre qu'a donné le capitaine ; mais veut-il commander la manœuvre, je consens que ce verre de grog ne m'entre pas dans le gosier, s'il ne fait rire à ses dépens jusqu'au dernier mousse.

— Vous vous en trouveriez mieux s'il n'y entrait pas, Benjamin, car vous êtes un vrai sac à grog, et je ne resterai pas plus longtemps ici pour entendre des propos qui ne me conviennent pas.

A ces mots, la femme de charge, cédant à son indignation, se leva avec toute la dignité dont elle put s'armer ; prit un chande-

1. Aspirant de marine.

lier sur la table, sortit de l'appartement, et en ferma la porte avec un bruit semblable à un coup de pistolet, murmurant auparavant les mots *brute* et *ivrogne*.

— Qui appelez-vous ivrogne ? s'écria Benjamin en faisant un mouvement vers la porte. Mais je suis bien fou, dit-il en s'arrêtant tout à coup ; c'est une vieille carcasse qui ne mérite pas une bordée. Où diable aurait-elle appris à vivre et à parler ? est-ce dans sa baie de State ?

Il se rassit, but son verre de grog, pencha la tête sur sa poitrine, et fit bientôt entendre des sons ayant quelque analogie avec le grognement d'un des animaux dont on venait de lui donner le nom, et qui n'étaient interrompus que par les mots guenon, carène délabrée, perruche, bâtiment démâté, et autres épithètes méprisantes qu'il prononçait tout en dormant.

Son sommeil paisible dura une couple d'heures ; et il fut alors éveillé en sursaut par l'arrivée bruyante de M. Jones, accompagné du major et du maître de la maison. Le majordome reprit assez l'usage de ses sens pour aider les deux premiers à gagner leur appartement ; après quoi il disparut lui-même, laissant le soin de la sûreté de la maison à celui qui y était le plus intéressé. Les barres et les verrous n'étaient guère en usage dans l'enfance de ces nouveaux établissements, et Marmaduke se retira à son tour dans sa chambre, après avoir vérifié si tous les feux étaient éteints.

C'est par cet acte de prudence que se termine la première journée de notre histoire.

CHAPITRE XVI.

> Il y a quelque trahison, Messieurs ; cependant ne lâchez pas pied.
> SHAKSPEARE. *Beaucoup de bruit pour rien.*

La rigueur du froid avait considérablement diminué le lendemain matin. De légers nuages se montrèrent dans le firmament, et la lune disparut derrière un volume de vapeurs chassées vers le nord par le vent du sud, signe infaillible du dégel. Le soleil parut d'abord dans tout son éclat, mais les nuages s'amoncelèrent peu à peu, et finirent par s'épaissir assez pour éclipser ses rayons.

La matinée était déjà assez avancée, et le soleil luttait encore contre les amas de vapeurs qui allaient l'obscurcir, quand Élisabeth sortit de son appartement et voulut profiter du beau temps qu'il faisait encore, pour satisfaire sa curiosité en visitant les environs de la maison de son père, avant qu'on se réunît pour le déjeuner. S'enveloppant d'une pelisse pour se garantir du froid, qui, quoique diminué, était encore assez piquant, elle entra dans un petit enclos situé derrière la maison, et qui donnait sur un taillis de jeunes pins, rejetons de vieilles souches dont les troncs avaient été coupés. A peine y était-elle entrée qu'elle reconnut la voix de Richard Jones, qui s'écriait :

— Je vous souhaite d'heureuses fêtes de Noël[1], cousine Bess. Ah! ah! je vois que vous êtes matinale, mais je savais que je le serais encore plus que vous. Jamais je ne me suis laissé prévenir par personne pour les souhaits du jour de Noël. Non, ni homme, ni femme, ni enfant, ni grand, ni petit, ni blanc, ni noir, ni peau jaune, ni face cuivrée, ne peut se vanter de m'avoir jamais devancé à cet égard. Mais attendez un moment que je passe mon habit. Vous voulez voir les améliorations qui ont eu lieu pendant votre absence ; il n'y a que moi qui puisse vous les montrer ; car c'est moi seul qui en ai fait tous les plans. Il se passera encore une heure avant que le cousin 'Duke et le major aient achevé de cuver les maudits mélanges de mistress Hollister, ainsi rien ne m'empêche d'aller faire un tour avec vous.

Élisabeth se retourna, et vit Richard en bonnet de nuit à la fenêtre de sa chambre à coucher, où la crainte d'être prévenu par quelqu'un dans les souhaits du jour lui avait fait passer la tête en dépit du froid. Elle lui promit en souriant de l'attendre, et, étant rentrée dans la maison, elle en revint tenant en main un papier scellé de plusieurs grands cachets, et trouva M. Jones qui l'attendait à son tour.

— Allons, Bessy, lui dit-il en passant un des bras de sa cousine

---

1. En Angleterre et dans les États-Unis, où l'on a conservé une grande partie des usages de la mère-patrie, c'est le jour de Noël que se font les souhaits, compliments et présents qu'on fait en France à la nouvelle année ; comme aussi c'est l'anniversaire de la naissance qu'on fête, et non le jour du saint dont on porte le nom.

sous le sien, le dégel commence, mais la neige est encore en état de nous porter. Ne sentez-vous pas que l'air que nous respirons arrive de la Pensylvanie? quel climat détestable! Hier, au coucher du soleil, il faisait assez froid pour glacer le zèle d'un homme, et, pour moi, c'est mettre le thermomètre à zéro ; entre neuf et dix heures, le temps était plus tempéré ; à minuit il faisait tout à fait doux ; et j'ai trouvé qu'il faisait si chaud pendant tout le reste de la nuit, que je n'ai pu supporter une couverture. Eh! Aggy ; holà Aggy ! avance donc, négrillon, que je te souhaite de joyeuses fêtes de Noël. Ramasse ce dollar, et si quelqu'un se lève avant que nous soyons rentrés, viens bien vite m'en avertir ; si tu me laisses prévenir par le cousin 'Duke, je ne voudrais pas être dans ta peau.

Aggy lui promit d'être attentif à exécuter ses ordres, ramassa le dollar sur la neige, le jeta à vingt pieds en l'air, le rattrappa adroitement dans sa main quand il tomba, et courut dans la cuisine pour montrer le présent qu'il venait de recevoir, avec autant de joie dans le cœur que sa physionomie en exprimait.

— Soyez tranquille, mon cher cousin, dit Elisabeth, je viens d'entr'ouvrir la porte de la chambre de mon père, et il dort encore profondément. Nous pouvons faire notre promenade sans inquiétude, et vous remporterez encore tous les honneurs du jour.

— Oh! 'Duke est votre père, Elisabeth ; mais 'Duke est un homme qui aime la primauté jusque dans les plus petites bagatelles. Quant à moi, je ne m'en soucie qu'à cause des compétiteurs qu'on peut avoir ; car une chose qui n'est rien en elle-même peut prendre de l'importance quand plusieurs y prétendent en même temps. Ainsi pense et agit votre père lui-même : il veut être toujours le premier ; mais je ne veux lui damer le pion que parce qu'il a la prétention d'être mon compétiteur.

— Tout cela est fort clair, Monsieur ; si vous étiez seul au monde, vous ne vous soucieriez aucunement des distinctions ; mais comme bien des gens les recherchent, vous les recherchez aussi, non pour elles-mêmes, mais uniquement à cause des compétiteurs.

— C'est cela même, Bessy, je vois que vous êtes une fille intelligente, et vous faites honneur à vos maîtres. Vous ignorez peut-être que c'est moi qui suis cause qu'on vous a mise dans cette pension de New-York ; car dès que votre père en eut parlé j'écrivis à un ami que j'avais en cette ville, et ce fut d'après sa recommandation qu'on vous y plaça. Mais j'eus plus d'un assaut à livrer à ce sujet au cousin 'Duke, car il est obstiné d'ordinaire, et cependant je sus l'obliger à se rendre.

— Epargnez mon père, cousin Richard; si vous saviez ce qu'il a fait pour vous pendant que vous étiez à Albany, vous le ménageriez davantage.

— Pour moi? s'écria Richard en s'arrêtant pour réfléchir. Ah! je suppose qu'il m'a rapporté le plan de la nouvelle chapelle hollandaise. Je m'en soucie fort peu. Un homme qui a un certain talent ne travaille pas d'après des suggestions étrangères. Il trouve dans son cerveau ce qui constitue le véritable architecte.

— Ce n'est pas cela.

— Non! Que serait-ce donc? M'aurait-il fait nommer un des inspecteurs des routes?

— Cela aurait pu être, mais ce n'est pas d'une nomination semblable qu'il s'agit.

— Une nomination semblable! C'est donc une nomination. Si c'est dans la milice, je n'en veux point.

— Ce n'est point dans la milice, dit Elisabeth en lui montrant le paquet qu'elle tenait à la main, et qu'elle avançait et retirait alternativement avec un petit air de coquetterie; c'est une place qui rapporte honneur et profit.

— Honneur et profit! Allons, allons, cousine Bess, ne me tenez pas plus longtemps en suspens, montrez-moi ce papier. Je me flatte que c'est une place où il y a quelque chose à faire?

— Précisément, cousin Dickon, dit Elisabeth en lui remettant le paquet; mon père, en me remettant ce papier pour que je vous le présentasse comme présent de Noël, me dit : — Certainement si quelque chose peut faire plaisir à Dickon, c'est de remplir le fauteuil du pouvoir exécutif dans ce comté.

— Du pouvoir exécutif! répéta Richard en décachetant le paquet avec un mouvement d'impatience; qu'est-ce que cela signifie? Ah! sur mon honneur, c'est une commission nommant Richard Jones, squire, shérif du comté. Eh bien! positivement, c'est un beau trait du cousin 'Duke! Je dois dire qu'il a bon cœur et qu'il n'oublie pas ses amis. Shérif! grand shérif du comté! cela sonne bien, Bess; mais les devoirs de la place seront encore mieux remplis. Oui, le cousin 'Duke est un homme judicieux, et il sait distinguer à quoi chacun est propre. Je lui ai pourtant de l'obligation, beaucoup d'obligation, ajouta-t-il en s'essuyant les yeux, sans y penser, avec le pan de son habit; mais il sait que j'en ferais autant pour lui, si je le pouvais, et il le verra, si jamais j'en trouve l'occasion en remplissant les devoirs de la place. Oui, je les remplirai, cousine Bess, et je les remplirai bien. Ce chien de vent du sud! comme il fait venir l'eau aux yeux!

— Maintenant, cousin Richard, dit Elisabeth en riant, j'espère que je ne vous entendrai plus vous plaindre, comme autrefois, de n'avoir rien à faire dans un pays où, suivant moi, tout est à faire.

— Oui, tout est à faire, dit M. Jones en se redressant de manière à donner à sa petite taille la plus haute élévation possible; mais tout sera fait, et bien fait. Il ne s'agit que d'agir systématiquement, et c'est à quoi je réfléchirai dès ce matin. Il me faut des substituts, comme vous le sentez; je diviserai le comté en districts, et j'en aurai un dans chacun. J'en placerai même un à Templeton; ce sera mon département de l'intérieur. Voyons, qui choisirai-je? Benjamin? Oui, Benjamin. Il est naturalisé, et il conviendrait admirablement à cette place; c'est dommage qu'il ne sache pas monter à cheval.

— Mais il est expert en fait de cordages, monsieur le shérif [1]; et par conséquent il pourrait se rendre très-utile pour l'exécution des jugements de la cour criminelle.

— Eh! non, non, cousine; s'il s'agissait de pendre un homme, je me flatte que personne ne serait en état de le faire mieux que... c'est-à-dire... ah! oui, oui, Benjamin, en pareil cas, pourrait être d'une grande utilité; mais je crois que j'aurais autant de peine à lui apprendre à accrocher convenablement une corde à une potence, qu'à le déterminer à monter à cheval. Non, non, il faut que je cherche un autre substitut.

— Eh bien! Richard, comme vous avez tout le temps de vous occuper de cette importante affaire, je vous prie de donner quelques moments à la galanterie. Où sont les améliorations que vous avez à me montrer?

— Où elles sont? Partout. Tenez, ici je dois ouvrir cinq nouvelles rues; et quand elles seront tracées, que les arbres seront

---

1. Les shérifs sont chargés de faire mettre à exécution les jugements des cours criminelles, et si le jour du jugement il n'y avait pas d'exécuteur des hautes œuvres, ils seraient obligés d'en remplir eux-mêmes les fonctions.

abattus, que le terrain sera déblayé, et que les maisons s'élèveront des deux côtés, je vous demande si le village de Templeton ne deviendra pas une jolie ville. Oui, j'aurai quatre substituts, indépendamment d'un geôlier.

— Je ne vois pas trop comment vous pourriez ouvrir des rues sur ce terrain marécageux et montueux.

— Marécages, montagnes, arbres, étangs, rien ne nous arrêtera. Il faut que nos rues soient tirées au cordeau. Telle est la volonté de votre père, et vous savez que quand il veut quelque chose, il...

— Il y réussit, monsieur Jones, puisqu'il vous a fait shérif.

— Je le sais, je le sais, s'écria Richard; et si je le pouvais, je le ferais roi. Le cousin 'Duke a le cœur le plus noble des Etats-Unis, et il ferait un excellent roi... c'est-à-dire s'il avait un bon premier ministre. Mais que veut dire ceci? J'entends parler dans ces buissons... Se tramerait-il quelque chose contre les lois? Il faut que j'entre en fonctions sur-le-champ. Approchons un peu, et voyons ce dont il s'agit.

Pendant ce dialogue, les deux interlocuteurs n'avaient pas cessé de marcher, et ils se trouvaient à quelque distance de la maison, sur un terrain où Richard avait effectivement le projet d'ouvrir des rues et de construire de nouveaux bâtiments quand l'augmentation de la population du village l'exigerait. Mais la présence de l'homme n'était annoncée dans ce lieu encore sauvage que parce que lors du premier établissement on avait abattu tout le bois qui se trouvait sur la partie qui était la plus voisine; mais comme cet abattis n'avait pas été suivi de défrichement, parce qu'il se trouvait à peu de distance des terrains plus propres à être mis en culture, de nombreux rejetons avaient crû autour de chaque souche de pin, et avaient formé un taillis fort épais. Le bruit du vent qui agitait le sommet de ces arbres en miniature faisait qu'on ne pouvait entendre les pas de Richard et d'Elisabeth, et les branches touffues de ces arbustes toujours verts empêchaient qu'on ne les aperçût. Favorisés par ces deux circonstances, ils s'avancèrent assez près de l'endroit où le jeune chasseur, Natty Bumppo et le vieil Indien, étaient en consultation. Le premier parlait avec ardeur, et semblait mettre beaucoup de chaleur à cette conversation. Natty paraissait l'écouter avec une attention plus qu'ordinaire. John Mohican, un peu plus loin, avait la tête penchée sur sa poitrine, et ses cheveux retombant sur son front lui cachaient une partie du visage. Son attitude exprimait l'accablement, et même une espèce de honte.

— Retirons-nous, dit Elisabeth à voix basse; nous n'avons pas le droit d'écouter ce qu'ils peuvent avoir à se dire.

— Pas le droit! répondit Richard sur le même ton, quoique avec une expression d'impatience, et en serrant le bras d'Elisabeth sous le sien, de manière à lui rendre la retraite impossible; vous oubliez, ma petite cousine, qu'il est maintenant de mon devoir de veiller au maintien de la tranquillité publique et à l'exécution des lois. Des gens qui ne sont en quelque sorte que des vagabonds peuvent méditer des déprédations, quoique je ne croie pas le vieux John homme à tramer des complots secrets. Le pauvre diable s'en est donné par-dessus les yeux hier soir, et il ne paraît pas encore trop bien remis. Mais silence, écoutons.

Elisabeth insista encore, mais Richard fut inexorable. Il fallut donc qu'elle restât, malgré sa répugnance, et ils entendirent la conversation suivante :

— Il faut avoir l'oiseau, dit Natty, et n'importe par quels moyens. Hélas! j'ai vu le temps où les dindons sauvages n'étaient pas rares dans ce pays; et à présent il faut aller jusque dans la Virginie pour en trouver un. A coup sûr un dindon bien engraissé a un goût tout différent qu'une perdrix; mais, à mon avis, une queue de castor et un jambon d'ours, voilà ce qu'on peut manger de meilleur. Au surplus, chacun a son goût. Ce matin, en passant par le village, j'ai donné jusqu'à mon dernier farthing[1] au marchand français, pour acheter de la poudre, et comme vous n'avez qu'un shilling, nous n'avons qu'un coup à tirer entre nous trois. Je sais que Billy Kirby a dessein de s'essayer aussi, et il n'a pas la main mauvaise. John a un excellent coup d'œil pour tirer une balle; et moi, la main me tremble tellement quand j'ai peur de manquer mon coup, que cela m'empêche de bien ajuster. A la dernière chute des feuilles, quand je tuai cette ourse affamée qui avait deux petits, je la renversai du premier coup; mais cette affaire-ci est bien autre chose.

— Oui, s'écria le jeune homme en tenant un shilling entre ses deux doigts et avec un accent qui semblait annoncer qu'il trou-

---

[1] La plus petite monnaie de cuivre.

vait dans sa pauvreté un plaisir mêlé d'amertume ; oui, voici tout mon trésor. C'est, avec mon fusil, tout ce que je possède au monde ! C'est à présent que me voilà véritablement devenu l'homme des bois, et je ne dois plus compter pour ma subsistance que sur le produit de ma chasse. Allons, Natty, il faut mettre sur la tête de l'oiseau tout ce qui nous reste, et si c'est vous qui ajustez, nous réussirons.

— J'aimerais mieux que ce fût John, monsieur Olivier. Vous avez tant d'envie d'avoir l'oiseau, que je suis sûr que cela me fera manquer mon coup. Ces Indiens tirent aussi juste dans une occasion que dans une autre ; rien ne peut agiter leurs nerfs. John, voici un shilling, prends mon fusil et va tirer sur le dindon.

L'Indien releva la tête d'un air sombre, et regarda un moment ses compagnons en silence.

— Quand John était jeune, leur dit-il ensuite, le rayon qui part des yeux ne volait pas plus droit que sa balle. Les squaws[1] frémissaient en le voyant lever son fusil ; les guerriers mingos devenaient des femmes. Quand eut-il jamais besoin de tirer deux fois ? L'aigle avait beau s'élancer jusqu'aux nuages en passant au-dessus du wigwam de Chingachgook, ses plumes n'était pas rares pour nos femmes. Mais voyez ses bras maintenant, ajouta-t-il d'un ton de voix plus élevé et en étendant les deux mains, voyez ces bras, ils tremblent comme le daim qui entend les hurlements du loup. Est-ce parce que John est vieux ! Et depuis quand soixante-dix hivers suffisent-ils pour rendre squaw un guerrier mohican ? C'est le blanc qui lui apporte la vieillesse ; le rum lui sert de tomahawk.

— Et pourquoi donc en buvez-vous ? lui dit son jeune compagnon, pourquoi dégrader votre noble nature en vous rendant une brute ?

— Une brute ! John est-il donc une brute ? Oui. Votre parole n'est pas un mensonge, fils du Mangeur-de-Feu ; John est une brute. Jadis il y avait peu de feux sur ces montagnes. Le daim venait lécher la main du blanc ; l'oiseau se reposait sur sa tête ; il était étranger pour eux. Mes pères vinrent des bords du grand lac d'eau salée ; ils vivaient en paix, ou quand ils levaient le tomahawk, c'était pour briser le crâne d'un Mingo. Ils s'assemblaient

---

[1]. Les femmes. Voyez les notes du *Dernier des Mohicans* ; ce nom devient synonyme de *faible* au figuré.

autour du feu du conseil, et ce qu'ils disaient s'exécutait. John n'était pas une brute alors. Mais les blancs les suivirent ; ils leur apportèrent de longs couteaux et du rum ; ils étaient plus nombreux que les pins sur les montagnes ; ils éteignirent le feu du grand conseil, et ils s'emparèrent de leurs bois. Le mauvais esprit était renfermé dans leurs barils de rum, et ils le lâchèrent contre eux. Oui, jeune aigle, vous dites la vérité ; John est une brute.

— Pardon, mon vieil ami, pardon, dit le jeune homme en lui prenant la main, j'aurais dû être le dernier à vous faire ce reproche. Puisse la malédiction du ciel tomber sur la cupidité qui a détruit une si noble race ! Souvenez-vous que je suis de votre famille, John ; et c'est aujourd'hui mon plus grand orgueil.

— Vous êtes un Delaware, mon fils, vos paroles ne seront pas entendues, dit le vieux chef d'un ton plus doux et tranquille ; John ne peut tirer.

— D'après la manière gauche dont il s'est jeté hier sur mes chevaux, j'aurais juré que ce jeune drôle avait du sang indien dans les veines, dit Richard à voix basse. Mais n'importe, le pauvre diable aura deux coups à tirer sur le dindon, car je lui donnerai un shilling pour le second ; et cependant je ferais peut-être mieux de lui offrir de tirer pour lui. Il paraît qu'ils ont déjà commencé leurs réjouissances de Noël, car j'entends rire là bas sous le taillis. Il faut que ce jeune drôle ait un goût tout particulier pour le dindon.

Il fit un pas en avant, mais Elisabeth l'arrêta. — Songez donc, cousin Richard, lui dit-elle, qu'il serait peu délicat d'offrir de l'argent à ce jeune homme.

— Peu délicat ! et pourquoi ? Croyez-vous qu'un métis refuse un shilling ? Il acceptera même du rum, malgré sa belle morale. Oui, oui, je veux lui donner une chance de plus pour le dindon ; j'y suis résolu.

— En ce cas, dit Elisabeth, qui vit qu'il lui était impossible de le retenir, ce sera moi qui parlerai. Et, marchant en avant avec un air de détermination, elle se trouva bientôt près des trois amis. Sa vue fit tressaillir le jeune homme, qui fit d'abord un mouvement pour se retirer ; mais revenant à lui aussitôt, il ôta son bonnet, la salua avec grâce, et resta debout, appuyé sur son fusil. Ni John ni Natty ne firent paraître aucune émotion, quoiqu'ils ne pussent s'attendre à l'arrivée subite d'Elisabeth et de Richard.

—J'apprends, dit-elle, que l'ancienne coutume de tirer le dindon à Noël est encore en usage parmi vous. J'ai envie d'essayer si j'aurai du bonheur à ce jeu. Lequel de vous veut prendre cet argent, et se charger de tirer pour moi?

— Est-ce donc là un passe-temps pour une femme? s'écria Edwards d'un ton et avec une promptitude qui prouvaient qu'il disait ce qu'il pensait, mais qu'il n'avait pas pris le temps de réfléchir s'il devait le dire.

— Et pourquoi non, Monsieur? répondit-elle; si ce jeu est inhumain, c'est votre sexe et non le mien qui l'a inventé. Au surplus, ce n'est pas votre aide que je réclame; mais voici un vieux vétéran de la forêt, ajouta-t-elle en se tournant vers Natty et en lui présentant un shilling, qui ne me refusera pas de tirer un coup sur l'oiseau pour moi.

— Non certainement, miss Temple, répondit Natty en enfermant le shilling dans sa poche, et en mettant une nouvelle amorce à son fusil; et si Billy Kirby n'a pas déjà gagné l'oiseau, et que la poudre du marchand français n'ait pas pris de l'humidité ce matin, vous verrez tout à l'heure un aussi beau dindon mort qu'on en a jamais servi sur la table du juge. Vous avez tort de parler comme vous le faites, monsieur Olivier; j'ai vu, sur les bords de la Mohawk et du Scoharie, bien des femmes hollandaises partager de pareils divertissements, et personne n'a jamais songé à leur en faire un semblable reproche. Allons, partons, sans quoi nous arriverons peut-être trop tard.

—Mais j'ai droit de tirer avant vous, Natty, et j'entends être le premier à essayer si j'aurai la main heureuse. Vous m'excuserez, miss Temple, je dois vous paraître peu galant; mais j'ai des raisons particulières pour désirer cet oiseau, et je ne puis renoncer à mon privilége.

— Je ne demande pas que vous y renonciez, Monsieur ; nous tentons tous deux la fortune, et nous n'avons que les mêmes droits. J'ai choisi mon chevalier, et je me fie à la justesse de son coup d'œil et de sa main. Marchez en avant, Bas-de-Cuir, nous vous suivrons.

Natty, qui semblait charmé de l'air de franchise et de résolution avec lequel une jeune et jolie fille venait de lui donner cette commission singulière, allongea le pas en vrai chasseur, et se dirigea sur-le-champ vers l'endroit d'où l'on entendait partir les sons d'une gaieté bruyante. Ses deux compagnons le suivirent en silence, le jeune homme se retournant de temps en temps vers Elisabeth, et la regardant avec un air d'embarras.

Richard retint sa belle cousine à quelque distance. — Il me semble, miss Temple, que vous auriez pu jeter les yeux sur un autre champion que Bas-de-Cuir. D'ailleurs quelle fantaisie avez-vous de vouloir gagner ce dindon, tandis qu'il y en a chez votre père une cinquantaine que j'engraisse dans des mues, et parmi lesquels vous pouvez choisir? J'en ai six entre autres sur lesquels je fais une expérience en les nourrissant de poussière de briques mêlée avec...

— Suffit, suffit, cousin Dickon, je désire cet oiseau, et c'est parce que je le désire que j'ai chargé Bas-de-Cuir de tirer.

— N'avez-vous donc jamais entendu parler du beau coup de feu que j'ai tiré sur le loup qui emportait un des moutons de votre père? Il l'avait jeté sur son dos, et si le loup avait eu la tête tournée de l'autre côté, je le tuais; mais de la manière dont il était placé...

— Vous avez tué le mouton. Je sais tout cela, mon cher cousin; mais aurait-il été convenable que le grand shérif du comté prît part à de pareils jeux?

— Je ne vous ai pas proposé de tirer moi-même, miss Temple. Mais doublons le pas afin de les voir tirer. N'ayez pas d'inquiétude, la fille de votre père ne doit rien craindre quand elle est avec moi.

— La fille de mon père ne craint rien, mon cher cousin, surtout quand elle est escortée par celui entre les mains de qui repose le pouvoir exécutif dans ce comté.

Après avoir suivi pendant quelques minutes un sentier ouvert dans le taillis, ils arrivèrent à l'endroit où était réunie toute la jeunesse du village, et où Natty et ses deux compagnons les avaient précédés.

CHAPITRE XVII.

> Je devine, partout ce bizarre appareil, que les bourgeois célèbrent aujourd'hui leurs jeux.
> Sir Walter Scott. *La Dame du Lac.*

Le divertissement de tirer sur un dindon le jour de Noël est du petit nombre de ceux que les planteurs ne négligent jamais d'adopter dans un nouvel établissement. Il est conforme aux habitudes de gens qui, après avoir employé la cognée pour se procurer de quoi se loger et se chauffer, prennent le fusil pour chercher de quoi se nourrir et se vêtir.

L'heure ordinaire de cet amusement avait été un peu avancée en cette occasion, afin qu'il pût se terminer avant celle où M. Grant devait se rendre dans la salle qui servait d'église, ce qui n'offrait pas un moindre appât à la curiosité.

Le propriétaire des dindons était un nègre libre, qui en avait apporté plusieurs de grosseur et de qualité différentes. On avait déjà commencé à tirer sur quelques uns de ces oiseaux, au grand bénéfice de l'Africain; mais les meilleurs tireurs s'étaient réservés pour le plus beau, et l'heure commençant à avancer, on faisait alors les préparatifs nécessaires pour l'exposer à leurs coups.

On l'attacha avec une corde d'étoupes au bas de la souche d'un gros pin qu'on avait équarrie par devant avec la hache, pour offrir aux yeux une espèce de but qui indiquât du moins le talent de chacun de ceux qui tireraient. La distance entre cette souche et l'endroit où devait se placer le tireur était de cent yards[1] bien mesurés, car un pied de plus ou de moins aurait été regardé comme une invasion sur les droits de l'une des parties. Le nègre fixait le prix à payer pour chaque coup à tirer, et les conditions à remplir pour gagner l'oiseau. Mais les principes de stricte justice régnant dans le pays faisaient qu'une fois qu'il les avait établies il ne pou-

---

[1]. L'yard a trois pieds d'Angleterre, c'est-à-dire environ deux pieds dix pouces de France.

vait plus s'en écarter, et il était obligé d'admettre tous les candidats qui se présentaient.

Le rassemblement se composait de vingt à trente jeunes gens, et de tous les enfants du village. Ceux-ci, couverts de vêtements grossiers, mais bien chauds, étaient rangés en cercle autour des tireurs, les mains dans leur gilet ou dans leurs poches, écoutant avec attention les histoires de leurs prouesses passées, et brûlant de voir arriver l'instant où ils pourraient se distinguer de même à leur tour.

Le principal orateur de la troupe était ce Billy Kirby, dont Natty Bumppo avait parlé quelques instants auparavant. C'était un jeune homme de grande taille, bûcheron de profession, et dont la physionomie annonçait le caractère. Il était bruyant, volontaire, pétulant; mais son front découvert, la bonne humeur qui brillait dans ses yeux, et son air de franchise, contrastaient avec son ton brusque et avantageux. Quand il avait quelque argent, il passait son temps dans les tavernes, et il préférait souvent rester dans l'oisiveté, plutôt que de diminuer un centime sur le montant des gages qu'il demandait. Mais, quand il avait une fois conclu son marché, il prenait sa hache et son fusil, et se mettait à l'ouvrage avec le courage et la vigueur d'un Hercule. Son premier soin était de reconnaître la portion de bois qu'il avait à abattre, en donnant çà et là un coup de hache pour rafraîchir les entailles de l'écorce des arbres qui formaient la limite. Ensuite, s'avançant d'un air décidé au centre de l'enceinte désignée, il ôtait ses vêtements superflus, et mesurait d'un regard significatif un ou deux des arbres les plus proches qui semblaient s'élancer jusqu'aux nuages. Choisissant le plus beau pour première épreuve de son bras, il allait à lui en sifflant avec une insouciance affectée, faisait tourner sa hache dans sa main avec un mouvement analogue à celui d'un maître d'escrime qui fait le salut, frappait un léger coup sur l'écorce, et mesurait sa distance. Une pause d'un moment était la dernière minute de grâce pour la forêt séculaire : aux coups terribles et répétés dont ce moment était le prélude, succédait le bruit de l'arbre lorsque ses ligaments tranchés par le fer le laissaient fléchir, déchirer dans sa chute les arbres voisins, et tomber enfin sur la terre avec un fracas qui équivalait presque à celui d'un tremblement de terre. A compter de ce moment, les coups de la hache ne cessaient plus : la chute continuelle des arbres ressemblait au bruit d'une canonnade, et le jour descendait dans les profondeurs des bois avec la soudaineté qui l'accompagne dans une matinée d'hiver.

Pendant des jours, des semaines, des mois, Billy Kirby redoublait d'ardeur, et les effets de son travail semblaient magnifiques, jusqu'à ce que sa tâche étant finie, sa voix de stentor, qui appelait les bœufs, aides patients de leurs maîtres, retentît dans les montagnes comme un tocsin. Cette voix avait été entendue jusque dans la vallée Templeton, répétée par les échos des rochers qui dominaient le lac. Les piles de bois, ou, pour nous servir de l'expression locale, les *loggings,* étaient terminées avec une promptitude digne de cette force étonnante : le bûcheron ramassait tous ses outils, éclairait les troncs amoncelés, et, à la lueur de cette illumination, s'éloignait de la forêt terrassée comme le vainqueur d'une ville qui, couronné par le succès, a mis la torche de la destruction sur les murs de sa conquête.

Après cela, Billy Kirby vivait dans les tavernes, allait d'une course à un combat de coqs, et en était le héros comme dans la présente occasion. Il passait aussi pour un des meilleurs tireurs du canton, et, malgré l'expérience de Natty, la jeunesse de Billy Kirby, la fermeté de ses nerfs, et son coup d'œil sûr, le faisaient généralement regarder comme devant être placé à cet égard au niveau de Bas-de-Cuir. Il en était résulté une sorte de rivalité entre lui et le vieux chasseur ; mais elle s'était bornée jusque alors à des fanfaronnades réciproques, ou à des comparaisons de leurs exploits mutuels, et c'était la première fois qu'ils allaient se trouver en concurrence directe.

Avant l'arrivée de Natty et de ses compagnons, Billy Kirby et le nègre avaient déjà débattu assez vivement le prix et les conditions dont il fallait convenir d'abord, et tout venait d'être définitivement réglé à l'instant où ils parurent. Le prix de chaque coup de fusil avait été fixé à un shilling [1], ce qui était le taux le plus élevé qu'on demandât jamais. Le dindon était déjà attaché au bas de la souche de pin, protégé par un boulevart de neige, de sorte qu'on ne voyait que sa tête rouge et son long cou noir. S'il recevait une

---

[1]. Avant la révolution chaque province avait sa monnaie particulière, quoique aucune n'eût de coin, excepté les pièces de cuivre. Dans l'État de New-York, les dollars espagnols étaient divisés en huit shillings, chacun de la valeur d'une fraction de plus que six pence sterling. Maintenant l'Union a créé un système décimal, et des coins pour le représenter.

balle dans quelque autre partie du corps, il devait continuer à appartenir à son maître, mais il devenait la propriété de celui qui le toucherait au cou ou à la tête, ne fît-il que lui arracher quelques plumes.

Ces conditions avaient été proclamées à haute voix par le nègre, qui se retira ensuite à une distance respectueuse de l'oiseau ; la présence inattendue d'Elisabeth, qui s'avançait, fit succéder un moment de silence aux cris joyeux qu'on entendait un instant auparavant. Mais quand on la vit s'arrêter en souriant, et se disposer à jouer le rôle de spectatrice, la gaieté reprit bientôt son empire, quoique tempérée par le respect.

— Rangez-vous, enfants ! s'écria Billy Kirby, qui s'était déjà placé à l'endroit d'où l'on devait tirer ; rangez-vous, vous dis-je ! Je vais tirer, je vous avertis. Et vous, Brom, vous pouvez faire vos adieux à votre dindon.

— Un instant ! s'écria le jeune chasseur, j'en veux aussi courir la chance. Tenez, Brom, voici mon shilling ; je désire tirer un coup.

— Vous pouvez le désirer, dit le bûcheron ; mais si je fais sauter une seule plume de l'oiseau, sur quoi avez-vous dessein de tirer ? Il y a donc bien de l'argent dans votre poche de peau de daim, que vous achetiez d'avance une chance que vous n'aurez peut-être jamais ?

— Que vous importe ce que j'ai d'argent dans ma poche ? répondit-il avec un air de fierté. Prenez ce shilling, Brom, je veux être sûr de tirer le second.

— N'ayez pas la tête si chaude, dit Kirby en arrangeant tranquillement sa pierre à fusil. On dit que vous avez un trou à l'épaule, de sorte que je crois que Brom pourrait vous laisser tirer à demi-prix. Je vous réponds d'ailleurs qu'il n'est pas facile de toucher la tête ou le cou de cet oiseau à une si grande distance, et vous le reconnaîtrez si je vous en laisse la chance, ce que je ne crois pas, à vous dire la vérité.

— Ne faites pas le fanfaron, Billy Kirby, dit Natty en appuyant la crosse de son fusil sur la neige ; vous ne tirerez qu'une fois sur l'oiseau, car si le jeune homme manque son coup, et ce ne serait pas un miracle qu'il le manquât, ayant le bras raide par suite de sa blessure à l'épaule, je tire après lui. Il est possible que je n'aie plus la main aussi sûre qu'autrefois ; mais une centaine d'yards ne sont rien pour un long fusil.

— Quoi! vieux Bas-de-Cuir, vous voilà ici ! s'écria son antagoniste ; à la bonne heure! nous verrons qui réussira. Mais je passe avant vous, mon vieux camarade, et il y a tout à croire que ce sera moi qui mangerai votre dîner.

En parlant ainsi, il levait son fusil pour ajuster l'oiseau, tandis que le nègre criait de toutes ses forces :

— Vous trop avancé, Billy Kirby! vous devoir reculer d'un pas, faire franc jeu au pauvre nègre. Allons donc, dindon! allons donc, imbécile! toi remuer la tête ; toi pas voir que lui tirer sur toi?

Ces cris avaient pour but principal de distraire l'attention du tireur ; mais ils ne servirent à rien en cette circonstance. Rien ne pouvait émouvoir le robuste et dur bûcheron. Son coup partit, et fut suivi d'un moment de silence causé par l'attente générale ; on vit l'oiseau remuer la tête à l'instant de l'explosion ; mais on reconnut sur-le-champ qu'il n'était pas blessé.

— Toi être un bon oiseau ! s'écria le nègre en se roulant de joie sur la neige, et en embrassant son dindon. Toi avoir bien suivi les avis de ton maître. Encore un shilling, Billy, et toi tirer une seconde fois.

— Non pas, non pas, s'il vous plaît, dit le jeune homme ; je vous ai payé d'avance, et c'est à moi à tirer. Dérangez-vous, et que je voie si je serai plus heureux.

— C'est de l'argent jeté dans l'eau! lui dit Natty ; la tête et le cou d'un dindon ne sont pas faciles à toucher à cent yards de distance, quand on a une blessure à l'épaule. Vous feriez mieux de me laisser tirer, et si je gagne l'oiseau, j'ai dans l'idée que nous pourrons nous en arranger aisément avec miss Temple.

— Je veux tirer moi-même, dit Edwards ; retirez-vous, que je prenne place !

On était fort occupé à discuter sur le coup que venait de tirer Billy Kirby, dont l'amour-propre se consolait à peine par la déclaration unanime que si l'oiseau n'eût pas remué la tête, il eût été infailliblement tué. On fit peu d'attention au jeune chasseur qui se disposait à tirer, et, après avoir bien ajusté, il allait toucher le chien de son fusil, quand Natty l'arrêta.

— Votre main tremble, lui dit-il, et c'est l'effet de votre blessure. Je vois que vous ne tirerez pas aujourd'hui aussi bien que de coutume. Si vous voulez tirer, tirez vite, dès que vous aurez ajusté, afin que le coup parte avant que le tremblement de votre main puisse le déranger.

— Franc jeu ! s'écria encore Brom ; franc jeu au pauvre nègre ! Quel droit avoir Natty Bumppo de conseiller les tireurs ! Chacun devoir tirer à sa volonté. Franc jeu ! franc jeu !

Edwards tira, mais l'oiseau ne changea pas de position, et il fut reconnu que la balle n'avait pas même touché la souche à laquelle il était attaché.

Elisabeth le vit changer de visage, et elle ne put s'empêcher d'être surprise qu'un jeune homme qui paraissait si supérieur à ses compagnons se montrât si sensible à la perte d'une bagatelle. Mais son champion se préparait à entrer en lice.

La gaieté de Brom, qui avait doublé quand il avait vu un second aventurier échouer dans son entreprise, s'évanouit tout à coup, lorsqu'il vit Natty s'avancer pour tirer à son tour. Quoiqu'il fût assis sur la neige, la sueur lui coula du front ; sa peau se parsema de larges taches brunes qui souillaient le lustre naturel de son teint d'ébène ; ses grosses lèvres se comprimèrent autour d'un double rang de dents d'ivoire qui semblaient des perles enchâssées dans du jais ; ses larges narines se dilatèrent encore davantage, et ses mains, oubliant l'horreur naturelle qu'elles avaient du froid, serraient la neige qui était autour de lui. Il n'avait même plus la force de crier : Franc jeu au pauvre nègre !

Pendant que le noir propriétaire du dindon donnait ces signes de crainte, celui qui la faisait naître examinait d'un air calme, mais avec grand soin, toutes les parties de son fusil, avec autant de sang-froid que s'il n'avait pas eu un seul spectateur.

— Avant la dernière guerre, dit Natty tout en s'occupant ainsi, j'étais dans les établissements hollandais sur le Scoharie, un jour qu'on tirait ainsi pour un prix. Je me mêlai de le disputer, et je gagnai une corne à poudre, trois lingots de plomb, et une livre de la meilleure poudre qui ait jamais pris feu sous un bassinet. Aussi comme mes Hollandais ouvrirent de grands yeux ! Comme ils jurèrent en allemand ! L'un d'eux jura qu'il aurait ma vie avant que je quittasse les lacs ; mais s'il avait seulement appuyé son fusil contre son épaule avec de mauvaises intentions, Dieu l'en aurait puni, et si Dieu ne l'avait pas puni, je connais quelqu'un qui ne l'aurait pas manqué.

Natty, trouvant son arme en bon état, rejeta alors sa jambe

droite en arrière, allongea le bras gauche sous le canon de son fusil, et le dirigea vers l'oiseau. Tous les yeux prirent aussitôt la même direction, toutes les oreilles attendaient le bruit de l'explosion, mais on n'entendit que le bruit que fit la pierre en frappant contre la platine du bassinet, et le coup ne partit point.

— Franc jeu! franc jeu au pauvre nègre! s'écria Brom en sautant de joie, et en allant se placer devant son dindon. Natty Bumppo avoir manqué son coup!

— Natty Bumppo ne manquera pas le nègre, si tu ne te retires, répliqua le vieux chasseur avec indignation. Y a-t-il du bon sens à dire que j'ai manqué mon coup, quand le coup n'a point parti? Retire-toi, te dis-je, et que j'apprenne à Billy-Kirby comment on gagne un dindon le jour de Noël.

— Franc jeu! répéta le nègre; vous pas tirer sans payer. Massa Jones en juger, la jeune dame en juger, tout le monde en juger.

— C'est l'usage du pays, Bas-de-Cuir, dit le bûcheron. Amorce brûlée vaut coup tiré. Si vous voulez tirer encore une fois, il faut payer un autre shilling. En attendant, je vais faire une seconde épreuve. Tenez, Brom, voilà mon argent.

— Quand cela serait vrai, répliqua Natty, l'amorce n'a pas brûlé, puisqu'elle n'a pas pris feu. Mais je dois connaître les usages du pays mieux que vous, puisque vous n'y êtes arrivé qu'avec les colons, et que j'y demeurais plus de trente ans auparavant; je soutiens que j'ai le droit de tirer.

— Massa Jones en juger! s'écria le nègre; massa Jones en juger! lui savoir tout.

Cet appel aux connaissances de Richard était trop flatteur pour qu'il ne s'y rendît pas. Il s'avança avec une dignité ministérielle, et imposa silence à toutes les parties par un geste de la main.

— Il paraît, dit-il, qu'il s'élève un doute sur la question de savoir si Natty Bumppo, dans l'état où sont les choses, a le droit de tirer sur le dindon de Brom Freeborn, sans lui payer un second shilling. C'est à moi qu'il appartient de le résoudre; puisqu'en ma qualité de shérif du comté, je dois veiller au maintien de la tranquillité publique, et que je ne dois pas laisser à des hommes ayant en main des armes meurtrières, le soin de se rendre juges de leurs contestations. Il paraît qu'il n'existait de convention ni écrite ni verbale entre les parties sur le point contesté; nous ne pouvons donc raisonner que par analogie, c'est-à-dire par comparaison d'une chose avec une autre. Or, dans ce pays, quand il s'agit d'un duel, celui dont le coup ne part pas n'a pas le droit d'en tirer un second sur son adversaire. Le même principe doit donc nous guider ici ; car il serait ridicule de prétendre qu'un homme pourrait rester toute la journée à tirer sur un dindon, parce qu'à chaque coup l'amorce ne prendrait pas. Je prononce donc que Natty Bumppo n'a le droit de tirer un second coup qu'en payant un second shilling.

Cette décision partait d'un tribunal trop respectable pour qu'on pût en interjeter appel. Les spectateurs, qui avaient commencé à prendre parti pour et contre, s'y soumirent sans murmurer. Natty fut le seul qui osa témoigner du mécontentement.

— Je voudrais bien savoir ce qu'en pense miss Temple, dit-il ; j'ai acheté le droit d'envoyer une balle de plomb à cet oiseau, et non pas celui de faire sonner un maudit caillou sur une plaque d'acier. Si elle dit que j'ai perdu, à la bonne heure.

— Eh bien ! je dis que vous avez perdu, Natty, dit Elisabeth ; mais je paie un shilling à Brom pour vous donner une seconde chance, à moins qu'il ne veuille me vendre son dindon pour un dollar, pour mettre fin à ce divertissement inhumain.

Cette proposition ne plut à aucun de ceux qui l'entendirent, et le nègre lui-même ne fut pas tenté de l'accepter, attendu qu'il se flattait que son dindon lui rapporterait davantage, et finirait peut-être même par lui rester.

Cependant Billy Kirby chargeait son fusil tandis que Natty ôtait la pierre du sien pour en mettre une autre, tout en murmurant :

— On ne peut plus acheter une bonne pierre à fusil dans les environs du lac, dit-il, depuis que ce sont les blancs qui en font le commerce. Et si l'on en cherche au pied des montagnes où l'on en trouvait autrefois à chaque pas, il y a vingt à parier contre un que la charrue les a couvertes de terre. Il semble que plus le gibier devient rare, plus les moyens de s'en procurer diminuent. Et tout cela vient pourtant de ces maudits défrichements. Voici cependant une pierre qui a l'air d'être bonne. Je tirerai mon second coup, car Billy Kirby n'est pas en état de toucher un pareil but à une telle distance.

Le bûcheron, de son côté, semblait sentir que sa réputation dépendait en grande partie du coup qu'il allait tirer. Il leva son fusil, ajusta longtemps, ne tira que lorsqu'il se crut sûr du succès, et n'en obtint pas davantage que la première fois. Piqué de ce désappointement et des cris de joie du nègre qui retentissaient dans le taillis, comme s'ils eussent été poussés par une tribu d'Indiens, il courut à l'oiseau, et en examina le cou et la tête avec attention ; mais voyant que pas une plume n'y manquait, il se tourna vers le nègre, et lui dit avec humeur :

— Ferme ton four, vilain corbeau. Où est l'homme qui toucherait la tête d'un dindon à cent yards de distance ? J'ai été fou de l'essayer. Il ne faut pas pour cela faire un bruit comme celui d'un pin qui tombe sous la cognée. Montrez-moi celui qui peut faire mieux.

— Regardez par ici, Billy Kirby, dit Bumppo, et vous verrez un homme qui a fait mieux, non pas en tirant sur des dindons, mais quand il était serré de près par des sauvages ou des bêtes farouches. Eloignez-vous du but, c'est à moi de tirer.

— Un instant, Bas-de-Cuir, dit Elisabeth ; il y a quelqu'un qui a droit de tirer un second coup avant vous, si bon lui semble.

— Si c'est de moi que vous voulez parler, miss Temple, dit Edwards, je renonce à entrer de nouveau en concurrence. Je sens que mon épaule ne me le permet pas.

Il prononça ces mots avec un air contraint qui n'échappa point à Elisabeth. Elle crut même remarquer sur ses joues une légère rougeur qui annonçait le sentiment pénible que lui faisait éprouver sa pauvreté. Elle ne lui répondit rien, et laissa son champion se disposer à donner une preuve de son savoir-faire.

Il était bien vrai que Natty Bumppo, comme il venait de le dire, avait tiré plus de cent fois avec succès dans des occasions bien plus importantes, mais jamais il n'avait eu plus d'envie de réussir, afin de bien établir, par ce coup décisif, sa supériorité sur Billy-Kirby. Trois fois il leva son fusil et coucha l'oiseau en joue, sans tirer ; la première pour calculer la distance, la seconde pour bien ajuster, la troisième parce que le dindon remua la tête ; à la quatrième il fit feu. La fumée empêcha une partie des spectateurs de connaître sur-le-champ le résultat du coup ; mais en voyant Bumppo appuyer sur la neige la crosse de son fusil, et ouvrir la bouche en riant sans bruit, suivant sa coutume, Elisabeth en conclut qu'il avait réussi.

Elle ne se trompait pas ; car un instant après, les enfants qui avaient couru au dindon, l'ayant trouvé mort, le prirent par les pattes, et, le levant en l'air, firent voir que la balle lui avait emporté presque toute la tête.

— Apportez-le, enfants, s'écria Bas-de-Cuir, apportez-le, et mettez-le aux pieds de cette jeune dame. C'est pour elle que j'ai tiré, et l'oiseau lui appartient.

— Et vous avez été un si bon substitut, dit Elisabeth en souriant, que j'engage mon cousin Richard à ne pas vous oublier. Se tournant alors vers Edwards, elle lui dit avec ce charme insinuant qui n'appartient qu'à une femme : — Mon but n'était que de voir une preuve des talents de Natty que j'avais entendu vanter si souvent, et, puisque le voilà atteint, voulez-vous bien, Monsieur, accepter cet oiseau comme un faible dédommagement de la blessure qui vous a empêché de remporter vous-même le prix de l'adresse ?

Il serait impossible de décrire l'expression avec laquelle le jeune chasseur reçut ce présent. Il semblait en même temps transporté de plaisir, et agité par un secret mécontentement; il paraissait céder à une séduction dont il lui était impossible de se défendre, quoiqu'un sentiment intérieur le portât à y résister. Il salua miss Temple avec respect, releva la victime, et garda le silence.

Elisabeth donna au nègre une pièce d'argent pour l'indemniser de la perte qu'il venait de faire, ce qui dissipa son air sombre et rendit à ses traits l'expression joyeuse qui leur était habituelle. Se tournant alors vers Richard, elle lui demanda s'il voulait retourner à la maison.

— Un instant, cousine Bess, rien qu'un instant, répondit Richard; il paraît qu'il règne sur les règles de cet amusement une incertitude qu'il convient que je fasse disparaître. Messieurs, si vous voulez nommer un comité pour venir me trouver ce matin, après l'office, je préparerai des règlements... Il se retourna pour voir qui était assez hardi pour frapper familièrement sur l'épaule du grand shérif.

— De joyeuses fêtes de Noël, cousin Dickon, dit le juge Temple qui venait d'arriver sans avoir été aperçu. Il faudra que j'aie l'œil sur ma fille si vous êtes sujet à de pareils accès de galanterie. Mais j'admire le goût que vous avez montré en amenant une dame à un pareil spectacle.

— C'est sa propre perversité qui l'y a conduite, cousin 'Duke, s'écria le nouveau shérif dépité d'avoir été prévenu par M. Temple dans les compliments du jour ; elle n'a pas plus tôt entendu un coup de fusil, qu'elle a couru à travers la neige, comme si elle avait été élevée dans un camp de soldats, et non dans une pension de jeunes filles. Je ne l'avais accompagnée que pour lui faire voir mes améliorations. Je crois, juge, qu'il serait bon de solliciter une loi pour interdire ces amusements dangereux. Je ne sais pas même si l'on ne trouverait pas dans les lois actuelles quelque disposition qui les défende.

— Comme shérif du comté, cousin Dick, dit Marmaduke en souriant, c'est à vous qu'il appartient d'examiner cette question, car je vois que ma fille a exécuté sa commission, et je présume qu'elle n'a pas été mal accueillie.

Richard jeta un coup d'œil sur le paquet qu'il tenait encore à la main, et le mouvement d'humeur qu'avait produit son désappointement s'évanouit sur-le-champ.

— Cousin 'Duke, dit-il au juge, venez un moment de ce côté, mon cher et bon cousin, j'ai deux mots à vous dire à part. Marmaduke le suivit à quelques pas. — D'abord je dois vous remercier d'avoir employé pour moi votre crédit auprès du conseil, car je sais que sans protection le mérite peut à peine percer. Mais nous sommes les enfants de deux sœurs, et vous n'aurez pas à vous repentir de ce que vous avez fait pour moi. Vous pouvez me regarder comme un de vos chevaux, je vous porterai ou vous traînerai, comme bon vous semblera : en un mot, je suis tout à vous. Mais je dois vous dire en passant, ajouta-t-il en montrant du doigt Edwards, que ce jeune compagnon de Bas-de-Cuir a besoin d'être surveillé. Il a un goût prononcé pour les dindons, et Dieu sait où cela pourrait le mener.

— Laissez-moi ce soin, Dick, répondit Marmaduke : c'est un goût qui se passera en le satisfaisant. Mais je voudrais dire un mot à ce jeune homme ; rapprochons-nous des tireurs.

CHAPITRE XVIII.

> Pauvre malheureux! la mère qui le porta dans son sein n'aurait pu, en voyant son visage pâle et ses cheveux brûlés par le soleil, reconnaître son fils.
> Sir Walter Scott. *Marmion.*

M. Temple, passant le bras de sa fille sous le sien, s'avança vers l'endroit où Edwards, debout, appuyé sur son fusil et les yeux fixés sur l'oiseau étendu à ses pieds, semblait se livrer à ses réflexions, et la présence d'Elisabeth ne nuisit aucunement à l'effet que produisit sur le jeune chasseur la conversation qu'il eut avec le juge. La présence de Marmaduke n'interrompit pas les amusements des villageois, qui s'occupaient en ce moment à discuter, avec de bruyantes clameurs, le prix et les conditions que Brom proposait pour exposer à leurs coups une nouvelle victime de qualité inférieure. Billy Kirby s'était retiré avec humeur. Natty et le vieil Indien étaient à quelques pas de leur jeune compagnon, et ils étaient les seuls qui pussent entendre la conversation que nous allons rapporter.

— Je n'ai pas oublié le malheur que j'ai eu de vous blesser, monsieur Edwards, dit le juge ; mais les tressaillements du jeune homme en reconnaissant sa voix, et l'air inexplicable avec lequel il le regarda, lui causèrent tant de surprise, qu'il garda un instant le silence. Heureusement, continua-t-il enfin quand il vit l'émotion d'Edwards se calmer, sans qu'il fît aucune réponse, je ne suis pas sans quelques moyens de vous indemniser. Mon parent, Richard Jones, qui me servait de secrétaire, vient d'être nommé à une place qui ne lui permettra plus de me donner les mêmes secours. Malgré les apparences, vos manières et vos discours prouvent que vous avez reçu une bonne éducation. Venez donc demeurer chez moi. Je ne vous connais pas ; mais dans ces établissements naissants, nous ne nous livrons guère aux soupçons, parce que nous n'avons presque rien qui puisse tenter la cupidité. Vous me serez utile, et vous recevrez l'indemnité que mériteront vos services.

Cette proposition était aussi obligeante que la manière dont elle était faite paraissait cordiale. Cependant le jeune homme parut ne l'écouter qu'avec une répugnance qui allait presque jusqu'au dégoût ; et il fit évidemment un effort considérable sur lui-même pour pouvoir y répondre.

— Je ne demanderais pas mieux, Monsieur, dit-il, que d'être utile à vous ou à tout autre, pour m'assurer une existence honnête, car je ne chercherai pas à cacher que j'éprouve de grands besoins, de plus grands même que les apparences ne semblent l'indiquer. Mais je craindrais que les nouvelles fonctions que j'aurais à exercer ne m'obligeassent à négliger des devoirs encore plus importants. Je ne puis donc accepter vos offres, et mon fusil pourvoira à ma subsistance, comme il l'a fait jusqu'ici.

— Vous le voyez, cousine Bess, dit Richard à l'oreille d'Elisabeth, telle est la répugnance qu'éprouvent naturellement tous les métis à quitter l'état sauvage pour vivre parmi les hommes civilisés. Leur attachement à une vie errante est absolument insurmontable.

— La vie que vous menez est bien précaire, reprit Marmaduke qui n'avait pas entendu l'observation du shérif. Elle vous expose à bien des souffrances, et à des maux plus grands encore. Croyez-moi, mon jeune ami, j'ai plus d'expérience que vous, et je vous dis que la vie vagabonde d'un chasseur ne peut conduire à rien dans ce monde, et qu'elle éloigne des secours spirituels nécessaires pour nous faire arriver heureusement dans un autre.

— Eh non ! juge, eh non ! s'écria Natty ; emmenez-le dans la grande maison, à la bonne heure ; mais dites-lui la vérité. J'ai vécu dans les bois pendant quarante ans ; j'ai passé cinq années de suite sans voir la figure d'un blanc, sans apercevoir l'ombre d'un défrichement, et je voudrais bien savoir où vous trouverez un homme, dans sa soixante-huitième année, qui puisse gagner plus facilement sa vie, en dépit de vos améliorations et de vos lois sur la chasse. Et quant à l'honnêteté, quant à ce qui est dû d'homme à homme, je me flatte que je ne le cède à qui que ce soit sur toute l'étendue de votre patente.

— Tu fais exception à la règle générale, Bas-de-Cuir, répondit M. Temple ; car tu as une tempérance qui n'est pas ordinaire aux gens de ta sorte, et une vigueur qui n'appartient pas au nombre de tes années. Mais ce jeune homme est d'une trempe toute différente de la tienne, et il ne doit pas perdre son bel âge dans les bois. Je vous en prie de nouveau, monsieur Edwards, consentez à faire partie de ma famille, du moins pour un certain temps, jusqu'à ce que votre blessure soit complètement guérie. Ma fille que voici, et qui est la maîtresse de ma maison, vous dira que vous y serez le bienvenu.

— Elle doit être ouverte à tous les infortunés, dit Elisabeth avec une vivacité mêlée de dignité, et surtout à ceux qui le deviennent par notre faute.

— Sans doute, sans doute, ajouta Richard, et, puisque vous aimez le dindon, je vous assure que vous n'en manquerez pas. J'en ai une cinquantaine en mue, et je les garantis de bonne qualité, car c'est moi qui les engraisse.

Se trouvant ainsi secondé, Marmaduke insista de nouveau; il entra dans le détail des devoirs qu'Edwards aurait à remplir chez lui, dit un mot en passant du salaire qui lui serait assuré, enfin toucha à tous les points que les hommes d'affaires regardent comme importants en pareil cas. Le jeune homme l'écoutait d'un air fort agité, et des sentiments contradictoires semblaient se livrer un combat violent dans son cœur. Tantôt il paraissait désirer ardemment le changement de situation qui lui était proposé; tantôt une expression incompréhensible de répugnance se peignait sur ses traits, comme un nuage épais obscurcit un beau jour.

Le vieil Indien, dont l'air annonçait qu'il sentait encore bien vivement l'état de dégradation auquel il s'était réduit la veille, écoutait les offres du juge avec un intérêt qui croissait à chaque syllabe. Peu à peu il se rapprocha des interlocuteurs, et saisissant un instant où son regard pénétrant vit que le sentiment qui dominait momentanément son jeune compagnon était celui qui le portait à céder aux instances de M. Temple, il quitta tout à coup son air confus et humilié, pour prendre l'attitude fière et intrépide d'un guerrier indien, et lui adressa la parole en ces termes:

— Ecoutez votre père, car ses paroles sont celles de la vieillesse. Que le jeune aigle et le grand chef mangent ensemble et dorment sous le même toit sans crainte. Les enfants de Miquon sont justes, et ils feront justice. Le soleil doit se lever et se coucher souvent avant que tous deux ne fassent qu'une même famille;

ce n'est pas l'ouvrage d'une journée, mais de plusieurs hivers. Les Delawares et les Maquas sont nés ennemis; ils ne peuvent reposer sous le même wigwam, et leur sang formera toujours deux ruisseaux séparés un jour de bataille. Mais pourquoi le frère de Miquon et le jeune aigle seraient-ils ennemis? Ce sont deux rejetons issus de la même souche; leurs pères et leurs mères sont communs. Apprenez à attendre, mon fils; le sang des Delawares coule dans vos veines, et la première vertu d'un guerrier indien, c'est la patience.

Ce discours en style figuré parut faire beaucoup d'impression sur le jeune homme, qui, cédant enfin aux sollicitations de Marmaduke, accepta sa proposition. Ce fut pourtant à condition que ce ne serait qu'une épreuve, et que chacune des parties serait libre de faire cesser cet arrangement dès qu'elle le jugerait à propos. La répugnance bien marquée avec laquelle il acceptait une offre que bien des gens à sa place auraient regardée comme au-dessus de leurs espérances ne causa pas peu de surprise à Marmaduke, à sa fille et à Richard, et elle laissa même dans leur esprit une légère impression à son désavantage.

Lorsque les parties qui venaient de contracter cette espèce d'engagement réciproque se furent séparées, l'affaire qu'elles avaient conclue devint nécessairement le sujet d'une double conversation, et nous commencerons par rendre compte de celle qui eut lieu entre le juge, Elisabeth et Richard.

—Je ne puis concevoir, dit M. Temple, ce que ma maison peut avoir de désagréable pour ce jeune homme. Il faut que ce soit ta figure qui l'effraie, Bess.

— Eh non! cousin 'Duke, eh non! dit Richard très-sérieusement, ce n'est pas Bess qui lui fait peur. Avez-vous jamais vu un métis qui pût supporter l'idée de vivre avec des hommes civilisés? Ils sont à cet égard pires que les sauvages mêmes. N'avez-vous pas remarqué vous-même, Bess, comme il avait les yeux égarés?

— Je n'ai fait aucune remarque sur ses yeux, mon cher cousin, répondit la fille du juge, si ce n'est qu'ils exprimaient une hauteur qui m'a paru tout à fait déplacée. En vérité, mon père, vous avez donné une grande preuve de patience chrétienne, en insistant comme vous l'avez fait pour qu'il daignât consentir à venir demeurer dans notre famille. Quant à moi, je l'aurais laissé dans les bois, lui et ses grands airs. Il semble vraiment croire qu'il nous fait beaucoup d'honneur. Et dans quel appartement comptez-vous le placer? A quelle table lui servira-t-on le nectar et l'ambroisie?

— Il mangera avec Benjamin et Remarquable, dit M. Jones, vous ne voudriez pas lui donner un nègre pour compagnon. Il est vrai que ce n'est qu'un métis, mais les Indiens méprisent souverainement les noirs. Je suis sûr qu'il mourrait de faim avant de de se résoudre à rompre une croûte avec un nègre.

— Bien loin de songer à lui faire un tel affront, dit Marmaduke, mon intention est qu'il n'ait pas d'autre table que la nôtre.

— Vous voulez donc le traiter en homme comme il faut, mon père? dit Elisabeth en montrant un léger déplaisir de cette résolution.

— Oui, sans doute, ma fille, répondit M. Temple, du moins jusqu'à ce qu'il nous ait prouvé qu'il ne mérite pas d'être regardé comme tel.

— Eh bien! cousin 'Duke, dit Richard, vous verrez qu'il n'est pas facile d'en faire un homme comme il faut. Le vieux proverbe dit qu'il faut pour cela trois générations. Il y avait mon père... je n'ai pas besoin d'en parler, tout le monde l'a connu. Mon grand-père était docteur en médecine, mon bisaïeul docteur en théologie, et mon trisaïeul... je n'ai jamais su bien au juste ce qu'il était; mais il venait d'Angleterre, et il était certainement d'une excellente famille de négociants ou de magistrats.

— Voilà bien une généalogie américaine, dit Marmaduke en souriant. Pendant les trois générations qui se sont succédé ici, tout est nécessairement au positif; mais dès qu'on remonte à l'émigration et qu'il faut passer l'eau, tout est au superlatif. Vous êtes bien sûr, Dick, que ce trisaïeul dont vous parlez était d'une très-bonne famille?

— Sans contredit, juge; ma vieille tante m'en a toujours parlé ainsi, et m'a assuré que de père en fils nous avons toujours occupé un rang très-respectable.

— Vous vous contentez à peu de frais, Dick. La plupart des généalogistes américains commencent leurs traditions, comme les contes pour les enfants, par l'histoire des trois frères; et ils ont toujours soin qu'un membre de ce triumvirat porte le nom de quelque famille qui a prospéré dans le monde. Mais ici nous ne connaissons d'autre distinction que celle que donne une bonne conduite, et Olivier Edwards entre dans ma famille sur un pied d'égalité avec le grand shérif et le juge.

— Eh bien! cousin 'Duke, j'appelle cela de la démocratie et non du républicanisme. Mais je n'ai rien à dire ; seulement qu'il ait soin de ne pas contrevenir aux lois, sans quoi je lui apprendrai que ce n'est pas pour rien que je suis chargé de veiller à leur maintien.

— Mais vous n'oublierez pas, Dickon, que l'exécution ne doit pas précéder la sentence de condamnation, et que c'est à moi qu'il appartient de la prononcer. Et vous, Bess, que pensez-vous de cette addition à notre famille? Je serai charmé de connaître votre opinion.

— Je crois, mon père, que je suis comme un certain juge de ma connaissance, et qu'il n'est pas facile de me faire changer d'avis. Mais, pour parler sérieusement, quoique je pense que l'introduction d'un demi-sauvage dans notre famille soit un événement assez bizarre, vous devez être bien sûr que je ne puis jamais qu'approuver tout ce que vous jugez convenable de faire.

Ils arrivaient alors à la porte de l'enclos par où Elisabeth était sortie avec Richard, et pendant qu'ils rentrent dans *la grande maison*, pour satisfaire, en déjeunant, l'appétit que leur avait donné la promenade, nous allons retourner vers les trois chasseurs ; car, malgré la différence de leur caractère, tous trois peuvent être désignés par cette dénomination.

Ils suivaient alors les bords du lac, à quelque distance des maisons du village, et se dirigeaient vers la cabane de Natty, qui portait l'oiseau dû à son adresse et à la générosité de miss Temple.

— Qui aurait prévu, il y a un mois, s'écria Edwards, que j'eusse consenti à vivre sous le même toit que le plus grand ennemi de ma race, et à recevoir des ordres de lui? Et cependant quel parti pouvais-je prendre dans le dénuement total où je me trouve? Mais cette servitude ne peut être de longue durée, et dès que le motif qui me force à m'y soumettre aura cessé d'exister, je la secouerai comme la poussière de mes pieds.

— Pourquoi l'appeler un Mingo? dit le vieux chef. En quoi s'est-il montré votre ennemi? Le guerrier delaware reste en repos, et attend le moment du Grand-Esprit. Il n'est pas une femme, pour crier comme un enfant.

— Eh bien! John, dit Natty dont les traits avaient une forte expression de doute et d'incertitude, je ne suis pas sans méfiance. On dit qu'il y a de nouvelles lois dans le pays; et ce qui est bien certain, c'est que tout est changé dans nos montagnes. Les forêts s'éclaircissent peu à peu, et l'on reconnaît à peine les lacs et les rivières. Non, non, je ne me fie pas à de beaux discours. C'est par des paroles mielleuses que les blancs ont obtenu des Indiens la possession de leurs terres; et je le dis franchement, quoique je sois blanc moi-même, étant né près d'York, et d'honnêtes gens.

— Je me soumets à la nécessité, reprit Edwards; je tâcherai d'oublier qui je suis. Ne vous souvenez plus, John, que je descends d'un chef delaware à qui appartenaient autrefois ce beau lac, ces superbes montagnes, cette magnifique vallée. Oui, je deviendrai son serviteur, son esclave. Dis-moi, vieillard, la cause de ma servitude ne la rend-elle pas honorable?

— Vieillard! répéta John d'un ton lent et solennel; oui, Chingachgook est vieux. Fils de mon frère, si Chingachgook était jeune, où se cacherait le daim pour éviter sa balle? Mais il est vieux; son bras est desséché; les joncs et l'osier sont les ennemis qu'il moissonne; il n'est plus bon qu'à faire des balais et des paniers. La faim et la vieillesse viennent de compagnie. Voyez Œil-de-Faucon; lorsqu'il était jeune, il pouvait passer des jours sans manger; mais aujourd'hui, s'il ne mettait des broussailles au feu, il n'obtiendrait pas de flamme. Croyez-moi, jeune aigle, prenez la main que vous offre le fils de Miquon, et vous vous en trouverez bien.

— Je ne suis plus ce que j'étais, Chingachgook, dit Natty, j'en conviens; et cependant je puis encore, au besoin, passer une journée sans manger. Vous souvenez-vous du temps où nous poursuivions les Iroquois dans les bois? Ils chassaient tout le gibier devant eux, de sorte que nous ne trouvâmes rien à manger depuis le lundi matin jusqu'au mercredi à midi, et je tuai alors un daim aussi gras que vous en ayez jamais vu, monsieur Olivier. C'était un plaisir de voir les Delawares en manger, car j'étais avec eux à cette époque. Seigneur! ils restaient étendus par terre, attendant que la Providence leur envoyât du gibier; mais moi, j'allai fourrager dans les environs, je débusquai un daim, et je l'abattis avant qu'il eût fait douze bonds. J'étais trop faible et trop affamé pour attendre; je bus un bon coup de son sang, et les Indiens mangèrent sa chair toute crue. John était là, et il peut vous le dire comme moi. Mais à présent, je conviens que j'aurais de la peine à supporter la faim si longtemps, quoique je ne mange pas beaucoup à la fois.

— C'en est assez, mes amis, s'écria Edwards ; je sens plus que jamais que le sacrifice est indispensable, et je le ferai sans murmurer. Mais n'en dites pas davantage, je vous en supplie, ce sujet m'est insupportable en ce moment.

Ses compagnons gardèrent le silence, et ils ne tardèrent pas à arriver à la hutte de Natty, dans laquelle ils entrèrent après avoir ouvert une fermeture assez ingénieusement compliquée, quoiqu'elle ne servît qu'à garder quelques effets de bien peu de valeur. La neige était amoncelée d'un côté contre les murs de bois de cette cabane, tandis que des fragments de petits arbres, des branches de chênes et de châtaigniers, arrachés par le vent, étaient empilés de l'autre. Une petite colonne de fumée sortait d'une cheminée dont le fond était le rocher, et dont les deux côtés étaient formés de troncs d'arbres enduits d'argile ; cette vapeur marquait son passage en donnant une teinte noirâtre à la neige entassée sur les flancs du rocher dont la cime formait un plateau fertile, nourrissant des arbres d'une grandeur gigantesque, qui étendaient leurs branches bien au-dessus de la hutte solitaire.

Le reste de cette journée se passa comme se passent à peu près tous les jours dans un pays nouvellement habité et peu peuplé. Cependant les colons se portèrent de nouveau en foule à l'Académie, pour entendre M. Grant prêcher une seconde fois, et célébrer l'office du matin. Le vieil Indien fut du nombre de ses auditeurs ; mais quand le ministre invita les fidèles à s'approcher de la table de la communion, quoiqu'il eût alors les yeux fixés sur John, John resta immobile à sa place, le sentiment de honte causé par le souvenir de l'état avilissant dans lequel on l'avait vu la veille ne lui permettant pas de faire un mouvement.

Tandis que les colons sortaient de la salle qui servait d'église, les nuages, qui s'étaient amoncelés pendant la matinée, s'épaissirent encore, et, avant que ceux qui demeuraient à quelque distance du village eussent pu regagner leurs cabanes, enfoncées dans les vallées, ou perchées sur le sommet des montagnes, la pluie commença à tomber par torrents. Les souches dispersées de tous côtés, et qui semblaient auparavant des monticules de neige, montrèrent alors leur cime noire, et l'on vit le haut des pieux enfoncés dans la terre pour former des haies et des clôtures percer la couverture blanche qui les cachait.

A l'abri de la pluie, dans le salon bien chauffé de son père, Elisabeth, accompagnée de Louise Grant, regardait par une fenêtre avec admiration le changement subit qui s'opérait autour d'elles. Toutes les maisons du village offraient déjà aux yeux des toits noirs et des cheminées enfumées, au lieu de la blancheur brillante qui les ornait la veille; les pins secouaient la poudre blanche qui couvrait leurs feuilles et leurs branches; enfin tout dans la nature reprenait sa forme et sa couleur avec une transition si rapide, qu'elle semblait presque surnaturelle.

CHAPITRE XIX.

> Et cependant le pauvre Edwin n'était pas un jeune homme vulgaire.
> BEATIE. *Le Ménestrel.*

La fin du jour de Noël, en 1793, fut marquée par une pluie d'orage, mais elle fut accompagnée d'un relâchement considérable dans la rigueur du froid. Quand l'obscurité vint dérober le village et ses environs aux regards d'Elisabeth, elle quitta la fenêtre où elle était restée tant que les derniers rayons du jour avaient éclairé le sommet des pins qui couvraient la plupart des montagnes voisines.

Passant son bras sous celui de miss Grant, la jeune maîtresse de la maison se promenait lentement dans le salon, réfléchissant aux scènes de son enfance qui se retraçaient rapidement à sa mémoire, et peut-être songeant aussi, dans le secret de ses pensées, à l'événement étrange qui allait introduire dans la maison de son père un jeune homme dont le ton et les manières formaient un contraste si frappant avec son extérieur. La chaleur de l'appartement avait appelé sur ses joues un vermillon plus vif, et le visage si doux de Louise s'était aussi coloré de cette faible teinte de rose qui, semblable au teint animé d'un malade, prêtait à sa beauté un charme mélancolique.

Pendant que les deux compagnes se promenaient ainsi dans le salon, le reste de la compagnie était encore à table, où l'on faisait honneur aux excellents vins du juge Temple. On entendait de temps en temps les éclats de la gaieté bruyante de Richard; mais le major Hartmann, quoiqu'il eût bu davantage, n'avait pas encore la tête assez échauffée pour se mettre au niveau de M. Jones; Marmaduke respectait trop M. Grant pour se permettre en sa présence rien qui pût ressembler à un excès; de sorte que Richard, ne trouvant pas grand encouragement, fut le premier à proposer d'aller rejoindre les dames.

Lorsqu'ils entraient dans le salon, Benjamin Penguillan venait d'y arriver par une autre porte, courbé sous une charge de bois qu'il allait placer dans les flancs de l'énorme poêle, où le feu était sur le point de s'éteindre.

— Comment! Ben-la-Pompe, s'écria le nouveau shérif, croyez-vous que le madère du juge ne suffise pas pour entretenir la chaleur animale pendant ce dégel? Cousin 'Duke, ne lui avez-vous pas recommandé d'épargner vos érables, puisque vous craignez d'en manquer? Ha! ha! ha! vous êtes un excellent parent, j'en conviens; mais il faut avouer aussi que vous avez quelquefois de singulières idées.

M. Temple ne répondit rien, peut-être parce que le majordome s'empressa de prendre la parole.

— Il se peut, voyez-vous, monsieur Jones, dit-il après avoir déposé son fardeau près du poêle, que vous vous soyez trouvé à la table de mon maître sous une latitude chaude; mais ce n'est pas ce qu'il me faut pour m'entretenir dans ma chaleur naturelle: je ne connais pour cela que le vrai rum de la Jamaïque, de bon bois ou de charbon de Newcastle. Cependant je crois qu'il est bon de se tenir clos et de fermer les écoutilles, car nous allons avoir un changement de temps, si je m'y connais, et je dois m'y connaître après avoir passé vingt-sept ans sur mer, et sept autres dans ces montagnes.

— Et pourquoi croyez-vous que le temps va changer, Benjamin? demanda le maître de la maison.

— Le vent a tourné, Votre Honneur, et toutes les fois que le vent tourne, c'est signe de changement de temps. J'étais à bord d'un des vaisseaux de la flotte de l'amiral Rodney, à l'époque où nous en fîmes voir de cruelles au comte de Grasse, le compatriote de monsir Le Quoi, que voilà, et le vent était au sud-est. J'étais en bas, préparant du grog pour le capitaine des soldats de marine, qui dînait en ce moment dans la chambre du capitaine de vaisseau, et après l'avoir goûté plus d'une fois, car le brave homme était difficile, le trouvant à mon goût, je me disposais à le porter, quand tout à coup le vent tourna, et paf! voilà la voile de misaine qui tombe sur le grand mât; et pif! voilà le bâtiment qui vire de bord; et pouf! voilà une énorme lame d'eau qui couvre le pont. Je ne l'oublierai de ma vie, car jamais je n'ai avalé tant d'eau pure, ayant justement la tête à l'écoutille d'arrière en ce moment.

— Il est bien heureux que vous n'ayez pas gagné une hydropisie, Benjamin.

— Cela eût été possible, mais je m'y pris de manière à n'avoir rien à craindre; comme il pouvait être tombé quelques gouttes d'eau salée dans le pot de grog, et que le capitaine ne l'aurait plus trouvé à son goût, je le vidai à l'instant; et comme on appela tout l'équipage aux pompes, et que tout le monde se mit à pomper, le capitaine ne pensa plus...

— Fort bien, fort bien, Benjamin; mais le temps..., parlez-nous du temps.

— Quant au temps, Votre Honneur, le vent a été au sud toute la journée, et dans ce moment il y a un calme, comme s'il ne restait plus d'air dans le soufflet. Mais au soleil couchant il s'est formé au-dessus de la montagne, du côté du nord, une raie rouge, pas plus large que votre main; les nuages font voile vers le sud-ouest, et les astres commencent à briller comme s'ils voulaient servir de phare pour avertir de mettre du bois au feu; ce qu'il est temps de faire, ici comme dans la salle à manger, si vous ne voulez que le vin gèle dans les flacons que vous avez laissés sur le buffet.

— Vous êtes une sentinelle prudente, Benjamin; faites ce que vous jugerez à propos; je laisse mes forêts à votre disposition, pour ce soir du moins.

Benjamin fit grand feu partout, et deux heures ne se passèrent pas sans qu'on reconnût que ses précautions n'étaient pas hors de saison. Le vent du sud avait effectivement cessé de souffler, et il avait fait place à ce calme qui en ce pays annonce toujours un changement subit dans la température. Longtemps avant que la famille se fût séparée, le froid était devenu excessivement piquant, et lorsque M. Le Quoi partit pour regagner sa boutique, il fut obligé d'emprunter une couverture pour s'envelopper, indépendamment du grand manteau dont il avait eu soin de se précautionner. Le ministre et sa fille passèrent la nuit chez M. Temple, et bien avant minuit chacun était retiré dans son appartement.

Elisabeth et Louise couchèrent dans la même chambre, et elles n'avaient pas encore cédé au sommeil quand le sifflement du vent du nord se fit entendre, et leur fit mieux sentir le bonheur de se trouver, par un pareil temps, dans un appartement bien clos et bien chauffé. Leurs yeux commençaient à se fermer, quand au bruit du vent se mêlèrent des sons d'une nature différente. Ce n'étaient pas les aboiements d'un chien, ç'aurait pu être plutôt le hurlement de cet animal fidèle quand sa vigilance se trouve alarmée pendant la nuit.

Elisabeth entendit Louise respirer péniblement, et voyant qu'elle ne dormait pas encore, elle lui demanda si elle savait quels étaient les nouveaux sons qu'on entendait. — Serait-il possible, ajouta-t-elle, qu'ils fussent produits par les chiens de Bas-de-Cuir, et qu'on les entendît de si loin?

— Non, répondit la fille du ministre; ce sont des loups descendus des montagnes, et qui entreraient même dans le village, si les lumières ne les en écartaient. Depuis que nous sommes ici, la faim les amena une fois jusqu'à notre porte, où ils hurlèrent jusqu'au point du jour. Ah! quelle nuit terrible je passai! Mais chez votre père les portes sont assez solidement fixées pour que vous n'ayez rien à craindre.

— Ils finiront par disparaître, dit Elisabeth; la civilisation fait des progrès rapides, et les animaux féroces se retirent à mesure que l'homme s'avance.

Les hurlements se firent encore entendre quelque temps, mais enfin le bruit s'éloigna, et finit par cesser tout à fait. Les deux jeunes amies, qui ne sont pas les personnages les moins intéressants de notre histoire, s'endormirent, et elles ne s'éveillèrent le lendemain que lorsqu'une servante entra dans la chambre pour leur allumer du feu. Elles se levèrent, et firent leur toilette du matin, non sans se plaindre du froid, qui était devenu si piquant qu'on y était exposé même dans l'appartement de miss Temple, quoiqu'il fût garanti de l'air extérieur avec le plus grand soin. Dès qu'Élisabeth fut levée, elle s'approcha d'une fenêtre, tira le rideau, ouvrit les volets, et voulut jeter un coup d'œil sur les environs ; mais une couche épaisse de glace couvrait les vitres comme d'un rideau impénétrable. Elle ouvrit la croisée, et un brillant spectacle s'offrit à ses yeux.

Le lac avait changé sa couverture de neige sans tache pour une surface de glace qui réfléchissait les rayons du soleil levant, comme le miroir le plus pur. Les maisons du village portaient le même costume, mais la glace qui les couvrait brillait, attendu sa position, comme l'acier le plus fin ; et d'énormes glaçons suspendus à tous les toits, et frappés par l'éclat de l'astre qui commençait sa carrière, et qui semblait rejaillir de l'un à l'autre, ressemblaient à des cristaux attachés à des lustres et à des girandoles. Mais ce qui attira encore davantage l'admiration de miss Temple, ce fut la vue des forêts qui couvraient toutes les montagnes des environs : toutes les branches des arbres étaient entourées d'un voile resplendissant ; chaque feuille des pins semblait chargée d'un diamant, tandis que la cime de ces arbres majestueux, s'élevant au-dessus des chênes, des bouleaux et des érables qui composaient leur cour, semblaient des clochers d'argent bien poli, surmontant des dômes du même métal et de diverses hauteurs.

— Voyez, Louise, s'écria Elisabeth, approchez-vous de la fenêtre, et voyez ce changement presque miraculeux.

Miss Grant s'avança vers la croisée, et, après avoir regardé quelques instants avec une attention bien marquée, elle dit à voix basse, comme si elle eût craint que quelque autre que son amie pût l'entendre : — Ce changement est vraiment merveilleux ; je suis étonnée qu'il ait pu s'effectuer en si peu de temps.

Elisabeth se retourna vers sa jeune compagne, et la regarda avec surprise, ne sachant trop ce qu'elle voulait dire ; mais ses yeux, suivant la même direction que ceux de miss Grant, s'arrêtèrent sur un jeune homme qui était en conversation avec son père à la porte de la maison. Il était bien mis, quoique sans luxe et sans prétentions, et il fallut qu'elle jetât sur lui un second coup d'œil pour qu'elle reconnût en lui le jeune chasseur, Olivier Edwards.

— Tout est merveilleux dans ce pays magique, dit-elle à son amie, et de tous les changements qui frappent mes yeux, celui-ci n'est pas le moins surprenant. Je ne suis pas étonnée que cette métamorphose ait détourné votre attention du beau spectacle que nous offre la nature. Le paysage est unique, mais le personnage qui l'anime ne l'est pas moins.

— Je suis aussi simple que franche, miss Temple, répondit Louise, et je vous avouerai que j'ai cru que vous vouliez parler du changement qui s'est opéré dans tout l'extérieur de M. Edwards. Il paraît encore plus merveilleux quand on songe à son origine car on assure qu'il coule du sang indien dans ses veines.

— Eh bien, dit Elisabeth en souriant, il faut convenir qu'il a l'air d'un sauvage bien élevé. Mais descendons afin de préparer le thé pour ce sachem ; c'est sans doute un descendant du roi Philippe, peut-être un petit-fils de Pocahontas [1].

Elles descendirent ensemble, et trouvèrent dans le vestibule M. Temple, qui prit un instant sa fille à part, pour lui apprendre le changement qu'avait subi l'extérieur du jeune homme qui allait habiter sa maison, changement dont il ignorait qu'elle fût déjà informée.

— Il paraît, ajouta Marmaduke, qu'il lui répugne de parler de sa vie passée ; mais de ce qu'il m'a dit je conclus qu'il a vu des temps plus heureux ; et je suis assez porté à adopter l'opinion de Richard sur son origine ; car il arrive souvent que les blancs qui jouissent de quelque fortune se plaisent, avec raison, à faire donner une bonne éducation aux enfants qu'ils ont eus de...

— Fort bien, fort bien, mon père, dit Elisabeth en souriant et en détournant les yeux ; mais comme je n'entends pas un mot de la langue des Mohawks, j'espère qu'il voudra bien avoir la bonté de nous parler anglais. Quant à sa conduite, ce sera à nous d'y veiller.

— Sans doute, Bess, dit M. Temple en la retenant encore ; mais il ne faut pas lui parler du passé. Il me l'a demandé comme une faveur particulière. Peut-être a-t-il encore un peu de ressentiment de la blessure qu'il a reçue ; mais, comme elle est fort légère, j'espère qu'avec le temps il deviendra plus communicatif.

— Tout comme il lui plaira, mon père, répondit miss Temple ; je vous assure que je ne suis pas très-tourmentée par cette soif de

---

[1]. Voyez dans l'ouvrage de M. Amédée Pichot, intitulé *le Perroquet de Walter Scott*, l'histoire de *Pocahontas*, Indienne qui vint à Londres du temps de la reine Elisabeth.

s'instruire qu'on nomme curiosité. Je supposerai qu'il est fils de Corn-Stalk, de Corn-Planter, ou de quelque autre chef renommé, peut-être du Grand-Serpent lui-même, et je le traiterai en conséquence jusqu'à ce qu'il lui plaise de raser ses beaux cheveux à l'exception d'une petite touffe ; d'empruuter une demi-douzaine de mes boucles d'oreilles, d'appuyer son fusil sur son épaule, et de retourner dans les bois aussi subitement qu'il arrive ici. Ainsi, entrons, mon père, et remplissons les devoirs de l'hospitalité pendant le peu de temps qu'il passera vraisemblablement ici.

Marmaduke sourit de l'enjouement de sa fille, et lui donnant un bras, tandis qu'il offrait l'autre à miss Grant, ils entrèrent tous trois dans la salle à manger, où ils trouvèrent Edwards assis près du feu, d'un air qui annonçait le désir qu'il avait de s'établir dans la maison avec le moins de cérémonie possible.

Tels furent les incidents qui amenèrent cet accroissement dans la famille de M. Temple. Et maintenant que nous y avons introduit notre héros, nous allons le laisser quelque temps s'occuper des devoirs qui lui étaient confiés et les remplir avec autant d'intelligence que d'exactitude.

La visite du major Hartmann dura le temps ordinaire, après quoi il prit congé de la famille pour trois mois. Pendant cet espace de temps, M. Grant fut obligé de faire diverses excursions dans les parties plus éloignées du comté, pour y répandre les semences de la parole divine ; et quand il était absent sa fille résidait presque constamment avec son amie. Richard commença l'exercice des fonctions de sa nouvelle place avec l'ardeur qui lui était naturelle, et Marmaduke fut très-occupé des demandes que lui adressèrent divers individus qui désiraient obtenir de lui différentes portions de terre à défricher dans l'étendue de sa patente.

Pendant le reste de l'hiver, le lac devint la principale scène des amusements des jeunes gens. Les deux amies s'y rendaient sur un traîneau qui devait être un chef-d'œuvre, puisque Richard avait présidé à sa construction pendant qu'Edwards, monté sur des patins, donnait des preuves de son adresse et de son agilité. Sa réserve avait disparu peu à peu ; mais il y avait des moments où un observateur attentif aurait aisément reconnu qu'il s'en fallait encore de beaucoup qu'il fût parfaitement réconcilié avec sa situation.

Pendant cette saison, Elisabeth vit de larges percées s'effectuer sur les flancs des montagnes voisines, par les abattis que faisaient des colons qui entreprenaient de nouveaux défrichements ; et le nombre de sleighs pleins de sacs de grains et de barils de potasse qui passaient par le village, démontrait clairement que cette entreprise ne serait pas infructueuse. En un mot, tout le pays présentait l'aspect d'un établissement prospère, et les chemins étaient remplis de chariots dont les uns, chargés des meubles grossiers amenés par de nouveaux colons dont les femmes et les enfants montraient un air de satisfaction causé par la nouveauté, et les autres portaient au marché d'Albany les productions du pays, qui servaient d'appât pour exciter d'autres aventuriers à aller tenter la fortune dans une contrée si fertile.

Une activité sans égale régnait dans le village ; la richesse des particuliers croissait avec la prospérité publique, et chaque jour on faisait un pas pour s'avancer vers les mœurs et les coutumes des villes plus anciennement établies. Un facteur se rendait régulièrement deux fois par semaine sur les bords de la Mohawk, pour y prendre les lettres qu'on y apportait des Etats situés au midi. Vers le printemps, plusieurs familles qui avaient été passer l'hiver à quelque distance en revinrent à l'époque convenable pour s'occuper de la culture de leurs terres, et elles étaient accompagnées de parents et d'amis, qui, flattés du tableau séduisant qu'on leur avait fait de cette terre promise, avaient abandonné leurs fermes du Connecticut et des Massachusets, pour venir former un nouvel établissement dans les bois.

Pendant ce temps Olivier Edwards, dont l'élévation soudaine n'avait occasionné aucune surprise dans un pays où tout était nouveau et inattendu, consacrait ses journées au service de Marmaduke, mais il passait une partie des soirées, et quelquefois même la nuit, dans la hutte de Natty Bumppo. La liaison qui régnait entre les trois chasseurs n'avait reçu aucune interruption, et il était évident que les mêmes relations d'amitié subsistaient encore entre eux, quoiqu'elles fussent en quelque sorte couvertes d'un voile mystérieux. Il était fort rare que le vieux chef indien se montrât chez le juge, et Natty n'y paraissait jamais. Mais, dès qu'Edwards pouvait disposer d'un moment de loisir, il courait à son ancienne demeure, il n'en revenait que tard dans la soirée, et quelquefois même il ne rentrait que le lendemain au point du jour. Cette conduite semblait assez extraordinaire dans la maison, mais chacun gardait pour soi les réflexions qu'il pouvait faire, à l'exception de Richard, qui disait assez souvent : — Rien n'est plus naturel ; un métis ne se guérit pas plus aisément du penchant pour la vie sauvage que celui dans les veines de qui coule le sang indien sans mélange.

CHAPITRE XX.

> Mais allons ! je ne saurais retarder ici les pas de ma muse ; car nous avons encore maintes montagnes à traverser.
>
> LORD BYRON.

Aux approches du printemps, les énormes piles de neige qui, par suite d'une accumulation constante, ainsi que des gelées et des dégels qui s'étaient alternativement succédé, avaient acquis une dureté qui menaçait de perpétuer leur durée, commencèrent à céder à l'influence d'un vent plus doux et d'un soleil plus chaud. Il y eut des instants où l'on crut voir les portes du ciel s'ouvrir, l'air se charger de principes vivifiants, la nature animée et inanimée s'éveiller, la gaieté du printemps briller dans tous les yeux comme dans tous les champs. Mais bientôt les vents glacés du nord répandaient de nouveau leur fatale influence sur cette scène riante, et les nuages noirs et épais qui interceptaient les rayons du soleil n'étaient pas plus sombres et plus froids que le retour d'hiver qui arrêtait les progrès de la nature. Cette lutte entre les saisons devint de jour en jour plus fréquente, et la terre, victime de leurs débats, perdit l'aspect brillant que lui avait donné l'hiver, sans se revêtir de la parure séduisante du printemps.

Plusieurs semaines se passèrent ainsi, et pendant ce temps les habitants, changeant graduellement de façon de vivre, abandonnèrent les habitudes sociales de l'hiver pour s'occuper des travaux qu'exigeait la saison qui s'approchait. On ne vit plus arriver dans le village des étrangers qui venaient visiter leurs connaissances ; le commerce, qui avait animé les boutiques pendant le froid, commença à disparaître ; les routes, nivelées par la neige et pavées par la gelée, se remplirent d'ornières et de fondrières ;

et offrirent encore au petit nombre de voyageurs qui les fréquentaient des difficultés et des dangers sans nombre. En un mot, tout annonçait un changement complet, non seulement sur la surface de la terre, mais encore dans les occupations de ceux à qui elle accordait des moyens de bien-être et de prospérité.

Ce fut par un beau jour de la fin de mars que le shérif proposa une partie de promenade à cheval sur une montagne située sur le bord du lac, et d'où l'on jouissait d'une vue pittoresque et magnifique.

— D'ailleurs, ajouta-t-il, nous verrons, en passant, Billy Kirby travailler à faire du sucre, car il en fait en ce moment de ce côté pour Jared Ransom. Personne ne connaît mieux ce métier que Billy Kirby, et cela n'est pas étonnant, car vous devez vous rappeler, cousin 'Duke, que la première année de notre arrivée ici, quand nous n'étions encore que campés, je le pris avec moi pour m'aider à cette fabrication.

— C'est un excellent bûcheron que Billy, dit Benjamin, qui tenait la bride du cheval que le shérif allait monter, et il manie sa hache aussi bien que le soldat de marine sa pique d'abordage, et le tailleur son fer à rabattre les coutures. On dit qu'il ôte du feu une chaudière de potasse avec ses mains aussi facilement qu'un matelot porte une trousse de cordages; je ne puis dire que je l'aie vu de mes propres yeux, mais on le dit. A l'égard du sucre, j'en ai vu de sa façon; il n'était pas aussi blanc qu'une vieille toile d'artimon, mais mon ancienne amie, mistress Pettibone, prétendait qu'il avait le goût de véritable mélasse, et je n'ai pas besoin de vous dire, monsieur Jones, qu'il reste dans le ratelier de mistress Remarquable une dent qui se connaît en douceurs.

Ce sarcasme fit beaucoup rire celui qui en était l'auteur et celui à qui il était adressé, nouvelle preuve de l'analogie qui régnait dans le caractère de ce digne couple. Mais le reste de la société n'eut pas le bonheur de l'entendre, car chacun était occupé à monter à cheval, ou à aider les dames à se mettre en selle. La cavalcade traversa les rues du village dans le plus grand ordre, s'arrêta un instant à la porte de M. Le Quoi pour lui proposer d'être de la partie, et le Français, y ayant consenti, ne se fit attendre que le temps nécessaire pour brider et seller son cheval.

Quittant alors le village, ils prirent la route qui conduisait à la montagne. Comme la gelée qu'il faisait encore toutes les nuits se fondait sous les premiers rayons du soleil, ils étaient obligés de marcher à la suite l'un de l'autre, sur une seule ligne, sur le bord du chemin, où le terrain plus solide donnait aux pieds des chevaux un appui plus sûr. On ne voyait encore que peu de symptômes de végétation, et la surface de la terre présentait un aspect nu, froid et humide, qui glaçait presque le sang des colons. Une partie des terres défrichées étaient encore sous une couverture de neige; mais partout où le soleil avait été assez chaud pour la fondre, un brillant et riche tapis de verdure nourrissait les espérances du cultivateur. Rien ne pouvait être plus marqué que le contraste qu'offraient la terre et le firmament; car, tandis que le sol présentait partout un aspect uniforme et stérile, à l'exception du petit nombre d'endroits qui, comme nous venons de le dire, laissaient apercevoir la première verdure du froment, le soleil, du haut des cieux, lançait des rayons pénétrants qui répandaient une chaleur vivifiante à travers une atmosphère qui semblait une mer d'azur.

— Voilà ce qui s'appelle un vrai temps à sucre, s'écria Richard; de la gelée de nuit, et de la chaleur du matin. Je garantis que la séve coule en ce moment dans les érables, comme l'eau sous la roue d'un moulin. Comment se fait-il, cousin 'Duke, que vous n'appreniez pas à vos fermiers à fabriquer leur sucre d'après des principes un peu plus scientifiques? Il ne faut pas pour cela être aussi savant que le docteur Franklin, juge Temple.

— Le premier objet de ma sollicitude, répondit Marmaduke, c'est de conserver cette source de richesses et d'agréments, et d'empêcher que l'extravagance des colons ne l'épuise. Ce but important une fois atteint, il sera assez temps de chercher à perfectionner la fabrication de cette denrée. Mais vous savez, Richard, que j'ai déjà soumis notre sucre d'érable aux procédés de la raffinerie, et que j'ai obtenu des pains de sucre aussi blancs que la neige que vous voyez sur ces campagnes.

— Mais songez donc, cousin 'Duke, répliqua Richard, que vous n'avez jamais fait un pain de sucre plus gros qu'une prune de moyenne taille. Or, je soutiens qu'on ne peut bien juger d'une expérience que lorsque le résultat peut en être utile en pratique. Si j'étais, comme vous, propriétaire de cent ou de deux cent mille acres de forêt, je ferais bâtir une raffinerie de sucre dans le village; j'inviterais des hommes instruits à y faire un cours d'expériences, et il en existe, juge; il ne faudrait pas aller bien loin pour trouver des hommes unissant la théorie à la pratique; je mettrais à leur disposition un bois tout entier de jeunes érables, d'arbres sains et vigoureux; et, au lieu de faire des pains de sucre dont un suffit à peine pour une tasse de café, j'en ferais d'aussi gros que des meules de foin.

— Après quoi, dit Elisabeth en riant, vous achèteriez toute la cargaison d'un bâtiment arrivant de la Chine; vous prendriez vos chaudières à potasse pour vous servir de tasses, les petites barques qui sont sur le lac vous tiendraient lieu de soucoupes; vous feriez cuire de petits gâteaux de dix livres dans le four à chaux que j'aperçois là-bas; et vous inviteriez tout le comté à prendre du thé. Comme les projets du génie sont vastes! Mais en vérité, Richard, tout le monde est convaincu que l'expérience de mon père a réussi, quoiqu'il n'ait pas jeté son sucre dans des moules d'une grandeur proportionnée à celle de vos idées.

— Vous pouvez rire, cousine Bess, répondit Richard en se tournant à demi sur sa selle de manière à faire face aux autres interlocuteurs, vous pouvez rire tant qu'il vous plaira, mais j'en appelle au sens commun, au bon sens, ou, ce qui vaut mieux encore, au sens du goût, qui est un des cinq sens de nature; et je demande si un gros pain de sucre n'est pas une démonstration plus palpable qu'un pain semblable à ces petits morceaux de sucre candi que les Hollandaises mettent sous leur langue en prenant du café. Il y a deux manières de faire une chose, une bonne et une mauvaise. Vous faites du sucre maintenant, j'en conviens; vous en faites des pains, cela se peut; mais la question est de savoir si vous faites le meilleur sucre et les meilleurs pains qu'il soit possible.

— Vous avez raison, Richard, dit Marmaduke avec un air de gravité qui prouvait l'importance qu'il attachait à ce sujet; il est certain que nous fabriquons du sucre, mais il est utile d'examiner comment et en quelle qualité nous le fabriquons. J'espère voir le jour où des fermes et des plantations entières seront consacrées à la fabrication de cette denrée. On ne connaît pas encore bien l'arbre auquel nous devons ce trésor; on ne sait pas jusqu'à quel point la culture peut le rendre plus productif, à l'aide de la houe et de la bêche.

— La houe et la bêche! Quoi! voudriez-vous employer un

homme à bêcher autour des racines d'un érable comme celui-ci? s'écria Richard en lui montrant un de ces beaux arbres, si communs dans ce canton. C'est presque aussi bien imaginé que de creuser la terre pour y chercher du charbon. Restez en repos, cousin' Duke, et laissez-moi le soin de votre sucrerie. Voilà M. Le Quoi, qui a été dans les Indes occidentales, et qui a dû y voir faire du sucre. Qu'il nous dise comment on s'y prend en ce pays, et vous pourrez en profiter. Allons, monsieur Le Quoi, comment fabrique-t-on le sucre dans les Indes occidentales? Y suit-on les procédés du juge Temple?

Celui à qui cette question s'adressait n'avait pas grande envie de converser, car il avait besoin de toute son attention pour se maintenir en selle sur un petit cheval qui n'obéissait parfaitement ni au mors ni à la bride. On gravissait alors un sentier escarpé et glissant, et tandis qu'il tenait les rênes d'une main, il était occupé à écarter de l'autre les branches d'arbres qui auraient pu déranger l'économie de sa frisure. Il ne crut pourtant pas pouvoir se dispenser de faire une réponse.

— Du sucre! dit-il; oui sans doute, on fabrique du sucre à la Martinique, mais ce n'est pas avec un arbre, c'est avec une espèce de roseau que nous appelons... Peste de ces chemins! je voudrais qu'ils fussent au diable! Que nous appelons...

— Des cannes, dit Elisabeth.

— Précisément, Mademoiselle, répondit le Français.

— Canne est le nom vulgaire, s'écria Richard : le terme scientifique est *saccharum officinarum*, de même que le véritable nom de notre érable à sucre est *acer saccharinum*. Tels sont les noms savants, et je suppose que vous les comprenez.

— Est-ce du grec ou du latin, monsieur Edwards? demanda Elisabeth au jeune homme, qui marchait devant elle pour lui frayer un passage dans les broussailles ainsi qu'à sa compagne qui la suivait; ou peut-être ce sont des termes d'une langue encore plus savante, que vous seul ici pouvez nous expliquer?

Les yeux noirs du jeune homme se fixèrent un instant sur la fille du juge avec une sorte de courroux; mais leur expression changea dès qu'il vit le sourire enjoué qui accompagnait cette demande.

— Je me souviendrai de cette question, miss Temple, répondit-il en souriant à son tour, la première fois que je verrai mon vieil ami John Mohican; et sa science, ou celle de Bas-de-Cuir, pourra peut-être y répondre.

— Ignorez-vous donc véritablement leur langue? demanda Elisabeth avec une vivacité qui montrait qu'elle mettait quelque intérêt à cette question.

— Pas tout à fait, répondit Edwards; mais je connais un peu mieux celle que vient de parler M. Jones, et même celle de M. Le Quoi.

— Vous sauriez le français? s'écria Elisabeth avec un accent de surprise.

— C'est une langue familière aux Iroquois et dans tout le Canada, répondit le jeune homme avec un sourire d'une nature équivoque.

— Mais les Iroquois, ajouta Elisabeth, sont vos ennemis, ce que vous appelez des Mingos.

— Fasse le ciel que je n'en trouve pas de plus dangereux! s'écria Edwards; et, donnant un coup d'éperon à son cheval, il fit quelques pas en avant pour ne plus se trouver obligé à avoir recours à des réponses évasives.

La conversation ne tomba pourtant pas, grâce à Richard, qui se chargea de la soutenir, et ils arrivèrent bientôt sur le plateau de la montagne, qui formait une plaine assez étendue. Les pins avaient disparu sous les coups de la hache du défricheur; mais on y avait conservé un petit bois de ces arbres précieux qui venaient de faire le sujet de la conversation. Toutes les broussailles en avaient été coupées jusqu'à une certaine distance, probablement pour alimenter le feu des chaudières, de sorte qu'on voyait un espace de plusieurs acres qu'on aurait pu comparer à un dôme immense dont les troncs des érables auraient formé les colonnes, leur cime les chapiteaux, et le firmament la voûte. Une profonde incision avait été faite, sans aucun soin, dans le tronc de chaque arbre, à peu de distance de la racine; de petites gouttières d'écorce d'aune ou de sumac y étaient attachées, pour recevoir la séve qui coulait partie par terre, partie dans un vase de bois grossièrement creusé, qui était placé au pied de chaque érable.

En arrivant au haut de la montagne, la compagnie s'arrêta un instant pour laisser souffler les chevaux, et pour considérer une scène qui était nouvelle pour quelques uns de ceux qui en faisaient partie. Pendant ce moment de silence, une voix forte se fit entendre sous les arbres à quelque distance, chantant quelques couplets de cette chanson inimitable, dont les vers, si on les plaçait l'un au bout de l'autre, s'étendraient depuis les eaux du Connecticut jusqu'aux rives de l'Ontario, et qui se chante sur cet air connu, jadis fait en dérision de la nation américaine, mais que les circonstances lui ont rendu ensuite si glorieux, que nul Américain ne peut en entendre une note sans un tressaillement de cœur.

On voit à l'est des Etats populeux,
Mais à l'ouest, des forêts, des montagnes;
On porte envie à nos troupeaux nombreux,
Et le commerce enrichit nos campagnes.

Coulez, coulez, sucs précieux,
Venez bouillir dans ma chaudière;
Je ne fermerai pas les yeux
Sans vous avoir changés en pierre.

L'érable ici nous fournit à la fois
Couvert et feu, boisson et nourriture;
Et pour sucrer notre thé dans ces bois,
Nous lui faisons au cœur une blessure.

Coulez, coulez, sucs précieux, etc.

Qu'est-ce que l'homme sans liqueur?
Sans le thé que serait la femme?
Mais sans ce miel plein de douceur
La liqueur et le thé ne sont rien, sur mon âme.

Coulez, coulez, sucs précieux,
Venez bouillir dans ma chaudière;
Je ne fermerai pas les yeux
Sans vous avoir changés en pierre [1].

---

1. Nous allons traduire ici le sens plus littéral de ces vers :

« Les Etats de l'est sont peuplés d'hommes, ceux de l'ouest peuplés de bois, Monsieur. Les montagnes sont comme un parc à bestiaux, les routes couvertes de marchandises, Monsieur.

« Eh! allons, coulez, ma douce séve, et je vous ferai bouillir; je ne goûterai même pas le court sommeil du bûcheron, de peur de vous laisser refroidir.

« L'érable est un arbre précieux; il fournit le chauffage, un aliment et le bois de construction, et après vos travaux d'un jour pénible, son suc vous égaiera le cœur.

« Eh! allons, coulez, etc.

« Qu'est-ce que l'homme sans son vin et la femme sans son thé, Monsieur? mais ici la table ni le verre ne vaudraient rien sans cette abeille, Monsieur.

« Eh allons, coulez, ma douce séve, et je vous ferai bouillir; je ne goûterai même pas le court sommeil du bûcheron, de peur de vous laisser refroidir. »

Voyez à la fin de ce volume la note sur l'érable à sucre.

Pendant que Billy Kirby chantait ces vers sonores, Richard battait la mesure avec son fouet sur la crinière de son cheval, joignant à ce geste un mouvement de la tête et du corps. A la fin du premier couplet, il accompagna le refrain à demi-voix, comme pour se mettre à l'unisson de la voix du chanteur ; mais, à la fin du second, il le chanta à haute voix, en faisant la partie de basse, addition considérable au bruit, sinon à l'harmonie.

— Bravo ! bravo ! s'écria le shérif en finissant, c'est une excellente chanson, et tu l'as parfaitement chantée ! Où as-tu appris ces couplets ? Il doit y en avoir encore d'autres. Peux-tu m'en donner une copie ?

Billy Kirby, qui était occupé de sa besogne à quelque distance, tourna la tête avec une indifférence vraiment philosophique, et vit la compagnie qui s'avançait vers lui. En s'approchant lui-même, il fit une inclination de tête à chaque individu d'un air affable et de bonne humeur, mais qui sentait grandement l'égalité, car il ne varia son mode de salutation pour personne, et ne porta pas même la main à son bonnet en saluant les deux dames.

— Comment cela va-t-il, shérif ? dit-il à Richard. Y a-t-il des nouvelles aujourd'hui ?

— Pas plus qu'à l'ordinaire, Billy, répondit M. Jones. Mais que veut dire ceci ? Où sont vos quatre chaudières, et vos auges, et vos réfrigérants en fer ? Est-ce avec cette négligence que vous travaillez ? Je vous regardais comme un des meilleurs fabricants de sucre du pays.

— Et je me flatte que vous ne vous trompiez pas, monsieur Jones, répondit Kirby tout en continuant son ouvrage. J'ose dire que je ne le cède à personne pour abattre et fendre du bois, pour faire bouillir le sucre de l'érable, faire cuire des briques, fendre des lattes, faire de la potasse, semer le blé et moissonner la récolte ; quoique, à dire vrai, je m'en tienne, autant que je le puis, à la première besogne, attendu que la hache et la cognée sont les instruments auxquels je suis naturellement accoutumé.

— Vous êtes donc un *Jean-fait-tout*[1], monsieur Billy ? dit M. Le Quoi ?

— Venez-vous ici pour trafiquer, Monsieur ? lui demanda

---

1. *Jack of all trades.*

Kirby. Je puis vous vendre d'aussi bon sucre que vous en pouvez trouver dans tout le pays. Vous n'y rencontrerez pas plus d'ordure qu'on ne voit de souches dans les plaines allemandes, et vous y reconnaîtrez le goût de l'érable. On le vendrait à York pour du sucre candi.

Le Français s'approcha de l'endroit où Kirby avait déposé son sucre confectionné, sous un petit appentis d'écorces d'arbres, et commença à l'examiner avec l'air d'un connaisseur. Marmaduke était descendu de cheval pour voir de plus près les arbres et les travaux, et l'on entendait souvent sortir de sa bouche une expression de mécontentement, en voyant le peu de soin qu'on apportait à toute cette besogne.

— Vous passez pour avoir de la pratique dans cette fabrication, dit-il à Kirby; quelle marche suivez-vous pour faire votre sucre? Pourquoi n'avez-vous que deux chaudières?

— Deux chaudières font d'aussi bonne besogne que deux mille, monsieur le juge, répondit le bûcheron; je ne fais pas tant de façons pour mon sucre que ceux qui en fabriquent pour le vendre aux riches; mais celui qui aime la vraie saveur du sucre d'érable peut goûter celui-ci. D'abord, je choisis mes arbres, ensuite je les perce, ce qui se fait sur la fin de février, ou peut-être, sur ces montagnes, vers la mi-mars, c'est-à-dire quand la séve commence à monter...

— Et avez-vous quelque signe extérieur qui vous guide dans ce choix, et vous fasse reconnaître la qualité de l'arbre?

— En toute chose il faut du jugement, monsieur Temple; il faut savoir aussi quand et comment on doit remuer la liqueur qui bout, comme vous me le voyez faire en ce moment. Ce sont des choses qu'il faut apprendre. Rome n'a point été bâtie en un jour, ni Templeton non plus, quoique les maisons semblent y pousser comme des champignons. Jamais je ne m'avise de percer un arbre rabougri, et dont l'écorce n'est pas bien saine, bien fraîche et bien unie; car les arbres ont leurs maladies comme les hommes, et prendre un arbre malade pour en tirer de bonne séve, c'est comme si l'on prenait un cheval fourbu pour courir la poste, ou une hache à tranchant émoussé pour abattre du pin.

— Tout cela est fort bon, Billy; mais à quel signe distinguez-vous un arbre malade de celui qui est bien portant?

— Comment un docteur reconnaît-il qu'un homme a la fièvre?

en examinant sa peau, et en lui tâtant le pouls, dit Richard.

— Monsieur Jones n'en est pas loin, continua Billy. C'est bien certainement en examinant l'arbre et l'écorce que j'en juge. Eh bien! quand les arbres ont produit assez de séve, j'emplis mes chaudières et j'allume mon feu. D'abord il faut qu'il soit assez vif pour que l'eau s'évapore plus vite; mais quand la liqueur commence à s'épaissir et à ressembler à de la mélasse, comme ce que vous voyez dans cette chaudière, il ne faut pas pousser le feu trop fort, sans quoi vous brûleriez le sucre, et sucre brûlé n'est jamais bon. Alors vous versez la liqueur à la cuiller d'une chaudière dans une autre, et vous l'y laissez jusqu'à ce qu'en y enfonçant un bâton, il s'y attache comme des fils quand vous l'en retirez. Or, cela demande du soin et de l'habileté. Lorsque le sucre s'est formé en grains, il y a des gens qui mettent de l'argile au fond des formes; mais cela n'est pas général; les uns le font, les autres ne le font pas. Eh bien! monsieur Le Quoi, ferons-nous un marché ensemble?

— Je vous donnerai de ce sucre *dix sous* la livre, monsieur Billy.

M. Le Quoi avait prononcé les mots *dix sous* en français, et Billy Kirby ne le comprit pas.

— Non, non, dit-il c'est de l'argent qu'il me faut. Cependant si vous voulez faire un troc, je vous donnerai le produit de cette chaudière pour un gallon de rum, et si vous y ajoutez de la toile pour deux chemises, j'y joindrai la mélasse. Vous pouvez compter qu'elle est bonne; je ne voudrais pas vous tromper. J'y ai goûté; jamais meilleure mélasse n'est sortie du cœur d'un érable.

— Monsieur Le Quoi vous offre dix *pence* de la livre, dit Edwards.

— Oui, oui, dix pence, dit M. Le Quoi. Je vous remercie, Monsieur : *mon pauvre anglais, je l'oublie toujours.*

Kirby les regarda l'un après l'autre, comme s'il eût cru qu'ils voulaient s'amuser à ses dépens. Il prit une énorme cuiller, et se mit à remuer le liquide bouillant. L'en retirant ensuite bien remplie, il en fit retomber une partie dans la chaudière, et l'ayant agitée en l'air quelques instants, comme pour refroidir le surplus, il la présenta à M. Le Quoi.

— Goûtez-moi cela, lui dit-il, et vous pourrez en juger. La mélasse seule vaut ce que je vous en demande.

M. Le Quoi approcha timidement ses lèvres de la cuiller; mais les bords s'en étant déjà refroidis, il crut qu'il en serait de même du liquide qu'elle contenait, et, perdant alors toute crainte, il en avala une bonne gorgée, et s'échauda de telle manière, qu'il fit pendant quelques instants des grimaces épouvantables. — Ses jambes, dit Billy quand il raconta ensuite cette histoire, s'agitaient plus vite que les baguettes d'un tambour ; il appuyait la main sur son estomac, en regardant les deux dames comme pour implorer leur pitié, et jurait en français à faire frémir. Mais je voulais lui apprendre qu'on ne se moque pas impunément d'un Yankie, et que fin contre fin n'est pas bon à faire doublure.

L'air d'innocence et de simplicité avec lequel Kirby se remit à sa besogne aurait pu faire croire aux spectateurs de cette scène que c'était sans intention qu'il avait causé à M. Le Quoi une souffrance momentanée, s'il n'avait été trop bien joué pour être naturel. Cependant le Français retrouva bientôt sa présence d'esprit et son décorum ordinaire, et ayant prié les deux jeunes amies d'excuser quelques expressions inconsidérées que la douleur lui avait arrachées, il remonta à cheval, s'éloigna à quelques pas des chaudières, et il ne fut pas question de renouer le marché que cet incident avait interrompu.

Pendant ce temps, Marmaduke s'était promené dans le petit bois, avait examiné ses arbres favoris, et avait reconnu avec chagrin que la négligence avec laquelle on recueillait le suc des érables était une véritable dévastation.

— Je vois avec peine, dit-il, l'esprit de dilapidation qui règne en ce pays; on y abuse avec extravagance des bienfaits dont la nature l'a enrichi. Vous-même, Kirby, vous avez des reproches à vous faire à cet égard, car vous faites à ces arbres des blessures mortelles quand la plus légère incision suffirait. Vous devriez songer qu'il a fallu des siècles pour les produire; et quand ils auront disparu, personne de nous ne verra cette perte se réparer.

— C'est ce dont je ne m'inquiète guère, juge; mais il me semble qu'il y a tant d'arbres dans ce pays, qu'on ne doit pas craindre d'en voir la fin. Si c'est un péché que d'abattre des arbres, j'aurai un fameux compte à rendre, car j'ai abattu de mes propres mains plus de cinq cents acres de bois dans les Etats de New-York et de Vermont, et j'espère compléter au moins le millier dans celui-ci. Mes mains ont été faites pour la hache et la coignée, voyez-vous, et je ne désire pas d'autre occupation. Mais Jared Ransom croit que le sucre deviendra rare dans ce canton cette année, parce qu'il arrive beaucoup de nouveaux habitants, et je me suis mis à en faire ce printemps.

— Tant que la guerre dévastera l'ancien monde, dit Marmaduke, il fournira des habitants au nouveau.

— Il n'y a donc si mauvais vent, juge, qui ne souffle favorablement pour quelqu'un. Il est bien sûr que le pays se peuple ; mais je ne sais pas pourquoi vous semblez attaché aux arbres comme vous le seriez à vos enfants. Et cependant, combien n'en avez-vous pas fait abattre vous-même pour faire vos défrichements ?

— Je ne dis pas qu'il faille que le pays reste entièrement couvert de forêts, Kirby ; mais je soutiens qu'il ne faut pas les détruire sans nécessité, comme s'il ne fallait qu'une année pour en produire d'autres. Au surplus, un peu de patience, le moment arrive où les lois veilleront à leur conservation comme à celle du gibier qu'ils renferment.

En faisant cette réflexion consolante, Marmaduke remonta à cheval ; la petite troupe se remit en marche pour se rendre au but de la promenade proposée par Richard, et Billy Kirby resta seul, au milieu du bois d'érables, occupé de ses travaux. Le feu lent qui brûlait sous ses chaudières, le hangar couvert en écorces, cette foule de beaux arbres qui semblaient percés d'autant de canelles d'où la séve dégouttait lentement dans les vases destinés à la recevoir, l'homme presque gigantesque qui, armé d'une grande cuiller, allait sans cesse d'une chaudière à l'autre pour remuer le liquide qu'elles contenaient, tout formait un tableau qui pouvait passer pour une image assez fidèle de la vie humaine, dans sa première période de civilisation ; et la voix forte de Kirby, qui se remit à chanter sa chanson interrompue, y donnait le dernier trait pittoresque ; tout ce qu'elle put en entendre se réduisait aux vers suivants :

> Quand la forêt tombe sous la cognée,
> A mes bœufs je chante gaîment ;
> Jusqu'au retour de la lune argentée
>   Je crie en arrière! en avant!
> Quand il est temps que le travail finisse,

J'abandonne enfin mes sillons ;
Le noisetier m'offre un abri propice
Contre les dards des moucherons.
Vous qui voulez faire un achat de terre,
Prenez le chêne, habitant de nos monts,
Ou le sapin à tête altière ;
Je chanterai de même mes chansons.

CHAPITRE XXI.

> Hâte-toi, Malise, hâte-toi ! Jamais cause plus pressante ne réclama la vitesse et la vigueur de tes membres.
> Sir Walter Scott. *La Dame du Lac.*

Les chemins d'Otsego, si l'on en excepte les principales grandes routes, n'étaient guère, à l'époque dont nous parlons, que de larges sentiers. Les grands arbres croissant jusqu'à côté des ornières creusées par les roues des voitures interceptaient le passage des rayons du soleil, qui ne pouvaient y pénétrer qu'en plein midi. L'évaporation de l'humidité ne s'y opérait donc que très-lentement, et le sol étant formé jusqu'à une profondeur de plusieurs pouces par la décomposition de matières végétales qui s'y étaient accumulées pendant des siècles, il en résultait que le terrain n'offrait pas un appui bien solide aux pieds des chevaux. D'ailleurs la superficie en était inégale ; de grosses racines s'élevaient souvent à plusieurs pouces au-dessus de la terre, et des souches de pin restant çà et là rendaient le chemin non seulement difficile, mais même dangereux. Ces obstacles, qui auraient effrayé des yeux moins exercés, ne donnaient pourtant aucune inquiétude aux habitants du pays qui y étaient accoutumés, et les chevaux également habitués à ce genre de chemin trottaient d'un assez bon pas sur un terrain que les Européens auraient jugé impraticable. En bien des endroits, des marques faites par la hache sur l'écorce des arbres voisins étaient la seule chose qui pût faire reconnaître la route, et de temps en temps une souche de pin dont les racines s'étendaient à vingt pieds en tous sens en indiquaient le milieu.

Telle était la route dans laquelle Richard conduisit ses amis, après avoir quitté la fabrique de sucre. Bientôt ils eurent à passer un pont jeté sur un petit ruisseau, et qui n'était formé que de deux rangées de pins placés transversalement les uns sur les autres, et avec tant de négligence qu'on apercevait l'eau à travers. En arrivant à cette barrière, le cheval de Richard baissa le cou, et traversa le pont au petit pas avec une sagacité surprenante. La jument de miss Temple, qui le suivait, s'arrêta sur le bord; mais Élisabeth l'animant de la voix, lui faisant sentir le fouet, et lui lâchant la bride, lui fit sauter d'un seul bond ce passage dangereux.

— Doucement, ma fille, doucement, dit Marmaduke, ce n'est pas dans ce pays qu'on peut se permettre des prouesses d'équitation. Il faut beaucoup de prudence pour voyager avec sûreté sur nos mauvais chemins. Vous pouvez vous amuser à de pareils tours d'adresse dans les plaines de New-Jersey, mais il faut y renoncer sur les montagnes de l'Otsego, du moins d'ici à quelque temps.

— Autant vaut donc que je renonce à monter à cheval, mon père; car, si j'attends qu'il se forme de bonnes routes dans ce pays sauvage, la vieillesse viendra mettre un terme à ce que vous appelez mes prouesses d'équitation.

— Ne parlez pas ainsi, ma fille, et songez que si vous vous hasardez souvent comme vous venez de le faire, vous n'arriverez jamais à la vieillesse, mais vous forcerez votre vieux père à pleurer sur son Élisabeth. Si vous aviez vu, comme moi, ce pays, tel qu'il était sorti des mains de la nature, et que vous eussiez été témoin des changements rapides qu'y a opérés la main de l'homme, à mesure que ses besoins l'ont exigé, vous ne penseriez pas qu'il fallût un si long espace de temps pour qu'on y voie de meilleures routes.

— Je crois me rappeler, mon père, que je vous ai entendu parler de votre première visite dans ces bois, mais c'est un souvenir confus qui se mêle aux idées de ma première enfance. Voudriez-vous me répéter ce que vous pensâtes alors de votre entreprise, et quels sentiments vous éprouvâtes ?

— Vous étiez encore bien jeune, mon enfant, quand je vous laissai avec votre mère pour faire ma première excursion dans ces montagnes inhabitées; mais vous ne pouvez connaître les secrets motifs qui peuvent déterminer un homme à s'imposer des privations pour acquérir des richesses. Les miens étaient aussi puissants qu'ils étaient purs, et il a plu à Dieu de favoriser mes efforts. Si j'ai été exposé aux fatigues, aux obstacles, à la famine, en cherchant à peupler ce désert, je n'ai pas eu du moins le chagrin d'échouer dans mon entreprise.

— La famine! s'écria Élisabeth; je regardais ce pays comme une terre promise. Avez-vous réellement souffert de la famine?

— Que trop, ma fille. Ceux qui voient aujourd'hui la terre se charger de riches moissons dans ces environs ont peine à se persuader que ceux qui s'établirent les premiers dans ce canton, il n'y a encore que bien peu d'années, n'avaient d'autre ressource pour pourvoir aux besoins de leurs familles que le peu de fruits qu'ils trouvaient dans les forêts, et le gibier que leurs mains peu exercées ne se procuraient pas sans peine.

— Oui, oui, cousine Bess, dit Richard, qui arriva pour entendre ces derniers mots ainsi que la fin de la chanson du bûcheron, c'était vraiment un temps de disette[1]. J'étais devenu maigre comme une belette, et pâle comme si j'avais eu la fièvre pendant six mois. Benjamin fut celui de nous qui eut le plus de peine à la supporter, et il jura cent fois qu'il aurait mieux aimé être réduit à demi-ration à bord d'un navire; car Benjamin ne se fait pas tirer l'oreille pour jurer, quand il est obligé de jeûner. J'eus même un instant envie de vous quitter, cousin Duke, et d'aller m'engraisser en Pensylvanie. Mais du diable, dis-je; nous sommes enfants des deux sœurs, et je veux vivre et mourir avec lui.

— Je n'ai pas oublié ton amitié, Dick, s'écria Marmaduke, ni que nous sommes du même sang.

— Mais, mon père, dit Élisabeth, où étaient donc les belles et fertiles vallées arrosées par le Mohawk? Ne pouvaient-elles fournir à vos besoins?

---

[1]. L'auteur ne peut mieux s'excuser d'interrompre l'intérêt d'une fiction par ces dialogues passagers, qu'en disant qu'ils ont rapport aux faits. En relisant son livre, bien des années après l'avoir écrit, il est forcé d'avouer que cet ouvrage est chargé de trop d'allusions à des faits qui ne peuvent avoir beaucoup d'intérêt pour le lecteur en général. Il fait légèrement allusion à un de ces accidents dans le commencement de ce chapitre.

Il y a plus de trente ans, une parente bien proche et bien chère de l'auteur, une sœur aînée et en même temps une seconde mère, fut tuée par une chute de cheval dans une promenade parmi les mêmes montagnes dont il est fait mention dans ce roman. Peu de personnes de son sexe et de son âge avaient une réputation plus étendue, et étaient plus universellement chéries que la femme admirable qui devint ainsi la victime des hasards du désert.

— C'était une année de disette, ma fille. Les grains nécessaires à la vie se vendaient en Europe à très-haut prix, et des spéculateurs les accaparaient. Les émigrants qui allaient de l'est à l'ouest passaient d'ailleurs invariablement par les vallées de la Mohawk, et y dévoraient les subsistances comme une nuée de sauterelles. Les habitants des plaines allemandes n'étaient guère plus heureux que nous, et cependant tout ce que la nature n'exigeait pas d'eux impérieusement, ils l'épargnaient pour nous ; car, à cette époque, ils ne savaient pas ce que c'est qu'un spéculateur. Oui, ma fille, j'ai vu alors des hommes rapporter sur leurs épaules un sac de farine qu'ils avaient été chercher dans les moulins situés sur la Mohawk, pour nourrir leurs familles affamées, et qui, en arrivant, ne songeaient plus aux trente milles qu'ils avaient faits sous ce fardeau. Il ne faut pas oublier que c'était l'enfance de notre établissement. Nous n'avions ni moulins, ni grains, ni routes ; nos défrichements commençaient à peine ; nous n'avions que des bouches à nourrir, et le nombre de ces bouches augmentait tous les jours, car l'esprit d'émigration était répandu partout, et la disette qui régnait dans tous les cantons de l'est tendait à en faire partir bien du monde.

— Et comment avez-vous remédié à de pareils maux, mon père ? Vous étiez celui qui deviez souffrir le plus au moral, sinon au physique.

— C'est la vérité, Elisabeth. A cette époque cruelle, tous ceux qui m'avaient accompagné tournaient les yeux vers moi, comme vers celui dont ils devaient attendre du pain. Les besoins et les souffrances de leurs familles, la sombre perspective qui s'ouvrait devant eux, avaient paralysé leur courage et leur esprit entreprenant. La faim les poussait le matin dans les bois pour y chercher quelque nourriture, et le soir les voyait rentrer chez eux plus affaiblis, plus découragés que jamais. L'inaction alors ne m'était pas possible : j'achetai une cargaison de grains dans les greniers de la Pensylvanie ; je les fis embarquer à Albany ; ils remontèrent la Mohawk, arrivèrent ici sur des chevaux, et furent distribués en proportion des besoins de chaque famille. On fit des filets pour dérober aux lacs et aux rivières leurs poissons. Le ciel fit presque un miracle en notre faveur ; une troupe immense de harengs, s'écartant de leur course ordinaire, remontèrent la Susquehanna, et arrivèrent dans le lac en si grande quantité qu'il en semblait rempli. Nous les prîmes, nous les salâmes, et ce fut dès ce moment que commença notre prospérité[1].

— Oui, dit Richard, ce fut moi qui présidai à leur salaison, et qui en fis ensuite la distribution. Je fus même obligé alors de faire établir par Benjamin une enceinte de cordes autour de moi ; car ces pauvres diables, qui venaient chercher leur ration, ne vivant depuis longtemps que d'ognons sauvages, sentaient l'ail à m'empester. Vous étiez bien jeune alors, Bess, mais vous ne connaissiez pas toutes nos misères, car nous avions soin de vous empêcher, vous et votre mère, de les partager. Cette année me mit bien en arrière pour la multiplication de mes cochons et de mes dindons.

— Celui qui ne connaît que par ouï-dire les travaux d'un nouvel établissement, dit Marmaduke, ne s'imagine guère de combien de peines et de souffrances cette entreprise est accompagnée. Ce canton est encore sauvage à vos yeux, Elisabeth ; mais quelle différence de ce qu'il était quand j'arrivai pour la première fois dans ces montagnes! Le matin même de mon arrivée je laissai mes compagnons dans ce que nous appelons aujourd'hui la vallée du Cerisier, et, suivant un sentier tracé par les animaux sauvages, je gravis jusqu'au sommet de la montagne que j'ai nommée depuis la montagne de la Vision. Là, je montai sur un arbre, et assis sur une des branches de sa cime, je restai plus d'une heure à contempler ce désert silencieux. Partout où se portaient mes regards, ils n'apercevaient que d'immenses forêts. Le seul espace découvert était la surface du lac, qui brillait comme une glace ; il était couvert de myriades de ces oiseaux aquatiques qui arrivent et qui partent à certaines époques de l'année. Pendant que j'étais dans cette situation, je vis une ourse, accompagnée de ses petits, s'approcher du lac pour y boire ; j'aperçus des daims parcourir les forêts ; mais pas une trace annonçant la présence de l'homme ne frappa mes yeux. Pas une hutte, pas un chemin, pas une verge de terrain cultivé ne se présentaient à mes regards. Ce n'était partout que bois et montagnes, et les divers ruisseaux qui donnent naissance à la Susquehanna étaient même cachés dans l'épaisseur des forêts.

— Et passâtes-vous la nuit seul, de cette manière? demanda Elisabeth.

— Non, ma fille ; après avoir, pendant une heure, contemplé ce

---

[1]. Tout cela est littéralement vrai.

spectacle plein d'une sombre beauté, je descendis de l'arbre sur lequel j'étais monté, et j'allai reconnaître les bords du lac, et l'endroit sur lequel se trouve aujourd'hui Templeton. J'avais pris quelques provisions avec moi, et je fis mon dîner solitaire sous les branches touffues d'un pin majestueux qui, depuis ce temps, a fait place à ma maison. Je venais de finir mon repas frugal, quand je vis une légère fumée s'élever sur les bords du lac du côté de l'orient, seul indice de la présence de l'homme que j'eusse encore aperçu. Je me dirigeai vers le lieu d'où elle partait, et y étant arrivé, après avoir surmonté les obstacles que les broussailles apportaient à ma marche, je vis une cabane grossièrement construite en troncs d'arbres, et appuyée contre le bas d'un rocher; quoiqu'il ne s'y trouvât personne, je ne pus douter qu'elle ne fût habitée.

— C'était la hutte de Natty! s'écria Edwards avec vivacité.

— Précisément. J'avais d'abord supposé qu'elle servait d'habitation à quelque Indien, mais comme je me promenais dans les environs, Natty arriva, chargé d'un daim qu'il venait de tuer. Notre connaissance commença à cette époque, car je n'avais jamais entendu dire qu'il existât un Européen dans ces bois.

Miss Temple fut si frappée de l'attention qu'Edwards donnait à cette partie de la narration de M. Temple, qu'elle ne songea plus à faire de questions à son père, mais ce fut alors le jeune homme qui lui en adressa.

— Et comment Bas-de-Cuir vous reçut-il, Monsieur?

— Fort bien d'abord, mais quand il apprit mon nom et le motif de mon arrivée, sa cordialité diminua, ou, pour mieux dire, elle disparut tout à fait. Je crois qu'il regarda mon établissement dans les environs comme un empiétement sur ses droits, car il en montra beaucoup de mécontentement, quoique d'une manière si confuse et si ambiguë, que tout ce que j'en pus conclure fut qu'il craignait de se trouver gêné dans sa chasse.

— Aviez-vous acheté ces bois à cette époque, ou veniez-vous les visiter dans le dessein d'en faire l'acquisition?

— Ils m'appartenaient depuis longtemps, et j'y venais dans l'intention d'y former un établissement. Natty me traita avec hospitalité, mais froidement. Je passai pourtant la nuit dans sa cabane, sur une peau d'ours; et le lendemain matin je rejoignis mes compagnons.

— Ne vous parla-t-il pas des droits des Indiens? Je sais que Natty est très-porté à contester aux Européens leurs titres à la propriété de ce pays.

— Il me parla des droits des anciens propriétaires, mais d'une manière si obscure que je n'y compris presque rien ; car les droits des Indiens n'existaient plus depuis la fin de la dernière guerre, et ces domaines m'appartenaient en vertu d'une *patente*[1] délivrée par le gouvernement du roi et confirmée par le congrès.

— Nul doute, Monsieur, que votre titre ne soit légal et équitable, dit Edwards d'un ton froid ; puis, ralentissant le pas de son cheval, il laissa Marmaduke prendre l'avance, et ne lui fit plus aucune question.

Richard, qui avait accompagné M. Temple dans sa première excursion, ne laissa pourtant pas tomber la conversation, et entra dans de nouveaux détails sur leur premier établissement dans le pays; mais comme ils n'offrent pas le même intérêt que ceux qu'avait donnés le juge, nous nous dispenserons d'en faire part à nos lecteurs.

Ils arrivèrent bientôt au but de leur promenade, qui offrait un de ces paysages majestueux et pittoresques particuliers aux montagnes de l'Otsego. Mais Richard n'avait pas fait attention que, pour jouir de toute sa beauté, il aurait fallu attendre que la saison fût plus avancée. On se remit donc en route pour retourner à la maison, en se promettant d'y revenir quelques semaines plus tard.

— Le printemps en Amérique, et surtout dans ces montagnes, dit M. Temple, est la saison la plus désagréable de l'année. L'hiver semble s'y retirer comme dans une citadelle, et il n'en déloge qu'après un long siége et une victoire bien disputée.

— Figure très-juste et très-belle, juge Temple, observa le shérif ; et la garnison sous les ordres de Jack-Frost[2] fait de redoutables *sorties*. — Vous savez ce que je veux dire par *sorties*, Monsieur, ce sont des *saillies* en anglais ; et quelquefois Jack-Frost repousse encore le général Printemps[3] et ses troupes dans les Pays-Bas[4].

---

1. Voyez une note précédente sur ce mot.
2. Jacques Gelée. Personnification que le shérif improvise pour rivaliser en métaphores avec son cousin.
3. *General Spring.*
4. *Low-countries,* dans les parties basses du pays; mais ces mots désignent aussi les Pays-Bas, aujourd'hui royaume d'Europe.

— Oui, Monsieur, reprit le Français qui ne perdait pas de vue le pas incertain de sa monture dans le chemin embarrassé. — Je vous entends, les Pays-Bas ; il y gèle la moitié de l'année.

L'erreur de M. Le Quoi ne fut pas remarquée par le shérif, et la cavalcade s'occupa plutôt de l'état de l'atmosphère qui semblait la menacer d'un de ces changements de temps si fréquents sous le climat des Etats-Unis. Des nuages commençaient à obscurcir le ciel, et leur marche était assez rapide, quoiqu'on ne sentît pas un souffle d'air, et l'on voyait déjà tomber la neige sur les monts qui bornaient la vue du côté du nord. On fit doubler le pas aux chevaux, pour arriver plus promptement au village ; mais le mauvais état des chemins mettait obstacle à une marche plus accélérée. L'air était devenu d'une accablante pesanteur, et tout annonçait l'approche d'un *North-wester*[1].

Richard marchait toujours en avant. Venaient ensuite M. Le Quoi, puis Elisabeth, ensuite Marmaduke, qui donnait de temps en temps à sa fille de nouvelles leçons de prudence ; et c'était peut-être le besoin d'assistance qu'avait Louise Grant, peu habituée à monter à cheval, qui retenait Edwards près de la fille du ministre.

Ils traversaient alors une forêt épaisse, dans laquelle la hache n'avait encore paru que pour y ouvrir un chemin fort étroit, bordé de grands arbres qui avaient vu des siècles s'écouler, et dont les rameaux touffus opposaient aux rayons du soleil un obstacle invincible. Leurs cimes les plus hautes paraissaient à peine agitées par le vent, et l'on éprouvait ce calme profond, quelquefois plus effrayant que l'orage dont il est le précurseur. Tout à coup la voix d'Edwards se fit entendre avec ce ton d'alarme qui glace le sang dans les veines de celui qui l'entend.

— Un arbre ! un arbre ! s'écria-t-il ; en avant ! vite ! vite ! vite !

— Un arbre ! répéta Richard en tournant la tête ; et donnant un grand coup d'éperon à son cheval, il lui fit faire un saut qui le porta en un instant à douze pieds de l'endroit menacé.

— Un arbre ! dit M. Le Quoi en se penchant sur le cou de son coursier, et en lui pressant les flancs de manière à lui faire prendre le galop et jetant autour de lui un déluge d'eau et de boue.

— Un arbre ! dit Marmaduke. Que Dieu protége mon enfant ! et saisissant la bride de la jument d'Elisabeth, qui s'arrêtait pour

---

[1]. Espèce d'ouragan particulier au climat. Le mot local de Wester-North ne saurait donc avoir de synonyme en français.

voir quelle était la cause de ces cris simultanés, il l'entraîna rapidement, et au même instant un bruit semblable à celui du tonnerre annonça la chute d'un des plus grands pins de la forêt, qui venait de tomber à quelques pas derrière eux.

M. Temple se retourna sur-le-champ, pour s'assurer si ceux qui le suivaient étaient en sûreté ; et il vit de l'autre côté de l'arbre Edwards retenant de la main gauche la bride de son cheval, tandis que de la droite il tirait si fortement les rênes de celui de miss Grant, que la tête de l'animal était courbée sur son poitrail. L'arbre était tombé à environ six pieds devant eux. Les deux animaux tremblaient frappés de terreur, et Louise, penchée en arrière sur sa selle, et les mains appuyées sur son visage, semblait l'image du désespoir et de la résignation.

— N'êtes-vous pas blessé? s'écria Marmaduke.

— Non, grâce au ciel, répondit Edwards. Si l'arbre avait eu des branches, nous étions perdus, et...

Il s'interrompit en voyant miss Grant chanceler sur son cheval, et elle serait tombée s'il ne l'eût soutenue dans ses bras. On mit pied à terre, on la plaça sur l'arbre qui avait causé cette terreur, et les soins d'Elisabeth lui ayant bientôt rendu la connaissance, elle se remit en selle ; placée entre M. Temple et Edwards, elle se trouva en état de continuer la route.

— Ces chutes d'arbres si subites, dit Marmaduke, sont l'accident le plus dangereux qui puisse arriver dans nos forêts, car elles ne sont occasionnées ni par le vent, ni par aucune cause visible contre laquelle on puisse se mettre en garde.

— La cause de leur chute est évidente, cousin 'Duke, dit le shérif. Un arbre arrive à la décrépitude, ses racines desséchées ne peuvent plus lui transmettre les sucs nourriciers dont il a besoin pour vivre ; sa moelle se change en poussière, l'intérieur de son tronc se consume, et quand une ligne tirée du centre de gravité tombe hors de sa base, la chute devient certaine. C'est une démonstration mathématique, et comme personne dans le pays ne s'entend comme moi en mathém...

— Ce raisonnement peut être fort juste, Richard, dit M. Temple en l'interrompant ; mais comment se précautionner contre ce danger ? Peut-on aller dans les forêts calculer le centre de gravité des pins et des chênes ? Répondez-moi à cela, cousin Jones, et vous rendrez un grand service au pays.

— Un homme instruit peut répondre à tout, répliqua Richard. Il n'y a que les arbres morts qui tombent de cette manière ; n'approchez que de ceux qui sont bien vifs, et vous n'aurez rien à craindre.

—Ce serait nous bannir entièrement des forêts, dit Marmaduke ; heureusement le vent prend soin de les débarrasser de ces hôtes importuns, et il est assez rare qu'on voie un arbre déraciné tomber ainsi de lui-même.

Ils doublèrent le pas en ce moment, car la neige commençait à tomber avec force, et ils en étaient couverts quand ils arrivèrent chez M. Temple. Edwards aida miss Temple à descendre de cheval, et Louise, lui serrant la main avec la ferveur de la reconnaissance, lui dit à demi-voix : — Maintenant, monsieur Edwards, le père et la fille vous doivent tous deux la vie.

L'orage dura tout le reste de la journée, et avant le coucher du soleil toutes les annonces du printemps étaient évanouies, et tout offrait aux yeux une surface uniforme et brillante de neige.

CHAPITRE XXII.

>Hommes, jeunes garçons et jeunes filles désertent le village, et des troupes joyeuses se répandent dans la plaine, poussées par ce doux transport.
>SOMERVILLE.

Depuis cette époque jusqu'à la fin d'avril, le temps ne fut qu'une suite non interrompue de changements rapides. Un jour, la douceur du printemps semblait se glisser dans la vallée, et, de concert avec les rayons bienfaisants du soleil, éveiller la nature engourdie ; le lendemain un ouragan arrivant du nord, et traversant le lac, arrêtait ou détruisait les progrès de la végétation. La neige avait pourtant enfin disparu, et la belle verdure des champs qui avaient été ensemencés en grains faisait concevoir l'espérance d'une riche moisson. Le lac avait perdu la beauté caractéristique d'un champ de glace, et cependant il ne laissait pas encore apercevoir ses eaux, car le défaut de courant faisait qu'elles restaient cachées sous une croûte poreuse, qui, saturée de fluide, n'avait que la force nécessaire pour maintenir la continuité des parties qui la composaient. On voyait passer des troupes nombreuses d'oies sauvages qui s'arrêtaient un instant autour du lac, comme si elles eussent voulu s'y plonger, mais qui, en trouvant les eaux encore cachées sous une couverture glacée, reprenaient leur vol en poussant des cris discordants, comme se plaignant des retards de la nature.

Pendant quelques jours, le lac de l'Otsego resta la possession paisible de deux aigles, qui, placés ordinairement au centre de la croûte de glace qui le couvrait encore, semblaient mesurer de l'œil l'étendue de leur domaine. Les troupes d'oiseaux de passage qui arrivaient successivement, respectant ces fiers monarques de l'air, évitaient de passer au-dessus du lac, et faisaient un détour pour gagner les forêts et les montagnes qui pouvaient mieux les protéger, tandis que les maîtres superbes du lac levaient vers le ciel leur tête blanche et chauve, comme s'ils eussent voulu percer le firmament de leurs regards. Mais le moment arrivait où ces rois des oiseaux allaient être à leur tour dépossédés de leur empire. A l'extrémité inférieure du lac, à l'endroit où le courant du ruisseau avait empêché la formation de la glace, même dans le plus fort du froid, l'eau avait graduellement empiété sur elle, et, un vent du sud assez fort commençant à souffler, il s'y forma de petites vagues, imitant celles de l'Océan. La glace n'était plus assez forte pour leur résister; elle se fendit avec une rapidité presque magique et se divisa en glaçons de différentes tailles qui, flottant sur la surface du lac, allaient s'accumuler sur la rive septentrionale. Les deux aigles prirent alors leur essor au plus haut des cieux, tandis que les vagues agitées semblaient célébrer, par une danse joyeuse, la fin de la captivité sous laquelle elles avaient été retenues pendant cinq mois.

Peu de jours après, Elisabeth fut éveillée par le chant des hirondelles, qui commençaient déjà à se construire des nids au-dessus de ses fenêtres, et par les cris de Richard, qui l'appelait à haute voix.

— Allons, levez-vous, levez-vous, ma jolie cousine. Le ciel est couvert de pigeons; vous auriez les yeux tournés vers le ciel pendant une heure avant de trouver une percée pour apercevoir le soleil. Levez-vous, paresseuse! levez-vous; Benjamin prépare les munitions, et nous attendons notre déjeuner pour aller les chasser sur la montagne.

Il était impossible de résister à cet appel pressant, et, au bout de quelques minutes, miss Temple et son amie descendirent pour préparer le déjeuner, qui était attendu avec impatience. Toutes les fenêtres étaient ouvertes, et l'air doux et embaumé du printemps ventilait un appartement dans lequel le vigilant majordome avait entretenu avec tant de soin une chaleur artificielle pendant tout l'hiver.

Pendant que le thé s'apprêtait, Richard avait pris son poste près d'une croisée donnant du côté du sud.—Voyez, Bess, voyez, cousin 'Duke, s'écria-t-il, les portes des pigeonniers du midi se sont ouvertes. En voici une troupe dont l'œil ne saurait voir la fin. Il y aurait de quoi nourrir l'armée de Xercès pendant un mois, et de quoi faire des lits de plume pour tout le comté! Xercès, monsieur Olivier, était un roi grec... non, non, un roi turc, ou persan, qui voulait ravager la Grèce, comme ces coquins de pigeons reviendront à l'automne dévaster nos champs de blé. Allons, Bess, dépêchez-vous! je voudrais déjà être sur la montagne pour leur envoyer quelques grains de poudre.

Marmaduke et Edwards semblaient partager le même désir, et à la vérité le spectacle qu'ils avaient sous les yeux était attrayant pour un chasseur. Ils déjeunèrent donc à la hâte, et, faisant leurs adieux aux jeunes amies, ils partirent sans perdre un instant.

Si l'air était rempli de pigeons, toute la population de Templeton remplissait les rues du village. Hommes, femmes et enfants, tous se préparaient à partager le divertissement de la chasse. On voyait entre leurs mains toutes les espèces d'armes à feu, depuis la canardière française avec son canon de six pieds de longueur, jusqu'au pistolet d'arçon, et la plupart des enfants étaient armés d'arcs et de flèches faits avec des rejetons de noyers.

Les troupes de pigeons qui se succédaient presque sans interruption, effrayées par le bruit du village, se dirigeaient vers les montagnes voisines du lac; leur nombre immense égalait presque celui des sauterelles qui arrivent par nuées dans d'autres pays, et la rapidité de leur vol n'était pas moins étonnante.

Nous avons déjà dit que la grande route conduisant à Templeton traversait le plan incliné qui s'étendait depuis le plateau d'une montagne jusqu'aux bords de la Susquehanna. Une assez grande quantité de terrain avait été défrichée des deux côtés, et ce fut le local qu'on choisit pour l'attaque générale, qui commença sur-le-champ.

Mêlé parmi les chasseurs, Natty Bumppo, son fusil appuyé sur son épaule, semblait se promener, uniquement pour jouer le rôle de spectateur. Ses chiens, qui le suivaient, allaient de temps en temps flairer un pigeon qui tombait, mort ou blessé, et revenaient se coucher aux pieds de leur maître, sans y toucher, comme s'ils eussent partagé ses sentiments, et qu'ils eussent jugé une telle chasse indigne d'eux comme de lui.

Les troupes de pigeons étaient si nombreuses qu'elles produisaient de temps en temps le même effet qu'un nuage qui intercepte les rayons du soleil. Une flèche lancée au hasard ne pouvait manquer de frapper une victime; les décharges réitérées de mousqueterie en abattaient plusieurs à chaque coup; enfin quelques individus, qui avaient gravi le sommet de la montagne, en tuèrent même avec de longs bâtons dont ils s'étaient munis à défaut d'autres armes.

Pendant ce temps, M. Jones, qui dédaignait les humbles moyens de destruction employés par les autres chasseurs, s'occupait avec Benjamin à préparer une attaque d'un genre plus formidable. Parmi les vestiges d'excursions militaires qu'on rencontre dans différents districts de la partie occidentale de l'Etat de New-York, on avait trouvé à peu de distance de Templeton, lors du premier établissement, un fauconneau du calibre d'une livre de balle, qui sans doute y avait été laissé par quelque détachement européen dans une incursion contre les Indiens, soit par oubli, soit parce que la nécessité d'une marche rapide ne permettait pas de le traîner. Ce canon en miniature avait été nettoyé de la rouille qui le rongeait, monté sur un nouvel affût, mis en état de service, et l'on s'en servait pour les cas de réjouissances extraordinaires. Le matin du 4 juillet [1], il faisait retentir treize fois les échos des montagnes de l'Otsego avec autant de dignité qu'une pièce de trente-deux, et le sergent ou capitaine Hollister, la première autorité du pays à cet égard, assurait que c'était un canon qui n'était nullement à mépriser pour un salut. Le service qu'il avait

---

[1]. Pour le grand anniversaire national.

fait l'avait un peu endommagé, car la lumière en était à peu près de même dimension que la bouche. Cependant les grandes conceptions de Richard lui avaient fait penser que cet instrument pourrait faire une grande exécution parmi les rangs de ses ennemis ailés. Le fauconneau fut donc traîné par un cheval sur le champ de bataille, et placé dans l'endroit que le shérif jugea le plus convenable pour y établir sa batterie; après quoi, Ben-la-Pompe se mit à le charger de plusieurs poignées de petit plomb, et il annonça bientôt que sa pièce était en état de service.

La vue d'un tel instrument de destruction rassembla tout à l'entour ceux qui n'étaient que spectateurs de cette scène, c'est-à-dire les enfants, qui firent retentir l'air de leurs cris joyeux. Le fauconneau fut pointé en l'air, et Richard, tenant avec des pincettes un charbon embrasé, s'assit patiemment sur une souche, attendant l'arrivée d'une troupe de pigeons qui fût digne de son attention.

Le nombre de ces oiseaux était si prodigieux, que les coups de feu qu'on leur tirait ne produisaient d'autre effet que de détacher quelques faibles groupes de la masse immense qui continuait à se précipiter vers la vallée. Personne ne songeait à ramasser ceux qui tombaient, et la terre en était presque couverte.

Bas-de-Cuir était spectateur silencieux, quoique mécontent, de cette boucherie; mais, quand il vit arriver ce nouvel engin de carnage, il ne put se contenir plus longtemps.

— Voilà ce que c'est que vos établissements, dit-il; j'ai vu ces oiseaux passer par ici pendant quarante ans, et, jusqu'à ce que vous fussiez venus faire vos défrichements, il n'y avait personne pour les effrayer ou leur faire mal. J'aimais à les voir dans les bois, ils me tenaient compagnie et ne nuisaient à personne, étant innocents comme le faon qui suit sa mère. Mais à présent, il me prend un tremblement quand j'entends ces pauvres créatures voler dans l'air; car il n'en faut pas davantage pour mettre à leurs trousses toute la marmaille du village. Patience, patience, le Seigneur ne permettra pas toujours qu'on détruise à plaisir ce qu'il a créé; il finira par rendre justice aux pigeons, aussi bien qu'aux autres. Et voilà M. Olivier, qui ne vaut pas mieux que le reste, car il fait feu au milieu de la troupe, comme s'il ne tirait que sur des Mingos!

Du nombre des chasseurs était Billy Kirby, qui chargeait et tirait sans discontinuer, sans même se donner la peine de lever la tête en tirant, et qui poussait de grands éclats de rire en voyant ses victimes tomber jusque sur sa tête. Il entendit ce que Natty venait de dire, et se chargea de lui répondre.

— Qu'as-tu donc, vieux Bas-de-Cuir? cria-t-il; faut-il gronder ainsi parce que nous tuons quelques pigeons? Si tu avais été obligé, comme moi, d'ensemencer un champ deux ou trois fois, parce qu'ils en avaient dévoré la graine, tu n'aurais pas tant de pitié pour ces mange-tout! Courage! enfants, courage! abattez ces pillards! cela vaut mieux que de tirer sur un dindon.

— Cela peut valoir mieux pour vous, Billy Kirby, répondit le vieux chasseur avec indignation, et pour tous ceux qui ne sont pas en état d'envoyer une balle à son but; mais c'est une indignité que de tirer ainsi dans une volée d'oiseaux pour en faire une dévastation! Cela n'est permis qu'à celui qui n'est pas en état d'en abattre un séparé des autres. Si quelqu'un a envie de manger un pigeon, sans contredit le pigeon est fait pour l'usage de l'homme comme les autres créatures; mais il ne faut pas en tuer vingt pour en manger un! Quand cette fantaisie me prend, j'entre dans les bois, je choisis celui qui me convient, et je l'abats sans toucher à une plume des autres, quand il y en aurait cent sur le même arbre. Mais ce n'est pas vous qui feriez cela, Billy Kirby; vous n'oseriez seulement l'essayer.

— Que dis-tu là, vieil épi desséché, vieil érable sans sève? s'écria le bûcheron. Tu es devenu bien fier pour avoir tué un dindon. Mais si tu veux un pigeon séparé des autres, regarde celui-là, il est mort.

Le feu qu'on faisait à quelque distance sur une troupe de pigeons qui passaient en avait tellement effrayé un, que, s'écartant de ses compagnons, il venait en droite ligne vers l'endroit où nos deux interlocuteurs étaient placés. Malheureusement pour le bûcheron, il n'eut pas la patience d'attendre le temps nécessaire, et, lâchant son coup quand le pigeon était au-dessus de sa tête, il le manqua, et l'oiseau continua son vol avec rapidité.

Natty, pendant ce temps, avait armé son fusil. Suivant des yeux le vol de l'oiseau, qui se dirigeait obliquement vers le lac, il le laissa filer un instant, fit feu, et, soit hasard, soit adresse, soit l'un et l'autre, l'oiseau percé tomba dans l'eau. Les deux chiens de Bas-de-Cuir se mirent en course aussitôt, et Hector ne tarda pas à rapporter à son maître le pigeon expirant.

Le bruit de cet exploit merveilleux attira autour de lui tous les chasseurs.

— Quoi ! s'écria Edwards, avez-vous réellement tué un pigeon au vol d'un coup de fusil chargé d'une seule balle ?

— Est-ce que vous croyez que c'est le premier? répondit Natty, il vaut bien mieux tuer ainsi ce dont on peut avoir besoin, que de perdre, comme vous le faites, sa poudre et son plomb pour détruire les créatures de Dieu. Mais je suis venu ici pour tirer un pigeon, et vous savez, monsieur Olivier, pour quelle raison je désire avoir du menu gibier ; maintenant que j'en ai un, je m'en vais, car je n'aime pas à voir une pareille dévastation, comme si Dieu avait fait la moindre de ses créatures pour en abuser, et non pour en user.

— Tu as raison, Bas-de-Cuir, dit Marmaduke, et je pense aussi qu'il est temps de mettre fin à cette œuvre de destruction.

— Mettez donc fin à vos défrichements, juge, répliqua Natty ; les arbres ne sont-ils pas l'ouvrage de Dieu aussi bien que les oiseaux? Usez-en, mais sans gaspillage. Les bois ont été faits pour la demeure des bêtes et des oiseaux, et quand l'homme a besoin de leur chair, de leur peau ou de leurs plumes, il sait que c'est là qu'il doit aller les chercher. Mais je vais regagner ma hutte avec mon gibier, car je ne voudrais pas toucher à une des pauvres créatures qui sont là étendues, et qui me regardent comme s'il ne leur manquait qu'une langue pour dire ce qu'elles pensent.

A ces mots, Bas-de-Cuir mit son fusil sur son bras, ramassa le pigeon que son chien avait mis à ses pieds, se retira en ayant grand soin de ne pas marcher sur un seul des oiseaux blessés qui se trouvaient par centaines sur son chemin, et disparut bientôt parmi les broussailles qui croissaient sur les bords du lac.

Quelque impression qu'eussent pu faire sur Marmaduke les réflexions morales de Natty, elles furent entièrement perdues pour Richard. Au contraire, il profita du rassemblement de chasseurs qui venait d'avoir lieu, pour exécuter un plan encore plus étendu de destruction. Les ayant fait ranger en ligne de bataille, des deux côtés de sa pièce d'artillerie, il leur recommanda d'être attentifs au signal qu'il donnerait de faire feu.

— Attention, mes braves, cria Benjamin, qui, en cette occasion importante, remplissait les fonctions d'aide-de-camp ; attention, et dès que M. Richard donnera le signal, lâchez votre bordée; mais ayez soin de tirer bas, et vous coulerez à fond toute la volée.

— Tirer bas! s'écria Kirby; écoutez le vieux fou! ce serait le moyen de frapper les souches, mais nous ne ferions pas voler une plume de pigeon.

— Qu'en savez-vous, grand mal appris? répliqua Benjamin avec une chaleur peu convenable à un officier général à l'instant du combat. N'ai-je pas servi cinq ans à bord de *la Boadicée?* et n'ai-je pas entendu vingt fois le capitaine ordonner de tirer bas, afin que la bordée portât dans les œuvres vives? Faites ce que je vous dis, et attention au commandement!

Tous les chasseurs poussèrent de grands éclats de rire, mais ils se turent dès que la voix imposante de Richard leur eut ordonné silence et attention.

On calculait que plusieurs millions de pigeons avaient déjà passé dans la matinée au-dessus de la vallée de Templeton, mais de toutes les troupes qu'on avait vues jusque alors, aucune ne pouvait se comparer à celle qui arriva en ce moment. Elle ne formait qu'une masse bleue qui s'étendait d'une montagne à l'autre, et dont l'œil cherchait inutilement à apercevoir la fin du côté du sud. Le front de cette colonne vivante était distinctement marqué par une ligne droite qui n'offrait que bien peu de dentelures: tant le vol de ces oiseaux était régulier. Marmaduke lui-même oublia les reproches de Natty en la voyant avancer, et de même que tous les autres il appuya son mousquet sur son épaule.

— Feu! s'écria le shérif en touchant de son charbon l'amorce du fauconneau.

Comme une partie de la charge de Benjamin s'échappa par la lumière, le bruit de la décharge de mousqueterie précéda celui de la pièce d'artillerie; mais l'effet n'en fut pas moins terrible, et il tomba littéralement une pluie de pigeons. Cette décharge simultanée du fauconneau et d'une trentaine de fusils mit le désordre dans les rangs des oiseaux. Ceux qui étaient à l'avant-garde continuèrent à voler en avant en redoublant de rapidité, tandis que le corps d'armée, s'arrêtant tout à coup, s'éleva bien au-dessus des plus hauts pins, volant circulairement de gauche, de droite et en arrière, mais sans oser passer au-dessus de l'endroit marqué par le désastre de ceux qui les avaient précédés. Enfin quelques chefs de la nation emplumée ayant pris leur vol sur la gauche derrière le village, toute l'armée les suivit, et s'éloigna ainsi, en décrivant une diagonale de l'endroit occupé par les ennemis.

— Victoire! s'écria Richard; victoire! Nous avons chassé l'ennemi du champ de bataille.

— Pas tout à fait, Dick, répondit Marmaduke, car il est couvert de morts et de blessés. De même que Bas-de-Cuir, je ne vois que des yeux qui se tournent vers moi, comme si ces innocentes créatures voulaient me reprocher leurs souffrances. Plus de la moitié de ces oiseaux vivent encore, et il est temps de mettre fin à cet amusement, si cette espèce de chasse en mérite le nom.

— C'en est une digne d'un prince, s'écria le shérif; nous avons abattu des milliers d'oiseaux, et chaque femme du village aura de quoi en faire une demi-douzaine de pâtés, pour la peine de les ramasser.

— Heureusement pour les autres, dit Marmaduke, la frayeur leur a fait prendre un autre chemin, ce qui met nécessairement fin au carnage, quant à présent du moins. Enfants, tordez le cou à tous ces pigeons, et je vous donnerai à chacun une pièce de six pence.

Cet ordre fut exécuté avec de grands cris d'allégresse; on rentra en triomphe dans le village avec plusieurs chevaux chargés de morts, et pendant le reste de la saison du passage, on ne fit plus aux pigeons qu'une guerre partielle, et proportionnée au besoin que chacun pouvait avoir de s'en procurer. Richard se vanta bien longtemps de sa chasse au canon, et Benjamin assura gravement que le fauconneau qu'il avait chargé avait abattu d'un seul coup autant de pigeons qu'il y avait eu de Français tués le jour de la mémorable bataille que leur avait livrée l'amiral Rodney[1]

---

[1]. L'auteur veut parler de la bataille navale livrée le 12 avril 1782. Le comte de Grasse fut fait prisonnier sur *la Ville de Paris*, après s'être défendu vaillamment. Rodney avait pour lui la supériorité du nombre. Le vaisseau amiral (*la Ville de Paris*) fut si maltraité que les Anglais renoncèrent à le conduire en Angleterre.

CHAPITRE XXIII.

> Au secours! maîtres, au secours! il y a un poisson
> pris dans les mailles du filet, comme les droits
> d'un pauvre homme dans les formes de la loi.
> *Périclès de Tyr.* (Tragédie attribuée à Shakspeare.)

Les progrès de la belle saison devenaient enfin aussi rapides qu'ils avaient été lents jusque alors. Pendant la journée, l'air était uniformément doux et favorable à la végétation, et si les nuits étaient encore fraîches, elles n'étaient plus accompagnées de gelée. Les buissons retentissaient du chant de mille oiseaux; les feuilles du peuplier américain tremblaient dans les bois, les arbres des forêts commençaient à se revêtir de leur parure; le chêne tardif poussait même ses premiers boutons, et le martin-pêcheur épiait sa proie sur les bords du lac.

Ce lac était renommé par l'abondance et la qualité des poissons qu'il nourrissait. A peine la glace avait-elle disparu, que des barques s'y étaient montrées, portant des pêcheurs armés de lignes qui offraient un appât séducteur aux habitants de ses ondes. Mais la pêche à l'hameçon était un moyen trop lent pour l'impatience de Richard Jones, et comme la saison venait d'arriver où la pêche à la *seine* était permise, d'après les dispositions de la loi que le juge Temple avait sollicitée lui-même, il annonça son intention de se donner ce divertissement la nuit suivante.

— Et vous y assisterez, cousine Bess, ajouta-t-il, et vous aussi, miss Grant, et je vous ferai voir, monsieur Edwards, ce que c'est que pêcher; car ce n'est pas pêcher que de passer des heures entières, comme le cousin Duke, à se griller sous un soleil ardent, ou à se morfondre devant un trou fait à la glace pour prendre une malheureuse truite saumonée, et souvent même pour ne rien prendre, après toute cette mortification de la chair. Non, non, parlez-moi d'une bonne *seine* de cinquante à soixante toises de longueur; donnez-moi de bons rameurs pour conduire la barque, placez-moi Benjamin au gouvernail, et vous me verrez tirer les poissons de l'eau par milliers. Or, voilà ce que j'appelle pêcher.

— Vous ne connaissez pas le plaisir de la pêche à la ligne, Dickon, répondit Marmaduke, ou vous ménageriez davantage le poisson. Je vous ai vu, après avoir pêché à la seine, en laisser sur les bords du lac de quoi nourrir une demi-douzaine de familles affamées, pendant huit jours.

— Et croyez-vous que personne ne les ait ramassés ? répliqua le shérif. Mais je ne veux pas entrer en discussion avec vous sur ce sujet ; je dis seulement que je pêcherai cette nuit à la seine, et j'invite toute la compagnie à y assister pour qu'elle décide entre vous et moi.

Pendant le reste de la journée, Richard fut occupé exclusivement de ses préparatifs pour cette occasion importante ; et, dès que le soleil eut quitté l'horizon, il monta sur une barque avec les pêcheurs qu'il avait choisis, pour se rendre sur une pointe située sur la rive occidentale du lac. La promenade ne pouvait qu'être agréable, car la soirée était douce et belle, le terrain sec et ferme, et Marmaduke se mit en marche avec sa fille, miss Grant et Edwards, pour aller joindre les pêcheurs en côtoyant les bords du lac.

— Il est temps de partir, leur dit-il, car nous avons un bon mille de distance, la lune sera couchée avant que nous y arrivions, et il faut que nous y soyons à temps pour voir la pêche miraculeuse de Richard.

— Voyez, dit Edwards, ils cherchent déjà à allumer leur feu. Ne l'avez-vous pas vu briller un instant et disparaître, comme la clarté que nous donne une mouche-à-feu [1] ?

— Le voilà qui brille comme un feu de joie, s'écria Elisabeth ; je gagerais que c'est l'impatient Richard qui a allumé cette flamme. Mais la voilà déjà qui devient moins vive. C'est un emblème de la plupart de ses projets.

— Vous avez bien deviné, ma fille, dit Marmaduke ; à la lueur du feu, j'ai vu Richard y jeter une brassée de broussailles, elle s'est consumée en un instant, mais elle va donner au feu une activité plus durable. Le voyez-vous maintenant briller de nouveau ? voyez comme il jette un beau cercle de lumière sur la surface de l'eau !

---

1. *Fulgore lanternière* (*fulgora lanternaria*). C'est un insecte plus abondant en Amérique qu'en Europe, où nous avons cependant aussi la *fulgora europœa*.

La vue du feu fit doubler le pas aux piétons, car les deux jeunes amies elles-mêmes désiraient arriver à temps pour voir tirer le filet. La lune s'était cachée derrière un bois de pins situés à l'ouest; quelques légers nuages couvraient d'un voile la plupart des étoiles, et l'on n'avait d'autre clarté que celle qui était produite par le bûcher composé de broussailles, de branches et de racines, qui avait été préparé pendant la journée par ordre de Richard.

Ils arrivèrent enfin à peu de distance du lieu du rendez-vous, et Marmaduke fit faire une halte à quelques pas, pour écouter la conversation des pêcheurs. Ils étaient assis par terre, autour du feu, à l'exception de Richard et de Benjamin. Le shérif s'était emparé d'une grosse souche faisant partie de celles qu'on avait apportées pour former le bûcher; et le majordome, debout, les bras croisés contre le feu, était tantôt éclairé par un torrent de lumière, tantôt enveloppé dans un tourbillon d'épaisse fumée.

— Vous pouvez regarder comme une affaire sérieuse, monsieur Jones, disait Benjamin, de pêcher dans un lac un poisson de quinze à vingt livres, mais c'est une pauvre chose, après tout, pour un homme qui a halé à bord des requins.

— Il me semble, répondit Richard, que lorsqu'on prend, d'un coup de filet, un millier de perches de l'Otsego, sans compter les brochets, les carpes, les tanches et autres poissons, ce n'est pas une trop mauvaise pêche. On peut trouver quelque plaisir à harponner un requin, mais une fois qu'il est pris, à quoi est-il bon ? Or, de tous les poissons que je viens de vous nommer, il n'y en a pas un qui ne soit digne de la bouche d'un roi.

— Fort bien, monsieur Jones; mais écoutez la philosophie de la chose. Serait-il raisonnable de s'attendre à trouver dans ce petit étang, où il y a à peine assez d'eau pour noyer un homme des poissons tels que ceux qui vivent dans le profond Océan, où tout le monde sait..., c'est-à-dire quiconque a été marin, qu'on voit des baleines aussi grandes que le plus grand de tous ces pins?

— Doucement, Benjamin, doucement; songez-vous qu'il y a quelques-uns de ces pins qui ont deux cents pieds de hauteur et même davantage ?

— Deux cents, deux mille, qu'importe? n'y ai-je pas été? ne l'ai-je pas vu? je vous ai dit qu'il y en a d'aussi grandes que le plus grand de ces pins, et je ne m'en dédirai pas.

Pendant ce dialogue, qui était évidemment la suite d'une plus longue discussion, on voyait Billy Kirby, nonchalamment étendu devant le feu, et qui se servait d'un éclat de bois en guise de cure-dent, secouer de temps en temps la tête d'un air d'incrédulité, en écoutant les merveilles racontées par Benjamin. Mais en ce moment il parait qu'il jugea à propos de faire connaître ce qu'il en pensait.

— J'ai dans l'idée, dit-il, qu'il y a dans ce lac assez d'eau pour la plus grosse baleine qu'on ait jamais inventée. Quant aux pins, je crois que je dois m'y connaître, car j'en ai abattu plus d'un qui avait, entre souche et cime, soixante fois la longueur du manche de ma hache ; eh bien ! Ben-la-Pompe, je vous dirai que si le vieux pin qui est sur le haut de la montagne de la Vision, et vous pouvez le voir d'ici, car la lune donne encore sur ses dernières branches, je vous dirai que s'il était planté dans l'endroit le plus profond du lac, il y aurait encore assez d'eau pour que le plus grand vaisseau qui ait jamais été construit pût voguer par-dessus, sans toucher à ses branches ; et je le crois comme je vous le dis.

— Avez-vous jamais vu un vaisseau, Kirby ? avez-vous jamais vu un vaisseau ? Avez-vous jamais vu autre chose que des barques d'écorce ou de planches flottant sur cette goutte d'eau douce ?

— Oui, j'en ai vu ; je puis le dire sans mentir.

— Mais avez-vous jamais vu un vaisseau de ligne, un vaisseau de ligne anglais ? Où avez-vous vu un vaisseau régulièrement construit, ayant étambord et éperon ; gabords et contre-hiloires ; passe-avant, écoutilles et gouttières ; gaillard d'arrière et gaillard d'avant ? Dites-moi où vous avez vu de pareils vaisseaux à trois mâts et à trois ponts ?

Cette question produisit beaucoup d'effet sur tous ceux qui l'entendirent. Richard lui-même dit souvent par la suite que c'était bien dommage que Benjamin ne sût pas lire, parce que s'il l'avait su, il aurait été un excellent officier de marine, et qu'il n'était pas étonnant que les Anglais vainquissent si souvent les Français sur mer, puisque tous les marins anglais, jusqu'au dernier, connaissaient si bien toutes les parties d'un vaisseau. Billy Kirby fut le seul qui ne s'en laissa pas imposer par cet étalage d'érudition. Il était intrépide, n'aimait pas les étrangers ; et se levant brusquement, il se plaça en face de Benjamin, les bras croisés sur sa poitrine, et n'hésita pas à lui répondre, à la grande surprise des autres auditeurs :

— Où j'en ai vu ? dit-il ; j'en ai vu sur la rivière North et sur le lac Champlain. J'y ai vu des sloops qui donneraient du fil à retordre aux plus fameux vaisseaux du roi George. J'en ai vu qui avaient des mâts de quatre-vingt-dix pieds de hauteur, et j'ai abattu plus d'un pin qui a servi à en faire. Je voudrais être capitaine d'un de ces navires, et vous trouver à bord d'un de vos vaisseaux de ligne d'Angleterre, je vous ferais voir de quel bois est fait un Yankie, et si le cuir d'un Vermontois n'est pas aussi épais que celui d'un Anglais.

— Il faut avancer, dit Marmaduke, ou la querelle deviendra sérieuse. Benjamin est un rodomont entêté qui ne cède jamais à personne, et Billy Kirby est un enfant des forêts qui croit qu'un Américain vaut six Anglais. Ne laissons pas Dickon dans la nécessité d'interposer son autorité comme shérif.

L'apparition du juge Temple et de sa compagnie produisit sinon une pacification, du moins une cessation d'hostilités. Obéissant aux ordres de M. Jones, les pêcheurs se disposèrent à entrer dans la barque qu'on avait placée à quelque distance, avec le filet tout arrangé sur une petite plate-forme ajustée sur la poupe. Richard fit quelques reproches aux nouveau-venus sur leur lenteur ; mais enfin toutes les passions se turent et furent remplacées par un calme aussi tranquille que celui qui régnait sur les belles eaux qu'on allait dépouiller d'une partie de leurs trésors.

La nuit était devenue si sombre que les objets que ne pouvait atteindre la lumière produite par le feu allumé sur la rive étaient alors non seulement indistincts, mais invisibles. Jusqu'à une certaine distance, on voyait briller les eaux du lac dont la surface réfléchissait, comme en tremblant, la lueur rougeâtre de la flamme; mais à environ cent pieds du rivage, une barrière impénétrable de ténèbres arrêtait la vue. A peine deux ou trois étoiles se montraient-elles entre deux nuages ; et les lumières qu'on apercevait dans le village semblaient à une distance incommensurable. De temps en temps, lorsque l'éclat du feu diminuait, ou que l'horizon s'éclaircissait, on voyait les montagnes se dessiner de l'autre côté du lac, mais alors leur ombre tombait sur le sein des eaux et y redoublait l'obscurité.

Benjamin était invariablement chargé de gouverner la barque

de Richard et de jeter le filet, toutes les fois que le shérif ne jugeait pas à propos de présider lui-même à la pêche, et en cette occasion le soin des rames avait été confié à Billy Kirby, et à un jeune homme d'une vigueur reconnue, quoique non comparable à celle du bûcheron. Les autres pêcheurs devaient se tenir près des cordes pour tirer le filet sur le rivage. Les arrangements du départ furent bientôt faits, et Richard, comme l'aurait dit Benjamin, donna le signal pour pousser au large.

Elisabeth suivit des yeux pendant quelques instants la marche de la barque, qui s'éloignait du rivage, en laissant filer une des cordes du filet ; mais bientôt elle disparut dans les ténèbres, et l'oreille seule put juger de ses opérations. Pendant toutes ces manœuvres, on affecta le plus grand silence, afin de ne pas effrayer les poissons, qui, disait Richard, n'approcheraient pas vers la lumière s'ils entendaient le moindre bruit.

La voix rauque de Benjamin était la seule qui se fit entendre au milieu des ténèbres, tandis qu'il criait d'un ton d'autorité : — Appuyez sur la rame de bâbord, ferme sur la rame de tribord ; allez d'ensemble ! — et qu'il donnait tous les ordres qu'il jugeait nécessaires pour jeter convenablement son filet. Ces dispositions préliminaires prirent quelque temps ; car Benjamin, qui se piquait d'être habile pêcheur, ne voulait pas risquer sa réputation, et il savait que le succès de la pêche dépend, en grande partie, de la manière dont le filet est jeté.

Le bruit que fit le filet, en tombant dans l'eau, annonça la fin de l'opération, et à l'instant même Richard, saisissant un tison embrasé, courut se placer sur la gauche du foyer à une distance égale de celle du point d'où la barque était partie sur la droite, de sorte que le feu en formait le centre. On entendit alors Benjamin s'écrier : — Droit sur M. Jones ! force de rames, et nous verrons quels goujons il y a dans cet étang.

On entendit alors le bruit des rames, et celui de la seconde corde qu'on lâchait en avançant ; bientôt la barque reparut dans le cercle de lumière, et un moment après elle aborda au rivage. Plusieurs mains s'étendirent pour recevoir la corde attachée au filet de ce côté ; et d'autres pêcheurs saisissant également celle qui était restée au point du départ, on commença à tirer de part et d'autre, Richard se tenant au centre, et donnant ses ordres à droite et à gauche, suivant que l'occasion l'exigeait, pour régulariser le travail. Marmaduke et sa compagnie étaient placés près de lui, de manière à pouvoir jouir de l'ensemble des opérations, qui approchaient lentement de leur fin.

Tout en tirant le filet, on commençait à faire des conjectures sur le résultat de la pêche, les uns disant que le filet était aussi léger qu'une plume, les autres prétendant qu'il était aussi lourd qu'une demi-douzaine de troncs de pins. Comme les cordes avaient plusieurs centaines de pieds de longueur, le shérif n'attacha pas d'abord grande importance à cette différence d'opinion ; mais ensuite, voulant en juger par lui-même, il alla plus d'une fois d'une corde à l'autre, et les tira de ses propres mains, pour voir quelle résistance il éprouverait.

— Comment! Benjamin, s'écria-t-il, la première fois qu'il fit cette épreuve, vous avez mal jeté le filet! mon petit doigt suffirait pour tirer la corde.

— Croyez-vous donc tirer une baleine, monsieur Jones? répondit le majordome. Je vous dis que le filet a été bien jeté, et si la pêche n'est pas bonne, il faut que le lac soit peuplé de diables au lieu de poissons.

Mais Richard reconnut bientôt sa méprise en voyant, à quelques pas devant, Billy Kirby qui tirait la corde avec une telle vigueur, qu'il ne laissait rien à faire à ceux qui étaient placés derrière lui.

Quelques moments après, Elisabeth vit le bout des deux bâtons de la seine sortir du sein des ténèbres. Cette vue fit faire de nouveaux efforts aux pêcheurs, et bientôt ceux qui tiraient les deux cordes se rapprochèrent insensiblement du point central pour fermer ainsi le filet et en faire une espèce de sac.

— Courage, camarades! s'écria Richard, courage! il ne faut plus que tirer le filet à terre, et tout ce qu'il contient est à nous.

— Ho hé! oh! ho hé! cria Benjamin en tirant une des cordes.

— Ho hé! oh! ho hé! répéta Billy Kirby en tirant l'autre.

Le filet étant alors près du rivage, on entendit dans l'eau une agitation qui annonçait les efforts que faisaient les prisonniers pour regagner leur liberté.

— Tirez! tirez ferme! s'écria Richard ; les coquins voudraient nous échapper, mais il faut qu'ils nous paient de nos peines.

Le filet commençait à paraître à la surface de l'eau, et par la quantité de poissons qui étaient pris dans les mailles, on pouvait juger de celle qu'il devait contenir.

— Tirez donc à l'autre corde ! s'écria Kirby qui déployait à lui seul plus de vigueur que quatre de ses camarades ; je suis sûr que nous avons là dedans un millier de perches.

Et en parlant ainsi, oubliant, dans l'enthousiasme du moment, le froid de la saison, il se jeta dans le lac dont l'eau lui venait au-dessus de la ceinture, et fit des efforts surnaturels pour aider à en tirer le pesant filet. Les deux jeunes amies étaient les seules personnes de la compagnie qui fussent alors dans l'inaction, car Edwards et Marmaduke lui-même, voyant les difficultés qu'opposait la pesanteur du filet, avaient mis la main aux cordes comme les autres.

Enfin, et après bien des efforts, le filet fut traîné sur le sable, et les victimes nombreuses qu'il contenait furent déposées sur un élément qui devait amener promptement la fin de leur existence.

Chacun était dans la joie ; Elisabeth et Louise elles-mêmes éprouvèrent un mouvement de plaisir en voyant deux mille captifs tirés ainsi du fond du lac, et déposés à leurs pieds comme autant de prisonniers. Mais Marmaduke, quand le premier moment du triomphe fut passé, ramassa une perche du poids d'environ deux livres, la regarda quelques instants en ayant l'air de faire des réflexions mélancoliques, et la rejetant ensuite, il se retourna vers sa fille.

— C'est prodiguer d'une manière insensée les bienfaits de la Providence, dit-il. Ces poissons que vous voyez amoncelés en si grande quantité, Bess, et qui seront servis demain sur les tables les plus pauvres de Templeton, seraient un mets recherché sur celles des rois et des épicuriens. Il n'y a pas dans l'univers entier de meilleur poisson que les *perches*[1] de l'Otsego. Elles réunissent la *saveur*[2] de *l'alose*[3] à la fermeté du saumon.

— Mais, mon père, dit Elisabeth, n'est-ce pas un grand bonheur que le pauvre puisse jouir des faveurs de la Providence ?

---

1. La perche de l'Otsego est cette variété de persèque que les Anglais appellent *bass*. Nous ne saurions inventer un terme pour un poisson dont il n'existe que l'*équivalent* dans les eaux d'Europe.

2. Peut-être le mot *saveur* ne rend-il qu'imparfaitement *the richness* de l'alose américaine. *Rich*, en gastronomie anglaise, est un adjectif qui exprime des jus exquis dans les mets, etc.

3. De tous les poissons que l'auteur ait jamais goûtés, il pense que celui dont il est fait mention ici est le meilleur.

— Le pauvre est toujours prodigue quand il est dans l'abondance, répondit M. Temple, et il est bien rare qu'il songe au lendemain. Mais s'il existe quelque créature qu'il soit permis de détruire en si grande quantité à la fois, il faut convenir que c'est la perche. Pendant l'hiver, la glace la protége contre les attaques de l'homme, car jamais elle ne mord à l'hameçon, et jamais on ne la voit pendant les mois de chaleur. On présume qu'elle se retire alors dans les profondeurs du lac où l'eau est toujours plus fraîche. Ce n'est que pendant le printemps et l'automne, et seulement pendant quelques jours de ces deux saisons, qu'elle se montre dans des endroits où il est possible de la prendre à la seine. Mais, comme les autres trésors de la nature, elle commence déjà à disparaître, grâce à l'extravagante profusion de l'homme.

— Disparaître! cousin 'Duke, s'écria le shérif; vous appelez cela disparaître, quand vous en avez vu plus d'un millier à vos pieds, sans compter je ne sais combien de centaines d'autres poissons? mais c'est votre manière accoutumée. D'abord c'étaient les arbres, ensuite ce furent les daims, après cela le sucre d'érable, et aujourd'hui ce sont les poissons. Un jour, vous parlez de canaux dans un pays où l'on trouve un lac ou une rivière à chaque demi-mille, uniquement parce que l'eau ne coule pas précisément du côté que vous le voudriez; un autre, vous rêvez de mines de charbon, quand un homme qui a de bons yeux, des yeux comme les miens, voit ici plus de bois qu'il n'en faudrait pour en fournir pendant cinquante ans à la ville de Londres. Cela n'est-il pas vrai, Benjamin?

— A l'égard de Londres, squire, répondit le majordome, ce n'est pas une petite ville, et si l'on pouvait en transporter ici les maisons, et les mettre à la suite les unes des autres, je crois qu'elles pourraient faire le tour de ce lac. Et cependant, j'ose dire que la forêt que nous avons en face pourrait lui fournir du bois bien longtemps, attendu que les habitants de Londres brûlent principalement du charbon.

— Puisque nous voilà encore sur le charbon, cousin 'Duke, dit Richard, cela me rappelle que j'ai à vous parler d'une affaire très-importante; mais ce sera pour demain matin. Je sais que vous avez dessein de faire une excursion dans la partie occidentale de votre patente; je vous accompagnerai, et je vous conduirai dans un endroit où une partie de vos projets pourra se réaliser.

Je ne vous en dirai pas davantage en ce moment, car il y a des oreilles ouvertes autour de nous ; vous saurez seulement que c'est un secret qui m'a été révélé ce soir, et qui est de plus d'importance pour votre fortune que tous vos domaines réunis.

Marmaduke ne fit que rire de cette nouvelle importante, car ce n'était pas la première fois qu'il entendait Richard Jones se livrer à des rêves que le dernier rayon du jour faisait évanouir ; et le shérif, le regardant avec un air de dignité, comme s'il eût eu pitié de son peu de foi, ne chercha pas à le convaincre, mais, appelant Benjamin, il ne songea plus qu'à l'affaire qui l'occupait en ce moment.

D'après l'ordre de Richard, Benjamin et une partie des pêcheurs préparèrent le filet pour le jeter une seconde fois, et les autres divisèrent les différentes espèces de poissons, pour qu'il fût plus facile d'en faire ensuite la distribution d'usage.

CHAPITRE XXIV.

> De sa rive, récit terrible à raconter ! trois matelots
> tombèrent avec leur brave contre-maître.
> FALCONER.

PENDANT que les pêcheurs faisaient les préparatifs du partage, Elisabeth et son amie s'éloignèrent insensiblement du groupe de pêcheurs, en se promenant le long des bords du lac. Les ombres de la nuit s'étaient encore épaissies pendant qu'on avait tiré le filet, et quoique la clarté du feu répandît une lumière assez vive sur les objets qui en étaient dans le voisinage immédiat, ce contraste ne faisait que redoubler les ténèbres qui enveloppaient ceux qui étaient plus éloignés. Elles ne tardèrent pas à se trouver à un point où l'obscurité les dérobait entièrement aux yeux des pêcheurs, quoique ceux-ci, placés près du foyer de lumière, fussent parfaitement visibles aux leurs.

— Voilà un sujet qui mériterait d'exercer le pinceau d'un bon peintre, dit Elisabeth. Examinez la physionomie du bûcheron ; comme il a l'air joyeux en montrant à mon cousin Richard un poisson d'une grosseur peu commune! Et voyez l'air de dignité de mon père au milieu de tous ces villageois occupés à faire la séparation des diverses espèces de poissons. Il semble pensif et mélancolique, comme s'il craignait qu'un jour de rétribution ne dût suivre bientôt un instant de prodigalité. Cela ne ferait-il pas un beau tableau, Louise?

— Vous savez que je ne possède pas le talent du dessin, miss Temple.

— Cela n'empêche pas que vous ne puissiez avoir une opinion. Mais pourquoi ne m'appelez-vous pas Elisabeth? cela serait plus amical.

— Eh bien! ma chère Elisabeth, je vous dirai donc que je crois que cela pourrait faire un très-beau tableau. Les traits grossiers de Kirby, et le regard de cupidité qu'il jette sur ce poisson, formeraient un contraste parfait avec... avec l'expression de... de la physionomie de M. Edwards. Il y a dans son air quelque chose de... de... je ne saurais comment l'exprimer, mais vous me comprenez, Elisabeth.

— Vous me faites trop d'honneur, miss Grant. Je ne sais ni deviner les pensées, ni interpréter les expressions.

Il n'y avait certainement ni dureté ni froideur dans la manière dont ce peu de mots furent prononcés, et cependant ils interrompirent un moment la conversation, et les deux amies, se tenant par le bras, continuèrent leur promenade en silence, en s'éloignant toujours de leur compagnie. Elisabeth fut la première qui renoua la conversation, soit qu'elle craignît d'avoir blessé miss Grant involontairement en lui parlant comme elle venait de le faire, soit qu'elle y fût excitée par le nouvel objet qui frappa sa vue en ce moment.

— Regardez, Louise, s'écria-t-elle; nous ne sommes pas les seuls qui pêchions cette nuit dans le lac. Voilà un feu qu'on allume sur l'autre rive, presque en face de nous. Ce doit être près de la hutte de Bas-de-Cuir.

Pour une cause ou pour une autre, Louise avait les yeux baissés vers les cailloux sur lesquels elles marchaient; probablement parce que, étant plus timide que sa compagne, elle craignait de percer les mystères de l'obscurité; ou peut-être pour une meilleure cause que nous laissons à nos lecteurs le soin d'imaginer. Quoi qu'il en soit, son attention étant éveillée par l'exclamation de miss Temple, elle jeta un regard dans la direction indiquée.

Au milieu des ténèbres, qui étaient plus épaisses sous la montagne du côté de l'est que partout ailleurs, une lumière faible et tremblante paraissait et disparaissait tour à tour. Elle n'était pas stationnaire, mais semblait avancer vers les bords du lac. Tout à coup elle s'arrêta, augmenta d'éclat et de volume, et prit la forme d'un sphéroïde de feu de la grosseur de la tête d'un homme. Elle ne ressemblait nullement à la flamme que Richard continuait à faire alimenter; elle était plus brillante, plus uniforme, et n'augmentait ni ne diminuait que par intervalle.

Il y a des moments où les esprits les plus sages éprouvent un retour des fausses impressions qu'on manque rarement de recevoir dans l'enfance; Elisabeth ne put s'empêcher de sourire de sa faiblesse, quand son imagination lui rappela les contes absurdes qu'on faisait dans le village relativement à Natty Bumppo. Les mêmes idées s'étaient emparées de sa compagne, et au même instant Louise, se pressant davantage contre elle, lui dit en jetant un coup d'œil craintif vers l'objet qui lui inspirait ces réflexions :

— N'avez-vous jamais entendu parler des manières étranges de ce Natty, miss Temple? On dit qu'il a vécu longtemps avec les Indiens dans sa jeunesse, et qu'il a même combattu avec eux dans les dernières guerres.

— Cela n'est pas impossible, Louise; mais il n'est pas le seul blanc qui en ait fait autant.

— Sans doute; mais n'est-il pas bien singulier qu'il prenne tant de précautions pour sa hutte? jamais il n'en sort sans la fermer avec un soin tout particulier. Quelquefois même des enfants ou des hommes lui ayant demandé un abri contre l'orage, il a refusé de les recevoir, et les a renvoyés durement en les menaçant. Cela n'est-il pas bien étrange dans ce pays?

— Il est certain qu'il n'est pas hospitalier, mais il ne faut pas oublier son aversion pour la vie civilisée. Vous avez entendu dire à mon père, il n'y a pas longtemps, qu'il en fut bien accueilli le premier jour de son arrivée dans ce canton. D'ailleurs il reçoit les visites de M. Edwards, et nous savons toutes deux que M. Edwards n'est rien moins qu'un sauvage.

Louise ne répondit rien à cette observation, et continua à regarder l'objet qui l'avait occasionnée. Une seconde lumière, moins vive que la première, et de forme conique, parut en ce moment. Elle en était placée à peu de distance par derrière, et en suivait exactement tous les mouvements. Quelques instants suffirent pour leur faire reconnaître que cette seconde clarté n'était que la réverbération de la première sur les eaux du lac, car cet objet, quel qu'il pût être, s'avançait rapidement vers elles en droite ligne.

— On serait tenté de croire que c'est une apparition surnaturelle, dit Louise en entraînant sa compagne du côté des pêcheurs dont elles s'étaient éloignées.

— C'est un superbe spectacle, dit Elisabeth.

L'objet sur lequel elles avaient toujours les yeux fixés perdit alors sa forme régulière, augmenta de volume, sans perdre de son éclat, et parut une flamme vacillante qui répandait la clarté devant elle, tandis que par derrière tout restait enveloppé dans de profondes ténèbres.

— Eh! Bas-de-Cuir! est-ce vous? s'écria le shérif. Venez par ici, et je vous donnerai une provision de poissons dignes de figurer sur la table d'un gouverneur.

La lumière changea tout à coup de direction pour s'avancer du côté de l'immense brasier près duquel était Richard. Une barque légère sortit du sein de l'obscurité, et l'on vit Natty, debout sur ce fragile navire, maniant avec toute l'adresse d'un batelier expérimenté un long bâton armé d'un fer en forme de harpon, dont il se servait comme d'aviron pour aider la barque à voguer sur la face du lac, quand la profondeur de l'eau lui permettait de toucher la terre. Sur l'avant du bateau était un homme qu'on n'apercevait qu'indistinctement, et qui en dirigeait la marche à l'aide d'une rame qu'il employait avec une aisance qui prouvait l'habitude de s'en servir. En ce moment, Natty ayant remué avec le fer de son bâton les racines de pins qui brûlaient dans une espèce de brasier en fer, la lumière plus vive qu'elles produisirent fit reconnaître les traits basanés et les yeux noirs et perçants de John Mohican.

La barque continua à côtoyer le rivage à quelque distance, jusqu'à ce qu'elle fût en face du feu de Richard, et elle changea alors de direction pour s'approcher de la terre. L'eau était à peine sillonnée par son passage, et pas le moindre bruit ne se fit entendre quand elle toucha le sable, Natty et Mohican s'étant alors placés sur l'arrière de leur frêle bâtiment, pour qu'il pût s'avancer davantage vers la rive.

— Approchez, Mohican, dit Marmaduke ; approchez, Bas-de-Cuir, et chargez votre barque d'autant de poissons que vous en voudrez prendre. Ce serait une honte que de les attaquer avec le harpon, quand en voilà une telle quantité que toutes les bouches du village ne viendront peut-être pas à bout de les consommer.

— Non, non, juge, répondit Natty en continuant à s'avancer, je ne me nourris du fruit des dévastations de personne. Quand j'ai envie d'une anguille ou d'une truite, j'ai mon harpon pour m'en procurer ; mais je ne voudrais pas, pour le meilleur fusil qu'on ait jamais apporté dans le pays, prendre part au péché qu'on commet en tuant de gaieté de cœur des milliers de créatures. Si elles pouvaient fournir des fourrures comme le castor, des cuirs comme le daim, vous pourriez dire quelque chose pour excuser une pareille destruction ; mais comme Dieu ne les a faites que pour qu'elles servent à la nourriture de l'homme, je dis que c'est un péché que d'en tuer plus qu'on ne peut en manger.

— Votre raisonnement est juste, Bas-de-Cuir, s'écria Marmaduke, et pour cette fois nous sommes du même avis. Je voudrais que nous pussions convertir le shérif. Un filet moins grand de moitié fournirait à tout le village une provision de poissons suffisante pour une semaine.

— Non, non, juge, dit Natty en secouant la tête, comme s'il n'eût pas admis cette conformité de sentiments, il ne faut pas dire que nous sommes du même avis ; car si cela était, vous n'auriez pas coupé tant de centaines d'acres de bons bois. Mais, vous autres, vous n'avez ni règle, ni mesure, ni en chassant, ni en pêchant. Moi, la chair d'une créature me paraît meilleure quand je lui ai laissé quelque chance de sauver sa vie, et c'est pourquoi je ne charge jamais mon fusil que d'une seule balle, même pour tirer sur un oiseau ou un écureuil. D'ailleurs cela épargne le plomb, et quand on sait tirer, une balle doit suffire, à moins qu'il ne s'agisse de ces animaux qui ont la vie dure.

Richard entendit cette conversation avec indignation, et quand il eut terminé ses arrangements de distribution en prenant de ses propres mains une grosse truite qu'il plaça successivement sur différents tas, jusqu'à ce que ses idées de justice fussent satisfaites, il donna carrière à son mécontentement.

— Jolie confédération, sur ma foi! pour la conservation du gibier dans le pays, entre le juge Temple, propriétaire de deux milliers d'acres de terre et fondateur d'une ville, et Natty Bumppo, fainéant de profession, et braconnier reconnu! Mais apprenez, cousin 'Duke, que, quand je pêche, c'est pour pêcher; ainsi courage, mes amis; un second coup de filet, et demain matin nous enverrons des voitures pour rapporter notre butin.

Marmaduke sentit probablement qu'il serait inutile de chercher à dissuader le shérif de ce dessein, et, s'éloignant du feu, il s'avança vers la barque de Natty, dont la curiosité avait déjà porté les deux jeunes amies à s'approcher, et où Olivier Edwards les avait suivies.

Elisabeth examina avec attention les planches légères de frêne, revêtues d'écorce, qui avaient servi à construire ce canot, admira la simplicité de sa structure, et parut étonnée qu'il pût se trouver quelqu'un assez hardi pour confier sa vie à une barque si frêle. Edwards entra alors dans le détail des raisons qui rendaient ce bateau aussi sûr qu'aucun de ceux qu'on pût choisir, et il lui fit ensuite une description si animée de la manière dont on harponnait le poisson, que les craintes de miss Temple se dissipèrent et firent place au désir de faire une excursion sur le lac dans la nacelle qui lui avait d'abord inspiré de la frayeur, afin d'avoir le plaisir de cette nouvelle espèce de pêche. Elle se hasarda même à en faire la proposition à son père, en riant, et en s'accusant de céder à un caprice de femme.

— Je suis charmé, Bess, dit M. Temple, que vous n'écoutiez pas des craintes puériles. Il n'existe aucune espèce de barque où l'on soit plus en sûreté que sur ces canots, quand on sait les manœuvrer. J'en avais un semblable, et plus petit encore, la dernière fois que je traversai l'Onéiada dans sa plus grande largeur.

— Et je m'en suis servi plus d'une fois, dit Natty, pour voguer sur le lac Ontario; et j'avais souvent des femmes avec moi. Mais les femmes delawares savent manier la rame, et conduisent de pareils canots aussi bien que des hommes. Si miss Temple veut y monter pour faire un tour sur le lac, elle verra, par-dessus le marché, un vieillard harponner une truite pour son déjeuner. John vous dira comme moi qu'il n'y a aucun danger. C'est lui qui a construit ce canot, et ce n'est qu'hier que nous l'avons lancé sur le lac, et que nous en avons fait l'essai.

— Venez, petite-fille de Miquon, dit John Mohican en prenant la main de la jeune fille, dont la douceur et la blancheur contrastaient avec la rudesse et la couleur noirâtre de la peau qui couvrait la sienne; fiez-vous à l'Indien; sa tête est vieille, et sa main est encore sûre, quoiqu'elle commence à trembler. Le jeune aigle nous accompagnera, et il veillera à ce qu'il n'arrive aucun accident à sa sœur.

— Vous l'entendez, monsieur Edwards, dit Élisabeth en rougissant un peu; votre ami Mohican vient de faire une promesse pour vous. Consentez-vous à la ratifier?

— Aux dépens de ma vie, s'il est nécessaire, miss Temple, répondit le jeune homme avec chaleur. Je vous garantis que vous ne courez aucun risque, et c'est moins pour vous être utile que pour le plaisir de vous accompagner que je vous suivrai ainsi que miss Grant.

— Moi! s'écria Louise, je n'ai nulle envie de me hasarder sur une barque si fragile; et j'espère bien, ma chère Elisabeth, que vous ne serez pas assez imprudente pour y monter.

— J'y monterai bien certainement, répondit miss Temple; et, suivant le vieil Indien, elle sauta légèrement sur le canot, et s'assit à l'endroit qu'il lui indiqua. Monsieur Edwards, ajouta-t-elle, vous pouvez rester; trois personnes me paraissent bien assez pour une pareille coquille de noix.

— Elle peut aisément en porter une quatrième, s'écria Edwards en s'élançant à côté d'elle avec une impétuosité qui fit trembler la nacelle. Pardon, miss Temple, mais je ne puis permettre à ces deux vénérables Carons de vous conduire dans l'empire des ombres, sans que votre génie vous accompagne.

— Est-ce un bon ou un mauvais génie? demanda miss Temple en souriant.

— C'en est un bon *pour vous*, répondit le jeune homme en appuyant sur les deux derniers mots.

— Et pour les miens? ajouta Elisabeth avec un air moitié satisfait, moitié piqué. Mais le mouvement du canot, qui quittait le rivage en ce moment, donna une autre direction à ses idées et fournit à Edwards une bonne excuse pour ne pas répondre à cette observation.

Il parut à Elisabeth que le canot flottait comme par magie sur la surface des eaux, tant John Mohican semblait le conudire avec aisance. Le moindre geste que Natty faisait avec son harpon lui indiquait la marche qu'il devait suivre, et chacun gardait un profond silence, précaution nécessaire pour le succès de la pêche.

Ils arrivèrent bientôt à un endroit où l'eau avait peu de profondeur. Ce n'est que là qu'on trouve les perches en cette saison, et qu'il est possible de les prendre au filet. Tout le tour du canot étant éclairé par le feu que Natty avait soin d'alimenter, Elisabeth vit passer un nombre prodigieux de ces poissons, formant des masses si serrées, qu'il semblait qu'en jetant le harpon au hasard on ne pouvait manquer d'en frapper quelqu'un. Mais Natty avait ses habitudes particulières, et peut-être aussi ses goûts particuliers. Il était debout sur l'avant du canot ; sa posture et sa grande taille lui permettaient de voir beaucoup plus loin que ceux qui étaient assis à l'arrière, et penchant le corps, tantôt en avant, tantôt de côté, il semblait vouloir pénétrer jusqu'au-delà du cercle de lumière qui entourait la petite nacelle.

Enfin ses recherches furent couronnées de succès, et faisant un geste avec son harpon.— Par-là, John, dit-il à demi-voix, par-là. J'aperçois un habitant du lac qui a quitté l'école depuis longtemps. Il est rare qu'on en trouve un pareil dans les eaux basses, et à portée du harpon.

L'Indien remua la tête en signe d'assentiment, et il fit marcher le canot dans la direction indiquée, tandis que Natty jetait sur le feu quelques fragments de racines de pin qui rendirent la clarté si vive qu'elle éclairait jusqu'au fond du lac. Elisabeth vit alors, à la profondeur d'une vingtaine de pieds, un poisson d'une grosseur peu ordinaire qui semblait reposer tranquillement au fond de l'eau sur quelques morceaux de bois, et qu'on n'en pouvait même distinguer que par le mouvement de sa queue et de ses nageoires.

— Chut! chut! dit Natty à voix basse à Elisabeth qui avait fait un peu de bruit en se levant pour mieux voir cet habitant des eaux ; c'est un poisson plus facile à effaroucher qu'à harponner. Il est au moins à dix-huit pieds, et le manche de notre harpon n'en a que quatorze. Je serais pourtant fâché de le manquer, car il pèse au moins dix livres.

En parlant ainsi il saisit son arme, la fit brandir en l'air, et la lança avec force dans la direction qu'il jugea convenable. Elisabeth vit le fer poli et luisant qui en garnissait le bout entrer dans l'eau, et, trompée par l'effet de la réfraction, elle crut que le harpon n'atteindrait pas sa victime. Le manche disparut sous l'eau, un léger tourbillon se forma à l'endroit de son passage, mais la force de la réaction le ramena à la surface presque au même instant. Natty qui l'attendait, le corps courbé presque au niveau de l'eau, le saisit sur-le-champ, et offrit aux yeux d'Elisabeth une superbe truite saumonée que le harpon avait percée.

— Voilà tout ce qu'il me faut, dit-il en plaçant le poisson au fond du canot ; je n'en veux pas davantage ; je ne lancerai plus le harpon cette nuit.

A peine le canot avait-il fait cette prise qu'un bruit de rames annonça l'arrivée de la barque plus pesante que montait Benjamin. Elle se trouva bientôt dans le cercle de lumière formé par la nacelle, et le majordome, qui avait déjà commencé à jeter le filet, s'écria d'une voix rauque :

— Prenez le large, monsieur Bumppo ; votre lumière effraie le poisson et lui fait voir le filet. Si vous restez de conserve avec moi, je n'en prendrai pas un. Croyez-vous qu'un poisson n'ait pas autant de jugement qu'un cheval pour apercevoir le danger ? Prenez le large, vous dis-je, et ne restez pas dans mes eaux.

John Mohican n'était pas habitué à obéir à des ordres donnés d'un ton si impérieux, et il mit tant de lenteur à exécuter celui que Benjamin venait de donner, qu'il eut le temps de remarquer, ainsi que ses compagnons, que la discorde s'était introduite à bord de la barque.

— Appuyez donc davantage sur la rame de bâbord, Kirby, s'écriait le majordome. Comment voulez-vous que j'achève de jeter le filet ? Le meilleur amiral ne peut rien faire si l'on n'exécute pas ses ordres. Il n'y a pas un mousse dans toute la marine anglaise qui n'entende la manœuvre mieux que vous.

— Monsieur La Pompe, répliqua Kirby en cessant de ramer, il est bon que vous sachiez que j'aime qu'on me parle, et qu'on me traite avec civilité. Si vous voulez que je fasse tourner la barque, dites-le-moi honnêtement, et je le ferai ; mais je ne suis pas d'humeur à recevoir des ordres comme un animal muet.

— Que voulez-vous dire par-là ? reprit Benjamin, qui, se tournant du côté de la lumière du canot, laissa voir sur son visage l'expression de son mépris ; dépêchez-vous de virer de bord, à moins que vous ne vouliez faire manquer la pêche. Si l'on me prend jamais à pêcher avec un cheval de mer comme vous, je veux passer pour un âne, et voilà tout !

Le bûcheron obéit en murmurant, et le mécontentement ajoutant encore à ses forces, il fit tourner la barque par un mouvement si rapide, que la secousse fit tomber dans l'eau non seulement le filet, mais le pêcheur en chef, qui, se trouvant sur le bord de la plate-forme mouillée et glissante, ne put conserver l'équilibre.

La barque était encore éclairée par le feu allumé sur le canot qui n'en était qu'à très-peu de distance, de sorte que la chute de Benjamin fut aperçue du rivage, d'où l'on entendit partir des cris perçants.

— L'amiral ne sait pas nager, dit Kirby en commençant à ôter son habit.

— Ramez, John ; ramez vite, s'écria Edwards, et je plongerai pour le sauver.

— Oh! sauvez-le! sauvez-le! pour l'amour du ciel! s'écria Elisabeth en baissant la tête sur ses mains d'un air effaré.

Le bras vigoureux de Mohican et la légèreté de la nacelle qu'il conduisait firent arriver le canot sur le lieu du naufrage, en moins de temps qu'il ne nous en faut pour le dire. Edwards fit un mouvement pour se jeter à l'eau.

— Doucement! doucement! dit Natty en le retenant; j'aurai plus tôt fait de le harponner, et il n'y aura de risque pour personne.

On voyait distinctement sous l'eau, à environ dix pieds de profondeur, Benjamin tenant à chaque main une poignée de roseaux dont il avait voulu se servir pour remonter à la surface, mais qui avaient été trop faibles pour le soutenir. Natty enfonça son harpon dans l'eau avec précaution, et en faisant adroitement passer le crochet dans les cheveux du majordome, qui, comme nous croyons l'avoir dit, les portait toujours noués en queue, et dans le collet de son habit ; il le ramena dans l'élément qui lui était naturel, et où Benjamin annonça son arrivée en respirant avec une force qui aurait fait honneur à un phoque.

Il ouvrit les yeux un instant, regarda autour de lui d'un air égaré, comme s'il se fût trouvé dans un pays inconnu, et perdit connaissance. On l'étendit dans la grande barque, et l'on rama si vigoureusement pour regagner le rivage, qu'on y aborda en moins de deux minutes. Richard, impatient de savoir dans quelle situation se trouvait son favori, s'était avancé dans l'eau jusqu'à ce qu'elle lui vînt au-dessus de la ceinture, et il aida Billy Kirby à le transporter près du feu, où il recommença à revenir à lui, tandis que le shérif donnait les ordres suivants :

— Courez, Kirby, courez au village, et rapportez-en le tonneau dans lequel je fais du vinaigre, et dépêchez-vous ; ne vous amusez pas à vider le vinaigre. Achetez chez M. Le Quoi du tabac et une demi-douzaine de pipes. Demandez à Remarquable son flacon de sels et un de ses jupons de flanelle. Dites au docteur Todd de venir sur-le-champ, ou plutôt qu'il m'envoie une lancette. — Eh bien ! cousin 'Duke, à quoi pensez-vous donc ? vous faites avaler du rhum à un homme qui n'a déjà que trop bu ?

Pendant ce temps Benjamin serrait encore dans ses mains les roseaux auxquels il s'était accroché ; ses yeux s'étaient rouverts, et ses poumons jouaient avec la force d'un soufflet de forgeron, comme pour se dédommager de la minute d'inaction à laquelle ils avaient été condamnés. Comme il tenait ses lèvres serrées l'une contre l'autre avec un air de détermination, l'air ne pouvait passer que par ses narines, de sorte qu'on aurait pu dire qu'il ronflait au lieu de respirer.

La bouteille que Marmaduke approcha de la bouche de son intendant agit comme un talisman. Ses lèvres s'entr'ouvrirent ; ses mains lâchèrent les roseaux pour saisir la fiole qui lui était présentée ; ses yeux, qui regardaient tour à tour, d'un air égaré, tous ceux qui l'entouraient, se fixèrent vers le ciel, et il sembla en ce moment retrouver la vie. Malheureusement pour les goûts du majordome, quand il eut bu quelques instants, le besoin de respirer se fit sentir à lui aussi fortement qu'après son immersion, et il fut obligé d'éloigner la bouteille de sa bouche.

— Vous m'étonnez, Benjamin, s'écria le shérif ; est-il possible qu'un homme qui a votre expérience agisse si inconsidérément ? Vous êtes déjà plein d'eau, et voilà que...

— Voilà que j'y ajoute du rhum pour faire du grog, répondit Benjamin, dont les traits avaient alors repris leur expression habituelle. Mais ne craignez rien, monsieur Jones, j'ai eu soin de tenir mes écoutilles bien fermées, et il n'est pas tombé beaucoup d'eau dans l'entrepont. Quant à vous, maître Kirby, j'ai voyagé longtemps sur l'eau salée, quelquefois sur l'eau douce, et je puis dire à votre louange que vous êtes le plus mauvais de tous les matelots qui se soient jamais assis sur un banc de rameurs. Je consens à boire toute l'eau du lac, si je me retrouve jamais avec vous à bord d'un canot, d'une chaloupe, ou même d'un vaisseau de ligne. Natty Bumppo, une poignée de main! On dit que vous êtes un Indien, et que vous avez scalpé plus d'une tête, mais n'importe; vous m'avez rendu un service que je n'oublierai pas, et vous pouvez compter sur moi à la vie et à la mort, sur terre comme sur mer. Ce n'est pas qu'il n'eût été plus convenable de me jeter un bout de corde attaché à une bouée, au lieu de me harponner comme une truite, et de retirer de l'eau un vieux marin en l'accrochant par la queue; mais je suppose que vous vous êtes habitué à saisir les hommes par les cheveux, et puisque cela a réussi, voyez-vous, peu importe la manière.

Marmaduke, prenant alors un ton d'autorité qui imposa même au shérif, ordonna qu'on se préparât sur-le-champ au retour. Benjamin, soutenu par deux jeunes paysans, partit de suite pour le village; on tira le filet avec tant de négligence et de précipitation, qu'il s'y trouva à peine une douzaine de petits poissons; on fit la distribution du produit de la pêche selon l'usage habituel, c'est-à-dire que Richard touchait un des lots, tandis qu'un pêcheur, le dos tourné vers lui, désignait l'individu auquel il appartiendrait. Enfin, toutes ces dispositions faites, Billy Kirby, placé en sentinelle pour veiller sur le poisson et le filet, jusqu'au lendemain matin, fit griller une grosse perche sur les charbons pour son souper. M. Temple et sa compagnie montèrent sur la grande barque, après que M. Jones eut fait choix de deux vigoureux rameurs, et les autres pêcheurs suivirent les bords du lac pour retourner à pied au village.

On put suivre des yeux le canot de Mohican, qui fendait l'eau avec une rapidité sans égale, jusqu'à ce qu'il eût abordé au rivage, en face de la hutte de Natty. Dès qu'ils furent débarqués, ils éteignirent leur feu, et tout rentra de ce côté dans une obscurité profonde. Le jeune homme qui tenait un dais formé de châles sur lui-même et sur Louise, le chasseur et le guerrier indien, occupèrent alternativement les pensées de la jeune héritière. Elle se sentit aussi curieuse de visiter une hutte où des hommes si différents entre eux se réunissaient par une impulsion commune.

CHAPITRE XXV.

> Cesse tous ces discours sur les montagnes et les vallées ; vieux fou, personne n'écoute ces scènes de tes jeux d'enfant avec la même complaisance qui chatouille tes propres oreilles. Allons, à ton histoire !
>
> Duo.

M. Jones se leva le lendemain matin avec le soleil, et ayant donné l'ordre de seller son cheval et celui de Marmaduke, il se rendit à l'appartement du juge avec l'air de quelqu'un qui a dans la tête une affaire importante. La porte du juge n'était pas fermée ; Richard entra avec cette liberté qui caractérisait la liaison amicale des deux cousins, et les manières habituelles du shérif.

— Allons, cousin 'Duke, s'écria-t-il en le trouvant levé et habillé, à cheval, et partons. Je vous expliquerai en détail, chemin faisant, ce dont je n'ai fait que vous dire un mot hier. David dit.... non, c'est Salomon, mais n'importe, cela ne sort pas de la famille [1]. Salomon dit qu'il y a un temps pour toutes choses. Or, dans mon humble opinion, une partie de pêche n'est pas le temps convenable pour traiter des affaires importantes. — Et qu'avez-vous donc, cousin 'Duke ? Etes-vous indisposé ? Que je vous tâte le pouls : vous savez que mon grand-père était...

— Je me porte très-bien de corps, Richard, dit Marmaduke en repoussant le shérif, qui s'apprêtait à aller sur les brisées du docteur Todd ; mais j'ai l'esprit malade. Hier, en revenant de la pêche, j'ai trouvé des lettres qui étaient arrivées pendant mon absence, celle-ci entre autres. — Lisez.

---

[1]. Les attaques du parti dévot contre sir Walter Scott, en Ecosse et en Angleterre (1826), nous prouvent que ces plaisanteries peu graves sur l'histoire sacrée ne sont point particulières aux auteurs américains, et l'on aurait tort d'en conclure qu'il y a peu de religion dans un pays où il y a tant de *religions*. Les Américains comme les Anglais lisent la Bible plus souvent que nous, les comparaisons tirées de ce livre sont donc plus fréquentes parmi eux, et il existe entre les lecteurs et les personnages des deux Testaments une *familiarité* qui rend les plaisanteries plus excusables aux yeux de ceux qu'elles pourraient scandaliser.

Richard prit la lettre, mais sans l'ouvrir, sans même y jeter les yeux, tant il était occupé à regarder son cousin. Il jeta ensuite un regard sur la table, sur laquelle on voyait quelques lettres et différents papiers. Il examina aussi l'appartement. L'état du lit annonçait qu'on s'était jeté dessus pour se reposer, mais qu'on n'y avait pas couché. Les chandelles avaient brûlé jusqu'au dernier bout, et paraissaient s'être éteintes d'elles-mêmes. Marmaduke avait les mêmes habits que la veille au soir, il avait tiré les rideaux des croisées, ouvert les volets et les fenêtres pour respirer l'air frais du matin ; mais ses joues étaient pâles, ses lèvres tremblantes, ses yeux battus, et l'on ne trouvait plus en lui cet air calme, noble et enjoué qui lui était ordinaire.

L'étonnement du shérif croissait à chaque instant. Enfin il jeta les yeux sur l'adresse de lettre qu'il tenait en main, et en voyant le timbre qu'elle portait, il s'écria : — Une lettre d'Angleterre ! Ah! oui, sans doute, elle doit contenir des nouvelles importantes.

—Lisez-la, dit Marmaduke en se promenant d'un air agité.

Richard, qui pensait tout haut, n'était pas en état de lire une lettre à voix basse sans laisser échapper de temps en temps quelques mots de ce qu'elle contenait, et nous allons rendre un compte exact de la manière dont il fit la lecture de celle-ci, et des remarques dont il l'accompagna.

Londres, 12 février 1793.

— Diable! il faut que ce bâtiment ait eu une mauvaise traversée! Il est vrai que depuis deux mois, à l'exception de la dernière quinzaine, le vent a toujours été au nord-ouest.

« J'ai reçu vos lettres des 18 août, 23 septembre et 1er décembre, et j'ai répondu à la première par le même bâtiment... Hum..., hum... Ici la voix du shérif devint tout à fait indistincte, mais elle articula un moment après : Je suis fâché d'avoir à vous dire que... Hum..., hum... Oui, cela est assez fâcheux. Mais j'espère que la bonté de la Providence aura daigné... Hum..., hum... Cela est possible. C'est un homme religieux qui vous écrit ainsi, cousin 'Duke, et je réponds qu'il est attaché à l'église épiscopale d'Angleterre.

« Parti sur un bâtiment qui a mis à la voile dans les premiers jours de septembre dernier... Hum..., hum... Si j'apprends quelque chose sur ce sujet affligeant, je ne manquerai pas... C'est vraiment un brave homme, pour un procureur. Mais je ne puis vous rien dire de plus quant à présent... Hum..., hum... La convention nationale vient de... Hum..., hum... Notre excellent roi... Oui, oui, il n'y a rien à dire contre le roi George, si ce n'est qu'il a de mauvais conseillers. Hum..., hum... Je vous assure de mon respect.

« ANDRÉ HOLT. »

— C'est un homme de bon sens que cet André Holt, mais c'est un porteur de mauvaises nouvelles. Et qu'allez-vous faire à présent, cousin 'Duke ?

— Que voulez-vous que je fasse, Richard ? Attendre tout du temps et de la volonté du ciel. Voici une autre lettre du Connecticut, mais elle ne fait que répéter ce que m'apprend celle que vous venez de lire. Ma seule consolation est de penser qu'il est possible qu'il ait reçu ma dernière lettre avant que le bâtiment parti en septembre ait mis à la voile.

— Tout cela est fâcheux, cousin 'Duke, très-fâcheux. Au diable mes plans d'ajouter deux ailes à la maison à présent. Je m'étais arrangé pour faire une course avec vous aujourd'hui, pour vous montrer quelque chose de fort important. Vous savez que vous avez parlé de mines de charbon...

— Ne me parlez pas de mines, Richard ; j'ai un devoir sacré à remplir, et je veux m'en acquitter sans délai. Il faut que je consacre cette journée à écrire, et que vous me serviez de secrétaire. Je ne me soucie pas de mettre Edwards dans la confidence d'une affaire si importante et qui exige le secret.

— Non, non, cousin 'Duke, je suis votre homme pour cela. Il n'y a que moi qui puisse vous servir en cette occasion. Nous sommes les enfants de deux sœurs, et le sang, après tout, est le meilleur ciment de l'amitié. Quant à la mine d'argent, il n'y a rien qui nous presse ; nous la verrons une autre fois aussi bien qu'aujourd'hui. Nous aurons sans doute besoin de Dirky Van.

Marmaduke ayant répondu affirmativement à cette question, Richard le quitta, et ayant cherché Aggy, il le chargea d'aller dire à M. Dirk Van der School que M. Temple avait besoin de lui parler sur-le-champ.

Deux procureurs étaient déjà établis à cette époque dans le village de Templeton, regardé comme le chef-lieu des nouveaux établissements de ce comté. Nos lecteurs ont déjà fait connaissance avec l'un d'eux, M. Lippet, lors de la réunion de la veille de Noël dans l'auberge du Hardi Dragon; l'autre était M. Dirk Van der School, que Richard appelait familièrement Dirky Van. Beaucoup de bonté d'âme, assez de connaissances en jurisprudence, et une honnêteté remarquable, eu égard à sa profession, étaient les qualités distinctives de cet homme de loi, qu'on appelait aussi tantôt *le Hollandais*, tantôt *l'honnête procureur*. Nous devons pourtant prévenir ceux de nos lecteurs qui seraient tentés d'appliquer aux mots leur signification la plus étendue, que, comme on ne peut juger des choses en ce monde que par comparaison, et vu les circonstances, M. Dirk Van der School devait peut-être au voisinage de M. Lippet l'épithète honorable qui servait à le distinguer.

Pendant tout le reste de la journée Marmaduke resta enfermé avec Richard et son procureur, et personne, excepté sa fille, ne fut admis dans son appartement. Le chagrin qui s'était emparé de M. Temple se communiqua même en partie à Elisabeth, car elle avait aussi un air de mélancolie qui contrastait avec sa gaieté et sa vivacité ordinaires. Edwards remarqua même une larme qui, s'échappant de dessous la paupière de la fille du juge, glissait silencieusement sur sa joue, et donnait à ses yeux une expression de douceur toute différente de leur enjouement habituel.

Surpris du changement évident qui s'était opéré si subitement dans les principaux membres de la famille dans laquelle il vivait, Edwards ne put s'empêcher d'en demander la cause à miss Temple, et ce fut avec un ton d'intérêt qui fit que Louise Grant, oubliant son ouvrage, laissa tomber son aiguille pour lever les yeux sur lui avec un empressement dont elle rougit dès qu'elle s'en aperçut.

— Aurait-on reçu quelques mauvaises nouvelles, miss Temple? J'offrirais mes services à votre père, si, comme je le soupçonne, il a besoin d'envoyer un agent dans quelque canton éloigné, et que je crusse que cela pût vous être agréable.

— Il est très-vrai que nous avons reçu de fâcheuses nouvelles, monsieur Edwards; et mon père peut se trouver obligé de faire un voyage, à moins que je ne réussisse à le décider à se faire remplacer par mon cousin Richard, dont l'absence en ce moment ne serait pas sans inconvénient, vu les fonctions qu'il a à remplir.

— Si cette affaire est de nature à ce que je puisse m'en charger...

— Elle est de nature à ne pouvoir être confiée qu'à quelqu'un que nous connaissions bien.

— Ne me connaissez-vous donc pas, miss Temple? Ai-je vécu cinq mois dans votre maison sans être connu de vous?

Elisabeth travaillait aussi à l'aiguille. Elle baissa la tête de côté comme pour arranger la mousseline qu'elle brodait; mais sa main tremblait : ses joues prenaient une couleur plus vive, et ses yeux perdaient l'expression de la mélancolie pour prendre celle d'un intérêt plus puissant que la curiosité.

— Et comment vous connaîtrions-nous, monsieur Edwards? lui demanda-t-elle.

— Comment! s'écria-t-il en regardant tour à tour Elisabeth et Louise, dont les traits pleins de douceur étaient aussi animés que ceux de sa compagne; vous m'avez vu tous les jours depuis si longtemps et vous ne me connaissez pas!

— Oh! pardonnez-moi, dit Elisabeth avec un sourire malin; nous savons que vous vous nommez Olivier Edwards; et même que vous avez donné à entendre à mon amie, à miss Grant, que vous êtes naturel de ce pays.

— Ma chère Elisabeth, s'écria Louise, agitée comme une feuille de tremble et rougissant jusqu'au blanc des yeux; vous m'avez mal comprise. Je ne vous ai parlé que par conjecture. D'ailleurs, quand même M. Edwards aurait quelque parent parmi les naturels du pays, en quoi valons-nous mieux que lui, moi, du moins, qui ne suis que la fille d'un pauvre ministre?

— Votre humilité va trop loin, Louise, dit Elisabeth; la fille d'un ministre de l'Eglise ne reconnaît pas de supérieurs! Ni M. Edwards ni moi, nous ne sommes vos égaux; à moins, ajouta-t-elle en souriant, qu'il ne soit un prince déguisé.

— Vous avez raison, miss Temple, répondit Louise; un fidèle serviteur d'un roi des rois n'est inférieur à personne sur la terre. Mais cette distinction lui est personnelle. Elle ne se transmet pas avec le sang; et je ne suis que la fille d'un homme pauvre et sans amis. Pourquoi donc me regarderais-je comme au-dessus de M. Edwards, parce qu'il est... peut-être parent... fort éloigné de John Mohican?

— En y réfléchissant, dit Edwards, je dois convenir que ma situation ici est un peu équivoque, quoique je puisse dire que je l'ai achetée de mon sang.

— Et du sang d'un des maîtres naturels du pays, ajouta Elisabeth avec un sourire malin.

— Porté-je donc des marques évidentes de cette parenté? demanda Edwards d'un ton un peu piqué. J'ai la peau brune et hâlée, mais il me semble qu'elle n'est pas rouge.

— Pardonnez-moi, répondit Elisabeth en souriant encore; elle l'est un peu... en ce moment.

— Je suis sûre, miss Temple, que vous n'avez pas bien regardé M. Edwards, s'écria Louise. Il n'a pas les yeux aussi noirs que Mohican, ni même que les vôtres; il a les cheveux de la même couleur que vous.

— Eh bien! que sait-on? dit Elisabeth avec gaieté; j'ai peut-être des droits à une même origine. Ce serait un soulagement pour moi que de le penser; car je ne puis jamais voir sans un secret chagrin le vieux Mohican promener dans ce pays l'ombre en quelque sorte de ceux qui en étaient autrefois les maîtres, et sa vue semble me dire combien sont faibles les droits de mon père sur la propriété de ce district.

— Pensez-vous véritablement ainsi? s'écria Edwards avec une vivacité qui fit tressaillir les deux amies.

— Sans doute, répondit Elisabeth après un moment de silence occasionné par la surprise. Mais que puis-je faire? que peut faire mon père? Quand nous offririons à ce vieillard un asile et des secours, ses habitudes feraient qu'il nous refuserait. Et quand nous pourrions, comme Bas-de-Cuir le désirerait, charger de nouvelles forêts ces terres que nous avons fertilisées, nous ne serions pas assez insensés pour le faire.

— Vous dites la vérité, miss Temple, reprit Edwards, que pouvez-vous faire? Mais il est une chose que vous pouvez faire, et que je suis sûr que vous ferez quand vous serez la maîtresse de ces belles vallées, de ces magnifiques montagnes. Employez vos richesses à soulager les infortunés, faites du bien à vos semblables; il est très-vrai que c'est tout ce que vous pouvez faire.

— Et ce sera faire beaucoup! s'écria Louise en souriant; mais à cette époque miss Temple aura sans doute un seigneur et maître de ses biens comme de sa personne.

— Je n'imiterai pas, dit Elisabeth, les jeunes filles qui disent qu'elles ne veulent pas se marier, et qui ne songent qu'à cela du matin au soir ; mais ici, je suis une religieuse qui n'a pas fait vœu de célibat. Où trouverai jamais un mari dans ces montagnes?

— Il ne s'y trouve personne qui soit digne de vous, miss Temple, s'écria Edwards avec chaleur ; et je vous connais assez pour être certain que vous n'accorderez jamais votre main qu'à quelqu'un qui la méritera ; et que si le sort ne présente pas à vos yeux un pareil être, vous mourrez comme vous vivez maintenant, aimée, respectée et admirée par tous ceux qui vous connaissent.

Il crut sans doute avoir dit tout ce que la galanterie exigeait de lui ; car il se leva après avoir prononcé ces mots, prit son chapeau, et sortit de l'appartement. Louise pensa peut-être qu'il en avait dit plus qu'il n'était nécessaire, car elle poussa un soupir, mais si bas qu'à peine l'entendit-elle elle-même, et elle baissa les yeux sur son ouvrage. Il est possible, au contraire, que miss Temple pensât qu'il n'en avait pas dit assez ; car elle resta une minute les yeux fixés sur la porte par où il venait de sortir. Le long silence qui régna ensuite entre les deux amies prouva combien la présence d'un jeune homme de vingt-trois ans peut ajouter d'intérêt à la conversation de deux jeunes filles de dix-sept.

La première personne que rencontra Edwards en sortant de la maison avec une sorte de précipitation, fut le procureur hollandais, qui s'en éloignait à pas lents, ayant encore sur le nez une paire de lunettes à verres de couleur verte, et portant sous le bras une liasse de papiers attachés par un fil rouge.

M. Van der School était un homme bien élevé, mais d'une intelligence lente ; et ses confrères, dont l'esprit était plus vif et plus délié, en ayant quelquefois profité, comme il avait assez de jugement pour s'en apercevoir, il avait contracté l'habitude de n'agir et de ne parler qu'avec plus de lenteur et de circonspection. Toutes ses actions sentaient la méthode et la ponctualité ; et ses discours étaient tellement coupés de parenthèses, qu'ils formaient quelquefois des énigmes assez difficiles à deviner.

— Bonjour, monsieur Van der School, dit Edwards ; il paraît que vous n'avez pas manqué de besogne aujourd'hui?

— Bonjour, monsieur Edwards (si tel est votre nom, car, comme vous êtes étranger, nous n'en avons d'autre preuve que votre déclaration). Oui, d'après les apparences (quoiqu'elles soient souvent trompeuses, ce que je n'ai pas besoin de faire remarquer à un homme doué de jugement comme vous l'êtes), je n'ai pas manqué de besogne aujourd'hui.

— Vous avez là des pièces dont quelques-unes ont sans doute besoin d'être copiées. Puis-je vous être en cela de quelque utilité?

— Oui, j'ai là des pièces (et vous jugez bien que je ne les emporte pas sans raison) qui ont besoin d'être copiées.

— Eh bien! monsieur Van der School, je vais vous suivre chez vous, vous me remettrez celles que vous jugerez à propos, et, si l'affaire est pressante, j'y travaillerai toute la nuit.

— Je serai toujours charmé de vous voir, monsieur Edwards, soit chez moi (et c'est la vérité, quoiqu'il soit certain que la politesse ne me permettrait pas de parler autrement, quand même je penserais différemment), soit partout ailleurs. Mais ces pièces sont confidentielles (ce n'est pas à vous que j'ai besoin d'expliquer la valeur de ce terme), et le juge Temple m'a recommandé de ne les laisser voir à personne.

— En ce cas, Monsieur, ne pouvant vous être utile, je vous souhaite le bonjour; mais je vous prie de dire au juge Temple, quand vous le reverrez, que, s'il a besoin de mes services, en quelque lieu que ce soit, il peut disposer de moi.

— Je ferai part, Monsieur (car pourquoi refuserais-je d'être votre agent en ce cas?), de votre offre au juge Temple. Au plaisir de vous revoir, monsieur Edwards. Mais un instant (car la précipitation nuit toujours en affaires), dois-je faire cette proposition de votre part à titre gratuit, ou (ce qui serait tout différent quoique très-licite) en y attachant une condition rémunératoire?

— Tout comme il vous plaira, Monsieur. Sa famille semble dans le chagrin, et je voudrais contribuer à l'en tirer.

— C'est un sentiment louable, Monsieur (à mon avis du moins, et je ne crois pas qu'il puisse y en avoir deux à ce sujet); je ne manquerai pas d'en faire part au juge (je pense bien qu'il en jugera comme moi), et (Dieu aidant) je vous informerai de sa réponse (si j'en trouve l'occasion) très-incessamment.

Le procureur continua son chemin en serrant sous son bras gauche sa liasse de papiers, sur laquelle il appuyait encore la main droite pour plus de sûreté.

Tous nos lecteurs doivent s'être aperçus que notre héros, n'importe pour quelle raison, avait conçu contre M. Temple des préjugés profondément enracinés. Mais, quelque autre cause agissant alors en sens contraire, il est certain qu'il prenait en ce moment un vif intérêt aux inquiétudes dont il le voyait agité, et qu'il aurait donné tout au monde pour contribuer à les calmer.

Le juge ne rejoignit sa famille qu'à l'heure du souper. Son front était encore couvert d'un nuage de mélancolie; il fut longtemps à se dissiper, et ce ne fut qu'aux approches de l'été qu'il commença à reprendre sa sérénité ordinaire.

La chaleur des jours et les pluies douces et fréquentes qui tombaient pendant les nuits accélérèrent le développement rapide de tout ce qui tient au règne végétal, dont la froideur du printemps avait retardé la croissance. Les souches restées sur les champs défrichés disparurent sous les épis, qui promettaient une riche moisson, et les bois présentèrent toutes ces nuances de vert qu'on remarque dans les forêts de l'Amérique.

Tant que Marmaduke parut plongé dans l'abattement, M. Jones s'abstint très-prudemment de lui parler du sujet qu'il avait pourtant fortement à cœur, et qui devenait même d'une très-haute importance, si l'on pouvait du moins le conclure de ses fréquentes conférences secrètes avec l'homme que nous avons fait connaître au lecteur sous le titre de Irtham, dans le comptoir du Hardi Dragon.

Enfin, le shérif se hasarda à lui proposer de faire l'excursion dont il avait déjà été question, et, un soir des premiers jours de juillet, Marmaduke y ayant consenti, la partie fut fixée au lendemain.

CHAPITRE XXVI.

> Parlez, parlez, mon père chéri ! vos paroles sont comme la brise occidentale.
> MILMAN.

Ce fut par une belle matinée que Marmaduke et Richard montèrent à cheval pour faire l'expédition, qui n'avait été que trop retardée au gré du shérif, et, à l'instant où ils allaient partir,

Elisabeth et Louise arrivèrent dans le vestibule, se disposant à faire une promenade à pied.

Miss Grant avait la tête couverte d'un petit chapeau de soie verte, à l'ombre duquel on voyait briller des yeux dont le feu était amorti par la douce langueur qui lui était habituelle. La démarche légère de miss Temple annonçait la maîtresse de la maison. Elle tenait par les rubans le chapeau à l'égyptienne [1], destiné à cacher les belles boucles de cheveux noirs qui ornaient son front et tombaient abondamment sur ses épaules.

— Allez-vous vous promener, Bessy? demanda M. Temple. Songez aux chaleurs de juillet, mon enfant, et n'allez pas assez loin pour ne pouvoir être rentrée avant midi. Pourquoi ne prenez-vous pas un parasol? Ne craignez-vous pas que le soleil et le vent du sud ne vous gâtent le teint?

— Eh bien! j'en ferai plus d'honneur à ma parenté, répondit Elisabeth en souriant. Le cousin Richard a une fraîcheur qui ferait envie à une dame : à présent la ressemblance entre nous est si peu de chose, qu'aucun étranger ne nous prendrait pour enfants de deux sœurs.

— Petits-enfants, vous voulez dire, cousine Bess, dit le shérif. Mais allons, cousin 'Duke, allons; le temps et la marée n'attendent personne, et si vous voulez suivre mes conseils, avant un an d'ici vous pourrez lui faire faire un parasol de son châle de poil de chameau, et le faire monter en argent. Je ne demande rien pour moi, juge; d'ailleurs tout ce que j'ai ne doit-il pas appartenir un jour à Elisabeth? Mais il est temps de partir; nous avons une longue course à faire, et je voudrais que nous fussions déjà arrivés.

— Patience, Dick, patience, répliqua Marmaduke en retenant son cheval ; et se tournant encore vers sa fille : — Si vous allez sur les montagnes, lui dit-il, n'avancez pas trop dans la forêt; on le fait souvent impunément, et cependant ce n'est pas toujours sans danger.

— Pas dans cette saison, je crois, mon père, dit Elisabeth, car je vous avoue que c'est l'intention de Louise et la mienne de nous promener dans les montagnes.

— Il y en a moins que dans l'hiver; mais il peut y en avoir

1. The Gipsy.

d'aller trop loin. Tu as tous les traits de ta mère, mon enfant, sois donc prudente comme elle l'était, quel que soit ton courage.

Les yeux du père s'éloignèrent à regret des traits charmants de sa fille, et le juge et le shérif, franchissant lentement la porte, disparurent bientôt tous deux derrière les maisons du village.

Le jeune Edwards était arrivé pendant cette courte conversation qu'il avait écoutée avec grande attention. Tenté par la beauté de la matinée, il se disposait aussi à sortir, et il avait pris sa ligne pour aller pêcher sur le lac. Il s'avançait vers les deux jeunes amies, qui s'étaient déjà mises en marche, et il allait les aborder, quand Louise, s'arrêtant, dit à sa compagne avec vivacité :

— Voilà M. Edwards, Elisabeth ; il a l'air de vouloir nous parler.

Miss Temple s'arrêta aussi, et se tournant vers Edwards, elle le salua avec une politesse qui parut trop cérémonieuse au jeune homme, et qui lui fit perdre l'air d'aisance et de confiance avec lequel il s'était approché.

— Votre père, miss Temple, dit-il avec timidité, ne paraît pas content que vous alliez vous promener sur les montagnes, sans que personne vous accompagne. Si vous me le permettez...

Elisabeth l'interrompit : — Mon père a-t-il chargé M. Olivier Edwards de me faire connaître son mécontentement ?

— Juste ciel, miss Temple ! ou je me suis mal exprimé, ou vous ne m'avez pas bien compris. Tout ce que je voulais dire, c'était qu'il paraissait avoir de l'inquiétude, et que je vous demandais la permission d'aller prendre mon fusil au lieu de cette ligne, et de vous escorter pendant votre promenade.

— Je vous remercie, monsieur Edwards ; mais là où il n'y a pas de danger, on n'a pas besoin d'escorte. Nous ne sommes pas réduites à ne pouvoir errer dans nos montagnes sans un garde du corps, et s'il en fallait un, nous le trouverions facilement. Brave ! ici, Brave ! mon noble Brave !

Le gros chien dont nous avons déjà parlé sortit de sa niche, à la voix de sa jeune maîtresse, et vint, en remuant la queue, se coucher à ses pieds.

— Allons, Brave, dit Elisabeth, tu as bien servi ton maître autrefois, il faut que tu serves sa fille aujourd'hui.

Elle se mit en marche, et le chien se levant aussitôt, la regarda d'un air d'intelligence, et la suivit comme s'il l'avait comprise.

— Adieu, monsieur Edwards, dit Elisabeth en souriant ; je vous souhaite une bonne pêche. Tâchez de nous rapporter une bonne truite saumonée pour notre dîner.

Louise, tout en marchant, tourna la tête plusieurs fois pour voir comment Edwards supportait le refus qu'il venait d'essuyer.

— Je crains que nous n'ayons mortifié ce pauvre jeune homme, dit-elle ; il est encore à l'endroit où nous l'avons laissé, appuyé sur sa ligne. Il croit peut-être que nous sommes trop fières pour accepter sa compagnie.

— En ce cas, il a raison, dit miss Temple, semblant sortir d'une profonde rêverie, et sans se retourner. Il ne nous convient pas de recevoir des attentions si particulières de la part d'un jeune homme dont la situation est si équivoque. Si c'est là de la fierté, Louise, c'est une fierté convenable à notre sexe.

Pendant que les deux amies causaient ainsi, Edwards gardait toujours l'attitude dans laquelle Louise l'avait vu, et quand il en changea, après quelques minutes, ce fut par un mouvement subit, en murmurant quelques mots rapides et sans suite ; et jetant sa ligne sur son épaule, il se rendit sur les bords du lac, où il arriva avec l'air de dignité d'un empereur. Il y avait en cet endroit plusieurs barques destinées à l'usage de Marmaduke et de sa famille ; il monta sur l'une d'elles, et rama vigoureusement en se dirigeant vers l'endroit où était située la hutte de Bas-de-Cuir. Ce travail mécanique diminua insensiblement l'amertume de ses réflexions, et quand il aperçut les roseaux qui croissaient sur le rivage, en face de l'habitation du vieux chasseur, son esprit s'était rafraîchi en proportion de ce que son corps s'était échauffé. Peut-être son jugement lui avait-il suggéré les motifs qui avaient influé sur la conduite de miss Temple ; et en ce cas, elle ne put que gagner dans l'estime de M. Edwards.

La barque toucha enfin au sable du rivage, et le jeune homme, s'élançant sur le bord du lac, jeta autour de lui un regard de précaution, tira de sa poche un petit sifflet, et l'approchant de ses lèvres, il siffla, sans doute pour annoncer son arrivée. A ce bruit, les deux chiens de Natty commencèrent à aboyer, et s'élancèrent de leurs niches faites en écorce d'arbre, avec une violence qui aurait rompu les courroies de peau de daim qui les retenaient, si elles n'eussent été bien solides.

— Silence, Hector ! Tout beau ! s'écria Olivier ; et les chiens, reconnaissant sa voix, rentrèrent chacun dans leur niche sans aboyer davantage.

Il siffla une seconde fois avec plus de force, et personne ne répondant à ce signal, il en conclut que Natty était absent. Comm il connaissait la manière d'ouvrir la porte, il n'en entra pas moin dans la chaumière, dont il ferma la porte sur lui, et après avoir passé un quart d'heure dans cette demeure retirée et silencieuse, il en sortit, en referma la porte avec soin, et dit encore un mot aux deux chiens en passant près de leurs niches. La chienne[1], se levant sur ses pattes de derrière, le caressa en semblant lui demander de lui donner la liberté et de l'emmener avec lui; mais le vieil Hector, levant le nez en l'air, se mit à hurler de manière à se faire entendre à un mille de distance.

—Oh! oh! mon vétéran des bois, dit Edwards, que sens-tu donc? Si c'est un daim, il est bien hardi; si c'est un homme, que vient-il faire ici?

S'aidant des branches d'un pin situé tout à côté de la cabane, il gravit un petit rocher qui abritait la hutte du côté du nord, et le premier objet qu'il aperçut fut Hiram Doolittle, qui s'enfonçait dans les broussailles avec une rapidité qui ne lui était pas ordinaire.

—Que cherche ici ce drôle? pensa-t-il; il n'a aucune affaire de ce côté; ce ne peut être que la curiosité qui l'y amène. Mais j'y mettrai bon ordre, et d'ailleurs s'il voulait entrer, les chiens ne lui feraient pas bon parti. Tout en faisant ces réflexions, il retourna à la porte et en compléta la fermeture par le moyen d'une chaîne en fer qu'il assura avec un cadenas. Il doit connaître les lois, puisqu'il est juge de paix, pensa-t-il encore; et il doit savoir à quoi s'expose celui qui force la porte d'une maison habitée.

Satisfait de cet arrangement il retourna sur le bord du lac, remonta dans sa barque, et prenant ses rames il se dirigea vers l'endroit où il voulait pêcher.

Il y avait sur le lac de l'Otségo différentes stations qui passaient pour être favorables à la pêche de la truite. L'une était presque en face de la hutte de Natty; l'autre, où l'on pêchait ordinaire-

---

1. *The slut.* L'auteur désigne ainsi la chienne de Natty, la langue anglaise ayant une grande aversion pour le mot *bitch*, qui signifie *femelle de chien*; mais ce qui pourrait paraître en contradiction avec la délicatesse anglaise, *slut* est un adjectif signifiant *salope*: cet adjectif sans l'article devient quelquefois un nom de chienne.

ment les plus beaux poissons, en était à environ un mille et demi, sur le même côté du lac, derrière une pointe abritée par une montagne. En arrivant à la première, Olivier Edwards hésita un instant s'il y resterait, afin de pouvoir avoir l'œil sur la porte de la cabane ; ou s'il gagnerait la seconde, dans l'espoir d'y faire une plus belle pêche. Mais, tandis qu'il était encore dans l'incertitude, il reconnut sur le second de ces deux points le léger canot de ses amis, et il vit Natty et Mohican occupés à pêcher. Cette vue décida la question ; il fit force de rames pour les joindre, et au bout de quelques minutes sa barque se trouva à côté du canot.

Les deux vieillards lui firent un signe de tête amical, mais sans lui parler, et sans se déranger de leur occupation. Edwards, de son côté, amorça sa ligne, et la jeta à l'eau sans leur adresser la parole.

— Avez-vous été au wigwam, mon garçon ? lui demanda enfin Natty.

— Oui, répondit Edwards, et j'y ai tout trouvé à l'ordinaire, si ce n'est que ce charpentier, juge de paix, ce M. Doolittle, ou, comme on l'appelle, le squire Doolittle, était à rôder dans les environs. Mais j'ai bien fermé la porte, et je crois qu'il réfléchira deux fois avant d'oser la forcer. D'ailleurs, il est trop poltron pour s'approcher des chiens.

— Il n'y a pas grand'chose de bon à dire de lui, dit Natty en tirant de l'eau une truite de moyenne taille. Il meurt d'envie d'entrer dans mon wigwam, et il a eu l'audace de me le demander ; mais j'ai toujours refusé sous divers prétextes, et il attendra longtemps avant d'y mettre les pieds de mon consentement. Voilà ce que c'est que d'avoir tant de lois, il faut avoir des gens comme cela pour en être l'interprète.

— Il abuse de la simplicité du shérif, pour le faire servir d'instrument à ses desseins, dit Edwards ; et je crains que sa curiosité ne nous donne de l'embarras.

— S'il s'amuse encore à rôder autour de ma hutte, dit Natty, il pourra bien m'en coûter une balle.

— Gardez-vous-en bien, Natty ! s'écria Edwards ; ce serait vous exposer à la juste rigueur des lois. Que deviendriez-vous ? Ce serait un jour bien malheureux pour nous.

— Brave jeune homme ! s'écria le vieux chasseur en jetant sur lui un regard plein du plus vif intérêt. Le vrai sang de sa famille coule dans ses veines, et je le soutiendrai en face du juge Temple et de toutes les cours de justice du pays. Qu'en dites-vous, Chingachgook? N'est-ce pas la vérité? N'est-ce pas le véritable sang de...

— C'est un Delaware, c'est mon frère, répondit Mohican. Le jeune aigle est brave ; il est né pour être chef, et il ne peut lui arriver aucun malheur.

— Eh bien! eh bien! mes bons amis, s'écria Edwards avec une nuance d'impatience, n'en parlons plus. Si je ne deviens pas tout ce que vous vous imaginez, je n'en serai pas moins votre ami toute ma vie. Parlons d'autre chose.

Les vieux chasseurs cédèrent à son désir, qui semblait être une loi pour eux. Ils donnèrent toute leur attention à leur ligne, pêchèrent quelques poissons, et un profond silence régna quelque temps. Edwards, sentant probablement que c'était à lui de renouer la conversation, leur dit enfin de l'air d'un homme qui ne songeait pas trop à ce qu'il disait :

— Comme ce lac est calme et tranquille! L'avez-vous jamais vu plus beau qu'il ne l'est en ce moment, Natty?

— Il y a quarante-cinq ans que je connais le lac de l'Otségo, répondit le vieux chasseur ; et je dirai qu'on ne peut trouver dans tout le pays une eau plus claire et plus poissonneuse. Oui, oui, il fut un temps où j'étais seul ici, et c'était un bon temps que celui-là. On trouvait du gibier tant qu'on en voulait, et il n'y avait personne pour venir m'y troubler, si ce n'est de temps à autre une troupe de Delawares, qui venaient chasser sur les montagnes, et quelquefois un détachement de ces coquins d'Iroquois. Il y avait aussi deux Français qui avaient épousé deux Indiennes, et qui s'étaient établis dans les plaines à l'ouest, et quelques Scoto-Irlandais[1] de la vallée du Cerisier, qui venaient parfois pêcher des truites ou des perches dans le lac, suivant la saison, et je leur prêtais même ma barque ; mais au total c'était un endroit agréable, et il était rare qu'on vînt m'y troubler. John peut le dire, car il est venu m'y voir plus d'une fois.

— Ce pays appartient à ma nation, dit Mohican en étendant le bras autour de lui. Nous l'avons donné en conseil au Mangeur de Feu, et ce que les Delawares donnent, ils ne le reprennent ni ne

---

1. Natty veut dire moitié Écossais moitié Irlandais, c'est-à-dire moitié des uns et moitié des autres.

le regrettent jamais. Œil-de-Faucon fumait sa pipe avec les chefs en ce conseil, car il était notre ami.

— Non, non, John, dit Natty, je n'étais pas un chef; j'étais trop peu instruit pour cela, et d'ailleurs j'avais la peau blanche. Mais alors c'était un plaisir de chasser dans ces bois; et il en serait encore de même aujourd'hui sans l'argent de Marmaduke Temple, et sans les astuces de la loi.

— Ce devait être un plaisir bien mélancolique, dit Edwards, que de parcourir ces montagnes, d'errer dans ces bois, de côtoyer ce beau lac, sans rencontrer une seule créature à qui l'on pût parler!

— Ne viens-je pas de vous dire que c'était un endroit agréable? reprit Natty. Oui, oui, quand les arbres commençaient à prendre leurs feuilles, et que la glace se fondait sur le lac, c'était comme un second paradis terrestre. J'ai voyagé dans les bois pendant cinquante-trois ans; j'y ai fait ma demeure pendant plus de quarante, et je n'ai jamais vu qu'un seul endroit qui me plût davantage, et encore il ne plaisait qu'à mes yeux, car il ne valait celui-ci ni pour la chasse ni pour la pêche.

— Et où était cet endroit? demanda Edwards.

— Où? sur les montagnes de Cattskills. J'y allais souvent à la chasse des loups et des ours, dont je vendais la peau un bon prix. Il y a sur ces montagnes un endroit où j'avais coutume de monter quand je voulais voir ce qui se passait dans le monde, et cela valait bien une paire de pantalons déchirés et quelques égratignures à la peau. Vous connaissez les montagnes de Cattskills, monsieur Edwards, car vous devez les avoir laissées sur votre gauche, en remontant la rivière depuis York. Leur sommet paraît aussi bleu que le firmament, et les nuages qui sont au-dessus sont comme la fumée qui s'élève sur la tête d'un chef indien près du feu du conseil. Eh bien! il y a le Grand-Pic et la Table-Ronde, qui semblent comme le père et la mère au milieu de leurs enfants, tant ils s'élèvent au-dessus des autres. Mais l'endroit dont je parle est près de la rivière, au haut d'une montagne séparée de la chaîne des autres, et qui, dans sa hauteur de plus de mille pieds, semble composée d'un si grand nombre de rochers entassés les uns sur les autres, ceux-ci plus grands, ceux-là plus petits, que, lorsqu'on est au sommet, on est assez fou pour croire qu'on pourrait en descendre en sautant de l'un sur l'autre.

— Et que voit-on quand on est là?

— La création, toute la création. J'étais sur cette montagne, quand Vaughan brûla 'Sopus dans la dernière guerre, et j'ai vu les vaisseaux remonter la rivière aussi bien que je verrais ce canot flotter sur la Susquehanna, si j'étais sur le bord. La rivière coulait sous mes pieds jusqu'à soixante-dix milles. J'apercevais les rochers du Hampshire, en un mot tout ce que Dieu a fait, tout ce que l'homme avait pu faire, à perte de vue. Et vous savez que ma vue est bonne, monsieur Olivier, car ce n'est pas pour rien que les Indiens m'ont donné le nom d'Œil-de-Faucon. Du plateau de cette montagne, je voyais l'endroit où est aujourd'hui Albany. Et quant à 'Sopus, le jour où les troupes royales brûlèrent cette ville, la fumée me semblait si près de moi, que j'écoutais si je n'entendrais pas les cris des femmes.

— Une telle vue doit dédommager de la fatigue qu'on essuie pour en jouir.

— Si, pour votre satisfaction, il vous faut être à plus d'un mille en l'air, et avoir sous vos pieds des fermes et des maisons qui sont comme des châteaux de cartes, des rivières qui ressemblent à des rubans, des montagnes plus hautes que celles de la Vision, qui n'ont l'air que de meules de foin, je puis vous recommander cet endroit. Quand je commençai à vivre dans les bois, j'avais quelquefois des retours de faiblesse, je m'ennuyais d'être seul; alors j'allais sur le Cattskills, et je passais quelques jours sur cette montagne pour voir un peu les hommes. Mais il y a bien des années que je n'y ai été, et d'ailleurs je deviens trop vieux pour gravir des monts si escarpés. J'ai découvert, il n'y a pas bien longtemps, à deux milles de ces montagnes, un endroit que j'aime encore mieux, parce qu'il est plus couvert d'arbres, plus dans la nature.

— Et quel est cet endroit?

— Il y a dans ces montagnes une chute d'eau occasionnée par le trop plein de deux petits étangs voisins l'un de l'autre : cette eau forme un ruisseau qui coule dans la vallée, et qui serait en état de faire tourner un moulin, si l'on avait besoin d'une chose si superflue dans un désert. Mais la main qui a fait cette chute d'eau n'a jamais fait un moulin. L'eau coule d'abord entre les rochers si lentement qu'une truite pourrait y nager; ensuite elle court plus vite, comme un animal qui s'apprête à sauter; enfin elle arrive à un endroit où la montagne se divise comme le pied fourchu d'un daim, laissant au milieu un creux profond dans lequel le ruisseau se précipite. La première chute peut être d'environ deux cents pieds, et avant d'arriver au fond l'eau ressemble à des flocons de neige. Alors elle se réunit et coule sur une surface presque nivelée d'environ cinquante pieds ; mais ce n'est que pour se reposer un instant, car elle fait ensuite une nouvelle chute de plus de cent pieds, après quoi se glissant entre les rochers, tantôt à droite, tantôt à gauche, elle arrive enfin dans la plaine.

— Je n'ai jamais entendu parler de cet endroit, et je crois qu'il n'en est question dans aucun livre.

— Je n'en ai jamais lu un seul. Et comment voulez-vous qu'un homme qui a passé sa vie dans les écoles et dans les villes connaisse les merveilles qui se trouvent dans les bois ? Non, non, monsieur Olivier ; ce petit ruisseau tombe du haut de ces rochers depuis que celui qui a fait le monde l'y a placé, et il n'y a peut-être pas une demi-douzaine d'hommes blancs qui l'aient jamais vu. Le rocher qui s'élève des deux côtés de la chute d'eau est comme un ouvrage de maçonnerie. Quand je suis assis au-dessus de la première chute, et que je vois mes chiens entrer dans les cavernes qui sont au-dessous de la seconde, il me semble voir des lapins qui se cachent dans leur terrier. Il n'y a que celui qui passe sa vie dans les bois qui peut savoir combien la main de Dieu y est admirable.

— Et que devient cette eau ? dans quelle direction coule-t-elle ? est-elle tributaire de la Delaware ?

— Comment ?

— Je vous demande si ce ruisseau va se jeter dans la Delaware.

— Non, non. C'est une goutte des eaux qui vont grossir l'Hudson ; mais il lui faut du temps avant d'y arriver. J'ai quelquefois cherché à calculer combien il en fallait pour que cette eau qui semble faite pour le désert se trouvât sous la quille d'un vaisseau en pleine mer. C'est un endroit qui est fait pour inspirer des réflexions. De là on voit des milliers d'acres de forêts auxquelles la main de l'homme n'a touché ni pour les abattre ni pour les planter, et qui ne s'y trouvent pas sans l'ordre de la Providence.

— Vous peignez avec de vives couleurs, Natty.

— Comment ?

— Je veux dire que vos descriptions sont animées. Y a-t-il longtemps que vous n'avez été dans cet endroit?

Le vieux chasseur ne répondit rien. Plaçant son oreille presque à fleur d'eau, et retenant son haleine, il resta quelques minutes en silence, comme s'il eût cherché à entendre quelques sons éloignés. Enfin, relevant la tête, il se tourna vers Edwards.

— Si je n'avais attaché mes chiens de mes propres mains avec de bonnes courroies toutes neuves, dit-il, je ferais serment sur la Bible que j'entends mon vieux Hector aboyer sur la montagne.

— Impossible! s'écria Edwards; il n'y a pas une heure que je l'ai vu dans sa niche.

Mohican écoutait aussi avec attention; mais, malgré toute celle qu'il prêtait aussi, le jeune homme ne put entendre que le mugissement de quelques bestiaux qui paissaient sur les montagnes du côté de l'ouest. Il regarda les deux vieillards, Natty, assis, formant avec sa main une sorte de cornet acoustique; Mohican, debout, le corps penché en avant, le bras étendu, l'index levé en l'air comme pour recommander le silence, et il se mit à rire de les voir écouter des sons qu'il regardait comme imaginaires.

— Riez si vous voulez, monsieur Olivier, dit Natty, mes chiens sont lâchés, et ils chassent un daim; j'en suis sûr. Je n'aurais pas voulu, pour une peau de castor, que cela arrivât. Ce n'est pas que je me soucie de la loi, mais la plupart des daims sont encore maigres dans cette saison, et Hector et la chienne n'y regarderont pas de si près. Les entendez-vous à présent?

Edwards tressaillit, car les aboiements des chiens frappèrent alors son oreille. De moment en moment ils devinrent plus distincts; bientôt ils furent répétés par tous les échos des rochers; enfin un grand bruit se fit entendre dans les broussailles, un beau daim parut sur le bord du lac, s'y précipita, et les deux chiens qui le suivaient à la piste s'y jetèrent bravement après lui.

CHAPITRE XXVII.

> Souvent en se précipitant dans les flots rapides du torrent, il tâche de dépister la meute et de rafraîchir ses flancs brûlants.
>
> THOMSON.

— Je le savais bien ; ne vous l'avais-je pas dit ? s'écria Natty dès qu'on aperçut le daim et les chiens. Ce daim leur aura passé sous le vent, et les pauvres créatures n'auront pu y résister. Il faut pourtant que je les déshabitue de me jouer de pareils tours, ou ils me mettront dans l'embarras. Tout beau, Hector ! tout beau, coquin ! A terre, drôles ! à terre, ou je vous étrillerai d'importance !

Dociles à la voix de leur maître qu'ils reconnurent, les deux chiens retournèrent à terre, mais ce ne fut pas en suivant une ligne droite ; ils décrivirent dans l'eau un grand cercle, comme pour marquer la répugnance avec laquelle ils abandonnaient la proie, et restèrent ensuite sur le rivage, la tête tournée vers le daim, et remplissant l'air du bruit de leurs aboiements.

Cependant le daim, pressé par la crainte, avait parcouru en nageant plus de la moitié de l'espace qui séparait le canot du rivage avant de s'apercevoir de ce nouveau danger. A la voix de Natty, il s'arrêta un instant, fit un mouvement pour retourner à terre ; mais la vue des chiens l'intimidant, il prit une direction oblique vers le centre du lac, dans l'intention de le traverser et d'aborder à la rive occidentale. Taudis qu'il passait à peu de distance des pêcheurs, son cou svelte fendant l'eau comme la proue d'une galère, Bas-de-Cuir se leva en donnant des signes évidents d'impatience. Pour nous servir de ses propres paroles, *ce daim lui passait sous le vent et il ne pouvait y résister.*

— C'est une belle créature, dit-il ; quel bois magnifique ! Un homme pourrait suspendre tous ses vêtemens à ses andouillers. Après tout, juillet est le dernier mois. La chair doit commencer à être bonne. J'ai besoin d'une nouvelle paire de guêtres.

Tout en parlant ainsi, il dénouait la corde qui attachait la barque d'Edwards à son canot, et en jetant le bout dans le lac, il s'écria :

— Prends les rames, John, prends les rames ; cette créature est folle de nous exposer à une pareille tentation.

Mohican obéit sur-le-champ, et un seul coup de rames séparant le canot de la barque d'Edwards le fit voguer sur le lac avec la rapidité d'un météore.

— Prenez bien garde à ce que vous allez faire, mes amis, s'écria le jeune homme ; songez que vous êtes en vue du village, et que le juge Temple a déclaré qu'il ferait punir suivant toute la rigueur des lois quiconque tuerait un daim hors de saison.

Cette remontrance ne fut pas écoutée ; les deux vieux chasseurs continuèrent à poursuivre le daim, qui n'était en avance que d'une cinquantaine de toises, et Edwards, faisant jouer les rames à son tour, les suivit à peu de distance.

Bas-de-Cuir prit son fusil, en renouvela l'amorce, coucha le daim en joue ; mais il baissa son arme sans faire feu.

— A quoi bon perdre de la poudre et du plomb ? dit-il ; il ne peut nous échapper. Forcez de rames, Mohican, il faut nous en approcher davantage. D'ailleurs, je veux lui laisser une chance, et s'il peut se sauver à la nage, tant mieux pour lui !

Le vieil Indien faisait marcher le canot avec une telle rapidité, qu'en très-peu de minutes ils se trouvèrent presque à côté du daim.

— Œil-de-Faucon, s'écria-t-il, prends ton harpon maintenant, nous voilà à portée.

Natty ne sortait jamais de chez lui sans être muni de tout ce qui pouvait lui être utile. Son fusil était son compagnon inséparable. Il l'avait pris ce matin, quoiqu'il n'eût dessein que de pêcher à la ligne ; et il avait dans son canot son harpon et même le brasier de fer dans lequel il allumait du feu pour pêcher pendant la nuit. Cette précaution était le résultat des habitudes du vieux chasseur qui, dans ses excursions, allait souvent beaucoup plus loin qu'il n'en avait formé le projet. Quelques années auparavant, ayant quitté sa hutte pour aller chasser quelques jours sur les montagnes voisines avec son fusil et ses chiens, il n'y était rentré qu'après avoir vu les rives du lac Ontario. Deux ou trois cents milles n'étaient rien alors pour lui ; mais depuis que ses nerfs commençaient à être raidis par l'âge, il était rare qu'il entreprît de si longues courses.

Il saisit son harpon, et se disposa à en percer le cou du daim.

— Un peu plus sur la gauche, cria-t-il à Mohican : encore deux coups de rames, et il est à nous.

Le vieux chef fit la manœuvre commandée ; Natty agita en l'air son harpon, et le lança avec force contre l'animal. Mais pendant que le canot tournait, le daim fit le même mouvement, et l'arme destinée à lui donner la mort passa près de lui sans le toucher. Quoique déjà fatigué, il nageait encore avec vigueur ; et le canot le suivait de très-près, quand Bas-de-Cuir, en passant sur l'endroit où son harpon venait de disparaître, s'écria : — En arrière, John, en arrière ! je n'ai pas envie de perdre mon arme.

Comme il prononçait ces mots, le manche du harpon, poussé par la force de la réaction, reparut à la surface de l'eau ; le vieux chasseur le saisit, et ils se remirent à la poursuite du daim, à qui ce retard avait permis de prendre un peu d'avance sur eux.

Mais pendant ce temps, Edwards s'était approché de la scène de l'action, et la vue du daim qui nageait alors entre la barque et le canot lui fit oublier les leçons de prudence qu'il donnait à ses deux amis quelques instants auparavant.

— Hourra ! hourra ! en avant, Mohican, en avant ! s'écria-t-il ; serrez-le de plus près, tandis que je m'en approche ; je vais lui jeter un nœud coulant sur les bois.

Le malheureux daim, entouré d'ennemis de tous côtés, voyant à droite la barque d'Edwards, à gauche le canot des deux chasseurs, et entendant sur le rivage les aboiements des chiens, s'arrêta un instant, comme s'il eût senti qu'il ne pouvait lutter davantage contre sa destinée ; mais pendant ce temps, le mouvement rapide imprimé au canot par les rames de Mohican, l'avait entraîné en avant, et le daim, voyant une ouverture pour se sauver en passant par derrière, chercha à se diriger vers une pointe de terre située du même côté du lac, à quelque distance des chiens.

Mais pendant cet instant d'incertitude, Edwards avait continué à s'en approcher. Il lança sur lui de toute sa force une corde au bout de laquelle il avait fait un nœud coulant, et réussit à la serrer autour d'un des andouillers de l'animal. Le daim rassembla inutilement toutes ses forces ; il entraîna la barque après lui quelques instants ; mais sa marche fut retardée, ce qui donna au canot le temps de s'approcher de l'autre côté.

L'instant fatal était arrivé. Bas-de-Cuir saisit de la main gauche un des bois de l'animal, et de l'autre lui coupa la gorge avec un grand couteau qui servait à écorcher les animaux qu'il tuait à la chasse. Le sang du daim expirant teignit l'eau du lac à la distance de plusieurs pieds, et dès qu'il fut mort on l'étendit au fond du canot.

Natty lui passa les mains sur les côtes et sur différentes parties du corps; levant ensuite la tête en riant à sa manière accoutumée : — Voilà pour les lois de Marmaduke, dit-il. Eh bien ! vieux John, cela ne réchauffe-t-il pas le sang ? c'est la première fois qu'il m'arrive de tuer un daim sur le lac. La chair en est bonne, monsieur Olivier, et je sais bien qui aimera mieux une tranche de cette venaison que tous les défrichements du pays.

Le vieil Indien était abattu sous le poids des années et des malheurs de sa race, mais la chasse semblait toujours lui rendre la vigueur et la gaieté de la jeunesse. Il passa à son tour la main sur les membres encore palpitants du daim, fit un signe d'approbation, et dit dans le style laconique de sa nation :

— Bon !

— Je crois, Natty, dit Edwards quand le premier moment d'enthousiasme fut passé, que nous avons tous également contrevenu à la loi. — Mais il ne s'agit que de garder notre secret, car personne ne peut nous avoir vus. Mais comment les chiens se trouvent-ils dehors ? Je les ai laissés à l'attache ; j'en suis bien sûr, et les courroies étaient solides.

— En sentant un pareil daim, dit Natty, les pauvres créatures n'auront pu résister à la tentation, et elles auront rompu leurs courroies. Voyez, monsieur Olivier, elles en ont encore un bout de plus d'un pied qui leur pend au cou. Allons, John, retournons à terre, il faut que j'examine cela de plus près.

Mohican rama vers le rivage, et dès qu'ils furent débarqués, Natty appela ses chiens, qui accoururent à lui. Mais à peine eut-il jeté les yeux sur les courroies, qu'il changea de visage, secoua la tête et s'écria : — J'avais tort ; non, non, mon vieux Hector n'est pas en faute, comme je le craignais.

— Croyez-vous que le cuir ait été coupé ? demanda Edwards avec vivacité.

— Je ne dis pas cela, répondit Natty, mais ce cuir n'a été ni arraché de force, ni déchiré par les dents des chiens.

— Quoi! s'écria Edwards, ce coquin de charpentier aurait-il osé...?

— Il est homme à tout oser quand il n'a rien à craindre, répondit Natty. Je vous ai déjà dit qu'il meurt d'envie d'entrer dans ma hutte. Il faut toujours qu'il se mêle des affaires des autres. Mais je ne lui conseille pas de rôder davantage autour de mon wigwam.

Pendant ce temps, Mohican examinait les courroies avec la sagacité d'un Indien, et après en avoir fait une inspection exacte, il dit : — Le cuir a été coupé avec une lame bien affilée, attachée à un long manche, par quelqu'un qui avait peur des chiens.

— Comment pouvez-vous le savoir, Mohican? demanda Edwards.

— Ecoutez, mon fils, répondit le vieux guerrier. La coupure est nette, ce qui prouve que la lame était bien affilée; elle est horizontale, donc elle a été faite avec un instrument ayant un manche; et si l'on n'avait pas eu peur des chiens, on aurait naturellement coupé les courroies plus près de leur cou.

— Sur ma vie, s'écria Natty, John est sur la bonne piste! il faut que ce soit ce maudit charpentier! Il aura monté sur le petit rocher qui est derrière les niches des chiens, et attaché son couteau à un bâton pour couper les courroies; cela n'est pas bien difficile à faire quand on en a envie.

— Mais quel motif pouvait-il avoir pour lâcher les chiens? demanda Edwards.

— Quel motif? répondit Natty; celui de les éloigner, pour tâcher ensuite d'entrer dans le wigwam, et de voir pourquoi je le ferme si soigneusement toutes les fois que j'en sors.

— Votre soupçon est juste, s'écria le jeune homme; prêtez-moi votre canot, qui est plus léger que ma barque; je suis jeune et vigoureux; j'arriverai peut-être encore à temps pour mettre obstacle à ses projets. A Dieu ne plaise que nous soyons à la discrétion d'un pareil homme!

Sa proposition fut acceptée. Le daim fut placé sur la barque pour alléger le canot, et Edwards y montant, fendit l'eau avec la rapidité d'un éclair. Mohican le suivait à quelque distance avec la barque, et Natty, suivi de ses deux chiens, gravit la montagne, dans l'intention de se rendre par terre à la hutte.

CHAPITRE XXVIII.

> Ne me demandez pas ce que la jeune fille éprouve ;
> abandonnée, seule, dans cette heure de terreur !
> Peut-être sa raison fléchit ou chancelle ; peut-être
> un courage au-dessus de celui de son sexe lui donne
> la force de résister au désespoir.
>
> Scott.

Pendant que Natty et ses compagnons chassaient le daim sur le lac, miss Temple et sa compagne continuaient leur promenade dans le bois, et lorsque le moment d'embarras occasionné par le départ d'Edwards se fut dissipé, elles commencèrent un entretien aussi enjoué qu'innocent. Le sentier qu'elles suivaient les conduisit à une courte distance de la hutte de Bas-de-Cuir, et elles arrivèrent sur une hauteur d'où elles pouvaient l'apercevoir à vol d'oiseau.

Une retenue peut-être naturelle, mais qui devait agir sur elles vivement, avait fait que, dans leurs entretiens les plus confidentiels, jamais aucune d'elles n'avait fait à l'autre la moindre observation sur la situation équivoque dans laquelle on avait trouvé le jeune homme qui depuis quelques mois était si intimement lié avec elles. Si M. Temple avait jugé à propos de demander des renseignements, il avait cru aussi devoir garder pour lui seul ceux qu'il pouvait avoir obtenus. Au surplus, on voyait si souvent alors dans ce pays un jeune homme bien élevé commencer à faire son chemin dans le monde à travers les obstacles que lui opposait la pauvreté, que cette circonstance n'avait rien qui pût exciter la curiosité. Des manières annonçant l'usage du monde auraient produit un effet différent ; mais la conduite froide, réservée, quelquefois même brusque d'Edwards dans le commencement de son séjour chez Marmaduke, ne permettait guère qu'on le soupçonnât d'avoir beaucoup vécu dans la société ; et quand, avec le temps, on remarqua en lui plus de liant et de poli, on put croire qu'il en était redevable à la famille qu'il fréquentait alors.

Mais il est des objets sur lesquels l'attention des femmes se fixe avec plus de succès que celle des hommes, et dans mille petits égards qu'Edwards avait pour elle en toute occasion, Elisabeth avait reconnu qu'il ne manquait ni de politesse ni de savoir-vivre, et que, lorsqu'il se rendait coupable de quelque trait de brusquerie, c'était parce qu'il était dominé par un sentiment secret qu'elle attribuait à des passions fougueuses dont elle ignorait la cause.

— Je ne sais ce que je ne donnerais pas, Louise, dit-elle à sa compagne en lui montrant du doigt l'humble demeure de l'habitant des bois, pour que ces murailles de troncs d'arbres pussent me dire tout ce qu'elles ont vu et entendu.

— Je suis sûre, ma chère Elisabeth, qu'elles ne vous diraient rien qui pût être au désavantage de M. Edwards.

— Cela est possible, mais elles me diraient peut-être qui il est.

— Nous le savons déjà à peu près. J'ai entendu votre cousin l'expliquer d'une manière suffisante.

— Le chef du pouvoir exécutif! s'écria miss Temple en souriant. Oh! sans doute, il n'existe rien qu'il ne puisse expliquer. Il aura quelque jour le talent de découvrir la pierre philosophale. Et que lui avez-vous donc entendu dire?

— Des choses qui m'ont paru assez raisonnables pour mériter qu'on y ajoute foi. Il disait que Natty Bumppo avait passé presque toute sa vie dans les forêts; que c'était ainsi qu'il avait fait la connnaissance du vieux John, qui était autrefois un chef delaware.

— En vérité! mon cher cousin vous a appris là des choses tout à fait nouvelles. Et que dit-il ensuite?

— Il rend compte de leur intimité, en disant que Bas-de-Cuir selon quelques uns, avait sauvé la vie de John dans une bataille.

— Rien n'est plus vraisemblable; mais, au nom du ciel, qu'est-ce que tout cela a de commun avec ce dont nous parlions?

— Un peu de patience, Elisabeth, et je vous dirai tout ce que j'ai entendu; car c'était à mon père que M. Jones racontait ces détails la dernière fois qu'il est venu chez nous...; il ajouta que les rois d'Angleterre avaient coutume d'avoir des agents auprès des diverses tribus d'Indiens, et que ces agents passaient quelquefois la moitié de leur vie dans les endroits les plus fréquentés par ces sauvages.

—Il vous a dit là une vérité historique dont personne ne saurait douter. Est-ce tout?

—Oh! non vraiment. Il a encore dit que ces agents se mariaient rarement, mais que cependant... il fallait que ces gens-là n'eussent guère la crainte de Dieu devant les yeux, Elisabeth; car il disait qu'ils... qu'ils...

—N'importe, n'importe, Louise, dit Elisabeth en rougissant un peu; sautez par-dessus cela, et arrivez à M. Edwards.

—Mais pour cela, il faut que je vous dise que ces agents se faisaient souvent un point d'honneur de faire donner une bonne éducation à leurs enfants, à ce que disait M. Jones; les uns les envoyaient en Angleterre, les autres les mettaient au collége dans les colonies; et c'est ainsi qu'il explique la manière libérale dont M. Edwards a été élevé; car il convient qu'il est presque aussi instruit que lui-même, que votre père, et même que le mien.

—Un vrai prodige de science! Et c'est ainsi qu'il fait de Mohican le grand-oncle ou le grand-père d'Olivier Edwards. Mais Richard, ma chère amie, a une théorie pour tout expliquer. Je voudrais pourtant bien qu'il m'expliquât pourquoi cette chaumière est la seule habitation à cinquante milles à la ronde dont la porte ne s'ouvre pas à quiconque veut se donner la peine d'en soulever le loquet.

—M. Jones n'a rien dit à ce sujet; mais je suppose que, comme ils sont pauvres, ils désirent tout naturellement conserver ce qui leur appartient par droit légitime. Il est quelquefois dangereux d'être riche, miss Temple, mais vous ne savez pas, vous ne pouvez pas savoir combien il est dur d'être pauvre.

—Et j'espère bien que vous ne le savez pas plus que moi, ma chère Louise. Je me flatte du moins que, sur cette terre d'abondance, il est impossible qu'un ministre de l'Eglise se trouve dans un état de détresse.

—Il n'y a jamais de détresse absolue, dit Louise d'un ton humble et mélancolique, pour celui qui met sa confiance dans son Créateur; mais il peut être exposé à des souffrances qui lui brisent le cœur.

—Mais ce n'est pas vous, ma chère amie, s'écria Elisabeth avec impétuosité, ce n'est pas vous qui avez souffert les maux de la pauvreté?

—Ah! miss Temple, répondit Louise avec douceur, je crois

que vous connaissez bien peu les embarras de cette vie ! Mon père a passé bien des années, comme missionnaire, dans les nouveaux établissements de ce pays ; ses ouailles étaient pauvres ; plus d'une fois nous avons manqué de pain ; nous n'avions pas le moyen d'en acheter, et nous n'osions en demander, de peur de déshonorer ses saintes fonctions. Combien de fois l'ai-je vu s'éloigner de sa famille souffrante, en proie à la faim et à la maladie, et qui perdait son unique consolation en le voyant partir ; et où allait-il...? remplir des devoirs que ses malheurs domestiques ne pouvaient le déterminer à négliger. Oh ! combien il doit être difficile de chercher à consoler les autres quand on a le cœur abreuvé de l'amertume de tous les chagrins !

— Mais à présent, Louise, s'écria Elisabeth, ils sont passés ; ils ne reviendront plus. Les émoluments de votre père doivent être proportionnés aux besoins de sa famille. Il faut qu'ils le soient, ils le seront.

— Ils le sont, répondit Louise en baissant la tête sur son sein pour cacher ses larmes, car je suis tout ce qui lui reste d'une nombreuse famille, je suis le seul être aux besoins duquel il ait à pourvoir.

La tournure que la conversation avait prise avait banni de l'imagination des deux jeunes amies toute autre idée que celles qu'inspirent l'amitié, la bienveillance et la gratitude. Élisabeth serra tendrement contre son cœur sa compagne, qui ne pouvait retenir ses larmes, et ce ne fut qu'en pleurant avec elle qu'elle chercha à la consoler.

Quand ce moment d'émotion fut passé, elles continuèrent leur promenade en silence. Elles arrivèrent bientôt sur le plateau de la montagne ; elles s'étaient échauffées en la gravissant, et comme le soleil en montant sur l'horizon augmentait la chaleur du jour, elles quittèrent le chemin qu'elles avaient suivi, pour s'enfoncer plus avant dans la forêt, où des arbres majestueux formaient un dôme impénétrable aux rayons du soleil.

Les beautés de la nature sauvage formaient alors le sujet de leur entretien, quand tout à coup Élisabeth s'arrêta, et s'écria en tressaillant :—Écoutez ! n'entendez-vous pas les cris d'un enfant ? Y a-t-il quelques défrichements dans les environs ? serait-ce un enfant du village qui se serait égaré ?

— Cela arrive assez souvent, dit Louise : écoutons.

Le même cri se répéta, et, pour cette fois, les deux amies l'entendirent.

— Marchons vers le côté d'où partent ces cris, dit Élisabeth ; si c'est un enfant égaré nous aurons le plaisir de le reconduire à ses parents.

Elle prit son amie par le bras, et, marchant à grands pas, elles s'enfonçaient encore plus avant dans la forêt, quand Louise se retournant arrêta Élisabeth, et lui montrant Brave, qui les avait constamment suivies : —Regardez le chien, lui dit-elle d'un air effrayé.

Brave, dans sa jeunesse, avait été un excellent chien de chasse; mais l'âge et l'habitude d'une vie tranquille avaient considérablement amorti son feu. Il avait suivi sa maîtresse pas à pas, et chaque fois qu'elle s'arrêtait il se couchait à ses pieds, comme s'il eût trouvé la promenade un peu longue. En ce moment cependant il avait les yeux ardents et le poil hérissé; sa tête tournée vers la droite ne changeait pas de position ; il montrait les dents en grondant ; enfin il donnait des symptômes de crainte ou de colère qui auraient alarmé Élisabeth si elle ne l'avait pas si bien connu.

— Brave ! dit-elle, tout beau, Brave ! Qu'as-tu donc, mon vieil ami ?

A la voix de sa jeune maîtresse, Brave fit quelques pas en avant pour se placer devant elle ; il gronda plus fort qu'auparavant, et continua d'avoir les yeux fixés du même côté.

— Qu'a-t-il donc? dit Élisabeth. Il faut qu'il aperçoive quelque animal, mais je n'en vois aucun.

Louise ne lui répondant pas, miss Temple tourna la tête vers elle, la vit pâle comme la mort, et levant un doigt en l'air avec une sorte de mouvement convulsif. Son œil vif suivit la direction que lui indiquait son amie tremblante, et elle aperçut sur un bouleau, à quelque distance, une panthère, dont les yeux menaçants semblaient fixés sur elle.

— Fuyons ! s'écria-t-elle en saisissant le bras de Louise ; mais au même instant Louise, cédant à la terreur, tomba sans mouvement.

Rien n'aurait pu déterminer Élisabeth à abandonner sa compagne dans un pareil danger. Elle se jeta à genoux à ses côtés, chercha à lui rendre la respiration plus facile, en déchirant, par une sorte d'instinct, la portion des vêtements qui pouvaient la gêner, et en même temps, animant le chien, leur seule sauvegarde, en lui faisant entendre les accents d'une voix qui commençait à trembler,

— Courage, Brave! s'écria-t-elle. Courage, mon bon Brave! défends ta maîtresse!

La panthère était une femelle, elle avait avec elle un petit, parvenu environ au quart de sa croissance, qui l'avait suivie sur les premières branches du même arbre, et qu'Élisabeth n'avait pas encore aperçu. Il se fit voir en ce moment en descendant de l'arbre, et en s'avançant vers le chien avec des mouvements qui tenaient de la férocité de sa mère et de la gaieté d'un jeune chat. Tantôt il s'arrêtait au pied d'un arbre, se dressait sur ses pattes de derrière, et en arrachait l'écorce avec celles de devant; tantôt se battant les flancs de sa queue, et grattant la terre, il imitait les hurlements maternels.

Pendant ce temps, Brave restait ferme, sans changer de position, à trois pas en avant de sa maîtresse, son corps appuyé en arrière sur ses hanches, et suivant des yeux tous les mouvements de la mère et de son petit. A chaque bond que faisait le dernier, il approchait davantage, et tout à coup il tomba, peut-être sans en avoir le dessein, presque sur Brave, qui, sautant sur lui au même instant, lui brisa l'épine du dos d'un coup de mâchoire, et le lança avec force en l'air, d'où il retomba sans vie sur la terre.

Élisabeth s'applaudissait du triomphe que Brave venait d'obtenir, quand elle vit la panthère sauter à bas de l'arbre, en trois bonds, dont chacun la portait à une vingtaine de pieds, s'élancer sur le chien; ce fut alors que commença une lutte vraiment terrible, accompagnée de rugissements et de hurlements épouvantables. Miss Temple était toujours à genoux, penchée sur le corps insensible de Louise, les yeux fixés sur les deux animaux avec un intérêt d'autant plus puissant qu'elle ne pouvait oublier que sa vie semblait en dépendre. La panthère faisait des bonds si fréquents et si rapides qu'elle semblait presque toujours en l'air. Le chien, animé par le combat, cherchait toujours à faire face à son ennemi, mais il ne pouvait empêcher la panthère de lui retomber quelquefois sur les épaules, ce qui était le but constant des efforts de celle-ci. Alors quoiqu'il fût déchiré par ses griffes, et que son sang coulât déjà de plusieurs blessures, il la secouait comme une plume, et se levant sur ses pattes de derrière, la gueule ouverte et les yeux étincelants, il revenait à la charge avec plus d'ardeur que jamais. Mais, à l'exception du courage, Brave n'était plus que l'ombre de ce qu'il avait été quelques années auparavant. Chaque fois qu'il attaquait la panthère en face, l'animal, aussi agile que féroce, lui échappait par un bond qui le mettait hors de sa portée, et bientôt lui retombant sur le dos, il lui faisait de nouvelles blessures. Une lutte plus terrible que les précédentes eut enfin lieu ; les deux ennemis combattaient corps à corps ; les dents du chien enfoncées dans les flancs de la panthère, ne permettaient plus à celle-ci de lui échapper par de nouveaux bonds, mais tout à coup, épuisé par la perte de son sang qui lui coulait de toutes les parties du corps, il desserra les dents, tomba sur le dos, et une courte convulsion annonça la mort du fidèle Brave.

On dit que l'image du Créateur a quelque chose qui impose aux êtres d'un ordre inférieur qui sont aussi l'ouvrage de ses mains, et ce fut sans doute par un miracle de ce genre que fut suspendu un moment le coup dont était menacée Élisabeth, privée de son unique défenseur. Les yeux du monstre et ceux de la jeune fille agenouillée se rencontrèrent un instant, mais l'animal furieux s'arrêta pour assouvir sa rage sur l'ennemi qu'il venait de vaincre. Il courut ensuite près de son petit, l'examina, retourna son corps comme pour s'assurer s'il n'existait plus, et cette vue redoublant sa fureur, il se battit les flancs avec sa queue, et fit retentir la forêt de nouveaux rugissements.

Miss Temple restait immobile. Il lui eût été impossible de faire un mouvement ; elle avait les mains jointes, dans l'attitude de la prière, mais ses yeux étaient toujours fixés sur son redoutable ennemi. Ses lèvres tremblaient d'horreur, ses joues étaient pâles comme du marbre, et elle n'attendait plus qu'une mort cruelle et inévitable, quand elle entendit derrière elle du bruit dans les broussailles, et en même temps la voix d'un homme frappa son oreille.

— Baissez-vous ! baissez-vous ! Votre chapeau me cache la tête de l'animal.

Ce fut plutôt par suite d'un instinct naturel que pour obéir à cet avis que la fille du juge baissa la tête sur sa poitrine, et au même instant le bruit d'un coup de fusil et le sifflement d'une balle se firent entendre à ses oreilles. Elle leva les yeux sur la panthère, et vit l'animal furieux se rouler sur la terre en bondissant encore, en se mordant la chair à l'endroit où la balle l'avait percé, et en poussant des cris de rage.

Au même instant, Bas-de-Cuir s'élança devant elle en criant à haute voix : — Ici, Hector! ici, vieux fou ! C'est une bête à vie dure, et il ne faut pas s'y fier.

Malgré les mouvements violents de la panthère blessée, qui semblait toujours près de recouvrer ses forces et sa férocité, Natty resta intrépide devant miss Temple, rechargeant son fusil avec autant de promptitude que de sang-froid. S'approchant alors de l'animal furieux, il lui envoya une balle dans la tête, et l'étendit sans vie sur le carreau.

La mort de cet ennemi terrible permit à Élisabeth de respirer plus librement, et il lui sembla qu'elle sortait elle-même du tombeau. Natty, qui connaissait parfaitement tous les environs, alla chercher de l'eau dans son bonnet de peau de daim, et les soins de miss Temple eurent bientôt rendu à sa compagne l'usage de ses sens. Elle exprima ensuite sa reconnaissance à son libérateur avec une chaleur proportionnée au service qu'elle en avait reçue; mais Bas-de-Cuir l'écouta avec une insouciance qui annonçait qu'il n'attachait pas un grand mérite à ce qu'il venait de faire pour elle.

— A la bonne heure, lui dit-il, à la bonne heure ; nous en parlerons une autre fois; mais quand vous voudrez encore vous promener dans les bois, vous ferez bien de prendre M. Edwards pour compagnon. Quant à présent, il faut songer à regagner la route ; car vous avez eu assez peur pour désirer de vous retrouver chez votre père.

Il les conduisit jusqu'au chemin qui menait au village, et Louise ayant recouvré assez de forces pour marcher appuyée sur le bras de son amie, il les quitta et rentra dans la forêt pour regagner sa cabane. Il s'arrêta pourtant un moment, les regarda s'éloigner, et ce ne fut que lorsque les arbres les eurent dérobées à ses yeux qu'il se remit en route.

— Je ne m'étonne pas qu'elles aient eu peur, se dit-il à lui-même. La vue d'une panthère ayant son petit mort à côté d'elle ferait peur à des femmes moins jeunes. C'est un animal qui a la vie dure : la première fois que j'en rencontrerai une, il faut que j'essaie de lui envoyer une balle dans l'œil. J'ai dans l'idée que cela l'expédiera plus vite.

Tout en parlant ainsi il approchait de l'endroit où il avait laissé la panthère, et il avait ses raisons pour s'y rendre, quand tout à coup il entendit du bruit dans les broussailles. Ne sachant si c'était un homme ou quelque animal sauvage, il appuya la crosse de son fusil contre son épaule, en dirigea le canon du côté d'où venait le bruit, et s'écria : — Qui va là?

—C'est moi, Natty, c'est moi, s'écria Hiram Doolittle en se montrant avec un empressement occasionné par la crainte qu'il avait que le vieux chasseur ne tirât à tout hasard; quoi! vous voilà en chasse par un jour aussi chaud! Prenez-y garde, et n'allez pas contrevenir à la loi.

— La loi, squire? Voici quarante ans que j'ai donné une poignée de main à la loi en signe d'alliance, reprit Natty. Qu'est-ce qu'un homme qui vit dans les bois a de commun avec la loi?

— Pas grand'chose, peut-être; mais vous faites quelquefois un trafic de venaison, et je suppose que vous n'ignorez pas, Bas-de-Cuir, que le congrès a porté une loi qui condamne à une amende de cinq livres sterling, c'est-à-dire de douze dollars cinquante centimes de monnaie courante, quiconque tuera un daim entre les mois de janvier et d'août, et le juge a résolu de le faire exécuter rigoureusement.

— A cet égard, je vous crois, monsieur Doolittle; je crois tout ce que vous voudrez me dire d'un homme qui a mis ce pays sens dessus dessous.

— La loi est positive, vous dis-je; et il est du devoir du juge de veiller à son exécution. Cinq livres d'amende! Il me semble que j'ai entendu vos chiens aboyer ce matin; on aurait dit qu'ils suivaient la piste de quelque pièce de gibier. Prenez garde qu'ils ne vous mettent dans l'embarras.

— Oh! ils ont trop de respect pour la loi, presque autant que leur maître; mais sur l'amende dont vous parlez, combien en revient-il au dénonciateur?

— Combien? répéta Hiram en baissant les yeux sous le regard perçant du vieux chasseur; mais... la loi en accorde au dénonciateur... la moitié, à ce que je crois... oui, c'est la moitié. Mais vous avez du sang sur votre manche, Natty; est-ce que vous avez **tué** du gibier ce matin?

— Oui, monsieur Hiram, et du fier gibier, je vous en réponds.

— Je n'en doute pas, Natty, je n'en doute pas. On sait que vos chiens sont bien dressés. Ils ne chassent que du gibier de choix.

— Ils chassent tout ce que je leur dis de chasser, monsieur Doolittle. Ils vous chasseront vous-même, si je le leur ordonne. Ici, Hector! ici! ici donc, vous dis-je!

— Vos chiens passent pour être les meilleurs du canton, Natty, dit Hiram un peu déconcerté de les voir s'approcher de lui en le flairant, comme s'ils voulaient prendre sa piste. Mais où est le gibier que vous avez tué, Bas-de-Cuir?

Pendant ce dialogue, ils avaient toujours marché, et ils se trouvaient alors à deux pas du lieu du combat.

— Regardez là, dit Natty en allongeant le bras pour indiquer l'endroit; voulez-vous emporter cette pièce de gibier pour votre dîner?

— Comment! s'écria Hiram, c'est Brave! c'est le chien de M. Temple! Vous voulez donc vous faire un ennemi du juge? Est-il donc possible que vous ayez tué ce pauvre animal?

— Regardez-y, monsieur Doolittle, examinez-le bien, et voyez s'il a été tué d'un coup de fusil, ou à coups de couteau.

— Comme il a tout le corps déchiré! Non, non, ce n'est ni fusil ni couteau qui l'a tué. Qui donc l'a mis en cet état?

— Une panthère, monsieur Doolittle. Tenez, regardez derrière vous, vous en verrez deux, la mère et l'enfant.

— Des panthères! s'écria Hiram en sautant avec une agilité qui aurait fait honneur à un maître à danser, et en tournant tout autour de lui des yeux égarés.

— N'ayez pas peur, monsieur Doolittle, n'ayez pas peur. Le chien a tué le petit; et, grâce à mon fusil, la gueule de la mère ne peut plus mordre personne. Approchez-en hardiment, ils ne vous feront pas de mal.

— Mais le daim, Natty! où est le daim que vous avez tué?

— Moi, j'ai tué un daim! est-ce que la loi ne le défend pas? J'espère qu'elle ne défend pas de tuer des panthères?

— Non sans doute, elle accorde au contraire une prime pour leur tête. Vos chiens chassent donc la panthère?

— Ils chassent toute sorte de gibier. Ne vous ai-je pas dit qu'ils vous chasseraient vous-même si je le voulais? Ici donc, Hector! ici!

— Oui, oui, je m'en souviens. Eh bien ! je dois dire que ce sont des chiens admirables, et je suis dans l'étonnement.

Pendant ce temps, Natty s'était assis à terre, et mettant sur ses genoux la tête de l'ennemi qu'il avait terrassé, il prit son couteau, et se mit à lui enlever la peau de la tête avec une dextérité qui annonçait une main exercée.

— Et de quoi êtes-vous étonné, monsieur Doolittle ? Est-ce que vous n'avez jamais vu scalper une panthère ? Mais, puisque vous êtes magistrat, vous devriez me donner un ordre pour toucher la prime, car je savais fort bien qu'il m'en était dû une.

— La prime ! sans doute, cela est juste. Eh bien ! allons dans votre habitation, et je vous délivrerai un ordre, quand vous aurez prêté le serment prescrit par la loi. Je suppose que vous avez une Bible ! La loi n'exige que les quatre évangélistes et l'oraison dominicale.

— J'ai dans l'idée que je n'ai pas une Bible telle que la loi l'exige.

— Il n'y a qu'une espèce de Bible, Natty ; la vôtre sera aussi bonne qu'une autre. Partons, partons, je veux recevoir votre serment sur-le-champ.

— Doucement, monsieur Doolittle, doucement, dit le vieux chasseur en se levant, et en tenant en main la preuve de sa victoire ; qu'avez-vous besoin de serment pour une chose dont vous ne pouvez douter ? ne vous ai-je pas conté toute l'histoire, et ne m'avez-vous pas vu scalper la bête ? Le juge Temple pourrait me demander un serment, parce qu'il n'a pas été témoin du fait, mais vous...

— Mais nous n'avons ici ni plume, ni encre, ni papier, Bas-de-Cuir ; il faut donc que nous allions chez vous pour que je puisse écrire l'ordre.

— Est-ce que vous me prenez pour un savant, monsieur Doolittle, pour croire que vous trouverez dans ma hutte du papier, de l'encre et des plumes ? Je croyais qu'un magistrat avait tout cela dans sa poche. Eh bien ! je porterai cette peau au village, et j'y recevrai l'ordre pour toucher la prime. Au diable soit le bout de courroie qui pend au cou de ces chiens ! Ils finiront par s'étrangler. Auriez-vous un couteau à me prêter, monsieur Doolittle ? Le mien n'est pas assez affilé pour couper de pareil cuir.

Hiram, qui semblait désirer en ce moment d'être en bonne intelligence avec le vieux chasseur, tira de sa poche un grand couteau et le lui remit. Natty coupa les courroies près du cou de ses chiens et lui dit en le lui rendant :

— Il a le fil, et je réponds que ce n'est pas la première fois qu'il a coupé de pareil cuir.

— Prétendez-vous dire que ce soit moi qui ai lâché vos chiens? s'écria Hiram, mis hors de ses gardes par sa mauvaise conscience.

— Lâché mes chiens! répéta Natty. Non, c'est moi qui les ai lâchés. Je les lâche toujours avant de quitter ma hutte.

L'étonnement involontaire que montra Hiram en entendant cette déclaration contraire à la vérité, aurait suffi pour dissiper tous les doutes de Natty, s'il en avait eu aucun, et le sang-froid qu'il avait conservé jusque alors fit place à l'indignation.

— Ecoutez-moi bien, monsieur Doolittle, dit-il en frappant violemment la terre de la crosse de son fusil; je ne sais ce qui peut vous tenter dans le wigwam d'un pauvre homme comme moi, mais je vous dis en face que vous n'y mettrez jamais le pied de mon consentement, et que si vous rôdez encore à l'entour, comme vous l'avez fait toute cette matinée, vous n'en serez pas bon marchand.

— Et moi je vous dis, monsieur Bumppo, répondit Hiram, tout en faisant retraite à pas précipités, que je sais que vous vous êtes mis en contravention à la loi; que je suis magistrat, et que je vous le ferai savoir avant qu'il se passe vingt-quatre heures.

— Voilà pour vous et pour votre loi! s'écria Natty en faisant claquer ses doigts: retirez-vous, vermine[1] que vous êtes, de peur que le diable ne me tente de vous traiter comme vous le méritez. Mais que je ne vous retrouve plus dans les bois, car je pourrais bien vous prendre pour une panthère.

Hiram ne répliqua rien, de peur de pousser le vieux chasseur à quelque extrémité; et, dès qu'il eut disparu, Natty se rendit à sa chaumière où régnait un silence semblable à celui du tombeau. Il mit ses chiens à l'attache, et frappa à la porte. Edwards vint la lui ouvrir.

— Tout va-t-il bien? demanda Natty.

— Tout va bien, répondit Edwards. J'ai reconnu qu'on a essayé d'ouvrir la porte, mais on n'a pu y réussir.

— Je sais qui, dit Natty ; mais qu'il ne se montre plus à portée

---

[1]. *Varmint.* C'est ainsi qu'on appelle en style de chasse tous les animaux qu'un vrai chasseur dédaigne de tuer avec le fusil, comme la fouine, le putois, etc.

de mon fusil, car... Le bruit qu'il fit en fermant la porte ne permit pas d'entendre la fin de sa phrase.

CHAPITRE XXIX.

> Le bruit court qu'il a un riche trésor.
> SHAKSPEARE. *Timon d'Athènes.*

Nous avons laissé Marmaduke et son cousin tous deux à cheval pour une excursion que le shérif n'avait pas vu retarder sans regret. Tout occupé de ses grands projets, il avait un air d'importance qui ne permettait guère au juge d'entamer une conversation gaie, et ils firent environ un mille en gardant un profond silence.

—Eh bien! Dickon, dit enfin M. Temple, puisque j'ai consenti à vous suivre sans savoir où nous allons et pourquoi vous m'y conduisez, il me semble que le moment est arrivé de me faire une confidence entière. Quel est le but de ce voyage que nous faisons d'un air si solennel?

Le shérif toussa avec tant de force, qu'il fit retentir les échos de la forêt dans laquelle ils venaient d'entrer; et, tenant ses yeux fixés sur les objets qui se trouvaient devant lui, comme un homme qui veut percer à travers les régions obscures de l'avenir, il répondit ainsi qu'il suit :

—Je puis dire, cousin 'Duke, que depuis notre naissance il y a toujours eu un point de différence entre nous. Ce n'est pas que je veuille vous en rendre responsable; car il est aussi injuste de condamner les défauts naturels d'un homme, que de faire l'éloge des avantages naturels d'un autre. Mais il est certain que nous avons différé en un point depuis l'instant de notre naissance, et vous savez que vous n'êtes mon aîné que de deux jours.

—Je ne conçois vraiment pas, Richard, quel peut être ce point, car, à mon avis, nous différons si matériellement, et en tant de choses...

—Ce ne sont que des conséquences dérivant d'une même cause,

juge Temple ; et cette cause est l'opinion que nous nous sommes formée des attributions universelles du génie.

— Je ne vous comprends pas bien, Dickon.

— Je crois pourtant que je parle bon anglais, cousin 'Duke ; du moins c'est mon père qui me l'a appris, et mon père savait.....

— Le grec et le latin, Dickon. Je connais aussi bien que vous toute la science de votre famille. Mais venons au fait. Pourquoi voyageons-nous aujourd'hui sur cette montagne ?

— Pour bien traiter un sujet, juge, il faut que celui qui en parle soit libre de le manier comme bon lui semble. Vous pensez que la nature et l'éducation ne peuvent donner à un homme que les moyens de bien faire une seule chose ; et moi je soutiens que le génie peut suppléer à l'instruction, et qu'il est tel homme qui, naturellement, est capable de faire chaque chose et toutes choses.

— Un homme comme vous, par exemple, cousin Dickon.

— Je méprise les personnalités, juge Temple ; je ne parle nullement de moi ; mais il existe sur votre patente trois hommes que je puis citer comme doués par la nature d'un talent universel, quoiqu'ils agissent sous l'influence de situations différentes.

— Vraiment ! Nous sommes donc mieux que je ne le supposais. Et qui sont ces trois grands hommes ?

— L'un est Hiram Doolittle. Son métier, comme vous le savez, est d'être charpentier, et il ne faut que jeter les yeux sur le village pour rendre justice à son mérite. Ensuite il a été nommé juge de paix ; et où est le magistrat, quelque éducation qu'il ait reçue, qui sache mieux administrer la justice ?

— Soit, dit Marmaduke de l'air d'un homme qui ne veut pas entrer en discussion sur un point contestable ; en voilà un.

— Jotham Riddel en est un autre.

— Qui ? s'écria le juge.

— Jotham Riddel, vous dis-je.

— Quoi ! cet homme mécontent de tout, ce fainéant, ce spéculateur qui change de comté tous les trois ans, d'habitation chaque année, et de profession tous les trois mois ; qui était hier cultivateur, qui est aujourd'hui maître d'école, et qui sera demain cordonnier ! ce composé de toutes les mauvaises qualités des colons, sans qu'il les rachète par une seule de leurs bonnes !

En conscience, Richard, celui-là ne peut passer. Et quel est le troisième ?

— Comme le troisième, juge Temple, n'est pas habitué à entendre de pareils commentaires sur son compte, je me dispenserai de le nommer.

— Tout ce que je conclus de tout cela, Dickon, c'est que ce trio, dont vous êtes le principal personnage, a fait quelque importante découverte.

— Je ne vous ai pas dit que j'en fasse partie. Je vous répète que je ne parle pas de moi. Mais il est très-vrai qu'il a été fait une découverte, et que vous y êtes très-intéressé.

— Voyons, Richard ; je vous écoute avec une grande attention.

— Vous savez, cousin 'Duke, qu'il existe sur votre patente un individu connu sous le nom de Natty Bumppo. Cet homme y a vécu seul pendant environ quarante ans, dit-on ; mais depuis quelque temps il habite avec deux étranges compagnons.

— Une partie de cela est vrai, le tout est assez probable.

— Tout est vrai, juge, tout est vrai. Eh bien ! ces compagnons qui vivent avec lui depuis quelque temps sont un vieux chef indien, le dernier ou l'un des derniers de sa tribu, et un jeune homme qu'on dit fils de quelque agent anglais et d'une Indienne.

— Qui dit cela ? s'écria Marmaduke avec un intérêt qu'il n'avait pas encore montré.

— Qui ? le bon sens, le bruit général. Mais écoutez jusqu'à ce que vous sachiez tout. Ce jeune homme ne manque pas de talents. Oui, il a ce que j'appelle de jolis talents ; il a été passablement élevé ; il sait assez bien se conduire en compagnie, quand il le veut. Maintenant, cousin 'Duke, pourriez-vous me dire quel motif a pu réunir ensemble trois hommes comme John Mohican, Natty Bumppo, et Olivier Edwards ?

— C'est une question que je me suis faite bien souvent, Dickon, et je n'ai jamais pu la résoudre. Avez-vous pénétré ce mystère, ou en êtes-vous encore aux conjectures ?

— Aux conjectures ! non, non, cousin 'Duke, j'ai des faits, des faits certains et incontestables. Vous savez qu'il existe des mines dans ces montagnes ; car je vous ai entendu dire que vous croyez à leur existence.

— En raisonnant par analogie, Richard, mais sans en avoir aucune certitude.

— Mais vous en avez entendu parler ; vous avez vu des échantillons de minerai, vous ne pouvez le nier. D'ailleurs, en raisonnant par analogie, comme vous le dites, puisqu'il y a des mines dans l'Amérique méridionale, pourquoi n'y en aurait-il pas dans l'Amérique septentrionale ?

— Je ne nie pas que j'aie entendu dire qu'on présume qu'il existe des mines en ce pays, et qu'on m'ait apporté des échantillons de terre qui paraissaient contenir du minerai. Je ne serais donc nullement surpris d'apprendre qu'on ait découvert quelque mine d'étain, ou, ce qui serait encore plus important, de charbon de terre.

— Au diable votre charbon, juge ! Qui diable a besoin de charbon au milieu de ces forêts ? Non, cousin 'Duke, non ; l'argent est la seule chose qui nous manque, et c'est de l'argent qu'il s'agit de trouver. Maintenant, écoutez bien. Je n'ai pas besoin de vous dire que les naturels connaissent l'or et l'argent, et par conséquent personne ne doit connaître aussi bien qu'eux les endroits où il peut s'en trouver. Or, j'ai les meilleures raisons du monde pour croire que John Mohican et Bas-de-Cuir connaissent, depuis bien des années, l'existence d'une mine sur cette montagne même, et je vous ferai connaître ces raisons en temps convenable.

— Et quel temps peut être plus convenable que le moment actuel ? s'écria Marmaduke, curieux de voir à quoi ce préambule aboutirait.

— A la bonne heure ; mais écoutez-moi avec attention, répondit Richard en jetant les yeux à droite et à gauche pour voir si la forêt ne cachait personne qui pût l'entendre. J'ai vu Mohican et Bas-de-Cuir, vu de mes propres yeux, et mes yeux sont aussi bons que ceux de qui que ce soit ; je les ai vus, dis-je, monter sur cette montagne et en descendre, avec des pelles et des pioches. D'autres les ont vus faire entrer dans leur hutte divers objets d'une manière mystérieuse, et toujours pendant la nuit. Que pensez-vous que ce pût être ?

Marmaduke ne répondit rien, et resta les yeux fixés sur Richard, attendant la suite de sa révélation.

— Je vous le dirai, continua Richard ; c'était du minerai, ce ne pouvait être autre chose. Maintenant je vous demande si vous pouvez me dire qui est cet Olivier Edwards, qui est devenu votre commensal depuis les dernières fêtes de Noël.

M. Temple garda encore le silence.

— Nous ne pouvons douter que ce ne soit un métis, car Mohican l'appelle ouvertement son parent, un Delaware. Nous avons reconnu qu'il a reçu une assez bonne éducation. Mais qu'est-il venu faire dans ce pays? Vous souvenez-vous qu'un mois, ou à peu près, avant que ce jeune homme arrivât dans nos environs, Natty fut absent de chez lui pendant plusieurs jours? Vous n'en pouvez douter, car vous le fîtes chercher pour lui acheter de la venaison que vous vouliez porter à vos amis à New-York, en allant chercher votre fille. Eh bien! on ne le trouva point. John Mohican était seul dans sa hutte. Natty revint pendant votre absence; il arriva la nuit, et cependant on le vit revenir tirant un de ces traîneaux dont on se sert pendant l'hiver pour porter sur la neige des grains au moulin. Ce traîneau était couvert avec grand soin de plusieurs peaux d'ours; il s'arrêta à la porte de sa chaumière, et Mohican et lui en tirèrent avec précaution quelque chose qui paraissait assez lourd, et qu'ils transportèrent dans la hutte, mais que l'obscurité empêcha de distinguer.

— Quelque daim qu'il avait tué sans doute.

— Non certainement, car il avait laissé son fusil au village pour le faire réparer. Il est constant qu'il était allé je ne sais où, et qu'il en a rapporté je ne sais quoi, probablement des outils destinés au travail des mines; car depuis ce temps il ne laisse entrer personne dans sa hutte.

— Il n'a jamais beaucoup aimé les visites.

— J'en conviens; mais auparavant il ne refusait pas d'ouvrir sa porte au voyageur surpris par un orage. Eh bien! quelques jours après son retour, ce M. Edwards paraît. Ils passent ensemble des journées entières à chasser sur les montagnes, à ce qu'ils disent; mais, dans le fait, à chercher de nouvelles mines, attendu que la gelée ne leur permettait pas alors de fouiller la terre. Le jeune homme profita d'un heureux accident pour s'établir dans une bonne maison; mais il n'en passe pas moins une grande partie de son temps dans cette hutte; il y va tous les soirs, il y reste quelquefois toute la nuit. A quoi voulez-vous qu'ils s'occupent? Ils fondent le métal, juge Temple, ils fondent le métal, et ils s'enrichissent à vos dépens.

— Dans tout cela, Richard, qu'est-ce qui vous appartient, et qu'est-ce qui appartient aux autres? Je voudrais séparer le bon grain de l'ivraie.

— Je vous ai déjà dit que j'ai vu les deux vieillards armés de pelles et de pioches. J'ai vu aussi le traîneau, quoiqu'il ait été mis en pièces et brûlé en une couple de jours. Hiram a rencontré Natty sur la montagne, la nuit qu'il arrivait avec son traîneau, et comme Bas-de-Cuir paraissait fatigué, il lui a même offert de l'aider à le traîner, car Hiram est fort obligeant; mais Natty ne voulut pas l'écouter, et le refusa avec brutalité. Depuis que la neige est fondue, et surtout depuis que la terre est dégelée, nous les avons surveillés avec un grand soin, et Jotham nous a été fort utile pour cela.

Marmaduke n'avait pas beaucoup de confiance dans les associés de Richard. Cependant il trouvait dans les détails qu'il venait d'entendre, et surtout dans la liaison d'Edwards avec les vieux chasseurs, quelque chose de mystérieux qui lui donnait à réfléchir. D'ailleurs, les soupçons que Richard cherchait à lui faire concevoir favorisaient son penchant naturel. M. Temple aimait à percer dans l'avenir; il s'occupait sans cesse à calculer les améliorations que la postérité ferait dans le pays qu'il habitait; où les autres ne voyaient que des forêts solitaires, ses yeux découvraient des villes, des manufactures, des canaux, des ponts, des mines, des usines; enfin il ne voyait rien d'impossible à la découverte d'une mine dans les montagnes de l'Otsego, et ce pouvait être le lien secret qui avait réuni Edwards à des hommes si différents de lui sous tous les rapports, le motif qui l'attirait encore tous les jours dans la hutte du vieux chasseur. Mais Marmaduke était trop habitué à examiner les deux côtés d'une question, pour ne pas apercevoir les objections qu'on pouvait faire contre cette supposition.

— Cela n'est pas possible, dit-il; si ce jeune homme connaissait une mine, il ne serait pas si pauvre.

— C'est précisément parce qu'il est pauvre, répliqua Richard, qu'il doit avoir plus d'ardeur à fouiller dans les mines.

— D'ailleurs l'élévation d'âme qu'Edwards a reçue de la nature, les connaissances qu'il doit à l'éducation, ne lui permettraient pas de se livrer à une occupation clandestine.

— Un ignorant serait-il en état de fondre des métaux?

— Bess m'a dit qu'il venait de dépenser son dernier shilling, quand je l'ai reçu chez moi.

— L'aurait-il employé à tirer sur un dindon, s'il n'avait su où en trouver d'autres?

— Serait-il possible que j'eusse été si longtemps sa dupe! Il s'est conduit souvent à mon égard avec une brusquerie que j'attribuais à son ignorance du monde.

— Astuce. C'était pour mieux dissimuler ses desseins.

— S'il avait voulu me tromper, il m'aurait caché ses connaissances; il se serait fait passer pour un homme d'un ordre inférieur.

— Il ne l'aurait pas pu. Il me serait aussi impossible de me faire passer pour un ignorant, que de voler dans les airs. Les connaissances ne peuvent se cacher comme la lampe sous le boisseau.

— Tous vos raisonnements ne suffisent pas pour me convaincre, Richard; et pourtant ils éveillent mes soupçons. Mais enfin pourquoi m'avez-vous amené ici?

— Jotham, qui depuis un certain temps a été fort occupé, par mon ordre et celui d'Hiram, à les guetter sur cette montagne, y a fait une découverte. Il ne veut pas l'expliquer, parce qu'il dit qu'un serment l'en empêche; mais le fait est qu'il sait où est la mine, et il a commencé la fouille ce matin. Or, comme le terrain vous appartient, cousin 'Duke, je n'ai pas voulu que cette opération se fît à votre insu.

— Et où est cet endroit qui promet tant de richesses?

— A deux pas d'ici; et quand nous l'aurons visité, je vous en ferai voir un autre, que nous avons découvert il y a huit jours, et où nos trois chasseurs ont travaillé pendant six mois.

La même conversation dura encore quelques minutes, et ils arrivèrent enfin au but de leur course, où ils trouvèrent effectivement Jotham Riddel, enterré jusqu'au cou dans un trou qu'il venait de creuser.

Marmaduke le questionna sur les motifs qu'il pouvait avoir pour croire qu'il trouverait en cet endroit des métaux précieux; mais le drôle se tint sur la réserve; il se borna à dire qu'il était sûr de son fait, et insista tellement pour savoir quelle part lui serait accordée dans le produit de ses travaux, qu'il eût été difficile de lui supposer de la mauvaise foi.

Après avoir passé près d'une heure à examiner la terre et les pierres que Jotham continuait à jeter hors de son trou, et y avoir inutilement cherché les indices qui annoncent ordinairement la présence du minerai, Marmaduke remonta à cheval, et se laissa conduire vers le lieu où Richard prétendait que le trio mystérieux avait fait une excavation.

L'endroit où Jotham travaillait était situé sur le revers de la montagne au pied de laquelle se trouvait la hutte de Natty, et celui dont les trois chasseurs avaient fait choix était sur la rampe opposée, du côté le plus éloigné du village, et qui par conséquent, n'était pas celui où Elisabeth et sa compagne se promenaient en ce même instant.

— Nous pouvons en approcher sans danger, dit Richard en mettant pied à terre, et en attachant les chevaux à deux arbres, car j'ai pris ma lunette d'approche avant de partir, et j'ai vu Mohican et Bas-de-Cuir dans leur canot occupés à pêcher sur le lac; Edwards avait sa ligne en main quand nous partions, de sorte que nous n'avons pas à craindre qu'ils nous surprennent, ce qui ne serait nullement agréable.

— J'ai droit d'aller partout sur mes terres, répondit Marmaduke, et je ne crains d'être surpris par personne.

— Silence! dit Richard en mettant un doigt sur ses lèvres, et, le faisant descendre par un sentier très-raide et très-difficile, il le conduisit dans une sorte de caverne taillée dans le flanc du rocher, et dont la forme ressemblait à celle d'une immense cheminée. Un amas de terre fraîchement remuée était amoncelé par-devant. L'inspection de l'extérieur de la caverne permettait de douter si elle était l'ouvrage de la nature, ou si la main de l'homme lui avait donné cette forme dans des temps bien reculés. Mais il n'y avait aucun doute qu'on n'eût travaillé récemment dans l'intérieur, car on y apercevait encore des traces toutes fraîches, imprimées par la pioche. Elle formait une excavation d'environ vingt pieds de largeur sur deux fois autant de longueur. Les côtés étaient d'une pierre friable; mais le roc vif en formait le fond. En face de la caverne était une petite terrasse formée partie par la nature, partie par la terre jetée en dehors par ceux qui avaient travaillé dans l'intérieur. Au bout de cette montagne, la terrasse était escarpée et presque perpendiculaire, et même, pour s'en approcher de côté, la rampe était difficile et dangereuse. Il était évident que les travaux dont on s'occupait en cet endroit n'étaient pas terminés, car le shérif trouva dans des broussailles les outils qui servaient aux ouvriers.

— Eh bien! cousin 'Duke, êtes-vous convaincu? demanda-t-il au juge, quand il crut lui avoir laissé le temps d'examiner le local.

— Convaincu qu'il y a dans ce que je vois ici quelque chose de mystérieux que je ne saurais expliquer, répondit Marmaduke. L'endroit est bien choisi, retiré, difficile à découvrir, mais je ne vois pas la moindre apparence d'aucun minéral.

— Vous attendez-vous à trouver de l'or et de l'argent, comme des cailloux, sur la surface de la terre? Croyez-vous que les dollars vont vous tomber dans les mains tout monnayés? Non, non; pour trouver un trésor, il faut se donner la peine de le chercher. Mais qu'ils minent, soit! je contreminerai.

Le juge examina bien tous les environs, prit sur son portefeuille les notes nécessaires pour pouvoir retrouver cet endroit en cas d'absence de Richard, et les deux cousins remontèrent à cheval.

Ils se séparèrent en arrivant sur la grande route, le shérif ayant à délivrer des sommations à vingt-quatre habitants pour remplir les fonctions de jurés le lundi suivant à Templeton, jour auquel M. Temple devait venir tenir l'audience de la cour des *plaids communs.* Le juge, resté seul, se mit à réfléchir sur tout ce qu'il avait vu et entendu dans le cours de cette excursion.

— Il n'y a pas là plus de mine que dans mon jardin, pensa-t-il; mais quel peut être le but de ce travail mystérieux? J'ai peut-être eu tort d'admettre ainsi un inconnu dans ma maison; j'ai moins écouté ma raison que mon cœur. Il faudra que je fasse venir Bas-de-Cuir; je l'interrogerai, et il ne pourra me déguiser la vérité.

En ce moment, il aperçut Elisabeth et Louise, qui descendaient lentement la montagne, à quelque distance devant lui. Il pressa le pas de son cheval pour les joindre, et mit ensuite pied à terre pour les accompagner. Il est inutile d'appuyer sur les sensations qu'il éprouva en apprenant le danger auquel sa fille venait d'échapper; on juge bien que les mines et les interrogatoires disparurent de son imagination; et, quand l'image de Natty s'y représenta, ce ne fut plus sous la forme d'un braconnier et d'un déprédateur, mais sous celle du libérateur de sa fille chérie.

CHAPITRE XXX.

<blockquote>
La loi vous l'accorde et la cour vous l'adjuge.
SHAKSPEARE. <i>Le Marchand de Venise.</i>
</blockquote>

REMARQUABLE Pettibone, à qui la bonne place qu'elle occupait dans la maison de M. Temple avait fait enfin oublier la blessure que l'arrivée d'Elisabeth avait infligée à son orgueil, fut chargée de reconduire miss Grant dans l'humble demeure que Richard appelait le *Presbytère*, et elle ne tarda pas à la remettre entre les bras de son père.

Pendant ce temps Marmaduke, resté tête à tête avec sa fille, se faisait répéter le détail des dangers qu'elle avait courus, et de la manière presque miraculeuse dont elle y avait échappé. Il se promenait dans l'appartement avec un air de mélancolie affectueuse, tandis qu'Elisabeth était couchée sur un canapé, l'œil humide et les joues encore enflammées.

— Il était temps que le ciel t'envoyât un libérateur, Bessy, dit Marmaduke; il en était temps! Et tu as eu le courage de ne pas abandonner ton amie!

— Je ne sais trop s'il faut appeler cela du courage, mon père, car je crois que je n'aurais pas eu la force de fuir. Et quand j'aurais fui, à quoi la fuite m'aurait-elle servi? Mais je n'y ai pas pensé un instant.

— Et à quoi pensais-tu donc dans ce moment terrible?

— A la panthère! s'écria Elisabeth en se couvrant le visage des deux mains; à la panthère! je ne voyais qu'elle, je ne songeais qu'à elle. J'ai voulu un instant élever mes pensées vers le ciel, mais cet effort m'a été impossible: le danger était trop horrible, trop près de moi.

— Allons, allons, te voilà en sûreté, ne parlons plus de ce sujet désagréable. Je ne croyais pas que ces animaux féroces osassent venir si près de nos habitations; mais quand ils sont pressés par la faim...

Il fut interrompu par Benjamin, qui ouvrit la porte d'un air mécontent, comme s'il eût pressenti qu'il venait mal à propos troubler la conversation d'un père avec sa fille dans un pareil moment.

— Hiram Doolittle est en bas, Monsieur, dit le majordome; et il prétend qu'il faut qu'il vous parle. J'ai couru avec lui quelques bordées dans la cour, en cherchant à lui faire comprendre que ce n'était pas le moment de jeter le grappin sur vous, quand vous étiez avec votre fille, à peine sauvée de la gueule d'un lion; mais il n'entend pas plus raison que si c'était un des nègres qui sont dans la cuisine, et comme il manœuvrait toujours pour entrer dans la maison, je l'ai laissé en rade dans le vestibule, pour venir vous en avertir.

— Il faut qu'il ait quelque chose d'important à me communiquer, dit Marmaduke; probablement quelque affaire ayant rapport à ses fonctions, attendu la session très-prochaine de la cour.

— C'est cela même, juge, dit Benjamin, vous avez pointé juste. Il paraît qu'il a une plainte à vous faire contre ce vieux Bas-de-Cuir, qui, à mon avis, est le meilleur des deux bâtiments. C'est un brave homme au fond que ce M. Bumppo, et il manie le harpon comme s'il avait fait toute sa vie la pêche de la baleine sur les côtes du Groënland.

— Contre Bas-de-Cuir! s'écria Elisabeth en se levant.

— Soyez tranquille, mon enfant, dit Marmaduke; ce ne peut être que quelque bagatelle, et je crois même que je sais déjà de quoi il s'agit. Fiez-vous à moi, Bess, votre champion n'a rien à craindre. Faites entrer M. Doolittle, Benjamin.

Miss Temple parut satisfaite de cette assurance, mais elle ne put s'empêcher de regarder l'architecte de mauvais œil, quand il entra dans l'appartement.

Il se présenta avec un air de gravité magistrale qui faisait honneur au poste qu'il occupait, salua le juge et sa fille, prit une chaise sur l'invitation de Marmaduke, et garda le silence quelques instants.

— Il paraît, dit-il enfin, d'après ce que j'ai ouï dire, que miss Temple l'a échappé belle ce matin sur la montagne, et je l'en félicite de tout mon cœur.

Marmaduke fit une inclination de tête et ne répondit rien.

— Ce n'est pas une mauvaise affaire pour Bas-de-Cuir, continua Hiram ; car la loi accorde une prime pour la mort d'une panthère.

— J'aurai soin de veiller à ce qu'il soit récompensé, monsieur Doolittle.

— Personne n'a jamais douté de votre générosité, juge. Savez-vous si le shérif est décidé à mettre dans la nouvelle église un lutrin ou un banc pour les anciens ?

— Il y a quelque temps que je ne lui en ai entendu parler.

— Je crois que la session de la cour des *plaids communs* ne sera pas longue, car il n'y a sur le rôle que deux affaires civiles, et Jotham Riddel est convenu avec celui à qui il a vendu ses défrichements de prendre des arbitres pour prononcer sur leur contestation.

— J'en suis charmé ! car c'est toujours avec peine que je vois des colons perdre leur temps et leur argent en querelles judiciaires.

— Oh ! l'affaire s'arrangera. Jotham m'a choisi pour arbitre ; le capitaine Hollister est celui de la partie adverse, et en cas de différence d'opinion, nous sommes convenus de prendre M. Jones pour conclure pour l'un ou pour l'autre.

— Et aurons-nous quelque affaire criminelle ?

— Il y a celle des faussaires. Comme ils ont été pris sur le fait, il est probable qu'on instruira leur procès. On parle aussi d'une couple de daims qui ont été tués hors de saison ; mais ce n'est qu'un cas d'amende.

— N'importe, dit le juge ; qu'on m'en fasse la dénonciation, et je ferai exécuter la loi.

— Je savais bien, juge, que telle était votre intention, et c'est pour une petite affaire de cette nature que je suis venu vous voir.

— Vous ! s'écria Marmaduke, qui comprit en un instant qu'il s'était laissé circonvenir par l'astuce du charpentier ; et qu'avez-vous à me dire, Monsieur ?

— Je crois que Natty Bumppo a en ce moment dans sa hutte le corps d'un daim qu'il a tué, et je viens vous demander un mandat pour faire une perquisition chez lui.

— Vous croyez, Monsieur ? Mais vous ne devez pas ignorer que la loi exige un serment pour que je puisse délivrer un tel mandat. Un soupçon ne suffit pas pour violer le domicile d'un citoyen.

— Je pense que rien ne m'empêche de faire serment moi-même, et Jotham est là dans la rue prêt à en faire autant.

— Vous êtes magistrat, monsieur Doolittle ; vous pouviez recevoir le serment de Jotham, et délivrer vous-même le mandat. Pourquoi venir m'importuner de cette affaire ?

— Comme c'est la première de cette nature depuis la promulgation de la loi, et que vous avez à cœur de la faire exécuter, monsieur Temple, j'ai cru qu'il convenait que le mandat de perquisition émanât de vous-même. D'ailleurs, comme je suis souvent dans la forêt pour y choisir des bois de construction, je ne suis pas très-curieux de me faire un ennemi de Bas-de-Cuir, au lieu que vous avez dans le pays une considération qui vous met à l'abri de toute crainte.

— Et qu'est-ce qu'un homme honnête a à craindre du pauvre Bumppo ? demanda Elisabeth en jetant sur le charpentier juge de paix un regard de mépris.

— Ma foi ! miss Temple, il n'est pas plus difficile de lâcher un coup de fusil sur un magistrat que sur une panthère. Mais si le juge ne trouve pas à propos de délivrer le mandat, je vais me retirer, et je le délivrerai moi-même à tout risque.

— Je n'ai pas refusé de le délivrer, Monsieur, s'écria Marmaduke, qui vit qu'il y allait de sa réputation d'impartialité. Descendez dans mon bureau, je vais vous y rejoindre, et je délivrerai le mandat.

Doolittle sortit, et Elisabeth se disposait à faire quelques remontrances à son père ; mais Marmaduke lui mit la main sur la bouche en souriant.

— Les apparences sont plus effrayantes que la réalité, mon enfant, lui dit-il ; je suis assez porté à croire que Natty a tué un daim, d'autant plus que vous l'avez rencontré dans la forêt avec ses chiens ; mais il n'est question que de faire une visite dans sa cabane pour trouver l'animal, après quoi il sera condamné à une amende de douze dollars et demi, que nous paierons pour lui. Il me semble que ma réputation d'intégrité vaut bien cette bagatelle.

Cette assurance tranquillisa Elisabeth, et son père la quitta pour aller remplir la promesse qu'il venait de faire à Hiram.

Après s'être acquitté de ce devoir désagréable, il vit Edwards qui arrivait à grands pas, avec l'air de la plus vive agitation. Dès que le jeune homme aperçut Marmaduke, il courut à lui, et s'écria avec un ton de chaleur et d'affection qu'il prenait bien rarement en lui parlant :

— Je vous félicite, Monsieur, je vous félicite du fond du cœur ! Mais c'est un souvenir trop horrible pour s'y appesantir. Je viens de la hutte; Natty m'a dit qu'il avait tué une panthère, m'en a montré la peau de la tête, et ne m'a parlé de la circonstance la plus importante qu'en dernier lieu. Je ne puis trouver des termes, Monsieur, pour vous exprimer la moitié de ce que j'ai éprouvé en apprenant... Il s'arrêta un instant, comme s'il se fût rappelé qu'il excédait les limites qu'il s'était prescrites, et continua avec quelque embarras : — En apprenant que... miss Grant et... et votre fille avaient couru un si grand danger.

— Je vous remercie, Edwards, répondit Marmaduke, dont le cœur était trop ému pour qu'il remarquât l'air de confusion du jeune homme qui lui parlait; je vous remercie; mais, comme vous le dites, cette scène est trop horrible pour qu'on ne cherche pas à l'oublier. Allons trouver ma fille, car Louise est déjà retournée au presbytère.

Edwards s'élança en avant, et, ouvrant la porte de l'appartement où était miss Temple, il laissa à peine à Marmaduke le temps d'y entrer avant lui.

Edwards renouvela ses félicitations à miss Temple avec tant de chaleur et de sincérité, que la froideur avec laquelle Elisabeth lui parlait souvent disparut entièrement. Marmaduke, de son côté, oublia tout à fait les soupçons qu'il avait conçus pendant sa promenade du matin, et ils passèrent deux heures ensemble avec toute la cordialité d'anciens amis. Edwards annonça plusieurs fois son intention d'aller aussi au presbytère féliciter M. Grant de la sûreté de sa fille; mais ce ne fut qu'à la troisième qu'il se détermina enfin à remplir ce devoir d'amitié.

Pendant ce court espace de temps, il se passa près de la hutte de Natty une scène qui dérangea complètement les intentions bienveillantes de Marmaduke envers le vieux chasseur, et qui détruisit l'harmonie toute récente qui venait de s'établir entre lui et le jeune homme.

Quand Hiram eut obtenu le mandat de perquisition, il ne songea plus qu'à se procurer un officier de justice pour le faire mettre à exécution sans perdre de temps. Le shérif était en tournée pour porter lui-même des sommations aux jurés qui devaient se trouver à Templeton le lundi suivant; son substitut, qui résidait dans le village, était en course d'un autre côté pour le même objet; le constable de la paroisse avait été nommé à cette place par un motif de charité, car il était infirme et boiteux. Hiram avait le projet d'accompagner l'officier comme spectateur, mais il n'avait nullement envie de s'exposer personnellement au choc d'une bataille. Cependant on était au samedi; le soleil commençait déjà à descendre vers les pins qui couvraient les montagnes de l'ouest; le consciencieux magistrat ne pouvait songer à faire mettre un mandat à exécution le dimanche, et le lundi on aurait eu le temps de prendre des mesures pour faire disparaître tout ce qui pourrait servir à prouver la mort du daim illégalement tué.

Tandis que le digne juge de paix était dans cet embarras, il songea heureusement à Billy Kirby, et, comme il était fertile en expédients, il vit tout à coup ce qu'il avait à faire. Jotham, qui était son associé dans toute cette affaire, et qui était avec lui, ne pouvait lui être utile dans cette opération, car il avait dans le système nerveux la même faiblesse que l'architecte. Il le chargea d'aller chercher l'habitant des bois.

Lorsque Billy arriva, Hiram l'invita à s'asseoir, et le traita, sous tous les rapports, comme s'il eût été son égal.

— Le juge Temple a résolu de mettre en vigueur la loi sur les daims, dit Hiram après les premières civilités. On lui a dénoncé un individu qui en a tué un ce matin; il a délivré un mandat de perquisition, et il m'a chargé de trouver quelqu'un pour le faire mettre à exécution.

Kirby pensa que puisqu'on le faisait appeler pour lui parler d'une affaire de cette importance, il devait avoir voix délibérative, et qu'en conséquence il pouvait se permettre quelques questions.

— Cela ne regarde-t-il pas le shérif? demanda-t-il en relevant la tête.

— Il est en tournée.

— Et son substitut?

— Il est absent aussi.

— Mais j'ai vu le constable se traîner sur sa béquille, dans le village, il n'y a pas une heure.

— C'est vrai, mais pour cette affaire il faut un homme, et non un invalide.

— Ah! ah! dit Billy en riant, il y aura donc résistance?

— Eh! eh! répondit Hiram, le particulier est un peu querelleur, et il a une assez bonne opinion de sa force.

— Je l'ai entendu une fois se vanter, ajouta Jotham, qu'il n'y avait personne, depuis la Mohawk jusqu'à la Pensylvanie, qui fût en état de lutter contre lui.

— En vérité! dit Kirby en se levant; il n'a donc jamais senti sur ses côtes le poing d'un Vermontois? Et comment appelez-vous ce gaillard?

— Comment on l'appelle? répéta Jotham; c'est...

— Taisez-vous! s'écria Hiram. Il est contre la loi de le nommer, Kirby, à moins que vous ne vouliez prêter serment comme constable spécial. C'est l'affaire d'une minute. Bien entendu que vous serez payé.

— Et qu'est-ce que vous me donnerez? demanda Kirby en tournant avec un air d'insouciance les feuillets d'une grosse Bible qu'Hiram avait devant lui; y aura-t-il de quoi payer une tête cassée?

— Le paiement sera honnête, répondit Hiram.

— Au diable le paiement! s'écria Kirby; je ne m'en soucie pas plus que d'un pin de deux ans. Ainsi donc vous dites que ce gaillard se vante d'être le plus vigoureux compère du pays? Je ne serais pas fâché de pouvoir lui prouver le contraire. Combien a-t-il de pouces?

— Il est plus grand que vous, répondit Jotham, et...

L'impatience du bûcheron ne lui permit pas de continuer. La physionomie de Billy Kirby n'avait rien de féroce ni de brutal, son expression n'annonçait même qu'une bonhomie pleine de vanité; mais, comme tous ceux qui n'ont pas à se vanter d'autre chose, il était fier de sa force extraordinaire; et étendant son bras nerveux et sa large main : — Allons, allons, dit-il, voyons votre livre; faites-moi jurer, et je vous ferai voir que quand je jure ce n'est pas pour rien.

Doolittle ne lui laissa pas le temps de changer d'avis, et lui fit prêter serment en qualité de constable spécial, à l'instant même. Cet acte préliminaire terminé, ils se mirent en marche, traversèrent la grande rue du village, passèrent devant la maison de Marmaduke, et se dirigèrent ensuite vers le lac.

— Dites-moi donc, monsieur Doolittle, dit le nouveau constable, qui se souvint alors qu'il avait droit aux priviléges des initiés, est-ce que nous allons faire une perquisition dans les bois ? Excepté Bas-de-Cuir et Mohican, il n'y a personne qui demeure de l'autre côté du lac. Dites-moi chez qui vous voulez aller, et je vous réponds que je vous y conduirai par un chemin plus court. Il n'y a pas à dix milles de Templeton un pin que je ne connaisse.

— Nous sommes sur la bonne route, répondit Hiram en doublant le pas et en prenant le bras du bûcheron, comme s'il eût eu peur que Kirby ne l'abandonnât. C'est chez Bumppo que nous allons.

Kirby s'arrêta, regarda ses deux compagnons l'un après l'autre, d'un air surpris, et partit d'un éclat de rire assez bruyant pour être entendu dans tout le village.

— Quoi ! s'écria-t-il, c'est Bas-de-Cuir dont il est question ! il peut se vanter d'avoir le coup d'œil sûr pour ajuster, car depuis que je l'ai vu tuer un pigeon au vol avec une seule balle, je conviens que je ne passe qu'après lui. Mais à coups de poings, allons donc ! je le prendrais entre le doigt et le pouce, et je me le mettrais autour du cou comme une cravate de Barcelone. Vous-même, Jotham, vous en viendriez à bout aussi aisément que de couper un pin d'un an. Songez donc qu'il a soixante-dix ans, et qu'il n'a jamais passé pour être bien vigoureux.

— Je ne m'y fierais pas, dit Hiram ; il est plus fort qu'il n'en a l'air. D'ailleurs il a son fusil.

— Que m'importe son fusil ? reprit Kirby ; croyez-vous qu'il voudrait tirer sur moi ? Eh ! non, non, il n'a jamais fait de mal à personne. S'il a tué un daim, je crois qu'il en a le droit aussi bien que qui que ce soit sur la patente. C'est son métier ; il n'en a pas d'autre, et nous vivons dans un pays libre où chacun a le droit de faire tel métier que bon lui semble.

— A ce compte, dit Jotham, tout le monde a droit de tirer sur les daims en toute saison.

— Je vous dis que c'est son métier, répéta Kirby ; la loi n'a jamais été faite pour un homme comme lui.

— La loi est faite pour tout le monde, dit Hiram, qui commençait à craindre que, malgré son adresse, le danger auquel pouvait exposer l'exécution du mandat ne retombât sur lui ; et elle punit très-sévèrement ceux qui manquent à leur serment.

— Je veux bien que vous sachiez, monsieur Doolittle, dit l'intrépide bûcheron, que je ne me soucie ni de vous, ni de vos serments; mais puisque j'ai tant fait que de venir jusqu'ici, j'irai jusqu'au bout; je parlerai à ce brave homme, et peut-être mangerons-nous amiablement une tranche de daim ensemble.

— Si vous pouvez réussir par la douceur, dit le juge de paix, j'en serai charmé. Les voies amiables sont toujours celles que je préfère; et il faut, autant qu'on le peut, éviter les querelles.

Comme ils marchaient à grands pas, ils arrivèrent bientôt près de la hutte. Hiram jugea à propos de faire une halte derrière un grand pin que les vents avaient abattu, et qui formait en quelque sorte une fortification avancée du côté du village. Kirby sauta bravement par-dessus cette barrière, en poussant un cri qui fit sortir les deux chiens de leurs niches, et presque au même instant Natty lui-même sortit de sa chaumière.

— Tout beau, Hector! A bas, vieux fou! cria le chasseur; croyez-vous être encore aux trousses d'une panthère?

— Ah! Bas-de-Cuir, s'écria Kirby, j'ai un message pour vous. Le juge vous a écrit une petite lettre, et je suis payé pour vous l'apporter.

— Qu'est-ce que vous me voulez, Billy Kirby? demanda Natty sans quitter le seuil de la porte. Est-ce que vous croyez que j'ai des défrichements à faire? Dieu sait que j'aimerais mieux planter dix arbres que d'en arracher un.

— En vérité, mon vieux camarade! s'écria Kirby, eh bien! c'est tant mieux pour moi. Mais il faut que je fasse ma commission. Voici un papier pour vous. Si vous pouvez le lire, à la bonne heure; sinon voilà M. Doolittle qui vous en expliquera le contenu. Il paraît que vous avez pris juillet pour août : voilà toute l'affaire.

Ces mots firent que Natty découvrit Hiram Doolittle à demi caché derrière les branches du pin, et l'expression calme et tranquille de sa physionomie se changea en un air de méfiance et de mécontentement. Il avança la tête dans sa hutte, dit quelques mots à demi-voix, et se tournant ensuite vers Kirby : — Je n'ai rien à vous dire; ainsi allez-vous-en bien vite avant que le diable ne me tente. Je n'ai rien contre vous, Billy Kirby; pourquoi viendriez-vous tourmenter un homme paisible qui ne vous a fait aucun mal?

Kirby s'assit avec un air d'insouciance sur un tronc d'arbre étendu près de la niche des chiens, et se mit à caresser Hector, avec qui il avait fait connaissance dans le bois, où il le rencontrait souvent, et avec qui il avait quelquefois partagé les provisions de son panier.

— Vous tirez mieux que moi, Bas-de-Cuir, dit-il, je ne suis pas honteux de l'avouer, et je ne vous en veux pas pour cela. Mais vous avez tiré un coup de trop, car l'histoire dit que vous avez tué un daim aujourd'hui.

— Je n'ai tiré aujourd'hui que deux coups de fusil, Kirby, et tous les deux sur une panthère. Tenez, voilà la peau de sa tête ; j'allais la porter au juge pour qu'il me fasse payer la prime.

Hiram, enhardi par l'air paisible de Natty et par la vue du constable assis presque à la porte de la hutte, se hasarda alors à approcher, et prit la parole avec l'air de dignité qui convenait à ses fonctions. Il commença par lire le mandat, en appuyant sur les passages les plus importants, et termina par la signature du juge, qu'il prononça à haute et intelligible voix.

— Et Marmaduke Temple a mis son nom au bout de ce papier ! s'écria Natty. Eh bien ! c'est une preuve qu'il aime mieux ses défrichements, et ses terres, et ses lois, que sa chair et son sang. Je n'en veux point à miss Bessy ; elle a l'œil aussi brillant qu'une biche, et elle n'a pu choisir son père, la pauvre fille ! Eh bien, monsieur Doolittle, j'ai entendu votre lecture. Qu'y a-t-il à faire à présent.

— Rien qu'une formalité à remplir, Natty, répondit Hiram d'un ton patelin. Entrons chez vous, et nous en raisonnerons. Il ne s'agit que d'une amende, et l'argent ne sera pas difficile à trouver ; car, d'après ce qui s'est passé, je pense bien que le juge Temple la paiera pour vous.

Le vieux chasseur avait toujours eu les yeux ouverts sur tous les mouvements des trois individus qui venaient lui rendre une visite aussi inattendue que désagréable ; il avait maintenu sa position sur le seuil de sa porte avec un air déterminé, qui prouvait qu'il ne serait pas facile d'emporter ce poste. Quand Hiram s'approcha, comme s'il eût cru que sa proposition ne pouvait manquer d'être acceptée, il leva la main et lui fit signe de s'éloigner.

— Ne vous ai-je pas dit plus d'une fois de ne pas me tenter ? s'écria-t-il. Je ne tourmente personne ; pourquoi la loi veut-elle me tourmenter ? Retournez-vous-en, et dites à votre juge qu'il peut garder sa prime, mais qu'il ne fera entrer personne dans ma hutte malgré moi.

—Eh bien! monsieur Doolittle, s'écria Kirby, voilà qui arrange tout. Puisqu'il fait grâce au comté de la prime, le comté doit lui faire grâce de l'amende. C'est ce que j'appelle un marché équitable, et il faut le conclure sur-le-champ.

— Je demande entrée dans cette maison, dit Hiram en s'armant de toute la dignité qu'il était en son pouvoir de prendre. Je la demande au nom du peuple, en vertu de ce mandat, et accompagné de cet officier de justice chargé de le mettre à exécution.

Croyant avoir suffisamment imposé à Natty, il s'avança encore.

— Retirez-vous, monsieur Doolittle, dit Bas-de-Cuir; ne me tentez pas davantage !

— Osez m'arrêter ! dit Hiram. Kirby, Jotham, suivez-moi; votre témoignage me sera nécessaire.

Il avait déjà le pied sur le seuil de la porte, quand Natty, le saisissant par les épaules, lui fit faire une pirouette, et le repoussa ensuite avec une telle force, que l'architecte alla heurter le tronc de pin qui était à une distance d'environ vingt pieds.

— Bravo! vieille souche, bravo! s'écria Kirby en poussant de grands éclats de rire. Eh bien ! monsieur Doolittle, vous le connaissiez mieux que moi. Mais voilà une belle pelouse à deux pas ; faites jouer les poings, videz la querelle en braves gens ; nous voilà, Jotham et moi, pour juger des coups.

— Billy Kirby, dit Hiram qui avait regagné sa première position derrière les branches du pin, arrêtez cet homme! Je vous ordonne, au nom du peuple et de la loi, de l'arrêter.

Mais Bas-de-Cuir prit en ce moment une attitude plus menaçante. Sans avoir changé de position, il avait en main son fusil, et il en dirigea le bout vers le bûcheron.

— Retirez-vous, Billy Kirby, lui dit-il; retirez-vous, je vous le conseille; je ne vous veux pas de mal, mais votre sang et le mien rougiront l'herbe avant qu'aucun de vous mette le pied dans mon wigwam.

Jusqu'alors le bûcheron avait paru disposé à prendre le parti du plus faible ; mais dès que l'affaire devint plus sérieuse, et qu'il vit paraître une arme à feu, il changea tout à coup de manières. Il se leva, croisa les bras sur sa poitrine, et fit face au vieux chasseur avec intrépidité.

— Je ne suis pas venu ici comme votre ennemi, Bas-de-Cuir, lui dit-il ; mais croyez-vous me faire peur avec ce morceau de fer creux ? Je ne m'en soucie pas plus que d'une allumette ; et si le juge de paix prononce une parole de manière à ce que je sois bien dans la loi, nous allons voir qui aura le dessus de vous ou de moi.

Mais il n'y avait plus de juge de paix. Du moment que le fusil avait paru sur la scène, Hiram et Jotham en avaient disparu, et Kirby, surpris du silence que gardait le magistrat, s'étant retourné pour le voir, les aperçut tous deux courant vers le village avec une célérité qui prouvait qu'ils calculaient la portée d'une arme à feu et la vitesse d'une balle.

— Vous avez effrayé ces pauvres créatures, dit-il en les regardant d'un air de souverain mépris ; mais ce n'est pas moi que vous effraierez ainsi, Bas-de-Cuir ; baissez donc votre fusil, à moins que vous ne vouliez qu'il y ait du bruit entre nous.

— Je vous dis encore une fois que je ne vous veux pas de mal, Kirby, répondit Natty en appuyant à terre la crosse de son fusil ; mais, je vous le demande à vous-même, pareille vermine a-t-elle le droit d'entrer de force dans ma hutte ? On veut savoir si j'ai tué un daim ; eh bien ! oui, j'en ai tué un, j'en conviens ; et, pour preuve, je vous en donnerai la peau. Je laisse ma prime pour payer l'amende, que veut-on de plus ?

— Cela doit suffire, mon vieux camarade, dit Billy, dont le front se dérida aussitôt à cette offre pacifique ; remettez-moi le cuir, cela doit satisfaire la loi.

Natty rentra dans sa hutte, en revint avec la peau du daim, la remit à Kirby, et ils se séparèrent en se donnant la main, aussi bons amis que s'il n'y eût eu aucune altercation.

Mais, longtemps avant que Billy arrivât au village, il n'y était déjà question que du danger qu'avait couru le juge de paix, de la rébellion de Natty, et de la situation périlleuse dans laquelle on croyait le bûcheron. Des groupes se formaient dans les rues, et l'on se demandait si le shérif ne devait pas convoquer le *posse comitatús*[1], pour prêter main-forte à l'exécution des lois. L'arrivée de Kirby avec la peau de daim ne laissait aucun motif pour

---

[1]. La force armée du comté que le shérif a le droit d'appeler au secours de la loi.

faire une perquisition; et il ne s'agissait plus que de prononcer l'amende et de punir l'infraction aux lois dont Natty s'était rendu coupable, mais on ne pouvait s'occuper de cette double affaire avant le lundi suivant, et toute poursuite fut suspendue durant quarante-huit heures.

CHAPITRE XXXI.

> Oses-tu donc braver le lion dans sa tanière, le Douglas dans son château?
> Sir Walter Scott. *Marmion.*

L'agitation qui régnait dans le village se calmait enfin, les groupes commencèrent à se disperser; chaque habitant rentrait chez lui et fermait sa porte avec l'air grave d'un politique venant de discuter les affaires de l'Etat, quand Olivier Edwards, sortant de la demeure de M. Grant, rencontra le jeune procureur nommé Lippet, avec lequel nos lecteurs ont déjà fait connaissance. Il y avait bien peu d'analogie entre le ton, les manières et les sentiments de ces deux jeunes gens; mais comme ils appartenaient l'un et l'autre à la classe la plus intelligente d'une société encore peu nombreuse, ils avaient fait ensemble une sorte de connaissance. Le hasard les mettant en ce moment en face l'un de l'autre, la politesse ne leur permettait pas de passer leur chemin sans s'aborder, et le résultat de cette rencontre fut la conversation suivante :

— Voilà une belle soirée, monsieur Edwards, dit le procureur, mais il nous faudrait un peu de pluie. Voilà le malheur de ce climat; c'est toujours un déluge ou une sécheresse. Vous avez sans doute été habitué à une température plus égale?

—Pardonnez-moi, répondit Edwards; je suis né dans l'Etat de New-York.

— Oh! j'ai souvent entendu discuter ce point, reprit Lippet; mais il est si facile de se faire naturaliser dans ce pays! Peu importe où un homme soit né. Et savez-vous quel parti compte prendre le juge Temple dans l'affaire de Natty Bumppo?

— De Natty Bumppo ! répéta Edwards ; que voulez-vous dire ?

— Quoi ! vous n'en avez pas entendu parler ? s'écria le procureur avec un air de surprise parfaitement joué. C'est une affaire qui peut devenir très-mauvaise. Il paraît que le vieillard est allé chasser ce matin sur les montagnes et qu'il a tué un daim, ce qui est un crime aux yeux du juge Temple.

— Oui-dà ! dit Edwards en détournant la tête pour cacher la rougeur qui lui montait au visage. Eh bien ! s'il ne s'agit que de cela, ce n'est qu'une amende à payer.

— Mais c'est une amende de cinq livres sterling, monsieur Edwards, et où Natty prendra-t-il une pareille somme ?

— Où il la prendra, monsieur Lippet ? Je ne suis pas riche ; je puis même dire que je suis pauvre ; j'ai économisé mon traitement pour un objet que j'ai fort à cœur, mais je dépenserai jusqu'à mon dernier centime plutôt que de souffrir que ce brave homme passe une heure en prison. D'ailleurs, il a tué deux panthères, et la prime qui lui est due viendra en déduction de l'amende.

— Bien, bien, dit le procureur en se frottant les mains d'un air de satisfaction ; en ce cas nous le tirerons d'affaire quant à ce chef ; mais ce n'est pas là la plus mauvaise pièce de son sac.

— Que voulez-vous dire, monsieur Lippet ?

— Avoir tué un daim n'est qu'une bagatelle, en comparaison de ce qui s'est passé ensuite, continua M. Lippet avec un air de confidence et d'amitié qui gagna insensiblement le cœur du jeune Edwards, quelque peu d'affection qu'il eût pour cet homme. Il paraît qu'une dénonciation a été faite contre Natty ; qu'on a prêté serment que le daim tué se trouvait dans sa chaumière, et le juge Temple, conformément aux statuts, a délivré un mandat de perquisition.

— Un mandat de perquisition ! s'écria Edwards d'une voix tremblante d'émotion, et avec une pâleur remarquable ; et qu'a-t-on trouvé chez lui ? qu'a-t-on vu ?

— On a vu le canon de son fusil, et c'en est assez pour apaiser la curiosité de bien des gens dans les bois.

— Et il les a forcés à battre en retraite ! s'écria Edwards avec un rire convulsif ; les y a-t-il forcés ?

Le procureur le regarda d'un air surpris ; mais son étonnement fît place aux idées qui tenaient ordinairement le premier rang dans son imagination.

— Il n'y a pas de quoi rire, Monsieur. La prime due pour la mort des panthères, jointe à six mois de vos appointements, suffirait à peine pour arranger cette affaire. Porter la main sur un magistrat dans l'exercice de ses fonctions; menacer un constable avec une arme à feu; c'est une chose très-sérieuse, et que la loi punit non seulement d'amende, mais encore d'emprisonnement.

— D'emprisonnement! répéta Edwards. On mettrait le vieux Bas-de-Cuir en prison! non, non, ce serait l'envoyer au tombeau; on n'aura pas cette cruauté.

— Eh bien! monsieur Edwards, on dit que vous avez de l'instruction, mais si vous m'expliquez comment vous pourrez empêcher un jury de déclarer l'accusé coupable, si ces faits lui sont soumis et que la preuve en soit faite, je conviendrai que vous connaissez les lois mieux que moi, qui suis procureur depuis trois ans.

La raison d'Edwards commençait à l'emporter sur sa sensibilité; et, voyant les difficultés réelles qu'offrait cette affaire, il tâcha de surmonter son émotion, pour écouter, avec autant d'attention que le permettait l'agitation où il était encore, les avis que lui donnait le procureur.

Malgré le trouble de son esprit, il reconnut pourtant que la plupart des expédients que lui suggérait M. Lippet étaient basés sur l'astuce de la chicane, et que, pour y recourir, il faudrait plus de temps qu'il n'en avait, et des moyens qu'il ne possédait pas. Il ne le quitta qu'après l'avoir chargé de la défense de Natty, s'il arrivait qu'il fût mis en jugement. Ils se séparèrent donc assez satisfaits l'un de l'autre, l'homme de loi se dirigeant avec une gravité magistrale vers une petite maison au-dessus de la porte de laquelle on voyait écrit en grosses lettres noires sur une planche : *Chester Lippet, procureur;* Edwards se rendant à grands pas vers la maison de M. Temple. Nous prendrons congé de l'homme de loi pour suivre les pas de son client.

En entrant dans le vestibule, Edwards y trouva Benjamin, et il lui demanda avec empressement où était M. Temple.

— Dans son cabinet, répondit Benjamin, enfermé avec ce vaurien de charpentier, maître Doolittle, corsaire que je coulerais à fond d'une bordée si on me le permettait. Mais miss Lizzy est dans le salon, monsieur Edwards. Savez-vous bien que cette panthère a manqué de nous faire une mauvaise besogne ? J'avais bien dit qu'il y en avait une dans les environs, car je l'avais entendue rugir l'automne dernier, un jour que je pêchais sur le lac, et si je l'avais rencontrée dans l'eau, nul autre que moi ne l'aurait tuée, parce que là je suis sur mon élément : mais pour aller chercher un pareil animal au milieu des arbres, c'est comme si l'on m'ordonnait, quand je suis sur un bâtiment, de faire la manœuvre à bord d'un autre.

— Fort bien, fort bien, dit Edwards, il faut que je voie miss Temple sur-le-champ.

— Vous la trouverez où je vous dis, monsieur Edwards, dit l'intendant ; et quelle perte c'eût été pour le juge ! Du diable si je sais où il aurait pu trouver une fille semblable, c'est-à-dire tout équipée et gréée, car on ne lance pas une frégate en mer le jour qu'on sème le chanvre qui doit servir à en filer les cordages. Oui, oui, monsieur Edwards, ce Natty Bumppo est un digne homme ; il manie le fusil aussi bien que le harpon, et vous pouvez lui dire qu'il peut compter sur moi, sur terre comme sur mer ; je suis son ami pour la vie, et le vôtre aussi, monsieur Edwards, parce que je sais que vous voguez de conserve avec lui.

— Je vous remercie, mon digne ami, dit Edwards en lui serrant la main : nous pouvons avoir besoin de votre amitié, et en ce cas nous vous le ferons savoir.

Sans attendre la réponse que le majordome se disposait à lui faire, il entra dans le salon, et y trouva Elisabeth, assise au bout d'un sofa, le front appuyé sur une main dans une attitude rêveuse.

— J'espère, miss Temple, lui dit-il en la saluant avec respect, que je ne suis pas importun. J'ai grand besoin de vous voir, ne fût-ce que pour un instant.

— C'est vous, Edwards, dit-elle avec un ton de douceur, semblable à celui avec lequel elle parlait à son père, et qui fit tressaillir le jeune homme d'étonnement et de plaisir, comment avez-vous laissé notre pauvre Louise ?

— Bien, fort bien, répondit Edwards, tranquille et pleine de reconnaissance envers le ciel. Vous ne pourriez vous imaginer avec quel air de sensibilité elle a reçu mes félicitations. Je ne saurais comment en expliquer la cause, miss Temple ; mais après avoir appris l'horrible situation dans laquelle vous vous étiez trouvées, je me suis senti dans une sorte de stupeur qui me privait de l'usage de mes facultés, et je n'ai pu vous exprimer la moitié de ce que mon cœur éprouvait. Ce n'est qu'en arrivant chez M. Grant que j'ai retrouvé un peu de calme, et probablement j'ai pu peindre mes sentiments avec plus d'énergie, car miss Grant pleurait pendant que je lui parlais du plaisir que j'avais à la voir en sûreté.

— Votre ami Bas-de-Cuir est devenu le mien, Edwards, dit Elisabeth. Je songeais en ce moment à ce qu'il serait possible de faire pour lui. Vous connaissez si bien ses habitudes et ses besoins, vous pourrez peut-être me le dire.

— Je le puis, s'écria Edwards avec une vivacité qui fit tressaillir la fille du juge; je le puis, miss Temple, et puisse le ciel vous récompenser de votre bonne volonté! Natty a été assez imprudent pour contrevenir à la loi, en tuant un daim ce matin, et je dois même ajouter que si c'est un crime, j'en ai été le complice. Votre père en a été informé, et il a délivré un mandat de perquisition.

— Je sais tout cela, dit Elisabeth, vous ne m'apprenez rien; ce n'est qu'une formalité qu'il fallait remplir, et il n'en résultera rien de fâcheux pour notre ami. Mais je vous adresserai à ce sujet la question que vous m'avez faite il n'y a pas longtemps, Edwards : Avez-vous vécu si longtemps avec nous sans nous connaître? Croyez-vous que nous puissions souffrir que l'homme qui m'a sauvé la vie soit mis en prison? Et quand il ne s'agit que d'une somme si modique! Mon père est juge, mais il est chrétien; il est homme. Tout est déjà convenu et entendu entre nous.

— De quel poids vous me soulagez, miss Temple! s'écria Edwards. Ainsi donc il ne court aucun danger; vous le protégerez, il ne sera point inquiété, vous m'en donnez l'assurance, et je dois vous croire.

— Voici mon père qui vous la donnera lui-même, monsieur Edwards, répondit Elisabeth.

Marmaduke entrait en ce moment, mais son air soucieux semblait démentir tout ce que sa fille venait de dire. Il s'avança dans l'appartement sans paraître s'apercevoir qu'il s'y trouvât quelqu'un, et s'y promena quelques instants sans que personne rompît le silence. Enfin il jeta les yeux sur Elisabeth.

— Nos plans sont renversés, mon enfant, lui dit-il ; l'obstination de Bas-de-Cuir a attiré sur lui l'animadversion des lois, et il m'est impossible de l'en préserver.

— Comment! de quelle manière? s'écria Elisabeth. L'amende n'est qu'une bagatelle, et...

— Comment aurais-je pu supposer, continua Marmaduke, qu'un vieillard, un homme comme lui, oserait s'opposer à l'exécution d'un mandat légal, menacer un officier public, insulter un magistrat? S'il se fût soumis à la perquisition, j'aurais payé l'amende pour lui, et la loi eût été satisfaite ; mais à présent il faut qu'il en subisse la rigueur.

— Et quelle sera sa punition, Monsieur? demanda Edwards d'un ton qui annonçait une vive agitation.

— Vous êtes ici, Monsieur! je ne vous avais pas vu. Je ne puis répondre à cette question. Il n'est pas d'usage qu'un juge décide quel sera le châtiment d'un accusé, avant d'avoir entendu l'accusation, les preuves, la défense et la déclaration des jurés. Mais vous pouvez être certain d'une chose, monsieur Edwards, c'est que, quoi qu'il puisse m'en coûter, après le service qu'il a rendu à ma fille, je n'en ferai pas moins ce que la loi et la justice exigent de moi.

— Comment serait-il possible de douter de la justice du juge Temple? dit Edwards avec amertume. Mais parlons avec calme, Monsieur. La vieillesse, les habitudes, l'ignorance de Natty ne peuvent-elles l'excuser?

— Elles peuvent atténuer sa faute, mais non la justifier. Pourrait-on vivre en société, si les hommes répondaient avec le fusil aux ministres de la justice? Est-ce pour cela que j'ai peuplé le désert, que je l'ai civilisé?

— Si vous aviez dompté les animaux féroces qui menaçaient la vie de votre fille il n'y a que quelques heures, Monsieur, votre raisonnement serait plus applicable à la circonstance.

— Olivier! s'écria Elisabeth.

— Paix, ma fille! ce jeune homme est injuste, et je ne lui ai pas donné sujet de l'être. Je vous pardonne cette remarque, monsieur Edwards, parce que je sais que vous êtes ami de Natty, et que c'est cette amitié qui vous fait passer les bornes de la discrétion.

— Oui, je suis son ami, et je me fais gloire de l'être. Il est simple, ignorant, grossier; il a peut-être des préjugés, quoique je sente que l'opinion qu'il a conçue du monde n'est que trop vraie. Mais il a un cœur, Monsieur, un cœur qui lui ferait pardonner mille défauts. Jamais il n'abandonnerait un ami; non, pas même un de ses chiens.

— C'est un caractère estimable, monsieur Edwards; mais je n'ai jamais été assez heureux pour obtenir sa bienveillance, car il a toujours eu à mon égard des manières repoussantes; j'ai supporté cette conduite comme un caprice de vieillard; et quand je le verrai paraître devant moi, comme accusé, je puis vous assurer que je n'en serai pas disposé pour cela à juger plus sévèrement son crime.

— Son crime! s'écria Edwards. Est-ce donc un crime que de chasser de chez soi un curieux insolent? Non, Monsieur, non, si quelqu'un est criminel dans cette affaire, ce n'est pas lui.

— Et qui est-ce donc, Monsieur? demanda M. Temple en regardant avec son calme ordinaire le jeune homme tremblant d'agitation.

Edwards avait fait de violents efforts sur lui-même jusque alors pour conserver un peu de sang-froid, mais cette question le mit hors de lui, et le torrent retenu n'en déborda qu'avec plus de force.

— Qui? s'écria-t-il avec véhémence; et c'est vous qui me faites cette question? Demandez-le à votre conscience, Monsieur; approchez-vous de cette fenêtre; regardez cette riche vallée, ce beau lac, ces superbes montagnes, et que votre cœur vous dise, si vous en avez un, pourquoi et comment vous en êtes propriétaire, et à qui ces domaines devraient légitimement appartenir. Interrogez Bas-de-Cuir, le vieux Mohican, et vous verrez s'ils ne vous regardent pas comme l'usurpateur du bien d'autrui.

— Olivier Edwards, répondit Marmaduke, qui avait écouté cette tirade sans manifester d'autre sentiment que celui de la surprise, vous oubliez à qui vous parlez. On dit que vous descendez des anciens propriétaires de ce pays, mais vous avez bien peu profité de l'éducation que vous avez reçue, si elle ne vous a pas appris la validité des droits qu'ont les blancs sur cette contrée. Elle a été concédée à mes devanciers par vos ancêtres eux-mêmes, s'il est vrai que vous en ayez parmi les Indiens, et Dieu sait si j'en ai fait un mauvais usage. Je vous avais donné un asile dans ma maison, mais le moment est arrivé où il faut que vous la quittiez. Après la manière dont vous venez de me parler, nous ne pouvons plus habiter sous le même toit. Descendez dans mon cabinet, et je vous paierai ce dont je vous suis redevable. Vos discours déplacés ne vous empêcheront pas de faire votre chemin dans le monde, si vous voulez suivre les avis que mon âge m'autorise à vous donner.

La violence irrésistible du sentiment qui avait occasionné la sortie d'Edwards commençant à se calmer, il fixa des yeux égarés sur Marmaduke qui sortait de l'appartement, et resta quelques instants immobile, comme un homme qui a perdu l'usage de la raison. Enfin revenant à lui, il tourna la tête du côté d'Elisabeth, qui était encore assise sur le sofa, la tête penchée sur sa poitrine, et le visage couvert de ses deux mains.

— Miss Temple, lui dit-il d'un ton doux et soumis, je me suis oublié ; je vous ai oubliée. Vous avez entendu votre père, je vous quitte ce soir, mais je ne voudrais pas vous quitter chargé de votre inimitié.

Elisabeth leva lentement la tête, et une expression de tristesse se peignit un moment sur ses traits. Mais, lorsqu'elle se fut levée, ses yeux noirs brillèrent de leur feu ordinaire, et son teint s'anima de vives couleurs.

— Je vous pardonne, Olivier, lui dit-elle tout en s'avançant vers la porte, et mon père vous pardonnera aussi. Vous ne nous connaissez pas, mais un jour peut-être vous changerez d'opinion.

— Sur vous ! s'écria Edwards. Jamais ! jamais ! je....

— Je voulais vous parler, Monsieur, reprit Elisabeth, et non vous écouter. Il y a dans cette affaire quelque chose que je ne comprends pas encore bien ; mais malgré tout ce que vous venez d'entendre, dites à Natty qu'il peut compter sur notre amitié, et qu'il ne prenne pas trop d'inquiétude. Vous ne pouvez lui donner plus de droits qu'il n'en a acquis, et ce que vous avez dit ne les lui fera pas perdre. Adieu, Olivier ; puissiez-vous être heureux !

Edwards voulait lui répondre, mais elle disparut avec tant de rapidité, que, lorsqu'il entra dans le vestibule pour la suivre, elle n'y était déjà plus. Il s'arrêta un instant, comme pour réfléchir à ce qu'il devait faire, et, sortant de la maison, sans entrer dans le bureau de Marmaduke, il se dirigea vers la chaumière des chasseurs.

CHAPITRE XXXII.

Qui mesura la terre, décrivit les astres du ciel, et retraça les longues phases des années lunaires.
POPE.

RICHARD ne revint à Templeton que pendant la nuit du dimanche au lundi. Indépendamment de la convocation des jurés, il avait à arrêter quelques malfaiteurs qui, dès cette époque, s'étaient enfoncés dans les bois pour fabriquer de la fausse monnaie qu'ils répandaient ensuite dans tous les Etats-Unis. Il avait complètement réussi dans cette expédition ; il ramenait quatre faux monnayeurs bien garrottés, et, les ayant fait placer dans la prison, il se rendit chez le juge, fort satisfait de lui-même.

Il était minuit passé quand il y arriva, et la porte de la maison était fermée. — Holà ! Aggy ! s'écria-t-il ; Aggy moricaud, comptez-vous me faire passer toute la nuit à la porte ? Brave, aboie, mon garçon, aboie pour le réveiller. Eh bien ! Brave, es-tu endormi comme les autres ? C'est singulier ; c'est la première fois qu'il laisse approcher quelqu'un de la porte, à la nuit tombée, sans venir le flairer pour voir s'il est de sa connaissance. Brave ! ici, Brave ! Ah ! le voilà enfin !

Il voyait effectivement en ce moment quelque chose sortir en rampant de la niche du chien ; mais, à son grand étonnement, il vit ce qu'il prenait pour Brave diminuer de longueur, augmenter de hauteur, prendre la forme humaine, et, au peu de clarté que donnaient les étoiles, il reconnut Aggy.

— Que diable fais-tu donc là, noiraud ? dit-il ; la maison n'est-elle pas assez chaude pour toi ? Faut-il que tu chasses Brave de sa niche pour t'enterrer dans sa paille ?

— Oh ! massa Jones ! s'écria le nègre, bien terrible chose ! oui, bien terrible ! Etre mort. Oh ! oui, bien mort, mais pas enterré ; avoir creusé la fosse, mais avoir gardé le corps jusqu'au retour de massa.

— Mort ! Enterré ! Fosse ! s'écria Richard d'une voix altérée ;

est-ce qu'il est arrivé malheur à Benjamin? Je sais qu'il a eu une attaque de bile, mais ce que je lui ai fait prendre vendredi dernier a dû le guérir.

— Etre bien pire, massa, répondit le nègre; beaucoup bien pire. Miss Lizzy et miss Grant se promener sur la montagne. — Pauvre Brave! Et Natty Bumppo avoir tué une femme, massa, une femme de panthère. Etre tout déchiré. Moi vous montrer; moi vous faire voir.

Tout cela était parfaitement inintelligible pour le shérif; mais Aggy, étant descendu à la cuisine, en rapporta une lanterne, et lui montra Brave encore tout couvert de sang, étendu mort près de sa niche, et dont il avait décemment couvert le corps de sa redingote. Richard lui faisait de nouvelles questions auxquelles il ne recevait que des réponses inexplicables, quand la porte du vestibule s'ouvrit, et Benjamin y parut, une chandelle à la main. Le shérif entra sur-le-champ, après avoir jeté sur le bras d'Aggy la bride de son cheval, et lui avoir recommandé d'en avoir soin.

— Eh bien! Benjamin, s'écria-t-il, que veut dire tout ceci? Comment ce chien est-il mort? Où est miss Temple?

— Dans son hamac.

— Et le cousin 'Duke?

— Dans la chambre du capitaine, comme de droit.

— Mais comment Brave est-il mort?

— Vous trouverez tout cela là-dessus, répondit Benjamin en lui montrant une grande ardoise, placée sur une table à côté d'un pot de toddy presque vide, d'une pipe dans laquelle le tabac brûlait encore, et d'un vieux livre de prières.

Il est bon d'informer ici nos lecteurs que, entre autres habitudes, Richard avait la manie de tenir un journal de tout ce qui se passait, non seulement dans la famille du juge, mais encore dans le village, et il y ajoutait même des observations sur l'état de l'atmosphère. Quand il était obligé de s'absenter, ce qui arrivait plus souvent depuis son élévation à la place de shérif, il chargeait Benjamin de le remplacer à cet égard, afin de lui fournir à son retour les notes nécessaires pour remplir les lacunes occasionnées par ses absences. Ce projet aurait offert des difficultés à tout autre qu'à Richard, car le majordome ne pouvait lire que dans un livre de prières imprimé en très-grosses lettres, qu'il savait presque par cœur, et dans lequel il était encore obligé tous les jours d'épeler bien des mots ; quant à l'écriture, il n'avait jamais su former une seule lettre. Mais nul obstacle ne pouvait arrêter le génie de M. Jones. Il avait inventé certains caractères hiéroglyphiques propres à indiquer les divers changements qui pouvaient avoir lieu dans l'atmosphère ; et quant aux autres événements, après lui avoir donné quelques instructions générales, il avait été obligé de s'en rapporter à son intelligence. Le lecteur doit comprendre à présent que c'était sur cette chronique que Benjamin appelait l'attention du shérif.

M. Jones commença par boire un verre de toddy qui se trouvait sur la table, prit son journal dans le tiroir, et s'assit pour y consigner tout ce qui s'était passé en son absence, car sa curiosité était excitée par ce que lui avait dit Aggy, et il ne voulait pas se coucher sans l'avoir satisfaite. Benjamin appuya une main sur le dossier de la chaise de Richard, avec un air de familiarité, réservant l'autre pour faire les gestes nécessaires à l'explication des signes que Richard aurait peine à deviner, ce qui arrivait assez souvent.

La première chose qu'examina le shérif fut le diagramme d'une boussole qu'il avait gravée sur la surface la plus haute de l'ardoise, et à l'un des points duquel Benjamin n'avait qu'à faire une marque à la craie pour indiquer ses observations. Toutes les divisions en étaient assez bien marquées pour qu'un homme qui avait voyagé sur mer ne pût s'y tromper.

— Oh ! oh ! dit-il, le vent a été au sud-est toute la nuit dernière. Je m'en doutais ; mais je croyais qu'il amènerait de l'eau.

— Du diable s'il en est tombé une goutte, dit Benjamin. Toute la pluie que nous avons eue depuis un mois ne suffirait pas pour mettre à flot le canot du vieux John, et cependant il ne tire qu'un pouce d'eau.

— Mais le vent n'a-t-il pas changé dans la matinée? Il a changé dans l'endroit où j'étais.

— Sans doute il a changé, monsieur Jones, ne voyez-vous pas une petite marque est-nord-est avec quelque chose comme un soleil levant à côté, pour indiquer que le changement a eu lieu pendant le quart du matin?

— Je vois, je vois. Mais votre soleil est couvert d'un nuage. Il a donc plu ?

— Oui, oui, dit Benjamin.

— Ah ! c'est dimanche ; et vous avez marqué la longueur du sermon ; une, deux, trois, quatre, et puis... M. Grant a prêché quarante minutes?

— Où à peu près ; son sermon a bien duré au moins demi-heure, et puis le temps perdu à retourner mon sablier.

— Allons, Benjamin, vous aurez dormi, et ce n'est pas bien. Mais pour le coup, voici bien une lune, et une pleine lune même, mise à dix heures a. m.[1]. Comment diable, Benjamin, avez-vous vu la lune en plein jour? J'ai entendu parler de semblables prodiges. Mais qu'est-ce que cela encore? pourquoi cette espèce d'horloge de sable à côté?

— Quant à ceci, squire, c'est une petite affaire qui me concerne, répondit Benjamin qui regardait par-dessus l'épaule du shérif, tout en mâchant son tabac d'un air joyeux. Ce que vous appelez une pleine lune n'en est pas une, c'est le portrait de Betty Hollister. Comme je savais qu'elle avait reçu une nouvelle cargaison de rhum de la Jamaïque, j'ai été le goûter, et en ayant bu un verre à crédit ce matin, à dix heures avant midi, en allant à l'église, j'ai mis sa figure ici, en honnête homme, pour ne pas oublier d'aller la payer.

— Et que signifie l'horloge de sable? Ne pourriez-vous pas faire un meilleur dessin pour représenter un verre? celui-ci ressemble au sablier de la mort avec une tête de squelette.

— Ce n'est point une horloge de sable, Votre Honneur ; ce sont deux verres dont j'ai renversé celui de dessous pour plus d'élégance dans le dessin. Cela indique qu'en revenant de l'église j'ai été boire un second verre de rhum encore à crédit. Mais comme je les ai payés tous deux en allant en prendre un troisième ce soir, vous pouvez couler cela à fond en y passant l'éponge.

— Je n'aime pas ce mélange de vos affaires avec les miennes, Benjamin, cela y jette de la confusion. Je vous achèterai une autre ardoise pour vos affaires personnelles.

— Cela est inutile, monsieur Jones, car prévoyant que je ferai voile de temps en temps de ce côté, tant que la cargaison durera, j'ai ouvert un compte avec Betty ; elle fait une marque à la craie derrière la porte, et de mon côté je fais une entaille sur un morceau de bois.

---

[1]. Abréviation de *ante meridiem*, avant midi.

Et à ces mots il montra cette espèce de registre où l'on voyait déjà cinq entailles profondes.

Le shérif, après y avoir jeté les yeux un instant, les reporta sur l'ardoise.

— Et que signifie toute cette famille de singes et de rats?

— Ne parlez pas ainsi, monsieur Jones. La première figure que vous voyez sur la gauche est celle de miss Lizzy, et celle qui est à côté est la fille du ministre.

— Elisabeth et miss Grant! et pourquoi se trouvent-elles sur mon journal?

— Pourquoi se sont-elles trouvées sur le chemin de la panthère[1], ou peinture que vous voyez là, et que vous prenez pour un rat? Et cet autre, qui a la quille en dessus, est le pauvre vieux Brave, qui est mort aussi noblement qu'un amiral combattant pour son roi et pour sa patrie. Et cette autre figure...

— Cet épouvantail, voulez-vous dire.

— Oui, il y a bien quelque chose de sauvage dans son air; et à mon jugement, c'est la meilleure ressemblance que j'aie tirée de ma vie, car c'est Natty Bumppo, qui a tué la panthère qui avait tué le chien et qui aurait voulu tuer et manger nos deux jeunes demoiselles, et peut-être faire pire?

— Mais que diable signifient toutes ces énigmes?

— Signifient, monsieur Jones! le journal de *la Boadicée* n'était pas tenu d'une manière plus claire et plus exacte.

A force de questions, le shérif parvint à obtenir de lui un récit plus détaillé de la scène qui s'était passée dans la forêt, et il en fut tellement affecté qu'il se passa quelque temps avant qu'il pût se décider à reporter ses yeux sur l'ardoise. Quand il eut pris assez de courage pour y jeter un regard, les hiéroglyphes qu'il aperçut lui parurent encore plus inexplicables.

— Qu'avons-nous ici? demanda-t-il; deux boxeurs? Il y a donc eu une querelle dans le village. Ah! c'est l'ordinaire; aussitôt que j'ai le dos tourné...

— C'est le juge et M. Edwards! dit le majordome en l'interrompant assez cavalièrement.

— Le juge boxant avec Edwards! s'écria Richard. Bel exemple qu'il donne à la paroisse! Mais diable! voilà plus d'événements

---

[1]. *Panther or painter*: pantère, panthère ou peinture; ce jeu de mots se reproduit plus d'une fois. Nous ne l'avons pas toujours remarqué, tout le sel en étant perdu en français.

en trente-six heures qu'il n'en était arrivé depuis six mois.

— C'est la vérité, monsieur Jones. J'ai vu *la Boadicée* chasser une corvette, la combattre et la prendre, et il y avait, au bout du compte, moins d'écriture sur le journal du vaisseau que sur mon ardoise. Quoi qu'il en soit, le juge et M. Edwards n'en sont pas venus aux coups ; ils n'ont fait que lâcher quelques bordées de paroles.

— Expliquez-moi cela, Benjamin. C'était sans doute relativement à la mine. Oui, oui, je le vois ; voici la figure d'un homme qui a une pioche sur l'épaule. Et vous avez donc entendu la querelle ?

— Il n'est pas question de mine, squire ; mais ils se sont dit leur façon de penser assez vertement. J'en puis parler savamment, car la fenêtre était ouverte, et je n'en étais pas loin. Quant à cette figure, ce n'est pas une pioche qu'elle porte sur l'épaule, c'est une ancre. N'en voyez-vous pas la seconde patte sur son dos, un peu trop près peut-être, mais n'importe ? Cela veut dire que le jeune homme a levé l'ancre et a quitté la rade.

— Edwards a quitté la maison ?

— Il l'a quittée.

Un nouvel interrogatoire s'ensuivit, et Richard parvint à tirer de Benjamin non seulement ce qui s'était passé entre M. Temple et Edwards, mais les tentatives faites par Hiram pour faire une perquisition dans la hutte, et la manière dont il avait été reçu par Natty. Le shérif n'eut pas plus tôt appris cette histoire, que l'intendant raconta en cherchant à pallier autant que possible les torts de Bas-de-Cuir, qu'il prit son chapeau, en disant à Benjamin de fermer la porte de la maison et d'aller se coucher, puis sortit brusquement, à la grande surprise du majordome, qui, pendant cinq minutes au moins après son départ, resta immobile, les bras croisés sur sa poitrine, et les yeux fixés sur la porte, avant de songer à exécuter les ordres qu'il venait de recevoir.

Pour arrêter les faux monnayeurs, Richard avait pris un fort détachement de constables, qui les avaient ensuite escortés jusqu'à Templeton, et il ne doutait pas qu'il ne les trouvât à la buvette de la prison, occupés à discuter le mérite des différentes liqueurs que vendait le geôlier. En conséquence, il se rendit, à travers les rues silencieuses du village, au bâtiment, qui n'était rien moins qu'une forteresse, et qui servait à renfermer non seulement les prévenus de divers délits, mais encore les malheureux débiteurs dont les créanciers étaient assez fous pour dépenser deux dollars afin de s'en faire payer un.

En arrivant à la porte, le bruit qu'il entendit dans la pièce d'entrée lui prouva qu'il ne s'était pas trompé, et que les suppôts subalternes de la justice se disposaient à passer la nuit joyeusement. Le silence s'y rétablit pourtant dès qu'on aperçut le shérif, et ayant choisi sept à huit constables, ceux qu'il croyait les plus déterminés, Richard leur ordonna de le suivre. Se mettant alors à leur tête, il traversa de nouveau le village, passa le petit pont de troncs d'arbres jeté sur un des ruisseaux qui contribuent à former la Susquehanna, arriva sur le bord du lac, et entra enfin dans la forêt. Là il fit faire halte, et, comme les anciens généraux grecs et romains, il harangua sa troupe ainsi qu'il suit :

— J'ai requis votre assistance, mes amis, leur dit-il, pour appréhender au corps Natty Bumppo, communément appelé Bas-de-Cuir. Il a porté la main sur un magistrat, et s'est opposé à l'exécution d'un mandat de perquisition, en menaçant un constable de son fusil. En un mot, il a donné le mauvais exemple de la rébellion aux lois, et s'est exposé à leur vindicte. Il est en outre suspecté d'autres délits qui intéressent les propriétés privées, et, en ma qualité de shérif, je prends sur moi de le faire arrêter cette nuit pour le mettre en prison, et le traduire demain devant la cour du comté. Pour remplir ce devoir, mes amis, il vous faut du courage et de la discrétion ; du courage pour ne pas vous laisser effrayer par la résistance que cet homme pourra vous opposer à l'aide de ses chiens et de son fusil ; de la discrétion, ce qui veut dire ici de la prudence et des précautions, pour qu'il ne puisse s'échapper, et pour d'autres bonnes raisons que je n'ai pas besoin de vous détailler. Vous vous formerez en cercle autour de sa hutte, et lorsque je prononcerai le mot *en avant !* ceux de vous qui seront le plus près de la porte se précipiteront dans la demeure du criminel, et l'arrêteront sans lui laisser le temps de la réflexion. Séparez-vous donc, pour arriver sans bruit de différents côtés ; moi je vais descendre sur le bord du lac, en face de la porte. Je me charge de ce point, et vous m'y trouverez pour me faire toutes les communications nécessaires.

Ce discours, que Richard avait composé et étudié chemin faisant, produisit l'effet qu'il aurait dû en attendre. Il ouvrit les yeux des gens qui le suivaient sur les difficultés et les dangers de l'expédition, mais s'il n'enflamma pas leur courage, il les arma du moins d'une portion suffisante de discrétion ; et en se séparant, peu contents de marcher avec toutes les précautions nécessaires pour ne faire aucun bruit, chacun d'eux eut soin de s'avancer assez lentement pour donner à ses compagnons le temps d'arriver avant lui.

Richard était celui qui avait le plus de chemin à faire pour se trouver au rendez-vous général, et cependant ce fut lui qui y arriva le premier. Dès qu'il fut sur le bord du lac, il cria à haute voix le signal formidable : *en avant !* et obéissant lui-même à son ordre, il courut vers l'endroit où était située la cabane de Natty, assez surpris que les chiens vigilants n'eussent pas répondu à son cri par leurs aboiements. Mais il le fut bien davantage quand il vit que la hutte avait disparu, et qu'il n'en restait plus que des débris encore fumants, où un reste de flamme semblait se ranimer de temps en temps.

Ce spectacle, auquel le shérif était bien loin de s'attendre, lui causa un tel étonnement qu'il fut comme frappé d'immobilité et qu'il en perdit l'usage de la parole pendant quelques instants. Il avança pourtant quand il entendit arriver ses constables, qui n'étaient pas moins surpris que leur chef, et ils contemplaient en silence ces ruines à demi embrasées, quand du milieu des décombres ils virent se lever un homme qui donna plus d'activité à la flamme en rapprochant les uns des autres quelques morceaux de bois à demi brûlés, et à la lueur qui en résulta ils reconnurent Bas-de-Cuir.

—Que voulez-vous à un vieillard sans appui? leur demanda-t-il. Vous avez chassé du désert les créatures qu'il avait plu à Dieu d'y placer ; vous avez apporté les chicanes et les subtilités de la loi dans un endroit où jamais homme n'en avait troublé un autre; pour vous empêcher, vous et votre loi, de mettre le pied sous le toit qui avait couvert ma tête pendant plus de quarante ans, vous m'avez forcé d'y mettre le feu de ma propre main, et de pleurer sur ses cendres comme le ferait un père sur le corps de son enfant ; vous avez brisé le cœur d'un pauvre homme qui ne vous a jamais fait de mal ni à vous ni aux vôtres, dans un temps où ses pensées devraient être occupées d'un meilleur monde ; vous lui avez fait désirer d'être de la race des animaux des forêts qui ne se nourrissent jamais de la chair les uns des autres; et quand il est à voir brûler le dernier morceau de bois de sa hutte, vous venez le relancer au milieu de la nuit comme des chiens affamés qui suivent la piste d'un daim épuisé de fatigue? Que voulez-vous de plus? Je suis seul et vous êtes plusieurs. D'ailleurs je suis venu ici pour pleurer, et non pour me battre; et si c'est la volonté de Dieu, faites de moi ce qu'il vous plaira.

En finissant de parler, il attisa de nouveau le feu, et sans chercher à profiter de l'obscurité pour se sauver dans la forêt, ce qui ne lui aurait pas été difficile, vu la stupeur dans laquelle étaient encore plongés ceux qui l'écoutaient, il s'avança successivement devant chacun d'eux, comme pour voir quel était celui d'entre eux qui l'arrêterait. Aucun n'osa porter la main sur lui; mais quand il arriva devant Richard, le shérif, qui commençait à reprendre ses facultés, lui toucha l'épaule, et en s'excusant sur le devoir de sa charge qui l'obligeait à cet acte de rigueur, il lui dit qu'il était son prisonnier. Les constables se réunirent alors autour de lui, et plaçant Natty au centre, ils reprirent le chemin du village, Richard marchant à leur tête.

Chemin faisant, on adressa au prisonnier diverses questions sur ce qui l'avait déterminé à brûler sa hutte, et sur ce qu'était devenu John Mohican; mais il refusa d'y répondre, et garda pendant toute sa marche un profond silence. Enfin on arriva au village, et le shérif laissa ses constables libres de passer le reste de la nuit comme ils le jugeraient à propos, et retourna chez le juge pour se mettre au lit après avoir tourné la clé d'une prison sur le vieux Bas-de-Cuir en apparence sans amis et délaissé.

CHAPITRE XXXIII.

> Apportez-moi ici les fers! Holà! vieux coquin, entêté que vous êtes. O illustre fanfaron! je vous apprendrai....
>
> SHAKSPEARE. *Le Roi Lear.*

La longueur des jours en juillet permit à toutes les parties qui pouvaient s'y trouver intéressées de se réunir à Templeton, longtemps avant que la petite cloche de l'académie eût annoncé que l'heure de rendre justice aux innocents et de punir les coupables était enfin arrivée. Sur tous les chemins qui montaient du fond des vallées, ou qui descendaient du haut des montagnes, on voyait les jurés, les officiers de justice, les plaideurs, leurs amis, leurs conseils, et une foule de curieux, accourir à pied, à cheval.

Sur les dix heures on remarquait sur son maigre cheval à l'amble le cultivateur bien mis, et portant son visage rouge d'un air qui semblait dire : — J'ai payé mes impôts et ne crains personne. A son côté, avec non moins d'importance, et tout aussi indépendant, venait un légiste qui dissertait sur la cause qu'il allait juger.

Au premier son de la cloche, Richard sortit de l'auberge du Hardi Dragon, rendez-vous ordinaire de tout ce qui tenait à la magistrature. Il avait à la main un sabre dans son fourreau dont un de ses ancêtres s'était servi, à ce qu'il disait, dans une des batailles où Cromwell avait été victorieux. Dès qu'il parut à la porte, il cria d'une voix imposante: *Place à la cour!* et cet ordre fut exécuté sur-le-champ, quoique sans aucune apparence de servilité, car la plupart de ceux qui composaient la foule faisaient une inclination de tête très-familière à quelqu'un des magistrats, à mesure qu'ils passaient. Un détachement de constables, portant leur bâton officiel, suivait le shérif et précédait Marmaduke, qui marchait à la tête de quatre fermiers lui servant d'assesseurs. Ces quatre juges subalternes n'avaient rien dans leur costume qui les distinguât de la partie des spectateurs qui s'élevaient au-dessus de la populace, et ils n'en différaient que par l'air de gravité qu'ils avaient cru devoir prendre en cette occasion solennelle. Après eux venaient quatre ou cinq procureurs ou hommes de loi; un autre détachement de constables fermait la marche, et la foule des curieux suivait le cortége.

On se dirigea vers la maison de justice, qui était située dans la prison. On entra d'abord dans une cour carrée, entourée de bâtiments dont la plupart des fenêtres était grillées en fer avec plus ou moins de soin, suivant que les pièces qu'elles éclairaient étaient destinées à servir de demeure à des accusés prévenus de délits emportant peines afflictives, ou à des prisonniers pour dettes. C'était au premier étage que se trouvait la salle des séances du tribunal. Au fond de cet appartement, sur une petite plate-forme d'environ trois pieds de hauteur, et garnie par-devant d'une petite balustrade, était un banc adossé contre le mur, destiné aux juges; la place du centre, réservée au président, était marquée par deux bras qu'on y avait ajoutés, pour lui donner l'air d'un fauteuil. En face, de niveau avec le plancher d'une autre partie de la salle, était une table couverte d'une serge verte, et entourée de bancs pour l'usage des procureurs et hommes de loi. A droite étaient les bancs des jurés, à gauche celui des accusés. Cet espace était encore fermé par une balustrade. Le reste de la salle était abandonné aux spectateurs.

Nous ne fatiguerons pas nos lecteurs du détail des affaires qui occupèrent la cour pendant les deux premières heures de cette séance. Quand les juges se furent assis, que les procureurs eurent pris place autour de la table, et que le shérif eut ordonné le silence, on fit les proclamations d'usage; après quoi le juge Temple invita les douze citoyens composant le grand jury [1] à se retirer dans une pièce voisine pour délibérer sur les actes d'accusation qui leur seraient soumis. La cour s'occupa ensuite de quelques affaires civiles; après quoi le chef du grand jury, rentrant dans la salle, remit au président deux décrets d'accusation sur lesquels M. Temple remarqua sur-le-champ le nom de Natty Bumppo. Il fit un signe au shérif, lui dit quelques mots à l'oreille; celui-ci donna ses ordres à ses officiers, qui sortirent de la salle et y rentrèrent bientôt amenant Bas-de-Cuir, qu'ils placèrent sur le banc des accusés entre deux constables. Un silence si profond s'établit en ce moment dans l'auditoire, qu'on pouvait entendre le bruit de la respiration de l'accusé.

Natty portait ses vêtements ordinaires de peau de daim, dont nous avons déjà fait ailleurs la description; mais comme il se passait d'habit pendant la chaleur de l'été, la partie supérieure de son corps n'était couverte que d'une chemise de grosse toile, qui laissait à découvert son cou brûlé par le soleil. C'était la première fois qu'il voyait une cour de justice, et la curiosité semblait être le sentiment qui dominait le plus en lui en ce moment. Il regarda tour à tour les juges, les jurés, les procureurs, la foule, et partout il voyait les regards attachés sur lui. Il tourna alors ses yeux sur lui-même comme pour voir s'il offrait quelque chose

---

1. Le jury d'accusation.

d'extraordinaire sur sa personne, et, jetant ensuite encore un coup d'œil sur toute l'assemblée, il ouvrit la bouche pour exprimer ce rire silencieux qui lui était particulier.

— Prisonnier, découvrez-vous, dit le juge Temple.

Bas-de-Cuir ne fit aucun mouvement.

— Nathaniel Bumppo, découvrez-vous, répéta le juge.

Natty leva les yeux sur M. Temple, quand il entendit prononcer son nom, et dit ?

— Eh bien¹?

M. Lippet se leva, alla dire un mot à l'oreille du prévenu, et Natty, comprenant alors ce qu'on demandait de lui, ôta le bonnet de peau de daim qui lui couvrait la tête.

— Monsieur le procureur du district, dit le juge, nous sommes prêts à écouter l'acte d'accusation.

Dirk Van der School, qui remplissait les fonctions du ministère public, mit ses lunettes, se leva en jetant un regard timide et méfiant sur les confrères assis près de lui, et lut à haute voix l'acte qui accusait Natty Bumppo d'avoir insulté, maltraité et chassé à main armée Hiram Doolittle, magistrat, dans l'exercice de ses fonctions. Quand il eut fini la lecture de cette pièce, M. Van der School ôta ses lunettes, les mit dans sa poche pour se réserver apparemment le plaisir de les remettre sur son nez et de les renfermer encore : après avoir répété cette opération deux ou trois fois, il remit l'acte d'accusation à M. Lippet, avec un air de suffisance qui semblait dire : Trouvez-y quelque défaut si vous pouvez.

Natty écouta l'acte d'accusation avec beaucoup d'attention, le corps penché vers le lecteur de manière à prouver l'intérêt qu'il y prenait. Après quoi, il se redressa de toute sa hauteur, et poussa un profond soupir. Tous les yeux étaient tournés vers lui, on attendait avec impatience ce qu'il allait dire, mais il garda le silence.

— Natty Bumppo, dit le juge, vous avez entendu le décret d'accusation rendu contre vous par le grand jury. Qu'avez-vous à répondre ?

Bas-de-Cuir baissa la tête un instant, comme pour réfléchir, et levant ensuite les yeux vers M. Temple : — Je ne nierai pas, dit-il,

---

1. *Anan!* Cette interjection n'a que des équivalents dans notre langue : eh bien? comment? quoi? qu'est-ce donc? tous ces mots y répondent également.

que je l'aie mené un peu rudement, mais que je l'aie attaqué à main armée, comme ce brave homme vient de le dire, c'est un mensonge tout cru ; je n'étais armé que de mes poings, et je ne me donne pas pour un fameux boxeur, à présent que je suis vieux, mais il m'arriva une fois... attendez, c'était, je crois, dans la première année de la dernière guerre...

— Monsieur Lippet, dit le juge en interrompant le prisonnier, si vous êtes conseil de l'accusé, dites-lui comment il doit répondre à la cour, sinon nous lui nommerons un défenseur d'office.

Lippet, qui était occupé à lire l'acte d'accusation, se leva sur-le-champ, et fit entendre au prisonnier à quoi il devait se borner dans ses réponses.

— Plaidez-vous, coupable, ou non coupable [1] ? demanda le juge.

— Je ne suis pas coupable, dit Natty à haute voix, et je puis le dire en toute sûreté de conscience. On n'est pas coupable quand on ne fait que ce qui est juste ; et je serais mort sur la place plutôt que de le laisser entrer dans ma hutte en ce moment.

Richard tressaillit en entendant cette déclaration, et jeta un regard expressif sur Hiram, qui ne lui répondit que par un mouvement des sourcils.

— Greffier, dit le juge, écrivez que l'accusé déclare qu'il n'est pas coupable.

M. Van der School ayant prononcé un discours à l'appui de l'acte d'accusation, on fit paraître à la barre Hiram Doolittle pour faire sa déposition. Dans l'exposé des faits, il ne s'écarta pas de la vérité, mais il eut soin d'y mettre la couleur qui pouvait intéresser les esprits en sa faveur, et les disposer défavorablement à l'égard de l'accusé. Lorsqu'il eut fini, M. Lippet demanda à lui adresser quelques questions.

— Etes-vous constable de ce comté, Monsieur ?

— Non, Monsieur, dit Hiram, je suis seulement un juge de paix.

— En ce cas, monsieur Doolittle, je vous le demande en face de la cour, et j'en appelle à votre conscience et à votre connaissance des lois, aviez-vous, en cette qualité, le droit d'entrer dans la maison d'un citoyen malgré lui ?

---

[1]. *Do you plead, guilty or not guilty ?* c'est la question d'usage en Amérique comme en Angleterre.

— Hem ! je suppose... c'est-à-dire il me semble que... strictement parlant, je n'en avais pas le droit bien légal ; mais... vu l'exigence du cas... attendu que le constable ne paraissait pas très-pressé de remplir ses fonctions... cela fait que... j'ai cru devoir me mettre en avant.

— Mais, Monsieur, ce vieillard, cet homme sans appui, sans amis, ne vous a-t-il pas défendu d'entrer chez lui?

— Oh ! je dois dire qu'il était de fort mauvaise humeur... et sans motif raisonnable, car, après tout, ce n'était qu'un voisin qui voulait entrer chez un autre.

— Ah ! s'écria Lippet, c'était une visite de voisin à voisin. Je vous prie, messieurs les jurés, de vous rappeler les paroles du déposant. Ce n'était qu'un voisin qui voulait entrer chez un autre. Cette visite n'avait donc pas la sanction de la loi. Mais je vous demande encore une fois, Monsieur, si l'accusé ne vous a pas défendu l'entrée de son domicile ?

— Il... il s'est passé quelques mots entre nous, mais je lui ai lu le mandat de perquisition à haute voix.

— Vous ne répondez pas à ma question. Vous a-t-il défendu d'entrer ? Répondez oui ou non.

— Je vous dis qu'il avait de l'humeur, et... mais j'ai le mandat de perquisition dans ma poche ; si la cour désire le voir...

— Répondez directement et sans équivoque, dit le juge d'un ton sévère ; l'accusé vous a-t-il défendu d'entrer chez lui ?

— Hem !... oui... mais...

— Et avez-vous persisté à vouloir y entrer après cette défense ?

— Oui ; mais j'avais en main le mandat de perquisition.

— Continuez votre interrogatoire, monsieur Lippet.

Mais le procureur vit que les réponses d'Hiram avaient produit une impression favorable à son client, et ne voulant pas risquer de l'affaiblir, il fit un geste dédaigneux : — Je n'ai plus de question à faire, répondit-il ; je ferais injure à l'intelligence de messieurs les jurés si je prononçais un mot de plus.

— Monsieur le procureur de district, vous avez la parole, dit le juge.

Van der School ôta ses lunettes, les remit, jeta un coup d'œil sur le second mandat d'accusation qu'il tenait en mains, et finit par dire qu'il s'en rapportait au jugement du jury et de la cour.

— Messieurs les jurés, dit le juge en se levant, vous avez

entendu l'acte d'accusation et la déposition du témoin; je ne vous retiendrai qu'un moment pour faire observer que si l'on oppose résistance à un constable dans l'exécution d'un mandat dont il est porteur, il a le droit indubitable d'appeler tout citoyen à son aide, et les actes de tout citoyen appelé de cette manière ont droit à la protection de la loi. C'est à vous qu'il appartient de décider si cette circonstance a pu autoriser un juge de paix à vouloir s'introduire dans le domicile d'un citoyen, contre sa volonté exprimée, et si l'accusé a eu le droit de recourir à la force pour l'en empêcher.

Les jurés se dirent quelques mots sans quitter leur banc, et en moins d'une minute leur chef, se tournant vers le juge, dit que la déclaration unanime du jury était que l'accusé n'était pas coupable.

— Natty Bumppo, dit le juge, vous êtes acquitté de l'accusation portée contre vous.

— En quoi? dit Natty qui ne comprenait pas bien le mot *acquitté*.

— La cour, reprit le président, déclare que vous n'êtes pas coupable d'avoir maltraité M. Doolittle.

— Oh! dit Natty en regardant autour de lui avec un air de naïveté, je n'entends pas nier que je ne l'aie poussé un peu rudement par les épaules, mais...

— Vous êtes acquitté, dit le juge; il n'y a plus un mot à dire à ce sujet.

Natty comprenait bien alors le sens du mot *acquitté*, et un air de satisfaction se peignit sur ses traits. Il remit vivement son bonnet sur sa tête, ouvrit la barrière de la petite prison et dit d'un ton ému : — Je dois vous dire, juge Temple, que la loi n'a pas été aussi dure à mon égard que je le craignais. J'espère que Dieu vous récompensera de ce que vous avez fait pour moi aujourd'hui.

Mais quand Natty voulut sortir du banc des accusés, les deux constables croisèrent leurs bâtons devant lui, et M. Lippet lui ayant dit quelques mots à l'oreille, il se rassit, ôta son bonnet, et rejeta ses cheveux gris en arrière avec un air mécontent, mais soumis.

— Monsieur le procureur de district, dit le juge Temple, passez au second acte d'accusation.

Van der School eut grand soin qu'aucun des mots qu'il avait à prononcer ne pût être perdu pour ses auditeurs, et il appuya particulièrement sur ceux qui accusaient Natty de s'être opposé à l'exécution d'un mandat de perquisition en faisant usage d'un fusil contre le constable qui en était chargé, ce qui, ajouta le procureur, était le fait d'un homme emporté, violent, et altéré de sang. Cette accusation était plus sérieuse que la première, et elle redoubla l'intérêt que les spectateurs prenaient à cette affaire.

M. Lippet s'approcha de nouveau de Natty pour lui rappeler qu'il devait se borner à répondre à cette accusation par les mots *coupable* ou *non coupable*. Mais le vieux chasseur avait été choqué de quelques expressions de l'acte d'accusation, et sans faire attention aux conseils du procureur, il s'écria :

— C'est un mensonge ! ce n'est rien qu'un mensonge ! Je n'ai jamais eu soif du sang de personne ; ces coquins d'Iroquois eux-mêmes ne me diraient pas en face que j'aie jamais eu soif du sang d'un homme. Je me suis battu comme un soldat qui a devant les yeux la crainte de Dieu et de son officier, mais je n'ai jamais tiré que sur un ennemi en état de se défendre. Personne ne peut dire que j'aie tué un Mingo sous sa couverture. Je crois qu'il y a des gens qui s'imaginent qu'il n'y a pas de Dieu dans le désert.

— Bumppo, dit le juge, vous avez entendu que vous êtes accusé d'avoir fait usage du fusil contre un constable. Etes-vous coupable, ou ne l'êtes-vous pas ?

Natty ouvrit la bouche pour rire à la muette, et montrant du doigt le bûcheron : — Est-ce que Billy serait ici, dit-il, si j'avais fait usage de mon fusil ?

— Par conséquent, dit Lippet, vous déclarez que vous n'êtes pas coupable.

— Certainement, répondit Natty. Billy dira lui-même que je n'ai pas tiré. — Eh ! Billy, vous souvenez-vous du pigeon ? Et cependant je n'ai plus la main aussi sûre qu'autrefois.

— Ecrivez que l'accusé déclare qu'il n'est pas coupable, dit M. Temple affecté de la simplicité du prisonnier.

Hiram fut appelé une seconde fois comme témoin, mais il fit sa déclaration avec plus de soin que la première, et il raconta, avec plus d'ordre qu'on n'aurait pu l'attendre de lui, tout ce qui s'était passé jusqu'au moment où Natty avait couché en joue Billy Kirby. Jonatham fit une déposition semblable, et conçue presque dans les mêmes termes. M. Lippet leur fit subir à tous deux un très-long contre-interrogatoire, sans en rien tirer qui pût être utile à son client.

Enfin le bûcheron parut à la barre, et rendit à son tour compte de l'affaire, mais il le fit d'une manière si confuse et si embrouillée, que tout ce qu'on put y reconnaître fut l'intention qu'il avait de dire la vérité.

— Il paraît, d'après ce que vous venez de déclarer, dit Van der School, que vous avez demandé légalement à l'accusé à entrer dans sa hutte, et que ses menaces vous ont fait concevoir des craintes sérieuses pour votre vie?

— Je n'ai pas dit cela, répondit Kirby en faisant claquer ses doigts; je ne suis pas d'un bois à plier devant le vieux Bas-de-Cuir; et je n'ai pas plié.— Demandez-le lui plutôt.

— Mais vous avez dit que vous pensiez qu'il allait tirer sur vous.

— Et qu'auriez-vous pensé si vous l'aviez vu diriger contre vous un fusil qui n'a jamais manqué son coup? Mais je n'ai pas eu peur; il ne peut pas dire que j'aie bronché: il m'a donné la peau de daim, et tout a fini là.

— C'est une bonne pensée que j'ai eue, Billy, dit Natty; car sans cela il y aurait eu du sang de versé entre nous; et si c'eût été le vôtre, j'en aurais eu du regret pendant le peu de temps qu'il me reste à vivre.

— Eh bien! Bas-de-Cuir, dit Kirby, puisque nous en sommes sur ce sujet, je vous dirai que....

— Monsieur Van der School, dit le juge, continuez votre interrogatoire.

Mais le procureur voyant la familiarité qui s'établissait entre le témoin et l'accusé déclara qu'il n'avait plus de questions à faire.

M. Lippet se levant alors prit la parole à son tour.

— Ainsi donc, dit-il à Kirby, le prisonnier ne vous a pas donné lieu de concevoir des craintes pour votre vie?

— Ni lui ni personne ne m'a jamais fait peur, répondit le bûcheron en jetant un regard de satisfaction sur ses bras vigoureux; je ne suis pas facile à effrayer.

— C'est ce que j'ai entendu dire. Aviez-vous un fusil vous-même?

— Non.

— Mais vous savez manier cette arme?

— Je ne suis pas Vermontois pour rien. Je ne reconnais pour maître dans ce pays que Bas-de-Cuir, et ce n'est que depuis qu'il a tué le pigeon.

— Vous êtes encore jeune, Kirby, dit Bas-de-Cuir, et moi je deviens vieux. Mais je ne vous en veux pas, et voici ma main.

Lippet voyait avec plaisir un esprit de paix étendre son influence sur le témoin et l'accusé, et il garda le silence pendant que le bûcheron serrait la main du vieux chasseur. Mais le juge crut devoir interposer son autorité.

— Une pareille conversation est déplacée ici, dit-il. Continuez, monsieur Lippet; ou, si vous n'avez plus de questions à faire, nous passerons à autre chose.

— Ainsi donc, dit le procureur en s'adressant toujours à Billy Kirby, vous arrangeâtes l'affaire à l'amiable avec Natty sur le lieu même?

— Pourquoi me serais-je querellé avec lui? Il me donna la peau, et c'était tout ce qu'il me fallait. Quant à moi, je ne vois pas que ce soit un si grand mal de tuer un daim?

— Et vous vous séparâtes bons amis?

— Sans doute.

— Et vous n'auriez jamais pensé à faire une plainte contre lui devant la cour?

— Non, sur ma foi.

— Et vous n'auriez point paru contre lui, si vous n'aviez été assigné?

— Et pourquoi y aurais-je paru? je ne lui en voulais point. C'est le squire Doolittle qui s'est trouvé un peu affronté.

— Cela suffit, et je m'en rapporte à messieurs les jurés, dit Lippet en s'asseyant avec l'air d'un homme qui est sûr du succès.

Van der School prononça alors un long discours, rendu presque inintelligible à force de parenthèses. Il insista sur ce qu'il était bien prouvé que l'accusé s'était armé d'un fusil pour s'opposer à l'exécution d'un mandat délivré par une autorité légale; que non seulement il s'en était armé, mais qu'il avait couché en joue le constable qui en était porteur; enfin que, pour constituer le crime de rébellion contre la loi, il n'était pas nécessaire qu'il eût tiré un coup de fusil, ce qui aurait donné lieu à une accusation bien plus grave, celle de meurtre ou de tentative de meurtre. — Et maintenant, Messieurs, dit-il pour conclure : vous ayant expliqué clairement le crime dont ce malheureux s'est rendu coupable (je dis malheureux autant à cause de son ignorance que de son crime), je laisse la décision à vos consciences, ne doutant pas que vous reconnaîtrez l'importance (quoique le conseil du prisonnier, comptant probablement sur votre première déclaration, cherche à avoir l'air sûr du succès) de punir le coupable et de venger la dignité des lois [1].

Ce fut alors le tour du juge à parler. M. Temple fit le résumé de l'affaire avec autant de concision que de clarté, et plaça les faits sous les yeux du jury dans leur jour véritable. Il appuya sur la nécessité de faire respecter les lois dans une société naissante, et sur les dangers auxquels elle serait exposée si l'on souffrait qu'elles fussent enfreintes impunément. Mais, d'une autre part, il fit valoir comme motif d'atténuation l'âge, les habitudes et l'ignorance du prisonnier, et finit par dire que si les jurés croyaient que le vieillard qui attendait leur décision avait agi sans intentions criminelles, ils devaient le juger avec quelque indulgence.

Les jurés restèrent plus longtemps en délibération que lors de la première affaire, mais l'intérêt public l'emporta sur la compassion que leur inspirait le prisonnier, et les faits dont il était accusé étant bien prouvés, ils le déclarèrent coupable.

Le juge causa un instant avec ses assesseurs et se prépara ensuite à prononcer la sentence.

— Natty Bumppo, dit-il...

Le vieux chasseur, qui, pendant la délibération du jury, était resté les coudes placés sur ses genoux, et la tête appuyée sur ses mains, se leva en entendant son nom, et s'écria d'un ton militaire :
— Présent [2] !

— Silence! dit le juge. La cour prenant en considération votre ignorance des lois et votre âge, vous remet la peine des verges qu'elle a le droit de prononcer en pareil cas ; mais comme l'intérêt général exige que le châtiment soit public, elle vous con-

---

1. On sent bien que cet entrecroisement de parenthèses est une traduction littérale du texte.

2. *Here* : réponse du soldat sous les armes. Nous renvoyons le lecteur à une des dernières notes de *la Prairie*.

damne à être exposé une heure au carcan public¹, à un emprisonnement d'un mois dans la geôle du comté, à une amende de cent dollars envers le trésor public, et à garder la prison jusqu'à ce qu'elle soit payée.

— Et où voulez-vous que je prenne cet argent? s'écria Bas-de-Cuir! croyez-vous qu'on trouve des dollars dans les bois? Vous m'ôtez ce que j'ai gagné sur les panthères, parce que j'ai coupé la gorge à un daim. Non, non, juge, vous y penserez à deux fois; vous ne me condamnerez pas à passer en prison le peu de jours qu'il me reste à vivre.

— Si vous avez quelque chose à alléguer contre la sentence de la cour, dit Marmaduke avec calme et douceur, elle est disposée à vous entendre.

— Et n'en voilà-t-il pas bien assez, quand je vous dis que je n'ai pas d'argent? répondit Bumppo en saisissant la barre de la cour avec un geste convulsif. Comment voulez-vous que j'en gagne quand vous m'aurez enfermé? Est-ce qu'il en pleut par la fenêtre de la prison? Ecoutez la raison, juge. Laissez-moi retourner dans le bois, où j'ai l'habitude de respirer le bon air; je chasserai le jour et la nuit, et si vous n'avez pas fait enfuir tout le gibier du pays, j'en aurai abattu de quoi vous payer avant la fin de la saison. Oui, oui, vous comprenez bien mes raisons, et combien il est dur d'enfermer un vieillard qui a passé ses jours là, pourrait-on dire, où il était libre de regarder par la fenêtre du ciel!

— Je suis obligé de faire exécuter la loi, dit le juge.

— Ne me parlez pas de vos lois, Marmaduke Temple, interrompit le chasseur. Les bêtes de la forêt se souciaient-elles de vos lois, quand elles avaient faim et soif de la chair et du sang de votre enfant? Elle était alors à genoux devant Dieu, lui demandant une plus grande grâce que celle que je vous demande, et il l'a entendue. Et maintenant, si vous répondez non, croyez-vous qu'il sera sourd?

— Mes sentiments comme père, Natty, ne doivent pas intervenir avec mes devoirs comme juge.

— Vous n'étiez pas juge, monsieur Temple, quand j'ai vu ces montagnes pour la première fois; vous n'étiez encore qu'un enfant

---

1. *Public stocks*: cette espèce de carcan sera bientôt expliquée. Ce n'est point un collier de fer qui retient le prisonnier, mais une prison de bois pour les jambes.

dans les bras de votre mère. Avez-vous oublié le jour où vous êtes arrivé sur les bords du lac, dans un temps où vous n'auriez pas même trouvé une prison pour y loger? Ne vous ai-je pas donné ma peau d'ours pour vous coucher, une bonne tranche de venaison pour apaiser votre faim? Vous ne pensiez pas alors que ce fût un crime de tuer un daim. Et j'ai fait tout cela sans avoir aucune raison pour vous aimer, car vous n'avez jamais fait que du mal à ceux qui m'aimaient et qui me protégeaient. Cent dollars! Et où voulez-vous que je trouve une pareille somme? Il y a bien des choses à dire de vous, juge Temple, mais vous n'êtes pas assez méchant pour vouloir tenir en prison un pauvre vieillard pour le reste de ses jours, parce qu'il est ami de la justice. Ne craignez rien; je vous dis de ne rien craindre; s'il reste des castors près des rivières, des daims sur les montagnes et des panthères dans les bois, je paierai jusqu'au dernier schilling de l'amende. Allons, l'ami, laissez-moi passer, je ne suis point accoutumé à une pareille foule, et j'ai besoin de respirer l'air de la forêt. Où êtes-vous, mes chiens? allons, venez, mes chiens, allons-nous-en. Nous allons avoir de l'ouvrage, pauvres bêtes; mais nous en viendrons à bout; oui, oui, nous en viendrons à bout.

Il est inutile de dire que le constable à qui Bas-de-Cuir parlait ainsi ne lui répondit qu'en étendant son bâton pour l'obliger à rester à sa place. Natty se disposait à faire de nouvelles remontrances, mais un mouvement qui se fit en ce moment dans une autre partie de la salle attira l'attention de tous les spectateurs et même la sienne.

Benjamin avait réussi à se frayer un chemin à travers la foule, et pour se mettre plus en évidence, il s'était placé un pied sur l'appui d'une croisée, et l'autre sur la balustrade du banc des jurés. Etant ainsi presque en équilibre, il réussit, non sans peine, à tirer de sa poche un petit sac de cuir, et, au grand étonnement de tout l'auditoire, il fit signe qu'il voulait parler.

Se tournant alors vers le juge : — Si Votre Honneur, dit-il, veut permettre à ce vieux bâtiment de faire une nouvelle croisière dans le bois, voici une bagatelle d'assurance pour garantir d'autant la cargaison. Il y a dans ce sac trente-cinq bonnes piastres d'Espagne, et je voudrais pour ce pauvre diable que ce fussent des guinées anglaises; mais comme on ne peut tirer d'un sac que ce qu'on y a mis, ce ne sont que des piastres, et je réponds qu'elles

LES PIONNIERS. 333

sont de bonne prise : de sorte que si le squire Dickon veut faire le compte de ce registre, et prendre dans ce sac de quoi le solder, le reste servira d'autant pour acquitter l'amende, jusqu'à ce que Bas-de-Cuir puisse attraper lesdits castors, ou n'importe quoi ; je me regarde comme remercié d'avance.

En parlant ainsi, le majordome tenait d'une main le sac de dollars, et de l'autre le morceau de bois qui servait à constater le nombre de verres de rhum qu'il avait bus au Hardi Dragon, et qui, depuis ce matin, était déjà chargé de quelques nouvelles entailles. L'étonnement occasionné par cette singulière interruption causa un chuchottement général, qui ne cessa que lorsque le shérif, après avoir frappé sur la table avec son sabre, se fut écrié :

— *Silence!*

—Il faut terminer cette scène, dit le juge, qui était à peine maître de son émotion. Constable, conduisez le prisonnier au carcan. — Greffier, appelez une autre affaire.

Natty sembla céder à sa destinée. Il baissa la tête sur sa poitrine, et suivit les constables en silence. La foule s'ouvrit pour les laisser passer, et toute la populace abandonna la salle d'audience pour aller jouir d'un spectacle qui avait pour elle encore plus d'attraits.

CHAPITRE XXXIV.

> Ah voyez, voyez, il porte de cruelles jarretières !
> SHAKSPEARE. *Le Roi Lear.*

Les châtiments de la *loi commune*[1] d'Angleterre étaient encore connus à cette époque des habitants de l'Etat de New-York ; le *whipping-post*[2], ainsi que son compagnon l'instrument des *stocks*, n'était pas encore supplanté par les inventions plus modernes mais plus douteuses des prisons publiques. Ces restes des anciens temps étaient situés en face de la porte de la prison, peut-être

---

1. *Common law.* — 2. Poteau à fouetter.

pour frapper de terreur ceux qui pourraient être tentés de mal faire, en leur mettant sous les yeux la punition qui leur était réservée.

Ce fut là que Natty fut conduit par les constables; il avait un air de résignation qu'il devait sans doute à son impuissance de résister à la force, et il était entouré par la foule qui formait un cercle où chaque visage exprimait la plus vive curiosité. Un constable leva la partie supérieure des stocks et montra du doigt les trous dans lesquels le prisonnier devait placer ses pieds. Sans faire la moindre objection, sans le moindre murmure, Bas-de-Cuir s'assit à terre et se laissa mettre les jambes dans les trous des stocks, quoiqu'il jetât les yeux autour de lui comme pour chercher cette compassion que la nature humaine désire toujours obtenir dans ses souffrances; et s'il trouva dans la foule qui l'environnait plus de curiosité que de pitié, du moins il n'y vit pas cette joie sauvage qui y règne si souvent en pareil cas, et il ne s'entendit pas appliquer ces épithètes injurieuses qu'une multitude aveugle manque rarement de prodiguer à celui qui est condamné. Le caractère de cette populace, si on peut lui donner ce nom[1], était celui d'une subordination attentive.

Le constable allait baisser la planche supérieure, quand Benjamin, qui avait marché à côté du prisonnier, dit d'un ton brusque, et comme s'il eût cherché un motif de querelle :

— Pourquoi mettre les jambes d'un homme dans ces bracelets? Dites-moi, monsieur le constable, cela l'empêchera-t-il d'avaler son grog? A quoi cela sert-il?

— C'est la sentence de la cour, monsieur Penguillan, répondit le constable, et je suppose que la loi le veut ainsi.

— Oui, oui, je sais bien que c'est la loi qui le veut, mais je vous demande à quoi cela sert. Cela ne fait aucun mal, et l'on en est quitte pour rester sur ses ancres pendant le quart d'un quart. Cela passe bien vite.

— Cela ne fait aucun mal, Ben-la-Pompe! dit Natty en jetant sur lui un regard qui appelait la compassion. N'est-ce donc rien pour un homme de soixante-dix ans de se voir donner en spectacle comme un ours? N'est-ce rien pour un vieux soldat qui a fait toute la guerre de 1756, et qui a vu l'ennemi dans celle de

---

1. *Mob.*

1776, d'être mis dans une situation qui donne le droit aux enfants de le montrer au doigt tout le reste de sa vie? N'est-ce rien pour un honnête homme d'être dégradé au rang des animaux des forêts?

Benjamin ne répondit rien, mais il regarda la foule d'un air fier et menaçant, et s'il avait rencontré une physionomie qui exprimât la dérision, le mépris ou le contentement, il aurait infailliblement cherché querelle; mais ne trouvant partout que des regards de curiosité ou même de commisération, il s'assit d'un air fort délibéré à côté du vieux chasseur, et passa lui-même ses jambes dans deux trous vacants.

— Allons, Monsieur le constable, dit-il ensuite, baissez votre planche; et s'il y a ici quelqu'un qui ait envie de voir un ours, qu'il me regarde, par la damnation! et il en verra un qui sait mordre aussi bien que gronder. Eh bien! m'entendez-vous?

— Monsieur La Pompe, répondit le constable, je n'ai pas reçu ordre de vous mettre aux stocks.

— N'avez-vous pas le mien? répliqua Benjamin. Qui diable a plus que moi le droit de disposer de mes jambes? Baissez votre planche, vous dis-je, et que je voie celui qui me fera la grimace?

— Ma foi, dit le constable en riant de tout son cœur, puisque cela vous fait tant de plaisir, je ne vois rien qui doive m'empêcher de vous contenter. Et à ces mots il baissa et ferma la planche des stocks.

Les spectateurs avaient réprimé avec peine une violente envie de rire, en entendant Benjamin argumenter avec le constable pour qu'il lui infligeât la punition réservée aux coupables; mais ils ne cherchèrent plus à y résister dès qu'ils le virent attaché aux stocks. Irrité des éclats de rire qu'il entendait de toutes parts, le majordome voulut se lever, dans l'intention d'en demander raison à ceux qui se trouvaient le plus près de lui; mais la clé était déjà tournée dans la serrure, et tous ses efforts furent vains.

— Hé! ho! hé! monsieur le constable, s'écria-t-il, laissez-moi lever l'ancre un moment, pour que je puisse donner la chasse à quelqu'un de ces gaillards, et savoir ce qui leur donne cet accès de gaieté.

— Je n'en ai pas le temps, dit le constable en riant, il faut que je retourne au tribunal. Vous avez voulu être là; prenez patience, il faut que vous y restiez autant que le prisonnier.

Les éclats de rire de la foule redoublèrent quand le constable fut parti; mais Benjamin, voyant que ses menaces et ses efforts étaient également inutiles, eut assez de bon sens pour puiser une leçon de patience dans l'air de résignation de son compagnon; et ses traits d'abord courroucés prirent peu à peu l'expression du mépris. Se tournant alors vers son compagnon, il entreprit de jouer le rôle de consolateur.

— Au total et après tout, monsieur Bumppo, lui dit-il, ceci n'est qu'une bagatelle. J'ai connu, à bord de *la Boadicée*, plus d'un brave homme qui a été attaché comme cela par les pieds, uniquement pour avoir oublié qu'il avait déjà reçu sa ration de grog, et s'en être donné une seconde. C'est la même chose, voyez-vous, qu'un bâtiment surpris par un calme; il faut bien alors que le meilleur voilier s'arrête; mais cela ne dure pas toujours, et au premier souffle de vent, ses voiles s'enflent, et il marche tout aussi bien qu'auparavant. J'ai vu plus d'un camarade serré plus étroitement, vous dis-je.

Le chasseur parut apprécier cette consolation, sans comprendre bien l'éloquence navale de son camarade[1] : il chercha à sourire, mais en vain, et dit :

— Eh! quoi?

— Ce n'est rien, vous dis-je, monsieur Bumppo; quand nous pourrons lever l'ancre, je veux mourir si je ne vogue pas de conserve avec vous dans votre croisière contre les castors. Ce n'est pas que je me donne pour être très-habile dans le maniement des armes à feu, vu que mon poste me retenait auprès des munitions de bouche, mais je puis porter le gibier, et je suis même en état de lui tendre des trappes. J'ai réglé mon compte avec le squire Dickon ce matin, et je lui ai fait dire de rayer mon nom du rôle de l'équipage jusqu'à ce que notre croisière soit finie; et comme vous maniez le fusil aussi bien que le harpon, il y a lieu de croire qu'elle ne sera pas bien longue.

— Vous êtes habitué à vivre avec les hommes, Ben-la-Pompe, et vous ne pourriez vous faire à la vie des bois.

— Pas du tout, monsieur Bas-de-Cuir, pas du tout. Je ne suis pas de ces marins qui ne savent manœuvrer que par un beau temps, et une tempête ne m'effraie pas. Quand j'ai un ami, voyez-

---

1. Ben-la-Pompe se sert en effet d'un langage qui est à peu près inintelligible sans le secours d'un dictionnaire des termes de marine.

vous, c'est pour la vie. Voilà le squire Dickon, par exemple, je l'aime autant que le baril de rhum de la Jamaïque de mistress Hollister ; et, à propos de cela, je voudrais bien trouver quelqu'un qui allât lui dire de nous en envoyer ; car il me semble que j'ai un commencement de crampe dans les jambes, et cela se passerait en humectant les parties supérieures. Ne pensez-vous pas de même, monsieur Bas-de-Cuir?

Natty ne répondit rien, et resta la tête penchée, les yeux baissés, absorbé dans des réflexions pénibles et mélancoliques.

Benjamin prit son silence pour un consentement. Il tira de sa poche le sac de cuir qui contenait ses dollars, le dénoua, jeta les yeux sur la foule qui les entourait et qui commençait à diminuer, une partie de ceux qui la composaient étant retournée à ses occupations, et il chercha à y découvrir quelqu'un qu'il pût charger de sa commission.

En ce moment Hiram Doolittle, accompagné de Jotham, sortait de la salle des séances du tribunal. Voulant satisfaire sa vengeance par la vue de l'humiliation de sa victime, il s'approcha des stocks, et se plaça en face de Natty, qui fixa sur lui des yeux qui annonçaient plus de mépris que de colère. L'architecte éprouva un moment d'embarras ; il fit un mouvement comme pour se retirer, mais ne voulant pas perdre si tôt le plaisir dont il jouissait, il ne fit que se tourner vers Jotham, leva les yeux en l'air, et dit d'un air d'insouciance :

— Pas encore de pluie ! j'ai dans l'idée que la sécheresse sera longue.

Natty détourna la tête, sans prononcer un seul mot, comme pour éviter la vue d'un objet qui excitait en lui une sensation de dégoût ; mais le magistrat, se plaisant à triompher d'un ennemi abattu, fit un mouvement sur la droite, en se rapprochant de Benjamin, pour se présenter de nouveau aux yeux du vieux chasseur.

— On dirait qu'il n'y a pas une goutte d'eau dans le ciel, continua-t-il ; si cela dure encore long-temps, il est à craindre que nous n'ayons une mauvaise récolte.

L'air avec lequel M. Doolitle débita cette opinion prophétique était particulier à son caractère. C'était une manière froide et jésuitique de dire à l'homme qu'il avait si cruellement outragé : Je me suis tenu dans le cercle de la loi. Mais ces paroles firent perdre patience au chasseur.

— Et pourquoi la pluie tomberait-elle du ciel, s'écria-t-il, quand vous faites tomber les larmes des yeux d'un pauvre vieillard qui ne vous a jamais offensé? Allez-vous-en! Allez-vous-en! vous pouvez être fait à l'image du Créateur, mais Satan s'est emparé de vous. Allez-vous-en; je suis dans le chagrin, et votre vue me fait naître d'amères pensées.

En voyant Hiram s'approcher de lui, Benjamin avait renoué son sac de dollars avec un bout de cuir, et l'avait remis dans sa poche. Le charpentier se trouva malheureusement à portée de son bras; Benjamin lui saisit une jambe avec sa large main, et la serra comme une paire de tenailles. Le juge de paix, attaqué ainsi à l'improviste, n'eut ni le temps ni les moyens d'opposer aucune résistance, car le majordome, profitant de sa force supérieure et de sa position avantageuse, le secoua si rudement qu'il le fit tomber, et le tirant alors en même temps par les deux jambes, il le força à s'asseoir près de lui, face à face. Les spectateurs n'étaient pas assez amis de Doolittle pour prendre son parti, et Jotham était trop poltron pour oser lui donner du secours.

—Vous êtes un pavillon connu, monsieur Fais-peu-de-chose[1], s'écria Ben d'une voix forte; je vous ai signalé, Monsieur, avec vos discours au beau temps, quand vous parlez au squire Dickon; et puis vous allez faire vos contes aux vieilles femmes du village. Ne vous suffisait-il pas d'avoir fait prendre ainsi par les pieds ce pauvre vieillard sans vouloir encore venir pour le couler à fond quand il est à l'ancre? mais il y a longtemps que je prends des notes contre vous dans mon journal, et le moment est venu de régler nos comptes: ainsi tenez-vous bien, grand fainéant, nous allons voir qui a le plus de force de nous deux!

— Jotham! s'écria Hiram effrayé, Jotham, appelez les constables. Monsieur Penguillan, songez que je suis magistrat, je vous défends de troubler la paix publique.

— Il n'y a entre nous ni paix ni amitié, répondit le majordome en faisant quelques démonstrations d'hostilités. Songez à votre manœuvre, car voici un poing que vous trouverez aussi pesant que le marteau qui frappe sur l'enclume, et vous pouvez bien vous tenir.

— Touchez-moi, si vous l'osez, s'écria le magistrat; touchez-

---

[1]. Benjamin joue sur le nom de Doolittle, *fais peu*, fainéant.

moi, et je... Il ne put en dire davantage, car la main gauche de Benjamin lui serrant le gosier lui coupa la parole.

—Si vous appelez cela *couver*[1], Monsieur, vous êtes bien venu pour les œufs, criait le majordome.

Nous avons la désagréable tâche de dire qu'il ne resta plus aucun doute sur les intentions de Benjamin, car son poing droit, qu'il avait levé en l'air, tomba avec force sur la tête du juge de paix, et ne se releva que pour retomber encore. Le désordre et la confusion se mirent parmi les spectateurs; les uns s'enfuirent de crainte d'être accusés de complicité dans une attaque contre un magistrat; les plus hardis formèrent un demi-cercle autour des combattants pour mieux juger des coups; quelques jeunes gens coururent chez Hiram pour avoir le plaisir d'annoncer à sa femme la situation fâcheuse dans laquelle se trouvait son mari; d'autres se rendirent dans la cour de la prison pour donner l'alarme.

Pendant ce temps, le majordome ne manquait pas d'occupation. Chaque coup qu'il frappait renversait Doolittle, et il le relevait aussitôt de la main gauche, car il se serait cru déshonoré à ses propres yeux s'il avait frappé un ennemi abattu, et il ne cessait en même temps de l'exhorter à mieux se défendre, tout en l'accablant d'une grêle de coups.

Le shérif, qu'on avait averti, arriva en ce moment tout essoufflé, et il déclara ensuite qu'indépendamment de la mortification qu'il avait éprouvée, comme étant chargé du maintien de la paix dans le comté, à la vue d'une pareille violation du bon ordre, il n'avait jamais ressenti un si grand chagrin dans sa vie qu'en voyant la discorde établie entre ses deux favoris; car Hiram était devenu nécessaire à sa vanité, et il avait un attachement véritable pour Benjamin. Ses premières paroles en donnèrent la preuve.

—Squire Doolittle! s'écria-t-il, squire Doolittle! je suis honteux de voir un homme revêtu de votre caractère officiel s'oublier au point de troubler la paix publique, d'insulter au voisinage de la cour, et de battre de cette manière le pauvre Benjamin.

En apercevant le shérif, Penguillan avait suspendu le jeu de son marteau. Hiram leva la tête du côté du médiateur qui arri-

[1. *If you call this laying, master, you are welcome to the eggs* : il y a ici un jeu de mots sur *laying*, Doolittle s'est servi dans sa dernière phrase des mots *lay hands*, poser les mains sur, toucher : *to lay eggs* veut dire pondre, couver.]

vait, et, enhardi par sa présence, il eut de nouveau recours à ses poumons.

— J'aurai justice de cette insolence, s'écria-t-il, j'en aurai justice ! Je vous requiers d'arrêter cet homme, monsieur le shérif, et de le faire conduire en prison.

Richard, pendant ce temps, avait été mieux informé de ce qui s'était passé, et se tournant vers le majordome : — Comment se fait-il que vous soyez aux stocks, Benjamin, lui dit-il, vous que j'avais toujours regardé comme un homme aussi doux et aussi tranquille qu'un agneau ? Ne rougissez-vous pas d'une telle conduite ? Vous forcez vos amis à en rougir pour vous. Eh ! mon Dieu ! monsieur Hiram, vous n'êtes pas reconnaissable d'un côté de votre figure !

Hiram s'étant relevé et s'étant mis hors de portée de l'intendant, s'emportait en nouvelles menaces de vengeance. Le shérif, songeant à l'impartialité dont Marmaduke venait de donner une grande preuve dans la sentence qu'il avait prononcée contre Bas-de-Cuir, et à la publicité qu'avait eue la conduite de Benjamin, en tira la conclusion pénible qu'il devait envoyer son favori en prison, et il en donna l'ordre aux constables qui venaient retirer Natty du pilori, le temps que devait durer son exposition étant expiré. Le majordome ne fit d'abord aucune observation ; il ne demanda pas à offrir un cautionnement pour être mis en liberté, mais il suivit tranquillement le shérif, qui, accompagné de plusieurs constables, le conduisit, lui et Natty, jusqu'à la porte de la prison.

En y arrivant, il se tourna vers lui : — Squire Dickon, lui dit-il, quant à avoir mon hamac placé pour une nuit ou deux à côté de celui de Bas-de-Cuir, c'est ce dont je me soucie fort peu, attendu que je le regarde comme un honnête homme, et qui entend aussi bien que qui que ce soit le maniement du fusil et du harpon. Mais en qualité de chrétien et d'homme de bon sens, je soutiens qu'au lieu de me punir d'avoir travaillé le visage de ce coquin de manière à le rendre méconnaissable d'un côté, comme vous le dites, vous devriez m'accorder double ration. C'est le plus grand vaurien de tout le pays. Je le connais depuis longtemps et je crois qu'il me connaît un peu aussi à présent, à moins que sa poupe ne soit de bois mort. Mais où est donc le grand mal, monsieur Jones, pour que vous preniez cette affaire tant à cœur ? C'est une bataille comme une autre, et il était libre de me rendre mes bordées, quoique ses pièces ne fussent pas tout à fait du même calibre que les miennes. Seulement nous avons combattu sur nos ancres, comme nous le fîmes dans la rade de Port-Praya, lorsque nous eûmes affaire à Suffren[1].

Richard pensa que sa dignité ne lui permettait pas de répondre à ce discours, et faisant entrer les deux prisonniers dans le logement qui leur était destiné, il fit fermer la porte à double tour et aux verroux, et se retira.

Pendant le reste de la journée, Benjamin fut occupé à recevoir un grand nombre de visites à la fenêtre grillée de la prison, et vida avec ses connaissances plus d'un pot de flip et de toddy, tandis que Bas-de-Cuir se promenait d'un air soucieux, la tête penchée sur sa poitrine.

Vers le soir Edwards parut à son tour près de la croisée, et il eut un entretien fort animé, à voix basse, avec Natty, qui parut ensuite avoir recouvré un peu de tranquillité. A huit heures du soir, Billy Kirby, qui était resté le dernier près de la fenêtre, partit pour reporter une bouteille vide au Hardi Dragon, le vieux chasseur suspendit une vieille couverture devant la croisée, pour que des importuns ne vinssent plus les troubler, et l'on n'entendit plus aucun bruit dans la chambre des deux prisonniers

CHAPITRE XXXV.

> Pour éviter la poursuite de l'ennemi, ils firent courir leurs montures en ne leur épargnant pas les coups d'éperon ; et jusqu'à ce qu'ils fussent bien à l'abri du danger, ils se gardèrent bien de tourner la tête.
>
> Butler. *Hudibras.*

Lorsque la cour eut levé sa séance, les jurés, les témoins et les curieux commencèrent à se disperser, et avant huit heures du

---

1. *Suffering*, souffrance : encore un jeu de mots intraduisible. La prononciation de ce mot ressemble un peu à celle du nom propre Suffren.

soir le silence régnait dans le village, dont les rues étaient presque désertes.

C'était à cette heure que le juge Temple et sa fille, accompagnés de Louise Grant, se promenaient sous l'avenue de peupliers qui conduisait à la porte extérieure de la maison de Marmaduke.

— Personne ne peut mieux que vous, ma fille, dit M. Temple, adoucir cet esprit offensé ; mais ne cherchez pas à le justifier ; la sainteté des lois doit être respectée.

— J'ai bien de la peine, mon père, à regarder comme équitables des lois qui condamnent un homme comme Bas-de-Cuir à une punition si sévère pour une faute qui me paraît très-vénielle.

— Vous parlez de ce que vous ne connaissez pas, Elisabeth. La société ne peut exister qu'à l'aide de restrictions salutaires ; ces restrictions ne peuvent être maintenues qu'autant qu'on fait respecter ceux qui sont chargés d'assurer leur exécution, et quand ce respect a été oublié, que dirait-on d'un juge qui favoriserait le criminel, parce qu'il a sauvé la vie de sa fille ?

— Je sens la difficulté de votre situation, mon père, mais en appréciant la faute du pauvre Natty, je ne puis séparer l'homme du ministre de la loi.

— Vous vous trompez encore, ma fille ; ce n'est pas pour avoir chassé de chez lui Hiram Doolittle, c'est pour avoir menacé la vie d'un constable exerçant ses fonctions, que Bas-de-Cuir...

— Peu m'importe quel en est le motif, s'écria miss Temple écoutant son cœur plus que sa raison ; je sais que Natty est innocent, et pensant ainsi, je dois regarder comme ayant tort tous ceux qui le persécutent.

— Même le juge qui l'a condamné ? Votre père, Élisabeth ?

— Oh ! non, non, mon père. Mais ne me faites plus de questions ; donnez-moi vos instructions, et j'irai exécuter vos ordres.

— Votre cœur est bien près de votre tête, Bessy, dit Marmaduke en souriant. Allez à la prison, voici un ordre pour que le geôlier vous laisse voir son prisonnier. Prenez ce portefeuille, il contient deux cents dollars ; vous les remettrez à Natty, en lui portant des paroles de consolation. Mais méfiez-vous de votre sensibilité ; n'oubliez pas que sans les lois nous serions réduits à la condition des sauvages ; que Bas-de-Cuir les a enfreintes ; qu'un jury l'a déclaré coupable, et que c'est votre père qui a prononcé sa sentence.

Elisabeth ne répondit rien : elle pressa sur son cœur la main qui lui présentait le portefeuille, et prenant le bras de son amie, elles entrèrent dans la principale rue du village.

Elles marchaient en silence le long des maisons, le jour avait déjà fait place à l'obscurité, et nul bruit ne se faisait entendre dans la rue, si ce n'est celui d'un attelage de bœufs qui traînaient un chariot rempli de foin, et qui avançaient dans la même direction que les deux jeunes amies. Un charretier marchait à côté d'eux d'un pas lourd et lent, comme s'il eût été fatigué des travaux de la journée. Il fit arrêter ses bœufs le long du mur de la prison, et mit devant chacun d'eux une botte de foin. Tout cela n'avait rien d'extraordinaire, et miss Temple ne jeta un second coup d'œil ni sur le chariot, ni sur le conducteur. Mais étant obligée de passer près de lui pour arriver à la porte de la prison, qui était à quelques pas plus loin, elle l'entendit parler à ses bœufs, et le son de sa voix la fit tressaillir.

— Allons donc ! pas si vite, Brinote, doucement !

Ce langage n'était pas celui qu'on adresse aux bœufs, langage qui est familier à tous ceux qui habitent la campagne. Miss Temple s'approcha de cet homme ; ses regards se fixèrent sur lui, et sous les vêtements grossiers d'un charretier elle reconnut Olivier Edwards. Leurs yeux se rencontrèrent au même instant, et malgré les ténèbres qui commençaient à s'épaissir, la reconnaissance fut mutuelle.

— Miss Temple ! Monsieur Edwards ! s'écrièrent-ils simultanément, quoiqu'un sentiment qui paraissait leur être commun à tous deux semblât leur étouffer la voix.

— Ne me trompé-je pas ? dit Edwards. Est-ce bien vous, miss Temple, que je trouve si près de la prison ? Vous allez sans doute au presbytère ? Ah ! miss Grant, pardon, je ne vous avais pas reconnue.

Louise soupira, mais si bas, que son amie seule l'entendit.

— Nous n'allons pas au presbytère, monsieur Edwards, dit Élisabeth, nous allons à la prison. Nous voulons prouver à Bas-de-Cuir que nous n'oublions pas ses services, et que si nous sommes esclaves de la justice, nous n'en sommes pas moins accessibles à la reconnaissance. Peut-être vous y rendez-vous aussi ; mais vous nous obligerez si vous nous permettez de vous précéder d'une dizaine de minutes. Adieu, monsieur Edwards, je... je suis fâchée de vous voir réduit à une telle situation. Si vous y consentiez, je suis sûre que mon père...

— J'attendrai le temps qu'il vous plaira, miss Temple, répondit Edwards avec un ton de froideur. Puis-je vous prier de ne dire à personne que vous m'avez vu ici?

— Certainement, Monsieur, répondit-elle; vous pouvez compter sur notre discrétion. Et reprenant le bras de son amie, elle s'avança vers la prison.

Comme elles arrivaient à la porte, miss Grant lui dit à voix basse : — Ne serait-il pas à propos d'offrir à Olivier une partie de votre argent? Votre père ne le trouverait pas mauvais, et il ne faut que la moitié de cette somme pour payer l'amende de Natty. Vous savez que M. Edwards n'est pas accoutumé à des travaux si durs, et je suis sûre que mon père contribuerait de ses faibles moyens pour lui procurer une situation plus digne de lui.

Elisabeth n'eut pas le temps de lui répondre, car l'arrivée du geôlier reporta en ce moment ses pensées sur l'objet immédiat de sa visite.

Personne n'ignorait le service important que Bas-de-Cuir avait rendu aux deux jeunes amies; le geôlier ne fut donc nullement surpris de l'intérêt qu'elles semblaient porter à son prisonnier. D'ailleurs l'ordre du juge Temple ne lui aurait permis aucune objection, s'il en avait eu à faire. Il les conduisit donc à l'appartement qu'occupaient le vieux chasseur et l'intendant; mais, dès qu'il mit la clé dans la serrure, on entendit la voix rauque de Benjamin s'écrier : — *Qui vive? qui va là?*

— Des personnes que vous serez bien aise de voir, répondit le geôlier. Mais qu'avez-vous donc fait à la serrure? je ne puis l'ouvrir.

— Tout beau, tout beau, dit l'intendant : j'ai encloué le canon pour que l'ennemi ne puisse s'en servir contre nous. C'est assez d'une bataille pour un jour, voyez-vous, et je ne me soucie pas que ce fainéant de M. Doolittle se présente encore à l'abordage aujourd'hui. Mais, puisque c'est une autre visite, amusez-vous à courir une bordée, et pendant ce temps je vais déblayer les voies.

Un bruit sourd qu'on entendit dans la serrure prouva que l'intendant avait parlé sérieusement, et quelques moments après la porte s'ouvrit.

Benjamin avait évidemment voulu anticiper sur la saisie de son argent, car il avait fréquemment demandé depuis qu'il était en prison qu'on fît pour lui quelques saignées à sa barrique favorite du Hardi Dragon, et il était alors dans cet état qu'exprime bien une métaphore du langage des marins anglais : *Halfs-seas-over* [1] (à moitié ivre). Il était difficile de faire perdre l'équilibre au vieux matelot par des libations de liqueur, car comme il le disait lui-même, il était trop solide sur sa quille pour ne pas voguer avec tous les vents; mais il était *maddy* [2], autre expression d'une énergique vérité. Dès qu'il aperçut sa jeune maîtresse, sentant, pour nous servir d'une de ses expressions, qu'il n'était pas assuré sur ses ancres, il s'adossa contre la muraille pour se donner l'aplomb convenable.

— Si vous vous avisez encore de toucher à mes serrures, monsieur la Pompe, dit le geôlier en entrant, je vous mettrai aux jambes une garniture qui ne vous permettra pas de vous éloigner de votre lit de plus de deux pieds.

— Puisque vous fermez les écoutilles en dessous, dit l'intendant, il doit m'être permis de les assurer en dessus. Ne nous enfermez pas en dehors, et nous ne nous enfermerons pas en dedans.

— Il faut que je ferme la prison à neuf heures, miss Temple, dit le geôlier; et je vous préviens qu'il est maintenant huit heures quarante-deux minutes, et laissant une chandelle sur une petite table de bois de pin, il se retira.

— Natty, dit Élisabeth, dès qu'elle eut entendu fermer les verroux, mon bon ami Natty, je viens accomplir un devoir imposé par la reconnaissance. Vieillard imprudent! rien de tout cela ne fût arrivé, si vous vous fussiez soumis au mandat de perquisition.

— A une perquisition dans ma hutte! s'écria Natty. Croyez-vous, miss Bessy, que j'y aurais laissé entrer semblable vermine? Non, non. Vos yeux qui sont si doux n'en auraient pas même obtenu l'entrée en ce moment. Mais à présent on peut chercher parmi les cendres et les charbons, on ne trouvera que ce qu'on trouve dans tous les endroits où l'on fabrique de la potasse.

— On peut reconstruire votre hutte, Natty, et la rendre plus

---

1. Ce sont des expressions dont il est encore difficile de donner la traduction littérale.
2. *Maddy*, trouble, fangeux; avoir le pas glissant.

commode qu'elle ne l'était. Je veillerai à ce que cela soit fait quand le terme de votre emprisonnement sera expiré.

— Pouvez-vous ressusciter les morts, jeune fille? Peut-on aller à l'endroit où l'on a enterré son père, sa mère, ses enfants, et leur dire : — levez-vous? Vous ne savez ce que c'est que d'avoir eu la tête abritée par les mêmes solives pendant quarante ans ; d'avoir eu sous les yeux les mêmes murailles pendant la meilleure partie de la vie d'un homme. Vous êtes encore jeune, miss Bessy; mais vous êtes une des plus précieuses créatures que Dieu ait faites. J'avais conçu une espérance qui aurait pu se réaliser ; mais à présent tout est fini : d'après ce qui vient d'arriver il n'y pensera plus.

Miss Temple comprit sans doute mieux que sa compagne ce que voulait dire le vieux chasseur; car, tandis que Louise fixait innocemment sur lui des yeux humides de pitié, la fille du juge baissait les siens, et sentait un feu extraordinaire lui monter au visage. Cette émotion ne dura pourtant qu'un moment, et elle reporta ses regards sur Bas-de-Cuir.

— Eh bien! mon vieux défenseur, lui dit-elle, votre tête sera abritée par de meilleures solives, et vos yeux se fixeront sur de meilleures murailles. Quand la fin de votre détention sera arrivée, vous trouverez une maison prête à vous recevoir, et vous y passerez en paix le reste de vos jours.

— Vos intentions sont bonnes, miss Bessy; mais cela n'est pas possible; non, non, après qu'on m'a vu donné en spectacle comme un objet de mépris et de dérision.

— Au diable vos stocks[1]! s'écria Benjamin en brandissant une bouteille qu'il venait de vider. Voilà une jambe qui a été attachée aujourd'hui, et dites-moi si elle en est moins bien faite. Je m'en soucie comme d'une bouteille vide. Et frappant la muraille avec celle qu'il tenait à la main, il la brisa en mille pièces.

— Benjamin, dit Elisabeth, vous oubliez en présence de qui vous vous trouvez.

—Moi vous oublier, miss Lizzy! Dieu me damne si c'est possible! On ne peut vous oublier comme la mère Prettybones dans la grande maison. Oh! mistress Prettybones[2]. Mon vieux chasseur, elle a de bien jolis os sans doute, mais je n'en dirai pas autant de

1: Le texte seul peut expliquer la réplique de Benjamin.
2. *Pretty-bones*, jolis os.

sa chair, car elle a bien l'air d'un squelette habillé. Quant à la peau du visage, c'est tout comme une vieille voile.

—Silence, Benjamin! je vous ordonne de vous taire, dit Elisabeth.

— Bien, miss Lizzy, je me tairai, mais heureusement vous ne m'avez pas défendu de boire.

— Ne parlons pas des autres, Natty; votre détention ne sera pas bien longue, dit Élisabeth en se tournant de nouveau vers Bas-de-Cuir, et je veux que vous passiez le reste de votre vie dans l'aisance et l'abondance.

— Dans l'aisance et l'abondance! répéta le vieux chasseur. Et quelle aisance peut-on trouver dans un pays où l'on peut être obligé de faire un mille avant de trouver un arbre sous lequel on puisse se mettre à l'abri des rayons du soleil? Quelle abondance peut-on y espérer, quand on y chasse quelquefois une journée entière avant d'apercevoir un daim, ou une pièce de gibier plus grosse qu'un écureuil? Les castors qu'il faut que je trouve pour payer mon amende me donneront du mal. Il faut que j'aille à plus de cent milles d'ici, sur les frontières de la Pensylvanie, car vous avez chassé du pays les pauvres créatures par vos défrichements. Monsieur La Pompe, si vous voulez encore vider cette bouteille, vous ne serez plus en état de vous servir de vos jambes quand le moment en sera arrivé.

— Ne craignez rien, monsieur Bumppo. Quand je serai appelé à être de quart, vous verrez que je ne manquerai pas à la manœuvre, je ferai voile comme vous autres.

— Mais l'instant est venu, dit Bas-de-Cuir en écoutant avec attention; j'entends les bœufs frotter leurs cornes contre les murs de la prison.

— Eh bien! capitaine, dit Benjamin, dites le mot d'ordre, et je lève l'ancre.

— Vous ne nous trahirez pas, miss Bessy? dit Natty en regardant Elisabeth avec une simplicité naïve. Vous ne voudriez pas trahir un vieillard qui a besoin de respirer l'air des bois. Je ne veux de mal à personne, et si la loi exige que je paie cent dollars d'amende, je ne demande que la liberté pour m'acquitter, et voilà un brave homme qui m'aidera à les amasser.

— Oui, oui, dit Benjamin, mais ce ne sera pas pour les jeter à la mer en guise d'amende; je n'entends pas qu'ils s'en aillent ainsi, ou appelez-moi *voie d'eau*.

— Que voulez-vous donc dire, Natty? s'écria Elisabeth. Il faut que vous restiez ici trente jours ; mais je vous apporte de l'argent pour payer votre amende. Ainsi prenez patience, mon bon ami ; je viendrai vous voir souvent ; rien ne vous manquera ; je ferai moi-même vos vêtements.

— Vous auriez tant de bonté, miss Bessy? dit Natty d'un air attendri ; tant de bonté pour un vieillard quand il n'a rien fait pour vous que de tuer une bête qui ne lui a coûté que deux charges de poudre et deux morceaux de plomb! L'oubli des services n'est donc pas dans le sang! Ah! vos petits doigts auraient bien du mal à coudre des peaux de daim ; et ils ne sont pas habitués à employer des nerfs en place de fil. Mais, s'il peut encore m'entendre, je lui dirai tout, afin qu'il sache qu'il y a quelqu'un qui se souvient d'un service.

— Ne lui dites rien, s'écria Elisabeth ; si vous avez quelque égard et quelque amitié pour moi, ne lui dites rien. Ce n'est que de vous que je m'occupe, Natty ; ce n'est que pour vous que je suis venue ici. Je suis bien fâchée que la loi exige que vous y restiez un mois ; mais, après tout, ce temps passera bien vite.

— Un mois! s'écria Natty en ouvrant la bouche pour rire à sa manière, pas un jour, pas une nuit, pas une heure, miss Bessy! Le juge peut condamner à la prison, mais pour y faire rester, il lui en faudrait de meilleures que celle-ci ; et, poussant Benjamin, il fit voir qu'un des troncs d'arbres qui formaient la muraille avait déjà été scié. Il n'y a qu'un coup de pied à donner, ajouta-t-il, et nous sommes dehors.

— En rade, en rade! cria Benjamin ; le vent est bon ; allons donner la chasse aux castors!

— J'ai peur que Ben-la-Pompe ne me donne de l'embarras, dit Bas-de-Cuir. Il y a du chemin d'ici aux montagnes ; on nous suivra à la piste, et il n'est guère en état de courir.

— Il ne faut pas songer à nous quitter, Natty, dit Élisabeth ; songez que vous n'auriez plus que les bois pour asile, et que vous devenez vieux. Un mois est bientôt passé ; prenez patience, et vous sortirez d'ici avec honneur.

— Est-ce que je trouverai ici des castors, miss Bessy?

— Vous n'en avez pas besoin. Prenez ce portefeuille ; voyez, vous y trouverez de quoi payer votre amende, deux cents dollars en or.

— Des pièces d'or ! dit le vieux chasseur avec une sorte de curiosité enfantine ; il y a bien longtemps que je n'en ai vu. Je me souviens que dans l'ancienne guerre on en trouvait plus aisément qu'on ne trouve des daims aujourd'hui. Je me rappelle un dragon de l'armée de Dieskau qui avait été tué, et qui en avait cousu une douzaine dans sa chemise. J'en puis parler, car j'ai vu découdre le magot, quoique ce ne fût pas pour moi, et elles étaient plus larges que celles-ci.

— Ce sont des guinées anglaises, Natty ; et ce n'est qu'un à-compte sur ce que nous voulons faire pour vous.

— Et pourquoi me donneriez-vous ce trésor ?

— Pourquoi, Natty ! Ne m'avez-vous pas sauvé la vie ? Ne m'avez-vous pas sauvée de la fureur de la panthère ?

Le vieux chasseur prit les pièces d'or, et se mit à les examiner l'une après l'autre, disant en même temps : — On dit qu'il y a à vendre dans la vallée du Cerisier un fusil dont la portée est de plus de cent verges. J'ai vu de bons fusils dans ma vie, mais je n'en ai pas encore vu un semblable. Pouvoir tirer à coup sûr à cent verges, c'est quelque chose. Bah ! bah ! je suis vieux, et mon fusil durera plus longtemps que moi. Reprenez votre argent, miss Bessy. Mais le moment est arrivé, je l'entends qui parle à son bétail ; il faut que nous partions. Vous n'en direz rien, miss Bessy ? vous n'en direz rien ?

— Moi, vous trahir ! s'écria Élisabeth. Mais gardez ce portefeuille, Natty ; quand même vous persisteriez à vouloir fuir, cet argent peut vous être utile.

— Non, non, répondit Natty en secouant la tête et en lui remettant le portefeuille dans la main ; pour vingt fusils, je ne voudrais pas vous priver d'une pareille somme. Mais il y a une chose que vous pouvez faire pour moi, si vous le voulez, et, dans le fait, je ne vois que vous à qui je puisse la demander.

— Parlez, Natty ; de quoi s'agit-il ?

— C'est seulement de m'acheter une corne de poudre à tirer. Elle coûtera deux dollars. Ben-la-Pompe a l'argent tout prêt, mais nous n'osons entrer dans le village. Vous en trouverez chez le marchand français ; il en a de la meilleure qualité, juste comme il me la faut. Me rendrez-vous ce service, miss Bessy ? y consentez-vous ?

— Si j'y consens, Natty ! je vous l'apporterai, quand je devrais vous chercher vingt-quatre heures dans les bois. Mais où pourrai-je vous trouver?

— Où? répéta le vieux chasseur en ayant l'air de réfléchir ; sur la montagne de la Vision. Je m'y trouverai demain à l'heure de midi. Ayez soin que la poudre soit bien grenue et luisante ; c'est la meilleure.

— Je n'y manquerai pas, répondit Élisabeth.

Bas-de-Cuir appuyant alors un pied avec force contre le pan de la muraille qui devait lui fournir un moyen d'évasion, le tronçon d'arbre qui avait été coupé tomba dans la rue, et laissa voir une ouverture assez large pour qu'un homme pût y passer ; mais sa chute ne produisit que le bruit sourd d'un corps pesant tombant sur du foin. Les deux jeunes amies l'entendirent pourtant, et elles comprirent alors pourquoi elles avaient rencontré Edwards déguisé en charretier.

— Allons, Ben-la-Pompe, dit Natty, il faut nous dépêcher, car la lune se lèvera dans une heure.

— Un instant ! Bas-de-Cuir, s'écria Élisabeth ; il ne faut pas qu'il soit dit que vous vous êtes évadé de prison en présence de la fille du juge Temple. Donnez-nous le temps de nous retirer.

A peine avait-elle prononcé ces mots qu'on entendit le bruit des verroux. Natty n'eut le temps que de tirer Benjamin par les jambes pour l'asseoir par terre, le dos placé contre l'ouverture qui venait d'être pratiquée, et la porte s'ouvrit.

— Voici l'heure de fermer la prison, miss Temple, dit le geôlier en entrant ; êtes-vous prêtes à partir ?

— Nous vous suivons, répondit Elisabeth. Adieu, Bas-de-Cuir.

— Grenue et luisante, lui dit Natty à demi-voix ; elle porte plus loin, et je ne suis plus d'âge à courir beaucoup après le gibier.

Élisabeth ne lui répondit que par un signe de tête, pour lui recommander le silence, et sortit avec son amie. Le geôlier, qui les suivait, se contenta de fermer la porte à double tour, en disant qu'il tirerait les verroux après avoir fait sa ronde ordinaire du soir. Il les conduisit jusqu'à la porte de la prison, et elles l'entendirent s'arrêter ensuite pour la fermer avec une chaîne et deux barres de fer retenues avec autant de cadenas dont il gardait les clés.

— Puisque Bas-de-Cuir refuse cet argent, dit Louise, vous pouvez le donner à Edwards, et cela, joint à ce que mon père...

— Chut! dit Élisabeth, j'entends du bruit sur le foin. Juste Ciel! ils seront découverts!

En arrivant à l'endroit où le chariot s'était arrêté, elles virent Natty et Edwards occupés à tirer par l'ouverture le corps de Benjamin, qui pouvait à peine y passer, et qui n'était guère plus en état de s'aider que le tronc d'arbre dont il tenait momentanément la place. Ils le mirent sur ses jambes, mais on voyait qu'il ne pouvait se maintenir en équilibre qu'en s'appuyant contre le mur.

— Rejetez le foin dans le chariot, dit Natty, on verrait comment nous sommes sortis.

A ce moment on aperçut à travers l'ouverture la chandelle du geôlier qui brillait dans la prison, et presque au même instant on entendit le geôlier s'écrier : — *A l'aide! à l'aide!* La lumière disparut, et plusieurs voix répétèrent le même cri dans l'intérieur de la prison.

— Cet ivrogne n'est pas en état de nous suivre, dit Edwards, il faut partir sans lui.

— Qui.... qui.... qui est-ce que vous.... vous appelez ivrogne? s'écria Benjamin.

— Non, non, répondit Bas-de-Cuir, il m'a sauvé la moitié de la honte des stocks; je ne le laisserai pas seul dans l'embarras.

On entendit en ce moment plusieurs personnes qui sortaient du Hardi Dragon, et l'on reconnut la voix de Billy Kirby, qui criait :

— Quel tapage ils font dans la prison! Allons donc voir ce qui s'y passe.

— Jetez-le sur le chariot de foin, dit Élisabeth à Edwards, en passant près de lui, et faites partir les bœufs.

— C'est une inspiration du ciel! s'écria Edwards.

Natty et lui saisirent le majordome, le placèrent sur le foin, lui mirent en main l'aiguillon de bouvier, et les bœufs se mirent lentement en marche, tandis que les deux fugitifs, se glissant le long des murailles, parvinrent, à la faveur de l'obscurité, à gagner une ruelle qui conduisait derrière le village.

Cependant les cris redoublaient, les constables étaient déjà accourus au bruit; la fuite des deux prisonniers était connue, et plusieurs habitants étaient réunis près de la prison, les uns riant, les autres jurant. La voix de Kirby se faisait entendre par-dessus toutes les autres, et il criait qu'il ramènerait les fugitifs, Natty dans une poche et Benjamin dans l'autre. — Courez à la montagne, ajoutait-il, courez-y vite; s'ils peuvent une fois la gagner, vous ne les reverrez jamais.

Les deux jeunes compagnes doublèrent le pas pour échapper à cette scène de tumulte; et comme elles allaient entrer dans l'avenue de peupliers qui conduisait à la maison du juge, elles virent deux hommes qui marchaient derrière elles avec précaution, et vitesse; elles se retournèrent, et au même instant Bas-de-Cuir et Edwards se trouvèrent devant elles.

— Miss Temple, dit Edwards, je ne vous reverrai peut-être jamais; souffrez qu'avant de vous quitter, je vous remercie de toutes vos bontés pour un malheureux vieillard. Vous ne savez pas, vous ne pouvez savoir quels sont mes motifs...

— Fuyez! fuyez! dit Élisabeth; l'alarme est donnée, on court à la montagne; vous ne pouvez vous sauver de ce côté. Courez au bord du lac, prenez une barque de mon père, et il vous sera facile de descendre dans les bois à tel endroit qu'il vous plaira.

— Mais que dira M. Temple?

— J'en fais mon affaire; partez! partez!

Edwards lui dit à voix basse quelques mots qui ne furent entendus que d'elle seule, et il se détourna pour suivre son avis. Natty s'approcha d'elle: — Vous n'oublierez pas la poudre, miss Temple? Grenue et luisante, souvenez-vous-en; mes chiens vieillissent comme leur maître, et il me faut de bonnes munitions!

— Allons, Natty, allons, dit Edwards avec impatience.

— Je viens, je viens, répondit le vieux chasseur. Que le ciel vous bénisse tous deux, braves jeunes gens; qu'il vous récompense de tout ce que vous faites pour un pauvre vieillard!

Les deux amies s'arrêtèrent jusqu'à ce qu'elles les eussent perdus de vue; après quoi, entrant dans l'avenue, elles se trouvèrent bientôt chez M. Temple.

Pendant que cette scène se passait, Billy Kirby avait rencontré le chariot dont Benjamin était le phaéton. Ce chariot lui appartenait et il l'avait laissé dans un endroit où ses bœufs étaient accoutumés à l'attendre, à l'entrée du village, près du petit pont dont nous avons déjà parlé, tandis qu'il allait se désaltérer au Hardi Dragon. Il le reconnut aussitôt.

— Ho! ho! viens ici, Golden! cria-t-il; comment avez-vous quitté le pont où je vous avais laissés?

— Virez au cabestan! dit le majordome en allongeant au hasard un coup de lanière qui tomba sur les épaules du bûcheron.

— Ah! et qui diable êtes-vous? s'écria Kirby, à qui la surprise et l'obscurité ne permirent pas de reconnaître sur-le-champ l'intendant de M. Temple.

— Qui je suis? Je suis le pilote chargé de manœuvrer ce bâtiment, et ferme au gouvernail, je vous en réponds. Virez au cabestan, vous dis-je ; voulez-vous que je vous coule à fond?

— Ne levez pas la lanière une seconde fois, ou vos oreilles sentiront que je n'ai pas le poing léger. Où allez-vous avec mon attelage?

— Attelage!

— Oui, mes bœufs et mon chariot.

— Il faut que vous sachiez, monsieur Kirby, si vous êtes M. Kirby, que Bas-de-Cuir et moi, c'est-à-dire Ben-la-Pompe... Est-ce que vous ne connaissez pas Ben-la-Pompe? Eh bien! Ben-la-Pompe et moi.... Eh! non, non.... Diable! je ne sais comment vous conter cela. Le fait est que nous sommes frétés pour charger une cargaison de peaux de castors, et que j'ai mis en réquisition ce bâtiment de transport. Et je dois vous dire, maître Kirby, que vous n'entendez rien à manier la rame, pas plus qu'une femme n'entendrait le maniement d'une pique d'abordage, ou une vache celui d'un fusil.

Kirby avait reconnu dans quel état se trouvait le majordome. Il se contenta de marcher à côté de ses bœufs, sans lui parler davantage ; et Benjamin étant bientôt tombé endormi sur le foin, il prit l'aiguillon, et le conduisit dans un endroit de la forêt où il devait travailler à un nouveau défrichement au point du jour. Il n'eut d'autre rencontre que celle de quelques constables, aux questions desquels il répondit laconiquement.

Elisabeth passa une heure à sa fenêtre. Elle vit sur la rampe de la montagne briller les torches que portaient ceux qui étaient à la poursuite des fugitifs. Mais ils revinrent sans les avoir découverts, et le silence se rétablit dans le village.

CHAPITRE XXXVI.

> Et je pleurerais ; — ainsi commença ses lamentations le chef Oneyda ; — je pleurerais si je ne devais pas m'abstenir de mêler de timides larmes au chant de mort du fils de mon père.
> CAMPBELL. *Gertrude de Wioming.*

Le lendemain matin Elisabeth, accompagnée de Louise, se rendit dans la boutique de M. Le Quoi pour remplir la promesse qu'elle avait faite à Bas-de-Cuir. Plusieurs pratiques s'y trouvaient déjà ; mais le Français, toujours poli, laissa à son garçon de boutique le soin de les servir, et fit passer les deux jeunes amies dans son arrière-boutique.

— Vous avez donc appris quelque heureuse nouvelle, monsieur Le Quoi ? dit Elisabeth, après qu'il lui eut présenté un siége ainsi qu'à sa compagne ; vous avez l'air radieux ce matin.

— Ah ! miss Temple, s'écria le Français en frappant d'une main sur une lettre qu'il tenait de l'autre ; cette lettre ! cette lettre ! je ne l'ai reçue que ce matin. Elle me transporte de joie ! Ma chère France, je vous reverrai donc !

— Je me réjouis de tout ce qui peut vous causer de la satisfaction, monsieur Le Quoi ; mais j'espère que nous n'allons pas vous perdre.

— Ah ! miss Temple, si vous aviez été forcée à quitter un père, une mère, des parents, des amis, comme vous seriez joyeuse de pouvoir les rejoindre ! Mais écoutez, je vais vous lire cette lettre :

— *A monsieur, monsieur Le Quoi de Mersereau, à Templeton, New-York, États-Unis d'Amérique.* Elle vient de Paris. *Mon très-cher ami, je suis ravi d'avoir à vous mander....*

— Je crains, monsieur Le Quoi, que le peu que je sais de français ne me suffise pas pour bien comprendre cette lettre, dit Elisabeth qui fit réflexion que Louise ne connaissait cette langue que très-imparfaitement ; ne pourriez-vous pas nous en dire le contenu en anglais ?

— Oh ! sans doute, sans doute, répondit M. Le Quoi. Et il commença à donner, du mieux qu'il put, l'explication du motif qui le rendait si joyeux ; mais cette explication fut très-longue, car son anglais était souvent inintelligible et occasionnait une foule de méprises qu'il fallait éclaircir.

Le fait était que monsieur Le Quoi, de même que la plupart de ceux qui avaient quitté la France au commencement de la révolution, en était parti par frayeur plutôt que par nécessité, et s'était rendu à la Martinique où il possédait une assez belle habitation. Inscrit sur la liste des émigrés, et le séquestre ayant été mis sur son habitation, il s'était réfugié à New-York avec l'argent comptant dont il pouvait disposer, et grâce aux conseils et à la protection de M. Temple, il avait fait à Templeton d'assez bonnes affaires, comme nous l'avons déjà dit. La lettre qu'il venait de recevoir lui annonçait qu'il avait été rayé de la liste fatale ; que le séquestre apposé sur ses propriétés avait été levé, et qu'il pouvait, sans aucun risque, revenir en France ou retourner à la Martinique, comme bon lui semblerait.

Au milieu des démonstrations de sa joie, M. Le Quoi répéta pourtant bien des fois que l'idée de perdre la société de miss Temple lui était insupportable, et il ne la quitta qu'après lui avoir demandé et en avoir obtenu la promesse d'un entretien particulier dont l'époque fut convenue, demande qu'il fit d'un air grave, qui annonçait l'importance du sujet dont il voulait l'entretenir. Elisabeth fit alors l'acquisition qui était la cause de sa visite et traversa de nouveau la boutique, où les villageois qui s'y trouvaient, et parmi lesquels était Billy Kirby, une hache sur l'épaule et une cognée sous le bras, se rangèrent avec respect pour la laisser passer.

Elisabeth et Louise marchèrent en silence jusqu'à ce qu'elles fussent arrivées au pied de la montagne de la Vision, qui dominait le lac et le village, car c'était celle au bas de laquelle on voyait naguère la hutte de Bas-de-Cuir. Là miss Temple s'aperçut que sa compagne était pâle comme la mort, que ses forces semblaient l'abandonner, et que ses genoux fléchissaient sous elle.

— Qu'avez-vous donc, Louise ? lui demanda-t-elle. Vous trouvez-vous indisposée ?

— Non, répondit miss Grant ; mais la terreur m'enlève toute ma force. Jamais, non, jamais, je ne pourrai gravir, seule avec vous, une montagne sur laquelle nous avons couru un danger si horrible ; je me sens hors d'état d'aller plus loin.

Cette déclaration inattendue plongea Elisabeth dans un grand embarras. Elle n'avait aucune appréhension d'un danger qui n'existait plus ; mais une retenue naturelle à son âge et à son sexe la faisait hésiter à s'avancer plus loin absolument seule. Ses joues s'animèrent de vives couleurs pendant qu'elle s'arrêta pour faire quelques réflexions à la hâte. Le résultat de ces réflexions fut qu'elle se décida à continuer sa course.

— J'irai donc seule, répondit-elle. Je ne puis me fier qu'à vous, sans courir le risque de découvrir le pauvre Natty, et si je manque à la promesse que je lui ai faite, c'est le priver du seul moyen qu'il ait de pourvoir à sa subsistance. Mais du moins attendez-moi ici pour qu'on ne puisse pas dire que je me promène seule sur les montagnes ; vous ne voudriez pas donner lieu à des observations déplacées, si... si par hasard... Me promettez-vous de m'attendre, ma chère amie?

— Un an, s'il le faut, miss Temple, pourvu que ce soit en vue du village ; mais n'exigez pas que je vous suive sur cette montagne, je sens que cette entreprise est au-dessus de mes forces.

Elisabeth vit effectivement au sein haletant, à l'œil égaré et à tous les membres tremblants de Louise, qu'elle était hors d'état d'aller plus loin. Elle la plaça dans un endroit où elle devait être à l'abri des observations de ceux qui pouvaient passer sur la route, et d'où l'on apercevait le village et toute la vallée de Templeton ; et, lui ayant promis de la rejoindre le plus tôt possible, elle commença à gravir la montagne. Elle marchait d'un pas ferme et rapide, craignant de ne pas arriver à l'heure convenue, attendu le temps qu'elle avait passé à écouter l'histoire de M. Le Quoi. Elle était pourtant obligée de faire une pause par intervalles pour reprendre haleine, et elle examinait alors les changements survenus depuis peu dans la vallée. La longue sécheresse avait donné une teinte rembrunie à sa riche verdure, et elle n'offrait plus l'aspect riant et enchanteur des premiers jours d'été. Le ciel même semblait se ressentir de l'air desséché de la terre, car le soleil était obscurci par des vapeurs qu'on aurait prises pour un nuage de poussière, tant elles offraient peu d'apparence d'humidité. On n'apercevait l'azur du firmament que par moments, lorsque le vent séparait ces masses flottantes dans l'atmosphère, comme si la nature eût voulu rassembler toutes les ressources pour donner des secours à la terre altérée. L'air qu'on respirait était brûlant, et plus d'une fois Elisabeth s'arrêta haletante.

Au sommet de cette montagne, que le juge Temple avait nommée la Vision, était un petit plateau sur lequel on avait abattu tous les arbres qui le couvraient autrefois, afin d'avoir de ce point la vue du village, du lac et de la vallée. C'était là qu'Elisabeth avait compris que le vieux Bas-de-Cuir lui avait donné rendez-vous, et elle s'y rendit avec autant de célérité que purent le lui permettre les fragments de rochers, les arbres renversés, les broussailles, et tous les obstacles qu'on rencontre dans une forêt abandonnée pendant des siècles aux soins de la nature. Sa résolution triompha de toutes les difficultés, et sa montre, qu'elle consulta, l'assura qu'elle était arrivée au lieu désigné plusieurs minutes avant l'heure convenue.

Elle jeta les yeux de tous côtés autour d'elle pour chercher Natty; mais un instant suffit pour la convaincre qu'il n'était pas sur la petite plate-forme où l'on avait abattu les arbres. Pensant que la prudence pouvait l'avoir engagé à se cacher dans les environs, elle fit le tour de cette enceinte, regarda entre les arbres aussi loin que sa vue pouvait atteindre, mais elle ne l'aperçut pas. Enfin, persuadée qu'elle ne risquait rien en faisant entendre sa voix dans un lieu si solitaire, elle se détermina à l'appeler.

— Natty! Bas-de-Cuir! Natty Bumppo! s'écria-t-elle à plusieurs reprises, et dans toutes les directions; mais elle ne reçut de réponse que des échos de la forêt qui répétaient ses cris.

Tandis qu'elle appelait ainsi, elle entendit un bruit semblable à celui qu'on produirait en frappant fortement de la main contre la bouche en même temps qu'on précipiterait la sortie de son souffle, et qui semblait partir à quelque distance au-dessous d'elle. Elle ne douta pas que ce ne fût Natty qui voulût l'avertir ainsi de l'endroit où elle le trouverait, de crainte de se trahir en lui répondant différemment, et en conséquence elle se dirigea vers le lieu d'où le son était parti. Etant descendue à une centaine de pieds, elle se trouva sur une petite plate-forme formée par la nature, couverte d'un sol maigre, et où l'on ne voyait qu'un petit nombre d'arbres qui croissaient dans les fentes du rocher. Elle s'était avancée jusqu'au bord de cette espèce de terrasse, et regardait avec effroi le précipice que le terrain dominait de ce côté, quand un bruit qu'elle entendit dans les feuilles sèches lui fit tourner les yeux dans une autre direction. L'objet qu'elle aperçut alors lui causa certainement un tressaillement involontaire ; mais ce n'était pas de frayeur, car elle s'avança sur-le-champ vers lui.

Le vieux Mohican était assis sur le tronc d'un gros chêne, qui n'avait point été abattu par la main des hommes, et ses yeux étaient fixés sur elle avec une expression de fierté sauvage qui aurait effrayé une femme moins résolue, et qui l'aurait moins bien connu. Sa couverture, plissée autour de sa ceinture, laissait apercevoir ses bras et toute la partie supérieure de son corps. Le médaillon de Washington était suspendu sur sa poitrine, et c'était un bijou qu'Elisabeth savait qu'il ne portait que dans les grandes occasions. Ses longs cheveux noirs, aplatis sur sa tête, laissaient à découvert son front et ses yeux, qu'ils ombrageaient ordinairement. Dans les énormes incisions faites à ses oreilles étaient passés divers ornements d'argent, mêlés de grains de verre, suivant le goût et l'usage des Indiens. Un autre ornement du même genre était suspendu au cartilage de son nez. Son front ridé était traversé par des raies rouges, qui descendaient sur ses joues en décrivant différentes lignes au gré de son caprice ou de l'usage de sa nation. Son corps était peint de la même manière. En un mot, tout annonçait en lui le guerrier indien préparé pour quelque événement d'une importance plus qu'ordinaire.

— C'est vous, John, dit Elisabeth en s'approchant de lui ; comment vous portez-vous, Mohican ? Il y a longtemps qu'on ne vous a vu dans le village. Vous m'aviez promis un panier de branches d'osier, et il y a un mois que je vous ai fait une chemise de calicot.

L'Indien la regarda quelques instants sans lui répondre, et lui dit ensuite d'un son de voix creux et guttural :

— La main de John ne peut plus faire de paniers. Il n'a plus besoin de chemises.

— Mais s'il en avait besoin, il sait où il pourrait en trouver. En vérité, vieux John, je vous regarde comme ayant un droit naturel à nous demander tout ce qui peut vous être nécessaire.

— Ma fille, écoutez mes paroles. Six fois dix étés se sont passés depuis que John est arrivé au printemps de sa vie. Il était alors grand comme un pin, droit comme la ligne que trace la balle d'Œil-de-Faucon, fort comme le buffle, agile comme le chatpard des montagnes, et vaillant comme le jeune aigle. Si sa nation avait à poursuivre les Maquas pendant plusieurs soleils, l'œil de Chingachgook savait découvrir leurs traces. Nul guerrier ne rapportait du combat un plus grand nombre de chevelures. Si les femmes pleuraient parce qu'elles n'avaient rien à donner à leurs enfants, il était le premier à la chasse, et sa balle courait plus vite que le daim le plus léger. Il ne songeait pas alors à faire des paniers.

— Les temps sont changés, John ; au lieu de combattre vos ennemis, vous avez appris à craindre Dieu et à vivre en paix avec les hommes.

— Voyez ce lac, ma fille, voyez ces montagnes et cette vallée ; John était encore jeune quand le grand conseil de sa nation donna au Mangeur-de-Feu ce pays et tout ce qu'il contenait depuis la montagne dont vous voyez la tête bleue dans le lointain, jusqu'à l'endroit où vous cessez d'apercevoir la Susquehanna. Pas un Delaware n'aurait tué un daim dans ses bois, ni un oiseau volant au-dessus de ses terres, ni un poisson nageant dans ses eaux, car ils lui avaient donné tout cela parce qu'ils l'aimaient, qu'il était fort et qu'il les avait protégés. John était encore jeune quand il vit des hommes blancs passer la grande eau pour venir attaquer leurs frères à Albany. Craignaient-ils Dieu quand ils rougissaient leurs tomahawks du sang de leurs frères ? Craignaient-ils Dieu ceux qui prirent au Mangeur-de-Feu tout ce que nous lui avions donné, et qui l'en privèrent lui, son enfant et l'enfant de son enfant ? Vivaient-ils en paix avec les hommes ?

— Tels sont les usages des blancs, John ; et les Delawares n'en font-ils pas autant ? Ne combattent-ils pas d'autres tribus indiennes ? N'échangent-ils pas leurs terres pour de la poudre, des couvertures et d'autres marchandises ?

— Où sont les couvertures et les marchandises qui ont acheté les droits du Mangeur-de-Feu ? Les a-t-il emportées dans son wigwam ? Lui a-t-on dit : — Frère, donne-nous tes terres, et prends cet argent, ces couvertures, ce rhum, ces fusils ? Non. Ils lui ont arraché toutes ses possessions, comme on arrache la chevelure à un ennemi vaincu, et ils ne se sont pas même retournés pour voir s'il vivait encore, ou s'il était mort. Vivaient-ils en paix, craignaient-ils Dieu ceux qui ont agi ainsi ?

— Je comprends à peine ce que vous voulez dire, Mohican.

Vous ne connaissez assez ni nos lois ni nos mœurs pour pouvoir nous juger. Est-ce mon père que vous accusez d'injustice?

— Non. Le frère de Miquon est bon; je l'ai dit à Œil-de-Faucon, je l'ai dit au jeune Aigle; il fera ce qui est juste.

— Qui appelez-vous le jeune Aigle? demanda Elisabeth en baissant les yeux. Qui est-il? d'où vient-il?

— Ma fille a-t-elle vécu si long-temps avec lui pour me faire cette question? La vieillesse glace le sang, comme la gelée durcit les eaux du lac en hiver; mais la jeunesse échauffe le cœur comme les rayons du soleil animent la nature au printemps. Le jeune Aigle a des yeux, n'a-t-il pas de langue?

— Du moins il n'en a pas pour m'apprendre ses secrets, répondit Elisabeth, moitié en souriant, moitié en rougissant; il est trop Delaware pour confier ses pensées à une femme.

— Ma fille, le Grand-Esprit a donné une peau blanche à votre père et une peau rouge au mien, mais il a donné la même couleur à leur sang. Dans la jeunesse, il est ardent et impétueux; dans la vieillesse, il est froid et tranquille. Quelle différence y a-t-il donc sous la peau? Aucune. John eut une femme autrefois; elle fut mère de ce nombre de fils; et il leva en l'air trois doigts de sa main droite. Elle eut aussi des filles qui auraient rendu heureux de jeunes guerriers delawares. Elle était bonne, ma fille, car elle faisait ce que je lui commandais; vous avez des usages différents des nôtres; mais croyez-vous que John n'aimait pas la femme de sa jeunesse, la mère de ses enfants?

— Et qu'est devenue votre famille, John? demanda Elisabeth, vivement émue par l'air de mélancolie du vieux chef.

— Qu'est devenue la glace qui couvrait ce lac l'hiver dernier? Elle s'est fondue et s'est mêlée avec l'eau. John a assez vécu pour voir toute sa famille partir pour le pays des Esprits; mais son heure est arrivée, et il est prêt.

Mohican baissa la tête sur sa poitrine, en la cachant dans sa couverture, et garda le silence. Miss Temple ne savait plus que lui dire. Elle désirait détourner les idées du vieux guerrier des sombres réflexions auxquelles il se livrait, mais elle trouvait dans le chagrin et dans le courage de l'Indien un air de dignité qui lui imposait.

Après une pause de quelques instants, elle renoua pourtant la conversation.

— Où est Bas-de-Cuir, John? lui demanda-t-elle. Il m'a priée de lui apporter ici cette corne à poudre, mais je ne le vois nulle part. Pouvez-vous vous charger de la lui remettre?

Mohican leva la tête lentement, avança la main pour recevoir la corne, et y arrêta ses yeux avec un air d'intérêt pénible.

— Voilà le grand ennemi de ma nation, dit-il; sans cela, comment les blancs auraient-ils pu chasser devant eux les Delawares? Ma fille, le Grand-Esprit a appris à vos pères à faire de la poudre et des fusils, pour qu'ils pussent détruire les Indiens sur la surface de la terre. Bientôt il n'y aura plus de Peau-Rouge dans ce pays. John est le dernier de sa race, et quand il sera parti, elle aura disparu de ces montagnes.

Le vieux chef pencha son corps en avant, et appuyant le coude sur son genou, il sembla faire ses derniers adieux à la vallée, où tous les objets étaient encore distincts, quoique l'air semblât s'épaissir davantage à chaque instant, et que miss Temple crût s'apercevoir qu'elle avait plus de difficulté à respirer. L'œil de Mohican changea d'expression peu à peu, et perdit celle de la tristesse pour prendre un air égaré, qui le faisait presque ressembler à un prophète dans un moment d'inspiration.

— Mais il va rejoindre ses pères dans le pays des Esprits, continua-t-il; le gibier y sera aussi abondant que le poisson l'est dans les lacs. Nulle femme ne se plaindra de manquer de nourriture. Aucun Mingo n'y viendra jamais. On y chassera pour les enfants, et les Peaux-Rouges y vivront en frères.

— Ce n'est pas là le ciel d'un chrétien, John, s'écria Elisabeth; vous retombez dans les superstitions de vos ancêtres.

— Pères, enfants, ajouta Mohican, tout est parti, tout. Je n'ai d'autre fils que le jeune Aigle, et c'est le sang d'un homme blanc.

— Dites-moi, John, dit miss Temple, voulant faire diversion aux idées du vieillard, et cédant peut-être à l'impulsion secrète de son propre cœur, qui est ce M. Edwards? Pourquoi avez-vous tant d'affection pour lui? Quelle est sa famille?

L'Indien tressaillit à cette question, qui reporta ses pensées vers la terre... Prenant la main de miss Temple, il la fit asseoir près de lui, et étendant les bras du côté du nord : — Voyez, ma fille, lui dit-il, tout ce que vous apercevez de ce côté, aussi loin que votre vue peut s'étendre, appartenait à son...

Mais, tandis qu'il parlait ainsi, un nuage de fumée passa sur sa tête et celle de miss Temple, se répandit de tous côtés en épais tourbillons, et forma un rideau qui leur déroba la vue des objets qu'ils contemplaient. Miss Temple effrayée se leva avec précipitation, et, levant les yeux vers le sommet de la montagne, elle le vit couvert d'un semblable nuage, tandis qu'on entendait dans le lointain un bruit semblable à celui d'un ouragan furieux.

— Que veut dire ceci, John? s'écria-t-elle; nous sommes environnés de fumée, et je sens une chaleur comme celle d'une fournaise.

Avant que le vieux chef eût pu répondre, une voix, dont les accents annonçaient une inquiétude pénible, se fit entendre dans le bois.

— John! où êtes-vous? Mohican! la forêt est en feu! hâtez-vous de vous sauver, vous n'avez qu'un instant!

Le vieux chef enfla ses joues, leva la main devant sa bouche, et en frappant ses lèvres produisit le même bruit qui avait attiré l'attention d'Elisabeth. Au même instant on entendit courir avec précipitation dans les broussailles, et presque aussitôt Edwards arriva, la terreur peinte sur tous les traits de son visage.

CHAPITRE XXXVII.

<blockquote>
L'amour règne à la cour, dans les camps, dans le bocage.
Sir Walter Scott. <i>Le Lai du dernier Ménestrel.</i>
</blockquote>

— Je ne me serais jamais consolé de vous perdre d'une telle manière, mon vieil ami, s'écria Edwards hors d'haleine en arrivant près de Mohican. Levez-vous bien vite, et partons. Les flammes entourent la base de ce rocher, et si nous attendons qu'elles aient pris plus d'activité, la retraite nous deviendra impossible.

John étendit la main du côté d'Elisabeth, qui, éperdue et hors d'elle-même, s'était mise un peu à l'écart en entendant la voix d'Edwards.

— Sauvez-la, dit-il d'un ton plus animé, et ne songez pas à Chingachgook; il faut qu'il meure.

Edwards tourna la tête du côté que lui indiquait le geste de Mohican ; mais, quand il vit Elisabeth dans une attitude qui annonçait toute sa terreur, il fut frappé d'un tel saisissement, qu'il en perdit un instant l'usage de la parole.

— Miss Temple ! s'écria-t-il enfin ; vous ici ! Une telle mort vous est-elle réservée ?

— Ne pouvons-nous donc y échapper, monsieur Edwards ? répondit-elle en cherchant à reprendre un peu de calme. Je vois beaucoup de fumée, mais je n'aperçois pas encore de flamme. Nous trouverons sans doute quelques moyens de fuir.

— Prenez mon bras, s'écria Edwards, je vous ai peut-être alarmée mal à propos. Peut-être pourrons-nous encore passer par l'endroit par où je suis venu. Mais partons, nous n'avons pas un instant à perdre.

— Mais abandonnerons-nous ce vieil Indien ? Faut-il qu'il meure ici, comme il le dit ?

Une émotion pénible se peignit dans les regards d'Edwards. Il s'approcha de Mohican, et le prit par le bras pour le faire lever ; mais le vieux chef le repoussa sans lui parler, et lui fit signe qu'il voulait rester où il était.

— Ne pensez plus à lui, dit-il à sa jeune compagne qu'il entraînait presque malgré elle en marchant à pas précipités vers l'endroit par où il était arrivé ; il est accoutumé aux bois ; il connaît la montagne ; il a déjà vu de pareils accidents ; il se sauvera, ou peut-être est-il en sûreté où il se trouve.

Il parlait ainsi d'un air si distrait, si agité, que la terreur de miss Temple augmenta. — Edwards, s'écria-t-elle, vos regards et vos discours m'effraient. Faites-moi connaître le danger. Est-il plus grand qu'il ne le paraît. Parlez, j'ai le courage de tout supporter.

Ils marchaient toujours en parlant ainsi, et pour la première fois Elisabeth vit la flamme à quelque distance.

— Si nous pouvons atteindre cette pointe de rocher avant que le feu nous en coupe le chemin, nous sommes sauvés, répondit Edwards d'une voix plus agitée que jamais ; mais pressons-nous, miss Temple, il y va de la vie.

Nous avons déjà dit que l'endroit où Elisabeth avait trouvé le vieil Indien était une de ces plates-formes de rochers formant une sorte de terrasse, dont on rencontre un grand nombre dans les montagnes de ce pays, et dont le devant était taillé en ligne perpendiculaire. Sa forme était celle d'un arc tendu dont les deux bouts se joignaient à la montagne par une pente beaucoup moins escarpée. C'était par une de ces extrémités qu'Edwards était arrivé, et c'était vers ce même lieu qu'il entraînait Elisabeth avec une vitesse proportionnée à l'urgence du danger.

Des nuages d'une fumée blanchâtre avaient caché jusqu'alors les progrès de la flamme dévorante; mais le pétillement de ce terrible incendie se faisait entendre de plus en plus, et lorsqu'ils furent parvenus au bout de la plate-forme, ils virent des jets de feu tantôt s'élancer dans les airs, tantôt redescendre vers la terre, et se nourrir de tout ce qui pouvait alimenter leur fureur. Ce spectacle effrayant fit qu'ils redoublèrent d'efforts pour gagner le point où ils devaient être en sûreté. Il n'existait, pour s'y rendre, qu'un étroit passage que le feu avait encore respecté; malheureusement il s'y trouvait un amas de broussailles sèches, qui, s'enflammant à l'instant où ils y arrivaient, enveloppa dans l'incendie tous les arbres des environs, et opposa à leur marche une masse de feu dont la chaleur les força à reculer. Ils remontèrent rapidement jusqu'au bord de la plate-forme, et s'y arrêtèrent un moment, en regardant avec effroi les flammes qui s'étendaient rapidement sur les flancs de la montagne entourée d'une nappe de feu.

C'était sur cette montagne que les habitants avaient coutume de venir abattre les arbres dont ils avaient besoin pour leurs constructions. Ils n'en emportaient que les troncs, et laissaient sur la place toutes les branches. Ces matériaux, desséchés par le temps et échauffés par le soleil, s'embrasaient à la moindre étincelle qui les touchait, et l'on aurait même dit quelquefois qu'ils s'enflammaient spontanément.

Ce spectacle était aussi beau que terrible, et ils regardèrent un instant les progrès de cette désolation avec un intérêt mêlé d'horreur. Mais Edwards songea bientôt à faire de nouveaux efforts pour échapper au danger; et, entraînant sa jeune compagne, il tenta de pénétrer dans le bois par divers autres côtés, bravant une épaisse fumée qui leur permettait à peine de respirer, et toujours repoussés par les flammes.

Ils décrivirent ainsi un demi-cercle autour de la plate-forme, et se retrouvèrent à l'endroit où elle se terminait par une descente perpendiculaire. L'horrible conviction qu'ils étaient complètement entourés par l'incendie se présenta alors à leur esprit. Tant qu'ils avaient été occupés à chercher un passage, l'espérance avait soutenu Elisabeth; mais quand la retraite parut absolument impossible, l'horreur de leur situation la frappa tout à coup, comme si elle n'avait pas compris jusqu'alors toute l'étendue du danger.

—Cette montagne est destinée à m'être fatale, dit-elle d'une voix entrecoupée par la terreur; nous y trouverons notre tombeau.

— Ne perdez pas courage, miss Temple; nous ne sommes pas encore privés de tout espoir, dit Edwards, dont l'air consterné démentait les paroles. Examinons ce côté de rocher, nous y trouverons peut-être un endroit par où il nous sera possible de descendre.

Ils parcoururent ce dernier côté; mais partout le roc taillé à pic présentait une surface unie où l'on n'aurait pas même trouvé une aspérité pour y appuyer le pied. Edwards reconnut bientôt que la descente était impossible, et ce fut avec désespoir qu'il se mit à chercher quelque autre expédient.

— Notre dernière, notre unique ressource, miss Temple, lui dit-il d'une voix altérée, serait de trouver un moyen pour vous descendre au bas de ce rocher. Mais comment y parvenir? Si Natty était ici, si l'on pouvait tirer ce vieil Indien de son état de stupeur, leur esprit est fécond en expédients; ils en trouveraient peut-être quelqu'un; mais en ce moment je ne suis qu'un enfant, je n'en découvre aucun, je n'imagine rien. Cependant, oui, il faut l'essayer, il faut tout tenter pour vous arracher à un pareil trépas.

— Mais ne songez pas à moi seule, Edwards, dit Élisabeth; pensez aussi à votre sûreté, à celle de Mohican.

Il ne l'entendit pas, car il était déjà près du vieil Indien. Il lui demanda sa couverture, que John lui donna sans lui faire une question et sans bouger de l'endroit où il était assis, quoique ce fût le lieu le plus dangereux de toute la plate-forme, attendu que c'en était la partie la plus couverte d'arbres. Il déchira la couverture en bandes, mit en pièces son habit et son gilet, attacha tous ces fragments les uns aux autres, y ajouta le châle d'Elisabeth, jeta cette espèce de corde dans le précipice en tenant un bout dans sa main, et vit avec désespoir qu'elle était loin d'atteindre à la moitié de la profondeur.

— Tout est dit, s'écria Elisabeth ; plus d'espoir ! nous n'avons plus qu'à mourir. Les flammes approchent lentement, mais elles approchent. Voyez, elles semblent consumer jusqu'à la terre.

Si les flammes s'étaient répandues sur ce rocher aussi rapidement qu'elles s'élançaient d'arbre en arbre sur les autres parties de la montagne, cette relation pénible aurait été moins longue, et nous aurions déjà eu à rapporter la fin tragique de deux victimes qui souffraient doublement par l'intérêt qu'elles s'inspiraient l'une à l'autre. Mais le génie du feu trouvait de ce côté des obstacles qu'il ne pouvait vaincre qu'avec le temps, et cette circonstance procura à Elisabeth et à son compagnon un répit qu'ils employèrent à faire les diverses tentatives que nous venons de rapporter.

La croûte mince de mauvaise terre qui couvrait la plate-forme ne produisait que quelques herbes qui ne tardaient pas à se flétrir et à se dessécher faute de séve. Une partie des pins, des chênes et des érables qui avaient crû dans les fentes du rocher étaient morts depuis des années, et la plupart des autres annonçaient, par leurs branches noires et arides et par le peu de feuilles dont ils étaient revêtus, qu'ils ne tarderaient pas à partager le même sort. Les flammes n'auraient pu trouver de meilleur aliment, si elles avaient pu y atteindre par une communication facile ; mais le terrain n'était pas couvert de ces branches mortes, de ces feuilles sèches et de ces broussailles qui conduisaient l'élément destructeur avec la rapidité d'un torrent dans tout le reste de la forêt. Indépendamment de cette circonstance, une de ces sources fécondes dont le nombre est si considérable dans les montagnes de l'Otségo sortait du flanc de ce rocher, coulait en nappe sur la mousse qui le tapissait, et formait un ruisseau qui, après en avoir fait le tour à peu de distance de sa base, allait se jeter dans le lac, non par des cascades successives, mais par des canaux souterrains, et en reparaissant à la surface de la terre de distance en distance. Pendant la saison des pluies, il formait presque un torrent et débordait sur ses rives ; mais pendant la sécheresse, on ne le reconnaissait que par l'humidité et les marécages qui annonçaient la proximité de l'eau. Lorsque le feu eut atteint cette barrière, il fut forcé de suspendre ses ravages, jusqu'à ce que la concentration de la chaleur qu'il produisait pût en triompher.

Ce moment fatal semblait enfin arrivé. La chaleur avait tari le ruisseau et la source; elle desséchait la mousse qui en garnissait les environs, et détachait du tronc des arbres morts les fragments d'écorce qui y restaient encore. Miss Temple, placée au bout de la terrasse, sur le bord du précipice, voyant s'approcher un ennemi irrésistible, croyait déjà voir s'enflammer l'herbe et les arbres qui étaient près d'elle. Il y avait des moments où le vent poussait de noirs nuages de fumée sur la plate-forme ; et dans cette obscurité croissante, le pétillement des flammes et le bruit de la chute des arbres, répétés par tous les échos, n'en paraissaient que plus effrayants. Des trois individus exposés à ce danger, Edwards paraissait le plus agité. Elisabeth, ayant perdu tout espoir, était arrivée à cet état de résignation qui est souvent l'apanage du sexe le plus faible, quand il s'agit de braver des maux inévitables. Mohican, qui était le plus voisin du danger, l'attendait avec le maintien calme d'un guerrier indien. Deux ou trois fois ses yeux, qui étaient généralement fixés sur les montagnes qu'on apercevait dans le lointain, se tournèrent avec une expression de pitié sur le jeune couple qui paraissait voué à une mort cruelle et prématurée; mais ses regards reprenaient ensuite la même direction, comme s'ils eussent voulu percer dans la nuit de l'avenir. Pendant ce temps il chantait à voix basse dans la langue des Délawares, avec le ton creux et guttural habituel à cette nation.

—Monsieur Edwards, dit Elisabeth, dans un pareil moment toutes distinctions cessent; persuadez à John de venir près de nous; nous mourrons tous trois ensemble.

—Impossible, répondit Edwards! je le connais, il ne bougera pas. Il est vieux; il s'est senti affaiblir depuis quelque temps, et il regarde ce moment comme le plus heureux de sa vie. Ah! miss Temple, si quelque chose peut réconcilier avec la mort, c'est d'avoir à la subir avec vous.

—Ne parlez pas ainsi, Edwards, s'écria Elisabeth; notre cœur en ce moment doit être mort à toute émotion terrestre. Nous mourrons, oui, nous mourrons; c'est la volonté de Dieu, et nous devons nous résigner en enfants soumis.

—Mourir! s'écria Edwards en poussant un cri qui semblait l'accent du désespoir; non, vous ne mourrez pas! non, tout espoir n'est pas encore perdu!

—Et comment échapper à la mort? demanda Elisabeth en lui

montrant d'un air calme le feu qui commençait à gagner du terrain. Voyez! la flamme a surmonté la barrière que lui opposait le terrain humide. Sa marche est lente, mais elle n'en est pas moins sûre. Ah! cet arbre! voyez cet arbre! Le voilà enflammé!

Elle ne disait que trop vrai. La chaleur avait enfin triomphé de l'humidité; l'incendie se communiquait peu à peu à la mousse à demi desséchée, et un pin mort, qui se trouvait à l'autre extrémité de la plate-forme, touché par un tourbillon de flammes poussées par le vent, prit feu en un instant avec une rapidité presque magique. L'incendie gagna d'arbre en arbre, quoique plus lentement que dans la forêt, parce qu'ils étaient plus éloignés les uns des autres, et il consuma même les branches du chêne renversé sur le tronc duquel Mohican était assis. Le vieux chef dut souffrir de la chaleur, mais son courage l'élevait au-dessus des souffrances; il ne changea ni de position ni de visage, et on l'entendait encore chanter dans ce moment plein d'horreur. Elisabeth, qui avait souvent les yeux fixés sur lui, ne put supporter ce spectacle, et en détourna ses regards pour les porter vers la vallée. Le vent avait poussé d'un autre côté les tourbillons de fumée, et l'on apercevait distinctement le village et tous les environs.

— Mon père! mon père! s'écria Elisabeth. Ah! le ciel aurait pu m'épargner ce surcroît de douleur! mais je me soumets à sa volonté.

La distance n'était pas assez grande pour qu'on ne pût distinguer le juge Temple, entre sa maison et le lac, regardant la montagne embrasée, et ne regrettant sans doute que la perte des arbres, sans se douter du danger que courait sa fille chérie. Cette vue était encore plus pénible pour Elisabeth que celle de l'incendie qui continuait à s'approcher d'elle pas à pas, et elle se retourna vers la montagne en tenant ses beaux yeux élevés vers le ciel.

— Que n'ai-je la moitié de votre résignation, miss Temple! s'écria Edwards d'une voix étouffée par le désespoir.

— La mort est inévitable, Edwards, répondit-elle; tâchons donc de mourir en chrétiens. Mais il n'est pas sûr que vous deviez mourir. Votre costume doit vous faire espérer d'échapper aux flammes plus facilement que le mien ne me le permettrait. Faites encore une tentative; laissez-moi, fuyez! Vous verrez mon père; dites-lui tout ce qui pourra contribuer à le consoler. Dites-lui que je meurs heureuse et tranquille; que je vais rejoindre une mère chérie; que les heures de cette vie ne sont rien dans la balance de l'éternité; que nous nous reverrons un jour. Dites-lui, ajouta-t-elle en baissant la voix, comme si elle se fût reproché une faiblesse qui l'attachait encore aux choses de la terre, dites-lui combien il m'était cher, combien je l'aimais. Ah! ma tendresse pour lui était trop voisine de l'amour qu'on doit à Dieu.

— Et c'est à moi que vous ordonnez de vous quitter, miss Temple! s'écria Edwards. Vous quitter quand vous êtes peut-être sur le bord du tombeau! Que vous m'avez mal connu! Le désespoir m'avait entraîné dans les bois, mais vous avez dompté le lion qui rugissait dans mon cœur. J'ai passé mon temps dans une situation dégradante¹, mais vous m'avez souvent rendu la vie moins amère par le charme de votre présence. J'ai oublié ce que je devais à mon nom et à ma famille, parce qu'après vous avoir vue je n'avais plus que vous présente à mon souvenir; j'ai oublié les injustices dont je suis victime, parce que vous m'avez enseigné la charité. Non, chère Elisabeth, je puis mourir avec vous, mais je ne vous abandonnerai pas.

Elisabeth ne répondit rien. Toutes ses pensées jusqu'alors s'étaient dirigées vers le ciel. Les regrets que lui avait inspirés l'idée d'être probablement, avant peu d'heures, séparée d'un père chéri, avaient été adoucis par un sentiment de religion qui l'élevait au-dessus de la terre, au-dessus de la faiblesse de son sexe. Mais elle redevint femme en entendant ces paroles; le sang revint animer ses joues, qui avaient déjà, par anticipation, la pâleur de la mort, et leur rendit la fraîcheur de la beauté. Elle luttait contre le sentiment qu'elle éprouvait, et cherchait à ramener son cœur à la contemplation des choses célestes, quand une voix humaine, une voix perçante, se fit entendre à peu de distance.

— Miss Bessy! où êtes-vous, miss Bessy? Réjouissez le cœur d'un vieillard, si vous appartenez encore à ce monde!

— Ecoutez! dit Elisabeth; c'est Bas-de-Cuir; il me cherche.

— C'est Natty! s'écria Edwards en même temps; tout espoir n'est pas perdu!

Une flamme éclatante brilla un instant à leurs yeux, et fut suivie d'une forte explosion.

---

1. Il y a dans le texte *dégradation*; mais Edwards veut seulement faire allusion à l'espèce de domesticité à laquelle il s'est soumis chez le juge Temple.

— C'est la poire à poudre! s'écria la même voix qui paraissait encore plus proche; la pauvre enfant est perdue.

Au même instant Natty arriva sur la plate-forme, du côté du ruisseau desséché, sans bonnet, les cheveux à demi brûlés, sa chemise noircie et le front couvert de sueur, par suite de la chaleur à laquelle il avait été exposé et de la vitesse avec laquelle il avait couru.

CHAPITRE XXXVIII.

> De la terre des ombres, l'ombre imposante de mon père m'apparaît.
>
> CAMPBELL. *Gertrude.*

Miss Grant resta environ une heure dans l'endroit où Elisabeth l'avait laissée. Elle passa tout ce temps dans l'inquiétude, son imagination lui retraçant tous les dangers que pouvait courir son amie dans la forêt, excepté celui qui la menaçait véritablement. Le ciel s'était couvert par degrés de nuages de fumée qui se répandaient sur la vallée; Louise ne rêvait encore qu'arbres tombants et animaux féroces, sans songer à la véritable cause d'appréhension qu'elle pouvait avoir. Elle était placée derrière la première rangée de pins et de châtaigniers de la forêt, du côté opposé à celui où le feu avait commencé, et à très-peu de distance du chemin de Templeton. De là elle avait sous les yeux le lac, la vallée, le village, la route qui y conduisait, et cette vue seule lui rendait supportable la frayeur qu'elle éprouvait. Enfin elle vit M. Temple et plusieurs habitants du village s'avancer vers le lac, les yeux fixés vers le haut de la montagne au pied de laquelle elle se trouvait, et paraissant être en conversation animée. Ce spectacle la surprit et lui causa de nouvelles alarmes; elle ne pouvait se décider ni à s'en aller sans son amie, ni à rester plus longtemps en proie à une terreur vague, dans ce lieu solitaire. Tout à coup elle entendit près d'elle dans les broussailles un bruit semblable à celui des pas d'un homme qui marche avec précaution, et elle allait prendre la fuite, quand Bas-de-Cuir se montra à elle.

— Je suis bien aise de vous avoir rencontrée, miss Louise, lui dit-il, car l'autre côté de la montagne est en feu, et il serait dangereux d'y monter à présent, avant que le bois mort et les broussailles soient consumés. J'ai trouvé là-bas un fou qui creuse la terre pour y trouver de l'argent, le camarade de ce reptile qui m'a mis dans l'embarras ; je l'ai averti du danger qu'il courait ; mais c'est un entêté, il n'a pas voulu m'écouter ; et s'il n'est pas brûlé et enterré dans sa fosse, il faut qu'il ait le sang d'une salamandre. Mais qu'avez-vous donc, miss Louise ? on dirait que vous voyez encore des panthères. Je voudrais bien en rencontrer quelques-unes ; elles me feraient ma somme plus vite que des castors. Mais où est la bonne fille d'un mauvais père ? où est miss Bessy ? a-t-elle oublié la promesse qu'elle a faite à un vieillard ?

— Sur la montagne ! dit Louise en tremblant de tous ses membres ; elle vous cherche sur la montagne pour vous remettre la poudre.

— Sur la Vision ! s'écria Natty en jetant un coup d'œil sur la cime de la montagne ; que le ciel la protège ! les flammes y sont déjà ! Ma chère enfant, si vous aimez cette bonne fille, si vous désirez trouver une amie quand vous en aurez besoin, courez au village et donnez-y l'alarme. Ils sont accoutumés à combattre le feu dans leurs défrichements, et il peut y avoir encore de la ressource. Mais courez, courez, ne vous arrêtez pas même pour respirer.

A ces mots il s'enfonça dans les broussailles, ôta son habit de peau de daim, le mit sur son bras et commença à gravir la montagne avec une rapidité surprenante dans un vieillard, et qu'on ne pouvait attendre que d'un homme accoutumé à une pareille fatigue.

— Je vous ai donc trouvée ! s'écria-t-il en arrivant près d'elle. Dieu soit béni ! Mais suivez-moi ; ce n'est pas le moment de causer.

— Mais ma robe ? dit Élisabeth ; une étincelle suffira pour y mettre le feu.

— Ne craignez rien, dit Natty, je vais y pourvoir. Et lui passant les bras dans son habit de peau de daim, il le serra autour d'elle avec une courroie, de manière à couvrir entièrement sa robe légère de mousseline blanche.

— Maintenant suivez-moi bien vite, ajouta-t-il ; il y va de la vie ou de la mort pour nous tous.

— Et Mohican! dit Edwards, laisserons-nous périr ici notre vieil ami?

Les yeux de Natty, suivant la direction du bras d'Edwards, virent alors le vieux chef, qui était toujours assis à la même place, quoique la mousse brûlât jusque sous ses pieds. Il courut à lui, et lui cria dans sa langue naturelle :

— Debout, Chingachgook, debout! Voulez-vous rester ici pour y être rôti comme un Mingo attaché au poteau? Les frères Moraves ont dû vous donner de meilleures leçons. Dieu me pardonne, il faut que la poudre ait pris feu près de lui; il a la peau du dos toute grillée!

— Et pourquoi Mohican se lèverait-il? répondit l'Indien d'un air sombre. Il a eu l'œil d'un aigle, et sa vue est devenue trouble. Il regarde la vallée, le lac, les montagnes, et il n'y voit pas un Delaware, il n'y aperçoit que des peaux blanches. Ses pères l'appellent du pays des Esprits. Sa femme et ses enfants lui crient. — *Viens!* Toute sa tribu l'attend. Le Grand-Esprit lui fait signe d'approcher. Non, le temps est venu; Chingachgook va mourir.

— Vous oubliez donc votre ami! s'écria Edwards.

— C'est perdre son temps que de parler à un Indien qui s'est mis dans la tête de mourir, dit Natty; et, prenant les bandes de la couverture, il s'en servit avec beaucoup de dextérité pour attacher sur ses épaules le vieux chef qui ne fit aucune résistance. Se mettant alors en marche avec une agilité qui semblait défier son âge, et malgré le fardeau dont il était chargé, il se dirigea vers le point par où il était venu. Ils n'y étaient pas encore arrivés, quand un grand pin mort, qui brûlait depuis quelque temps, tomba sur l'endroit qu'ils venaient de quitter, et le couvrit de charbons ardents, de cendres et de fumée.

— Cherchez toujours le terrain le plus mou, dit Bas-de-Cuir à ses compagnons, et tenez-vous dans la fumée blanche. Et vous, monsieur Olivier, veillez bien sur elle, et prenez garde que l'habit de peau de daim ne s'entr'ouvre. C'est un joyau précieux, et je vous dis que vous auriez de la peine à en trouver un semblable.

Edwards et Elisabeth marchaient sur les pas du vieux chasseur et se conformaient à toutes ses instructions. Le chemin que Natty avait choisi était le lit desséché du ruisseau dont nous avons parlé, et dont il suivait avec soin toutes les sinuosités. Là ils n'avaient pas à craindre ces broussailles embrasées qui brûlaient dans toute la forêt, mais leurs pas étaient souvent arrêtés par des troncs d'arbres tombés et encore enflammés. Un homme connaissant parfaitement cette forêt pouvait seul diriger une pareille marche, à travers une fumée qui rendait presque inutile le secours des yeux, et qui était assez épaisse pour gêner la respiration. Le sang-froid et la dextérité de Natty surmontèrent tous les obstacles, et après un quart d'heure de marche pénible, le vieux chasseur et miss Temple arrivèrent sur une autre terrasse formée par un rocher aride sur lequel il n'existait aucun arbre.

Il est plus facile de se figurer quelles furent les sensations d'Edwards et d'Elisabeth quand ils se trouvèrent en cet endroit, que de les décrire ; mais Natty était celui dont la physionomie était la plus radieuse. Il se tourna vers eux, ayant toujours Mohican sur les épaules, et riant à sa manière accoutumée: — Le Français ne vous avait pas trompée, miss Bessy, dit-il, j'ai reconnu que la poudre était bonne à la manière dont elle a parti. La poudre commune fait plus long feu. Celle des Iroquois n'était pas de la meilleure qualité, quand je faisais la guerre contre les tribus du Canada sous sir William. Vous ai-je jamais, mon garçon, raconté l'histoire de l'escarmouche avec...

— Pour l'amour du ciel, ne me dites plus rien que nous ne soyons en sûreté... Où aller maintenant?

— Comment! sur la plate-forme de rocher au-dessus de la caverne! Vous y serez assez en sûreté, ou vous entrerez dans la caverne même si vous voulez.

Le jeune homme tressaillit et parut vivement agité; mais regardant autour de lui avec anxiété, il demanda encore :

— Serons-nous en sûreté sur le rocher? Le feu ne peut-il nous y atteindre?

— Ne le voyez-vous donc pas? répondit le vieux chasseur avec le sang-froid d'un homme accoutumé à l'espèce de péril qu'il venait de courir. Si vous étiez restés dix minutes de plus à l'endroit où vous étiez, je n'aurais répondu de rien ; mais de là vous verriez brûler toutes les forêts des environs, sans que le feu pût vous atteindre, à moins qu'il n'eût le pouvoir de brûler les rochers comme les arbres.

Sur cette assurance, qui était fondée, ils se rendirent sur le rocher, où Natty se débarrassa de son fardeau; il assit le vieil

Indien par terre, en l'appuyant contre un fragment de rocher. Elisabeth s'était aussi assise par terre; elle cachait son visage dans ses mains, et son cœur était agité de vives émotions.

— Permettez-moi de vous engager à prendre quelque fortifiant, miss Temple, dit Edwards avec respect; sans cela vous perdrez connaissance.

— Laissez-moi! laissez-moi! dit-elle en levant un moment les yeux sur Edwards. Je suis trop émue pour répondre. Je remercie Dieu, Olivier, de cette délivrance miraculeuse, et après mon Dieu vous-même.

Edwards courut au bord du rocher, et cria : — Benjamin, où êtes-vous, Benjamin?

— Hohé! ho! répondit une voix rauque, qui semblait sortir des entrailles de la terre; je suis ici à fond de cale, et il y fait aussi chaud que dans la marmite du diable. Si Bas-de-Cuir ne commence pas bientôt sa croisière contre les castors, je ne tarderai pas à virer de bord et à retourner au village, au risque d'être mis en quarantaine dans la prison, et d'y voir la fin de mes espagnoles [1].

— Apportez un verre d'eau de la source, mêlez-y un peu de vin, cria Edwards, et faites diligence.

— Maître Olivier, répondit l'intendant : — de l'eau et du vin! Je connais peu votre petite boisson. Encore si j'avais la bouteille de Jamaïque, mais je l'ai vidée avec Billy Kirby, quand il m'a mis en rade sur le bord du chemin où vous m'avez trouvé ce matin; car nous nous sommes séparés en bonne amitié, et je dois dire que s'il n'entend rien à manier la rame, il navigue fort bien avec son attelage de bœufs à travers les écueils en forme de souches qu'on rencontre à fleur d'eau sur toutes nos routes. Il s'en tire comme un pilote de Londres qui traverse des bateaux de charbonniers.

En parlant ainsi, il sortait de la caverne avec l'aspect d'un homme qui n'a été que récemment tiré de son ivresse, et montant sur le rocher qui en formait le toit, il remit à Edwards le breuvage qu'il lui avait demandé; celui-ci le présenta sur-le-champ à Elisabeth, qui, après l'avoir bu, lui fit signe qu'elle désirait être laissée à ses réflexions, et reprit sa première attitude.

---

1. De mes piastres espagnoles, *spaniolas*.

En se détournant pour lui obéir, il rencontra les yeux de Natty, qui était près de Mohican. —Son heure est venue, monsieur Olivier, dit le vieux chasseur; je le vois à son regard. Quand un Indien a le regard fixe, c'est signe qu'il veut aller à ce qu'il appelle le pays des Esprits, et ce sont des créatures si volontaires, que, quand ils se sont mis quelque chose dans la tête, il faut qu'ils le fassent.

Le bruit des pas de quelqu'un qui approchait empêcha Edwards de lui répondre, et, à la surprise générale, on vit M. Grant, qui gravissait péniblement le côté de la montagne que les flammes n'avaient pas atteint, parce qu'il était protégé par des rochers arides. Edwards courut à sa rencontre pour lui offrir le secours de son bras, et au bout de quelques miutes le digne ministre se trouva sur la terrasse.

Son premier mouvement fut de rendre grâces au ciel d'avoir pris Elisabeth sous sa protection, de s'informer par quel miracle elle avait été sauvée, après quoi on lui demanda par quel hasard il se trouvait lui-même dans ce lieu.

—On m'avait dit, répondit-il, qu'on avait aperçu ma fille sur le chemin de la montagne de la Vision. Quand j'en ai vu le sommet tout en feu, mon inquiétude m'a fait courir de ce côté, et j'ai rencontré Louise qui était plongée dans les plus vives craintes pour la sûreté de miss Temple. J'ai commencé à gravir la montagne pour la chercher et tâcher de la sauver; mais je crois que si la Providence divine ne m'eût fait rencontrer les chiens de Natty, j'aurais péri au milieu des flammes.

—Oui, oui, dit Bas-de-Cuir, suivez les chiens, et s'il y a seulement une ouverture par où ils puissent passer, ils sauront bien la trouver. Leur nez leur a été donné pour leur servir comme la raison aux hommes.

— Ce sont eux qui m'ont conduit ici, continua le ministre, et je me félicite de vous voir tous en sûreté et en bonne santé.

— En sûreté, oui, dit Natty; mais en bonne santé, c'est ce qu'on ne peut dire de John, à moins que vous ne prétendiez qu'un homme qui voit le soleil pour la dernière fois est en bonne santé.

M. Grant s'approcha du moribond, qu'il regarda avec un air de compassion et de charité. — Cela n'est que trop vrai, s'écria-t-il ; j'ai vu la mort frapper trop de victimes pour ne pas reconnaître que sa main est appesantie sur ce vieux guerrier. Bénie soit la

Providence, qui a daigné permettre que, quoique issu d'une race de païens, il ait ouvert les yeux à la lumière! C'est, suivant le langage de l'Ecriture, un tison arraché du feu.

— Sans doute, sans doute, dit Bas-de-Cuir; regardez plutôt son dos; il est tout écorché par la poudre. Mais ce n'est pas cette blessure qui le fait mourir, c'est défaillance de nature. La chair n'est pas du fer, et l'homme ne peut pas toujours durer, surtout quand il a vu sa tribu chassée bien loin par des étrangers, et qu'il est le dernier de sa race. A bas, Hector, à bas!

— John, dit le ministre d'une voix douce et compatissante, m'entendez-vous? Désirez-vous que je vous récite les prières de l'Eglise en ce moment d'épreuve?

Le vieux chef fixa un instant ses yeux noirs sur le ministre, sans montrer par aucun signe qu'il le reconnût, et les reporta ensuite sur les montagnes éloignées vers lesquelles ses regards se dirigeaient sans cesse. Il recommença alors à chanter en sa propre langue avec ce ton guttural dont nous avons déjà plusieurs fois parlé.

— Je viens, je viens, je pars pour la terre des Esprits. Aucun Delaware ne craint sa fin; aucun Mohican n'a peur de la mort; il marche quand le Grand-Esprit l'appelle. J'ai honoré mon père; j'ai chéri ma mère, j'ai été fidèle à ma tribu; j'ai tué des Maquas; oui, j'ai tué des Maquas! et le Grand-Esprit appelle son fils : je viens, je viens, je me rends à la terre des justes.

— Que dit-il, Bas-de-Cuir? demanda le ministre avec un tendre intérêt; chante-t-il les louanges du Rédempteur?

— Non, il chante les siennes, répondit Natty d'un air mélancolique; et c'est à bon droit qu'il les chante, car je sais qu'il ne dit rien qui ne soit vrai.

— Que le ciel éloigne de son cœur toute idée présomptueuse! dit M. Grant. L'humilité et le repentir doivent être le sceau du chrétien. Songer à se glorifier dans un moment où le corps et l'âme devraient s'unir pour rendre gloire au Créateur! John, vous avez eu le bonheur d'entendre prêcher l'Evangile; sentez-vous que vous devez compter pour votre justification sur les mérites du sang du Sauveur, et non sur l'orgueil et la vaine gloire humaine?

John continua son chant, sans faire attention à cette question.

— Qui peut dire que les Maquas aient jamais vu le dos de Mohican? Quel ennemi s'est fié à lui et n'a pas revu le matin? Quel

Mingo a fait entendre le chant de triomphe après l'avoir combattu? Mohican a-t-il jamais menti? Non, la vérité vivait en lui, et la vérité seule pouvait sortir de sa bouche. Dans sa jeunesse il était guerrier, et ses bras étaient teints de sang; plus tard il parlait autour du feu du conseil, et ses discours n'étaient pas jetés aux vents.

— Que dit-il à présent? demanda le bon ministre. Témoigne-t-il une crainte salutaire de sa situation?

— Il sait tout aussi bien que vous qu'il est près de sa fin, répondit Natty, et il croit devoir s'en féliciter. Il est vieux, ses nerfs sont endurcis, et vous avez rendu le gibier si rare et si farouche, que de meilleurs chasseurs que lui ont peine à l'atteindre. Il pense qu'il va se trouver dans un pays où la chasse sera toujours bonne, où il n'y aura pas d'hommes blancs, où il retrouvera toute sa tribu. Ce n'est pas une grande perte pour un homme dont la main était à peine en état de faire un panier de branches de saule. S'il y a de la perte, c'est pour moi, car je sens qu'il me manquera.

— John, dit M. Grant, voici le moment où la pensée que vous pouvez avoir recours à la médiation du Sauveur doit jeter un baume sur les plaies de votre âme; déposez à ses pieds le fardeau de vos fautes; il vous a lui-même donné l'assurance que vous ne l'implorerez pas en vain.

— Tout cela peut être vrai, dit Bas-de-Cuir, et vous avez pour vous l'Ecriture et l'Evangile; mais ce sont des paroles perdues. Il n'a pas vu les frères Moraves depuis la dernière guerre, et il est difficile d'empêcher un Indien de revenir à ses idées. Autant vaudrait le laisser mourir en paix. Il est heureux maintenant, je le vois dans ses yeux, et il ne l'a pas été depuis que les Delawares sont partis vers l'occident. Ah! nous avons passé ensemble plus d'un mauvais jour depuis ce temps.

— Œil-de-Faucon, dit Mohican, en qui une étincelle de vie sembla se ranimer en ce moment, écoutez les paroles de votre frère.

— Oui, John, répondit le vieux chasseur d'un ton affecté, nous avons vécu en vrais frères. Qu'avez-vous à me dire, Chingachgook?

— Œil-de-Faucon, mes pères m'appellent dans un bois plein de gibier. J'en vois le chemin, car mes yeux se rajeunissent; j'y aperçois de braves Indiens, et pas de Peaux-Blanches. Adieu, Œil-de-Faucon ; vous irez avec le Mangeur-de-Feu et le jeune Aigle dans le ciel des blancs ; moi, je vais rejoindre mes pères. Que l'arc, les flèches, le tomahawk et la pipe de Chingachgook soient placés dans sa tombe ; car il fera nuit quand il partira, comme un guerrier indien allant à la guerre, et il n'aura pas le temps de chercher.

— Eh bien ! Natty, demanda le digne ministre, se rappelle-t-il les promesses de médiation du Sauveur ? Appuie-t-il ses espérances de salut sur le rocher des siècles ?

La foi du vieux chasseur n'était pas très-éclairée ; cependant tous les fruits de sa première éducation religieuse n'étaient pas tombés dans le désert où il avait vécu si longtemps. Il croyait en Dieu et en une autre vie, et sa sensibilité, excitée par les adieux de son vieux compagnon, lui ôta quelques instants le pouvoir de répondre.

— Non, dit-il enfin, non. Il ne pense qu'au Grand-Eprit des sauvages et à tout ce qu'il a fait de bien pendant sa vie. Il croit, comme tous les autres Indiens, qu'il va redevenir jeune, et qu'il chassera et sera heureux jusqu'à la fin de l'éternité. Et je ne sais trop que vous dire, ministre : moi-même, j'ai peine à m'imaginer que je ne reverrai plus ces chiens et ce fusil dans un autre monde, et l'idée de les quitter pour toujours fait que je tiens encore à la vie plus qu'on ne devrait le faire à soixante-dix ans.

Pendant le temps qui s'était écoulé depuis leur arrivée sur ce rocher, des nuages épais s'étaient accumulés dans les airs, et le calme profond qui y régnait en ce moment annonçait une crise très-prochaine dans l'atmosphère. Les flammes qui dévastaient encore la montagne, au lieu de s'élancer au gré des vents, s'élevaient vers le ciel en ligne droite. L'élément destructeur ralentissait ses ravages, comme s'il eût prévu qu'une main plus puissante allait enfin arrêter ses progrès. La fumée qui couvrait toute la vallée commençait à monter et à se dissiper, et de brillants éclairs sillonnaient les nuages qui couronnaient les montagnes du côté de l'occident. Comme Bas-de-Cuir finissait de parler, la lueur brillante d'un de ces éclairs se répandit d'un bout à l'autre de l'horizon, et il fut suivi d'un coup de tonnerre qui sembla ébranler les rochers jusque dans leurs fondements. Mohican fit un mouvement pour se soulever, comme pour obéir à un signal de départ qui lui était donné, et étendit un bras vers l'ouest. Un rayon de joie brilla un instant sur ses traits; mais bientôt ses muscles se raidirent, ses lèvres furent agitées d'une légère convulsion, ses bras tombèrent sans mouvement à ses côtés, et ses yeux éteints, mais ouverts, semblaient encore chercher les montagnes de l'occident comme s'ils avaient voulu suivre l'esprit qui avait animé son corps, dans son vol vers de nouvelles sphères.

M. Grant, qui avait vu toute cette scène avec un intérêt religieux, joignit les mains dès que Mohican eut rendu le dernier soupir, et s'écria avec une pieuse énergie :

— O Seigneur! qui pourrait scruter tes jugements? qui pourrait sonder la profondeur de tes voies? Je sais que mon Rédempteur vit, et qu'il paraîtra sur la terre au dernier jour, et que, quoique les vers doivent détruire mon corps, il me sera rendu pour voir Dieu.

Natty s'approcha du corps de son ami, le regarda quelque temps en face, en silence, d'un air sombre et mélancolique, et dit ensuite du ton d'un homme profondément affecté :

— Peau-Rouge, Peau-Blanche, tout finit par là. Mais il sera jugé par un juge équitable, et non par des lois faites pour le temps et les circonstances. Eh bien! encore une mort, et il ne me reste plus au monde que mes chiens. Ah! il faut attendre le bon plaisir de Dieu, mais je commence à être las de la vie. La moitié des arbres que je connaissais n'existe plus, et il n'y a plus qu'un seul homme au monde que j'aie connu dans ma jeunesse.

De grosses gouttes de pluie commençaient à tomber, les éclairs et les éclats de tonnerre se succédaient sans interruption, et tout annonçait un violent orage. On porta le corps de l'Indien dans la caverne, et les chiens le suivirent en poussant des hurlements plaintifs, comme pour faire leurs derniers adieux au vieux chef.

On ferma l'entrée de la caverne avec des troncs d'arbres qui semblaient avoir été destinés à cet usage, et Edwards fit à Elisabeth, avec embarras et confusion, quelques excuses de ce qu'il ne la conduisait pas sous le même abri, lui disant quelques mots qu'elle comprit à peine, sur le désagrément qu'elle éprouverait en se trouvant dans les ténèbres et avec un cadavre. Elle se trouva protégée contre la pluie qui tombait en torrents par une pointe de rocher qui formait une espèce d'auvent naturel; mais, avant que la pluie eût cessé, on entendit dans la forêt les cris de ceux qui y cherchaient Elisabeth, et qui faisaient retentir les échos de son nom.

Au premier intervalle que laissa la pluie, Edwards conduisit Elisabeth sur la route, où il la laissa. Mais avant de se séparer d'elle il lui dit avec un ton qu'elle ne sut comment interpréter :

— Le temps du mystère est passé, miss Temple. Demain à pareille heure, j'aurai déchiré le voile dont j'ai peut-être eu tort de me couvrir si longtemps. Mais j'avais des idées romanesques, une faiblesse à laquelle j'ai eu la folie de céder. Et comment s'en garantir quand on est jeune et déchiré par les passions? J'entends la voix de votre père; il vous cherche, et il faut que je vous quitte, car je ne puis en ce moment m'exposer à une détention. Adieu! Grâce au ciel, vous êtes en sûreté, et mon cœur se trouve déchargé d'un poids énorme.

Il s'enfonça dans les bois, sans attendre sa réponse, et quoique Elisabeth entendit les cris perçants de son père, qui répétait son nom avec l'accent du désespoir, elle ne lui répondit que lorsqu'elle eut vu Edwards disparaître au milieu des arbres encore fumants. Quelques instants après, Marmaduke eut le plaisir de serrer sa fille dans ses bras.

On s'était pourvu d'une voiture pour ramener miss Temple, si on la retrouvait morte ou vivante; le père et la fille y montèrent précipitamment, et s'entretinrent, chemin faisant, des dangers auxquels elle venait d'échapper. Le bruit qu'elle était retrouvée se répandit de bouche en bouche sur toute la montagne, parmi les villageois qui la cherchaient, et ils retournèrent chez eux, mouillés jusqu'aux os, noircis de charbon, couverts de boue et de cendres, mais joyeux de savoir que la fille du fondateur de leur colonie avait été arrachée à une mort horrible et prématurée.

CHAPITRE XXXIX.

> Selictar [1], tire donc de son fourreau le cimeterre de notre chef. Tambourigi [2], ton son d'alarme nous promet le combat! O vous, montagnes qui nous voyez descendre au rivage, vous nous reverrez vainqueurs ou vous ne nous reverrez plus.
>
> **Lord Byron.** *Chant albanais.*

La pluie qui tomba presque sans interruption pendant le reste de la journée, arrêta complètement le progrès des flammes. On vit pourtant quelques restes de feu briller la nuit suivante sur diverses parties de la montagne, dans les endroits où l'élément destructeur avait trouvé le plus d'aliments. Le lendemain, dans une étendue de plusieurs milles, les arbres étaient couverts d'une écorce noire et fumaient encore. Il ne restait dans la forêt ni bois mort ni broussailles ; cependant les pins et les chênes élevaient encore dans les airs leur tête majestueuse, et parmi les autres arbres il s'en trouvait même qui conservaient une apparence de vie et de végétation.

Les cent bouches de la renommée s'occupaient à répandre cent bruits différents sur la manière miraculeuse dont Elisabeth avait été sauvée, et l'on croyait généralement que le vieux Mohican avait péri dans l'incendie. Cette version parut encore plus probable quand on apprit que Jotham Riddel avait été trouvé dans un état de suffocation dans le trou qu'il avait creusé, et qu'il était si maltraité par le feu qu'on ne conservait aucune espérance.

Pendant la nuit qui suivit l'incendie de la forêt, les faux monnayeurs, qui avaient été condamnés, profitant de l'exemple que leur avaient donné Natty et Benjamin, parvinrent aussi à s'échapper, et cet événement augmenta l'agitation générale. Doolittle et Jotham avaient parlé de la caverne qu'ils avaient découverte sur la montagne de la Vision ; on supposa qu'elle pourrait servir de retraite à ces malfaiteurs, et l'on ne s'entretint plus que de la

---

1. Écuyer. — 2. Tambour.

nécessité d'arrêter des gens qui pouvaient être si dangereux à la tranquillité publique.

Tandis que tous les esprits étaient ainsi dans une sorte de fermentation, un autre bruit dont personne ne connaissait l'origine, mais qui se propagea avec autant de rapidité que le feu l'avait fait la veille, accusa Edwards et Bas-de-Cuir d'avoir allumé volontairement l'incendie. Le fait était pourtant, comme on l'apprit dans la suite, qu'il avait été occasionné par l'imprudence d'un des hommes qui avaient poursuivi dans le bois Natty et Benjamin, après leur fuite de prison. Cet homme avait jeté dans les broussailles une torche de pin mal éteinte, qui, ayant entretenu un feu lent pendant quelques heures, avait pris ensuite cette activité dont nous avons décrit les terribles effets. Quoi qu'il en soit, il s'éleva dans tout le village un cri général contre les prétendus coupables; Richard n'y fut pas sourd, et il résolut de recourir à la force pour s'emparer des fugitifs.

Le shérif se rendit à midi à l'auberge du Hardi-Dragon, et requit Hollister, capitaine de l'*infanterie légère* de Templeton, de mettre sur-le-champ sous les armes la force armée du comté pour donner appui et secours aux lois du pays. L'espace nous manque pour reproduire ici les deux discours prononcés en cette occasion; mais on les trouve encore dans les colonnes du journal de l'époque, et l'on dit que ces deux harangues font honneur aux connaissances judiciaires de l'un des orateurs comme aux talents militaires de l'autre.

Tout était prêt d'avance, et le tambour, en habit rouge, faisait encore retentir les échos de son roulement, que vingt-cinq volontaires parurent sous le drapeau et se mirent d'eux-mêmes en bataille.

Comme ce corps était composé de volontaires, et commandé par un homme qui avait passé vingt-cinq ans de sa vie dans les camps et les garnisons, c'était pour le pays l'appareil le plus brillant de la guerre. Aussi les bourgeois judicieux de Templeton le proclamèrent-ils égal aux meilleures troupes du monde. Sous le rapport physique, ces volontaires étaient encore, disaient-ils, bien supérieurs. Cette opinion ne trouvait que trois voix et une opinion contraire. L'opinion appartenait à Marmaduke, qui cependant ne croyait pas nécessaire de la faire connaître : quant aux voix, l'une, et la plus forte peut-être, venait de l'épouse du commandant lui-même, qui reprocha plus d'une fois à son époux d'avoir condescendu à conduire cette troupe irrégulière après avoir honorablement rempli le poste de sergent-major dans le brillant corps de la cavalerie virginienne pendant la dernière guerre.

La seconde voix était celle de M. La Pompe, qui ne cessait de répéter la même chose de cette compagnie de volontaires, et avec ce ton qu'un habitant du pays de nos pères aime à prendre quand il daigne louer les coutumes ou le caractère de leurs enfants émancipés.

— Il est possible que ces volontaires, disait La Pompe, sachent charger et tirer un fusil ; mais quant à la manœuvre du vaisseau, un caporal de l'artillerie de marine de *la Boadicée* les aurait entourés et faits prisonniers en un demi-sablier [1].

Comme il n'y avait personne pour contredire cette assertion, l'artillerie de marine de *la Boadicée* en était doublement estimée.

Le troisième incrédule était M. Le Quoi, qui se contentait de dire que le corps de Templeton était le plus beau qu'il eût jamais vu après les mousquetaires du bon Louis XVI.

Cependant mistress Hollister trouvait qu'il y avait quelque chose de réel dans le service de ces volontaires ; aussi fut-elle trop occupée dans son propre service ce jour-là pour faire ses commentaires. Benjamin était absent, et M. Le Quoi trop content pour trouver à redire à rien. C'est ainsi que ce corps de milice esquiva la critique, et ce fut heureux, un jour où il avait plus besoin que jamais de son courage.

Marmaduke était, dit-on, enfermé dans son cabinet avec M. Van der School, et rien n'interrompit le mouvement des troupes. A deux heures précises, le corps mit l'arme sur l'épaule, et, quand chaque mousquet fut fixé à la position convenable, l'ordre fut donné de tourner à gauche et de marcher. C'était mener à l'ennemi du premier coup des troupes novices : aussi doit-on supposer que ce mouvement ne fut pas exécuté avec la précision habituelle. Mais dès que la musique eut fait entendre l'air inspirateur de *Yankee-doodle* [2], et que Richard, accompagné

---

[1] Le temps que met à tomber la moitié du sable d'une horloge marine, etc.

[2] C'est de cet air que parle l'auteur dans le chapitre XX.

L'air de *Yankee-doodle* est un air allemand que les Anglais avaient adapté à des paroles de moquerie appliquées aux colons américains, qu'ils appelaient et appellent encore les

de M. Doolittle, se fut mis à la tête des troupes, le capitaine Hollister partit du pied gauche, portant la tête élevée à un angle de quarante-cinq degrés, coiffé d'un petit chapeau à cornes, et tenant en main un énorme sabre de dragon dont le fourreau d'acier traînait sur ses talons avec un bruit tout à fait belliqueux. Ce ne fut pas sans peine qu'il obtint de ses soldats que chaque peloton (et il y en avait six) tournât la tête du même côté ; cependant on arriva en bon ordre au défilé du pont, et l'on commença à gravir la montagne, sans aucun changement à la disposition des troupes, si ce n'est que Richard et Doolittle, probablement fatigués par la montée, ralentirent le pas insensiblement, et finirent par se trouver à l'arrière-garde.

Avant d'arriver en vue de la caverne, qui était le but de l'expédition, le capitaine Hollister, en général prudent, détacha quelques éclaireurs pour faire une reconnaissance, et ils vinrent bientôt faire le rapport que les fugitifs, bien loin de songer à se rendre ou à battre en retraite, comme on s'y attendait, paraissaient avoir eu avis du projet d'attaque ou l'avoir prévu, et avaient fait des préparatifs formidables de défense. Cette nouvelle opéra un changement réel dans les projets des chefs et dans la physionomie des soldats, qui se regardaient les uns les autres d'un air sérieux et déconcerté. Richard et Hiram se retirèrent à quelque distance pour tenir une sorte de conseil de guerre, et, dans ce moment critique, ils rencontrèrent Billy Kirby, qui, sa hache sous le bras, marchait en avant de son attelage de bœufs, comme Hollister en tête de sa troupe. Il parut surpris de voir une force militaire si considérable se déployer sur la montagne ; mais le shérif, voulant profiter du renfort que le hasard lui envoyait, le mit sur-le-champ en réquisition. Billy avait trop de respect pour M. Jones pour se permettre la moindre objection, et il fut décidé qu'on le chargerait de porter une sommation aux assiégés, avant d'employer la force pour les réduire.

Yankees. Yankee est une corruption du mot *Yengeese,* qui est lui-même la prononciation indienne du mot *English,* Anglais. Quand les troupes royales sortirent de Boston, sous lord Percy, pour aller au secours de leurs partisans qui avaient été attaqués après l'incendie des magasins de la Concorde (voyez *Lionel Lincoln*), ils marchèrent au son de l'air de *Yankee-doodle,* en dérision de leurs ennemis. Les Anglais furent repoussés par des paysans armés, et ils auraient été détruits sans l'artillerie et le voisinage de Boston. Les Américains adoptèrent l'air de *Yankee-doodle* en mémoire de leur triomphe, et il est devenu l'air national des Etats-Unis, comme le *Rule Britannia* est l'air de la Grande-Bretagne. Plus de trente mille vers ont été composés depuis sur l'air de *Yankee-doodle.*

Les troupes se divisèrent alors en deux corps; l'un, sous les ordres du capitaine, s'avança vers la caverne, du côté gauche, tandis que l'autre, conduit par son lieutenant, en faisait autant du côté droit. Richard et le docteur Todd, dont on avait pensé que les services pouvaient être utiles en cette circonstance, firent un détour dans le bois et se montrèrent bientôt sur la plate-forme du rocher, sur la tête des ennemis, mais hors de leur vue. Hiram avait jugé plus prudent de rester avec un des détachements; il suivit Kirby jusqu'à quelque distance des fortifications, et rencontrant un arbre d'une circonférence vénérable, il s'en fit un rempart. Les volontaires de l'infanterie légère de Templeton ne montrèrent pas moins de dextérité, et chacun d'eux trouva le moyen de placer entre lui et l'ennemi soit un gros arbre, soit une pointe de rocher, de sorte que les assiégés ne pouvaient apercevoir que le capitaine Hollister d'un côté et Billy Kirby de l'autre.

La troupe du shérif était alors en face de la caverne, et pouvait voir les préparatifs de défense qui avaient été faits. La petite terrasse qui se trouvait devant l'ouverture avait été bordée de toutes parts d'un rempart formé de troncs et de branches d'arbres; derrière le retranchement on apercevait Benjamin d'un côté et Natty de l'autre; et cet arrangement était d'autant moins à mépriser qu'on ne pouvait y arriver qu'en gravissant une rampe escarpée, et que la pluie qui était tombée la veille et toute la nuit précédente avait rendu le terrain très-glissant.

Pas un mot n'avait encore été échangé de part ni d'autre; mais le shérif du haut du rocher ayant fait un signe à Billy Kirby, le bûcheron se mit à gravir la montée avec le même air d'indifférence et de tranquillité que s'il eût été chargé d'aller faire un abattis de pins.

Dès qu'il fut à une centaine de pieds de la terrasse, le long et redoutable fusil de Bas-de-Cuir parut au-dessus du parapet, et le vieux chasseur s'écria en même temps : — Retirez-vous, Kirby, retirez-vous. Je n'ai dessein de nuire à personne, mais si quelqu'un de vous approche d'un pas plus près, il y aura du sang répandu entre nous. Que Dieu pardonne à celui qui le fera couler; mais c'est ce que vous verrez, je vous en avertis.

On voyait à l'air de Natty qu'il parlait très-sérieusement, mais qu'il lui répugnait d'attaquer la vie d'un de ses semblables.

— Allons, allons, Bas-de-Cuir, répondit le bûcheron en continuant à avancer avec le même sang-froid, ne faites pas le méchant, et écoutez ce qu'on a à vous dire. Quant à moi, je n'ai pas d'intérêt dans cette affaire, et je m'en soucie fort peu ; mais le shérif et M. Doolittle, M. Doolittle que voilà là-bas caché derrière ce gros bouleau, m'ont chargé de venir vous inviter à vous soumettre à la loi. Il ne s'agit que de cela.

— Je vois la vermine, s'écria Natty ; j'aperçois son habit, et s'il me montre seulement assez de chair pour y faire entrer une balle de trente à la livre, je lui apprendrai à me connaître. Mais vous, Kirby, je ne vous veux pas de mal, retirez-vous donc : vous devez savoir que vous êtes plus facile à ajuster qu'un pigeon au vol.

Kirby n'était alors qu'à une quinzaine de pas de Natty, et se plaçant derrière un gros pin : — Vous seriez bien adroit, Bas-de-Cuir, répondit-il, si vous pouviez percer un homme à travers un pareil arbre ; mais vous savez qu'avec ma hache je puis vous l'envoyer sur les épaules en moins de dix minutes.

— Je sais, répliqua Natty, que vous êtes en état de faire tomber un arbre où vous le voulez ; mais je sais aussi que vous ne pouvez l'abattre sans me montrer une main ou un bras, et dans ce cas il y aura du sang à étancher et des os à raccommoder, je vous en préviens. Veut-on entrer dans cette caverne ? Eh bien ! qu'on attende seulement deux heures, et alors y entrera qui voudra ; mais jusque-là personne n'y mettra le pied. Il s'y trouve déjà un corps mort ; il y en a un autre qu'on peut à peine dire être en vie ; si quelqu'un avance, il y aura des morts en dehors comme en dedans.

— Il n'y a rien de mieux, s'écria le bûcheron en se montrant à découvert ; il n'y a rien de mieux ! Eh ! Messieurs ! il demande seulement que vous attendiez deux heures ; et il y a de la raison à cela. Un homme peut sentir qu'il a tort quand on lui donne le temps de se reconnaître ; mais si l'on veut le pousser à bout, il devient entêté comme un bœuf rétif ; plus on le bat, plus il regimbe.

Les idées d'indépendance de Billy Kirby ne convenaient nullement à l'impatience de Richard, qui brûlait du désir de pénétrer dans les mystères de cette caverne, où il était persuadé qu'on travaillait à la fonte des métaux, et sa voix s'éleva du haut du rocher.

— Capitaine Hollister, s'écria-t-il, je vous requiers de me prêter main-forte pour l'exécution de la loi. Natty Bumppo, je vous ordonne de vous rendre sans résistance. Et vous, Benjamin Penguillan, je vous déclare prisonnier en vertu de ce mandat d'arrêt, et vous allez me suivre à la geôle du comté.

— En toute autre occasion, monsieur Jones, répondit le majordome en ôtant sa pipe de sa bouche, car il avait fumé tranquillement pendant toute cette scène ; en toute autre occasion je ferais voile de conserve avec vous jusqu'au bout du monde, s'il existait un tel endroit, ce qui ne peut être puisque le monde est rond. Or, voyez-vous, monsieur Hollister, vous qui avez passé toute votre vie sur terre, vous ne savez peut-être pas que le monde...

— Rendez-vous ! s'écria le vétéran d'une voix si redoutable, que toute son armée fit un mouvement en arrière ; rendez-vous, Benjamin Penguillan, ou vous n'obtiendrez aucun quartier.

— Au diable votre quartier ! répondit Benjamin en se levant du tronc d'arbre sur lequel il était assis, et en jetant un coup d'œil sur le fauconneau dont les assiégés s'étaient emparés pendant la nuit, et sur lequel était établie de son côté la défense de la place. Croyez-vous donc, monsieur Hollister, capitaine Hollister, si vous voulez, puisque je doute que vous connaissiez seulement le nom d'un cordage, à moins que ce ne soit celui de la corde qui servira à vous pendre ; croyez-vous, dis-je, vous qui criez aussi haut que si, monté sur le grand mât d'un vaisseau de haut-bord, vous parliez à un sourd placé sur le tillac, croyez-vous, vous demandé-je encore une fois, que vous ayez mon véritable nom sur votre chiffon de parchemin ? Non, non, un bon marin ne navigue pas sur ces mers sans avoir plus d'un pavillon pour s'en servir au besoin. Si vous voulez arrêter Penguillan, allez chercher l'honnête homme sur les domaines duquel j'ai jeté ma première ancre dans le monde. C'était un gentilhomme, et c'est ce que personne ne pourrait dire d'aucun individu de la famille de Benjamin Stubbs.

— Envoyez-moi le maudat, s'écria Hiram de derrière son arbre ; et j'y mettrai un *autrement dit*.

— Mettez-y un âne, monsieur le Fainéant[1], et c'est vous qui y serez, répliqua le majordome en examinant le fauconneau et en rallumant sa pipe.

— Je ne vous donne qu'un moment pour vous rendre, s'écria

---

[1]. Toujours jouant sur le nom de Doolittle, Benjamin l'appelle M. *Do-But-Little*.

Richard. Benjamin! est-ce là ce que je devais attendre de votre reconnaissance?

—Monsieur Jones, dit Natty qui craignait l'influence du shérif sur son compagnon, quoique la corne que miss Bessy m'avait apportée ait sauté, je vous préviens qu'il y a dans cette caverne assez de poudre pour faire sauter le rocher sur lequel vous êtes. J'y mettrai le feu si vous ne me laissez en paix.

—Je crois qu'il est au-dessous de ma dignité d'être plus longtemps en pourparler avec des rebelles, dit Richard au docteur, et tous deux quittèrent le rocher avec une précipitation qu'Hollister prit pour le signal de l'attaque.

— Charge à la baïonnette ! s'écria le vétéran; en avant, marche!

Ce signal devait certainement être attendu, et cependant il prit les assiégés un peu par surprise. Hollister gravit la montagne, comme s'il eût monté à l'assaut, en continuant à crier : — En avant! en avant! point de quartier, si l'on ne se rend! Il arriva au bas de la palissade derrière laquelle était Benjamin, et lui porta de bas en haut un coup de sabre si vigoureusement appliqué, qu'il lui aurait abattu la tête si la lame n'eût heureusement été arrêtée par le bout du fauconneau. Cette circonstance fut doublement heureuse, car Benjamin, en ce moment critique, appliquait sa pipe à l'amorce, et le coup de sabre du vétéran ayant changé la direction du fauconneau, que Benjamin, fidèle à ses principes de marine, avait pointé fort bas, il en résulta que cinq ou six douzaines de chevrotines furent lancées en l'air presque en ligne perpendiculaire. La physique nous apprend que l'air atmosphérique n'est pas assez pesant pour soutenir le plomb. En conséquence une ou deux livres de ce métal, formé en petites balles, retombèrent, après avoir décrit une ellipse, sur la tête des soldats qui suivaient de loin leur capitaine. Cette pluie et la détonation dont elle fut accompagnée leur firent faire un mouvement rétrograde, et en moins d'une minute, le succès de l'attaque du côté gauche ne dépendait plus que des prouesses du général.

Le recul du fauconneau avait renversé Benjamin, qui resta un moment étendu par terre dans un état de stupeur. Le capitaine Hollister, se croyant suivi de sa troupe, en profita pour escalader le rempart, et dès qu'il se trouva dans l'intérieur du bastion, c'est-à-dire sur la terrasse en face de la caverne, il se mit à crier à haute voix :—Victoire! victoire! nous sommes maîtres des ouvrages extérieurs!

Tout cela était parfaitement militaire : c'était un exemple qu'un brave officier devait à ses soldats. Mais ce malheureux cri fut précisément ce qui changea la face des affaires. Natty, qui avait toujours eu les yeux fixés sur le bûcheron et sur le juge de paix, se retourna en l'entendant, et vit son camarade par terre, et Hollister brandissant son grand sabre d'un air de triomphe. Son premier mouvement fut d'appuyer son fusil contre son épaule, et pendant un instant la vie du vétéran ne tint qu'à un fil bien fragile. Mais Bas-de-Cuir aurait rougi de faire feu à bout portant sur un ennemi, et saisissant son fusil par le canon, il en appliqua si vigoureusement la crosse un peu au-dessous du dos du brave Hollister, qu'il le fit sauter par-dessus la palissade plus rapidement qu'il n'y avait passé en arrivant.

L'endroit où tomba le capitaine était si glissant et la descente était si rapide, qu'il ne s'arrêta dans sa chute qu'au pied de la montagne, où il fut reçu entre les bras de son épouse. Mistress Hollister venait d'arriver du village avec une vingtaine d'enfants, curieux de voir ce qui se passait sur la montagne ; elle tenait d'une main un bâton qui lui servait de canne, et portait un grand sac vide sur l'autre bras. Le premier sentiment qu'elle éprouva fut celui de l'indignation.

— Quoi! sergent? s'écria-t-elle, est-ce vous qui fuyez ainsi devant les ennemis, et devant de tels ennemis? Moi qui, en venant ici, contais à ces enfants l'histoire du siége d'York, et la manière glorieuse dont vous avez été blessé d'un coup de pied de cheval ! Et j'arrive ici pour vous voir prenant la fuite au premier coup de feu! Ha! ha! je puis bien jeter mon sac. S'il y a du butin à ramasser, ce n'est pas votre femme qui y aura droit. On dit pourtant que cette caverne est remplie d'or et d'argent. Dieu me pardonne de penser à de telles vanités ! Mais j'ai l'autorité de l'Ecriture pour dire qu'après la bataille les dépouilles appartiennent au vainqueur.

— En fuite! moi en fuite! s'écria le vétéran. Mais où sont donc mes grenadiers?

—A-t-il perdu la tête avec ses grenadiers? dit sa femme. Avez-vous oublié que vous n'êtes qu'un pauvre capitaine de miliciens? Ah! si le véritable capitaine, le capitaine qui est sur mon enseigne, avait été ici, les choses se passeraient bien différemment!

Pendant que les deux époux discutaient ainsi, d'autres événements se passaient sur la montagne. Lorsque Bas-de-Cuir eut jeté son ennemi par-dessus le bord, comme Benjamin l'aurait dit, Kirby, qui n'était qu'à quelques pas, aurait pu bien aisément escalader le rempart, et de ses bras vigoureux envoyer toute la garnison assiégée à la suite du vétéran. Mais il ne paraissait avoir aucune envie de prendre part aux hostilités, car en voyant la descente précipitée d'Hollister, il s'écria :

— Hurra ! hurra ! capitaine, bravo ! tenez-vous bien ! Comme il y va ! il ne ménage pas les jeunes arbres ! A ces exclamations en succédèrent d'autres, jusqu'à ce que le joyeux bûcheron, épuisé par son propre rire, s'assit par terre en frappant des talons et riant aux éclats.

Cependant Natty demeurait dans son attitude menaçante, la carabine en joue, épiant tous les mouvements des assaillants. Les cris malheureusement excitèrent la curiosité d'Hiram Doolittle. Il voulut voir où en était le combat, et il ne put satisfaire ce désir sans avancer un peu le front d'un côté au-delà de la ligne de l'arbre qui lui servait de bouclier, tandis que la partie postérieure de son corps se découvrait proportionnellement de l'autre. M. Doolittle appartenait physiquement à cette classe de ses compatriotes auxquels la nature a refusé dans leur formation l'usage des lignes courbes : tout dans sa personne était droit ou angulaire ; mais son tailleur était une femme qui, comme un tailleur de régiment, taillait tous ses habits sur un seul patron, et prêtait la même configuration à toute l'espèce humaine ; aussi M. Doolittle, dans son attitude, découvrait derrière l'arbre une draperie sur laquelle la carabine de Natty fut pointée avec la promptitude de l'éclair ; un homme moins adroit eût visé la robe flottante qui pendait comme un feston sur la terre ; mais Bas-de-Cuir connaissait trop son homme et son tailleur femelle, et quand la balle partit, Kirby, qui épiait curieusement le résultat de l'explosion, vit sauter l'écorce du bouleau, et en même temps le drap voltiger au-dessus des pans flottants. Jamais batterie ne fut démasquée avec autant de promptitude ! Doolittle s'élança au-devant de l'arbre qui lui avait servi d'abri jusqu'à ce moment fatal de curiosité, et cet acte de courage lui fut probablement inspiré par la certitude où il était que Natty n'avait pas encore eu le temps de recharger son fusil.

—*Gaul darn ye* ¹! s'écria-t-il en étendant une main contre lui, tandis qu'il tenait l'autre sur la partie blessée; cette affaire ne s'arrangera pas aisément! je la poursuivrai depuis la cour des *Plaids communs* jusqu'à celle des *Erreurs*. Et faisant le tour du bouleau, il se remit promptement sous sa protection.

Une imprécation si choquante dans la bouche d'un homme aussi calme que le squire Doolittle, et l'air intrépide avec lequel il s'était exposé au péril, enflammèrent le courage des volontaires qui s'étaient retirés hors de portée. Ils poussèrent tous ensemble un grand cri, et firent une décharge générale qui ne produisit d'autre effet que de siffler dans les branches des arbres. Cependant se trouvant animés par le bruit de cette explosion, ils marchèrent en avant, et ils montaient tout de bon à l'assaut, quand le juge Temple arriva. Il avait appris dans le village le départ des volontaires et le but de leur expédition, et il s'était hâté d'accourir afin de prévenir quelque événement fâcheux.

—Paix! silence! s'écria-t-il; pourquoi cet attroupement à main armée? pourquoi ces coups de feu? L'exécution des lois ne peut-elle être assurée sans effusion de sang?

— C'est le POSSE COMITATUS, s'écria le shérif, qui était à quelque distance sur une hauteur avec le docteur Todd; et c'est moi qui...

—Dites plutôt un *posse* ² de démons! répondit le juge.

—Ne versez pas de sang! s'écria une voix partant du haut du rocher que le shérif avait craint de voir sauter en l'air; nous nous rendons; vous allez entrer dans la caverne.

L'étonnement, l'ordre du juge, cette apparition subite, tout concourut à produire l'effet désiré. Natty, qui avait rechargé son fusil, s'assit tranquillement sur un tronc d'arbre, la tête appuyée sur ses mains; et l'infanterie légère de Templeton, suspendant son attaque, attendit en silence le résultat de cette affaire.

---

1. *Gaul darn ye*: c'est encore ici un de ces jurons qu'on ne saurait traduire même par des équivalents, et que nous expliquerons pour détruire la fausse idée déjà signalée dans nos notes, qui met si souvent *God damn* dans la bouche des Anglais, tandis que *God damn* n'est presque plus un mot de leur langue. *Gaul darn ye* signifierait *Gaul vous rentrait*; mais Hiram, qui, même dans sa colère, n'ose pas prononcer contre Natty le jurement de *God damn ye*, Dieu vous damne, en modifie le son en homme bien élevé, de manière à former d'autres mots qui rappellent de loin le *God damn ye* qu'il n'ose dire. Nous disons en français, dans ce sens, *va te faire sucre*.

2. Le mot latin *posse*, qui, suivi de *comitatus*, signifie la force armée du comté, les citoyens armés au secours de la loi, est ici employé dans le sens de *bande*, troupe.

Cependant Edwards, dont on venait d'entendre la voix, descendit du rocher. Il était accompagné du major Hartmann, qui le suivait avec une vitesse surprenante pour son âge. Ils arrivèrent tous deux sur la terrasse en moins de deux minutes, et entrèrent ensemble dans la caverne, laissant tous les spectateurs dans l'attente de ce qui allait se passer.

CHAPITRE XL.

> Je suis muet. — Êtes-vous le docteur? — Je ne vous ai pas reconnu !
>
> SHAKSPEARE.

PENDANT les cinq ou six minutes qui se passèrent avant qu'Edwards et le major Hartmann reparussent, M. Temple, Richard Jones, et la plupart des volontaires montèrent sur la terrasse, et ceux-ci, après avoir fait le récit de leurs prouesses pendant l'action, commencèrent à se communiquer leurs conjectures sur le résultat qu'aurait leur expédition. Mais la vue des deux pacificateurs sortant de la caverne ferma toutes les bouches.

Sur un fauteuil de bois, couvert de peaux de daim écrues, ils portaient un vieillard qu'ils placèrent avec soin et respect au milieu de l'assemblée. Il avait la tête couverte de longs cheveux aussi blancs que la neige. Ses vêtements, d'une propreté soignée, étaient semblables à ceux des premières classes de la société, mais usés jusqu'à la corde et rapiécés; il avait aux pieds une chaussure pareille à celle que portaient les chefs indiens, et travaillée avec le plus grand soin. Son air était grave et son maintien plein de dignité; mais ses yeux, sans expression, qui se tournaient tour à tour sur tous ceux qui l'entouraient, n'annonçaient que d'une manière trop certaine qu'il était arrivé à cet instant où la vieillesse rend à l'esprit toute la faiblesse de l'enfance.

Natty, placé derrière le fauteuil et appuyé sur son fusil, montrait, au milieu de ceux qui s'étaient réunis pour l'arrêter, une tranquillité qui prouvait qu'il était occupé d'intérêts qui lui paraissaient plus puissants que les siens. Le major Hartmann, placé à la droite du vieillard, essuyait de temps en temps une grosse larme qui lui tombait des yeux, et Edwards, à sa gauche, le regardait d'un air de tendresse et de compassion.

Tous les yeux étaient fixés sur ce groupe, mais chacun gardait le silence. Enfin le vieillard, après avoir regardé successivement tous ceux qui l'entouraient, fit un effort pour se soulever à demi sur son fauteuil, par un reste de politesse habituelle, salua à la ronde, et dit d'une voix cassée et tremblante :

—Ayez la bonté de vous asseoir, Messieurs; le conseil s'ouvrira dans un instant. Tous ceux qui aiment un monarque bienfaisant et vertueux doivent concourir à maintenir la loyauté dans ces colonies. Asseyez-vous, je vous en prie, Messieurs; les troupes feront halte cette nuit.

— Qui expliquera cette scène? dit Marmaduke; c'est le délire de la folie!

— Non, Monsieur, répondit Edwards avec fermeté; c'est la défaillance de la nature. Il ne reste qu'à montrer qui l'on doit accuser de l'état déplorable où ce vieillard se trouve réduit.

— Ces messieurs dîneront avec nous, mon fils, dit le vieillard se tournant vers Edwards, en entendant une voix qu'il reconnaissait et qui lui était chère. Ordonnez un repas digne des officiers de Sa Majesté. Vous savez que nous avons toujours le meilleur gibier à nos ordres.

— Qui est cet homme? demanda Marmaduke d'une voix agitée, et qui annonçait qu'il commençait à former quelques conjectures.

— Qui est cet homme? répéta Edwards d'une voix calme, mais s'animant à mesure qu'il parlait; — cet homme, que vous voyez vivant dans une caverne, Monsieur, et privé de tout ce qui peut rendre la vie désirable, fut autrefois le compagnon et le conseiller de ceux qui gouvernaient ce pays. Cet homme si faible et si cassé fut un guerrier si brave et si intrépide, que toutes les nations indiennes l'avaient surnommé le Mangeur-de-Feu. Cet homme, qui n'a plus même une cabane pour couvrir sa tête, était riche autrefois, juge Temple, et légitime propriétaire du sol sur lequel nous nous trouvons.

— C'est donc, s'écria Marmaduke, d'une voix entrecoupée par une vive émotion, c'est donc le major Effingham, disparu depuis quelque temps?

— C'être lui-même, juge, s'écria le major Hartmann, et c'être moi qui vous l'assurer.

— Et vous, demanda M. Temple en se tournant vers Edwards et en articulant avec difficulté, et vous, qui êtes-vous donc?

— Son petit-fils, répondit le jeune homme.

Pendant une minute régna un profond silence. Tous les yeux étaient fixés sur les deux interlocuteurs, et le major Hartmann semblait attendre le résultat de cette explication avec plus d'impatience que d'inquiétude. Enfin Marmaduke levant la tête, qu'il avait baissée sur sa poitrine, non par honte, mais pour rendre silencieusement des actions de grâce au ciel, prit la main du jeune homme avec affection, et dit :

— Olivier, je comprends tout maintenant, et je vous pardonne vos préventions, vos soupçons; je vous pardonne tout, excepté d'avoir souffert que ce vieillard vécût dans cet état déplorable, quand ma maison et ma fortune étaient à sa disposition et à la vôtre.

— Moi fous l'afoir bien dit ! s'écria le major Hartmann. Marmaduke Temple être prafe et fidèle comme l'acier; être incapable d'apandonner un ami dans le pesoin.

— Il est vrai, monsieur Temple, dit Effingham, que l'opinion que je m'étais formée de votre conduite a été ébranlée par ce que m'a dit le digne major Hartmann. Je savais qu'il avait été le compagnon et l'ami de mon aïeul; je connaissais sa justice et la bonté de son cœur; et j'allais sur les bords de la Mohawk lui demander des conseils, quand je vis qu'il était impossible que ce malheureux vieillard restât plus longtemps dans l'asile qu'il devait aux soins du bon Natty. Le major est votre ami, monsieur Temple; mais, si ce qu'il m'a dit est vrai, mon père et moi nous vous avons peut-être jugé trop sévèrement.

— Vous parlez de votre père; est-il réellement parti par le navire sur lequel il devait s'embarquer? Est-il bien vrai qu'il ait péri dans le naufrage?

— Cela n'est que trop certain. Il m'avait laissé dans la Nouvelle-Ecosse, pour aller réclamer en Angleterre une indemnité des pertes que lui avait fait essuyer en ce pays son dévouement à la cause royale. A force de démarches, de temps et de patience, il avait obtenu le gouvernement d'une des Antilles, et il s'était embarqué pour en prendre possession, comptant aller ensuite chercher mon aïeul dans l'endroit où il avait séjourné pendant la guerre et depuis.

— Mais vous, jeune homme, vous! On m'avait assuré que vous aviez péri avec lui.

Une légère rougeur parut en ce moment sur les joues du jeune homme, qui s'aperçut que les volontaires de Templeton étaient rangés en cercle autour d'eux et écoutaient avec attention cet entretien. Marmaduke s'en aperçut, et se tourna vers le vétéran, à qui il avait fallu plus de temps pour remonter sur la terrasse qu'il n'en avait mis à en descendre.

— Capitaine Hollister, lui dit-il, reconduisez votre troupe à Templeton, et que chacun reprenne ses occupations ordinaires. Le zèle du shérif pour l'exécution des lois l'a emporté trop loin. Docteur Todd, accompagnez M. Doolittle; quoique la blessure qu'il a reçue ne paraisse pas très-sérieuse, il est possible qu'il ait besoin de vos soins. Richard, faites-moi le plaisir de veiller à ce qu'on m'envoie sur-le-champ une voiture au pied de la montagne. Benjamin, allez reprendre vos fonctions dans ma maison.

Ces différents ordres n'étaient pas tout à fait agréables à ceux qui les recevaient, et dont la curiosité éveillée aurait voulu se satisfaire pleinement ; mais on était habitué à obéir implicitement à Marmaduke, et ils furent exécutés à l'instant. Il ne resta sur la terrasse que les personnes qui avaient un intérêt direct à cette explication.

— En attendant l'arrivée de la voiture que je fais venir pour transporter chez moi votre aïeul, dit alors Marmaduke au jeune homme, ne vaudrait-il pas mieux le faire rentrer dans la caverne?

— Pardonnez-moi, l'air lui fait du bien, Monsieur, et nous avions soin de le lui faire prendre toutes les fois que nous le pouvions sans danger. Mais je ne sais que faire, monsieur Hartmann? dois-je, puis-je souffrir que le major Effingham habite la maison du juge Temple?

— Vous en jugerez vous-même, dit Marmaduke. Votre père était l'ami de ma jeunesse. Il m'avait confié le soin de sa fortune, et telle était sa confiance en moi, que, lorsque nous nous séparâmes, il ne voulut ni reconnaissance, ni rien qui constatât le dépôt qui était entre mes mains. Vous devez en avoir entendu parler ?

— Bien certainement, Monsieur, répondit Effingham avec un sourire amer.

— Chacun de nous embrassa un parti politique différent. Si la cause de l'Amérique triomphait, votre père ne risquait rien, car personne ne savait que j'étais dépositaire de sa fortune; il n'en existait ni preuve ni trace. Si, au contraire, l'Angleterre reprenait son autorité sur ce pays, qui pouvait trouver mauvais que je rendisse à un sujet aussi loyal que le major Effingham tout ce qui lui appartenait? Cela ne vous paraît-il pas clair?

— Continuez, Monsieur; je ne vous interromps pas, dit le jeune homme avec le même air d'incrédulité.

— C'être pure férité! s'écria le major Hartmann; moi fous dire qu'il n'y afoir pas un seul cheveu de coquin sur la tête du juge Temple.

— Nous savons tous quelle fut l'issue de cette lutte, continua Marmaduke. Votre aïeul fut laissé dans le Connecticut, où il recevait régulièrement de votre père les moyens d'existence qui lui étaient nécessaires. Je le savais parfaitement, quoique je n'eusse jamais vu le major. Votre père se retira dans la Nouvelle-Ecosse, et s'occupa à réclamer les indemnités que lui devait l'Angleterre. Elles étaient considérables, car tous ses biens avaient été confisqués, et je m'en étais rendu acquéreur. N'était-il pas naturel que je désirasse qu'on fît droit à ses justes réclamations? Or elles tombaient d'elles-mêmes si j'avais annoncé publiquement que je n'avais acheté ses biens, dont mon industrie a centuplé la valeur, que dans l'intention de les lui rendre, et que je ne m'en regardais que comme l'administrateur. Vous savez que, depuis la guerre, je lui ai fait passer à diverses époques des sommes considérables?

— Oui, vous l'avez fait jusqu'à ce que...

— Jusqu'à ce qu'il m'eût renvoyé mes lettres non décachetées. Vous ressemblez un peu à votre père, Olivier; il était vif et impétueux. Au surplus, peut-être ai-je eu tort moi-même de pousser si loin mes calculs. Peut-être n'aurais-je pas dû lui laisser ignorer si long-temps mes véritables intentions, pour l'exciter à faire valoir avec plus d'activité ses réclamations contre l'Angleterre. Cependant, quand je vis qu'il refusait de recevoir l'argent que je lui envoyais, je lui écrivis pour lui faire connaître la vraie situation des choses, et il m'aurait rendu justice plus tôt, s'il n'avait pas persisté à me renvoyer mes lettres sans les ouvrir;

mais j'ai la consolation d'être sûr qu'il me l'a rendue avant de mourir, car mon agent m'a mandé qu'il avait lu la dernière lettre que je lui ai adressée en Angleterre. Il est mort mon ami, Olivier, et je croyais que vous étiez mort avec lui.

— Notre pauvreté ne nous permettait pas de payer deux passages. Il me laissa en Amérique, et lorsque j'appris la triste nouvelle de sa mort, je me trouvais presque sans argent.

— Et que fîtes-vous alors, mon pauvre Olivier?

— Je me rendis dans le Connecticut pour y chercher mon aïeul, car je savais que la mort de mon père le laissait sans aucune ressource. Je ne l'y trouvai plus, et ce ne fut pas sans peine que j'arrachai au misérable qui l'avait abandonné dans sa détresse l'aveu qu'il était parti avec un de ses anciens serviteurs. Je ne doutais pas que ce ne fût Natty, car mon père m'avait dit bien souvent...

— Natty était-il donc au service de votre aïeul?

— Ne le saviez-vous pas?

— Comment l'aurais-je su? Jamais je n'avais vu le major : jamais je n'avais entendu prononcer le nom de Bumppo. Je ne le connaissais que comme un homme vivant dans les bois, du produit de sa chasse, et ce n'était pas une chose assez extraordinaire dans ce pays pour exciter la surprise.

— Il avait été élevé dans la maison de mon aïeul; il avait fait avec lui toutes ses campagnes, et comme il aimait à vivre seul et dans les bois, il avait été laissé comme une espèce de *locum tenens* sur les domaines que le vieux Mohican, à qui mon aïeul avait sauvé la vie dans une bataille, avait déterminé les Delawares à lui abandonner, lorsqu'ils le reçurent comme chef honoraire dans leur tribu.

— Et telle est l'origine de votre sang indien?

— Je n'en ai point d'autre. Le major Effingham fut adopté par le vieux Mohican, qui était alors le chef le plus distingué de sa nation. Mon père, dans son enfance, en reçut le nom d'Aigle, à cause, m'a-t-on dit, de la conformation de son visage, et Mohican ne m'en a jamais donné d'autre. C'est pour cette raison qu'il me nommait un Delaware, et j'ai vu le moment, monsieur Temple, où j'aurais désiré l'être véritablement.

Le jeune homme cessant de parler : — Continuez votre récit, lui dit Marmaduke.

— Il me reste peu de choses à vous dire, Monsieur. Je me rendis ici parce que j'avais entendu dire bien souvent que Natty demeurait sur les bords de ce lac ; et je l'y trouvai effectivement, prenant en secret les plus tendres soins de son ancien maître ; car lui-même ne pouvait supporter l'idée de donner en spectacle au monde, dans l'état où l'âge et les malheurs l'avaient réduit, un homme que tout un peuple avait regardé autrefois avec respect.

— Et que fîtes-vous alors ?

— J'employai le peu d'argent qui me restait à acheter un fusil et des vêtements grossiers, et je me mis à chasser avec Bas-de-Cuir. Vous savez le reste, monsieur Temple.

— Et fous n'afoir pas pensé au fieux Fritz Hartmann ! s'écria le major d'un ton de reproche. Le nom de Fritz Hartmann n'afoir donc jamais sorti de la pouche de fotre père ?

— J'ai pu avoir tort, Messieurs, répondit le jeune homme ; mais j'avais de la fierté, et je ne pouvais me résoudre aux aveux que ce jour m'a arrachés. Si mon aïeul avait vécu jusqu'à l'automne, je comptais le conduire à New-York. Nous y avons des parents éloignés, et ils doivent maintenant avoir appris à pardonner aux tories qui ont défendu la cause royale. Mais il s'affaiblit rapidement, ajouta-t-il, et je crains qu'il ne repose bientôt à côté de Mohican.

L'air étant pur et le jour étant beau, ils restèrent sur la terrasse jusqu'à l'arrivée de la voiture de M. Temple, et la conversation continua avec un intérêt toujours croissant, chaque phrase servant à mieux mettre dans tout leur jour les intentions bienfaisantes qu'avait eues Marmaduke, et chaque instant diminuant les préventions que le jeune Effingham avait conçues contre lui. Il ne fit plus d'objection au transport de son aïeul chez le juge, et le vieillard montra une espèce de plaisir enfantin quand il se vit placé dans la voiture. Lorsqu'on l'eut porté dans le salon, il porta les yeux tour à tour sur tous les meubles qui y étaient contenus, et il paraît que l'idée qui le frappa fut qu'il venait de rentrer dans sa maison, car il adressait quelques mots insignifiants de politesse à tous ceux qui s'approchaient de lui, comme s'il eût voulu en faire les honneurs. La fatigue du voyage, et le travail qu'occasionnait à son esprit le changement subit survenu dans sa situation, le jetèrent bientôt dans une sorte d'épuisement ; son petit-fils et Natty le portèrent dans l'appartement qui lui avait été préparé, et le mirent dans un bon lit, luxe qu'il n'avait pas connu depuis près d'un an.

Aggy vint alors dire à Effingham que M. Temple désirait lui parler dans sa bibliothèque, et Olivier, laissant Natty près de son aïeul, s'y rendit aussitôt. Il y trouva le juge avec le major Hartmann.

— Lisez ce papier, Olivier, lui dit Marmaduke dès qu'il le vit entrer, et vous verrez que, bien loin de vouloir faire tort à votre famille pendant ma vie, j'avais au contraire pris des mesures pour que justice lui fût rendue, et même après ma mort..

Le jeune homme prit le papier qui lui était présenté, et vit du premier coup d'œil qu'il contenait le testament de M. Temple. Tout troublé, tout agité qu'il était, il reconnut ensuite que la date en correspondait exactement à l'époque où Marmaduke avait été plongé quelque temps dans l'accablement, après avoir reçu des nouvelles de son correspondant d'Angleterre. A mesure qu'il avançait dans cette lecture, ses yeux se mouillaient, et sa main pouvait à peine soutenir le papier qu'il lisait, tant elle tremblait violemment.

Le testament commençait par le préambule d'usage, et M. Van der School n'y avait pas oublié un seul mot de forme ou de pratique; mais ensuite on y reconnaissait visiblement le style de Marmaduke. Il rapportait, de la manière la plus claire et la plus précise, les obligations qu'il avait au colonel Effingham, la nature de leur liaison, les circonstances qui les avaient séparés, et la confiance entière que son ami avait eue en lui. Il expliquait alors les motifs d'une conduite qui avait pu paraître suspecte au colonel, malgré les sommes considérables qu'il lui avait envoyées, et disait ensuite que, voyant que son ami ne voulait recevoir aucune de ses lettres, il avait fait des recherches inutiles dans le Connecticut pour découvrir le major Effingham, son père, qui en avait disparu tout à coup, et qu'il avait lieu de croire que le fils du colonel avait péri dans un naufrage.

Après avoir ainsi établi clairement tous les faits dont nos lecteurs doivent maintenant tenir la chaîne, il établissait le compte des sommes qu'il avait reçues de son ami. Il léguait ensuite au major Olivier Effingham, au colonel Edwards Effingham, ou à Olivier Edwards Effingham, fils de ce dernier, ou à leurs descendants en ligne directe, la moitié de tous les immeubles qui lui appartenaient, et nommait des exécuteurs testamentaires chargés de veiller à l'accomplissement de cette disposition. Mais si l'on ne pouvait découvrir, dans l'espace de quinze ans, aucun des individus ayant droit à ces legs, il devenait nul et comme non avenu, et la totalité de ses biens appartenait à sa fille, à la charge par elle de rembourser aux héritiers légaux desdits Effingham les sommes principales qu'il avait reçues du colonel, et les intérêts suivant la loi.

Les larmes tombèrent des yeux d'Olivier en lisant ce témoignage irrécusable de la bonne foi de Marmaduke, et ses regards étaient encore fixés sur ce papier, quand une voix douce, dont le son le fit tressaillir, dit presque à son oreille :

— Eh bien ! Olivier, doutez-vous encore de nous ?

— Je n'ai jamais douté de vous, s'écria Effingham en saisissant la main d'Elisabeth ; non, ma foi en vous n'a pas chancelé un instant.

— Et en mon père ?

— Que la bénédiction du ciel descende sur lui !

— Je vous remercie, mon fils, dit Marmaduke en lui serrant la main ; nous avons tous deux quelques reproches à nous faire : vous avez été trop vif, et j'ai été trop lent. La moitié de mes biens vous appartient dès ce moment ; et, si mes soupçons ne me trompent pas, je crois que l'autre moitié n'en sera pas séparée.

A ces mots, il prit la main de sa fille, la mit dans celle d'Effingham, et fit signe au major de sortir avec lui.

— Ah, ah ! miss Temple, dit le major en souriant : moi n'être plus comme quand moi serfir afec son grand-père sur les lacs ; sans quoi lui pas emporter si aisément un si peau prix.

— Allons, allons, Fritz, dit Marmaduke, songez que vous avez soixante-dix ans, et que Richard vous attend avec un pot de toddy de sa façon.

— Richard, s'écria le major ; *der teufel !* son toddy être pon pour mon chefal, le sucrer avec de la mélasse d'éraple. Moi lui apprendre à en faire.

Marmaduke l'entraîna hors de l'appartement, et en ferma la porte après lui en faisant aux deux jeunes gens un signe d'adieu en souriant.

Nous nous bornerons à dire que le tête-à-tête fut très-long. Il ne fut interrompu qu'à six heures dans la soirée par l'arrivée de

M. Le Quoi, qui venait réclamer l'entretien particulier que miss Temple lui avait promis la veille. Effingham se retira, et Elisabeth ne fut pas peu surprise quand le Français, sans beaucoup de circonlocutions, lui offrit son cœur, sa main, son père, sa mère, sa sucrerie de la Martinique, et toutes ses espérances en France. Nous devons croire que la fille du juge avait déjà pris quelques arrangements antérieurs avec Olivier; car, quelque séduisante que fût cette offre, elle la refusa avec politesse, mais d'un ton plus décidé peut-être qu'elle n'était faite.

Le Français alla bientôt joindre l'Allemand et le shérif, qui le forcèrent de se mettre à table, où, à l'aide du punch, du vin et de l'ale, on fit oublier au complaisant M. Le Quoi le sujet de sa visite. Il était évident qu'il avait fait son offre comme remplissant un devoir vis-à-vis d'une dame qui vivait dans un lieu retiré, et que son cœur n'était pas pour beaucoup dans cette affaire. Après quelques libations, les deux originaux, l'Allemand et le shérif, persuadèrent au Français qu'il se rendait coupable d'une inexcusable partialité en offrant à une dame cette preuve de dévouement et de galanterie s'il ne l'offrait aussi à l'autre. En conséquence M. Le Quoi se rendit chez le recteur, et s'acquitta du même hommage auprès de miss Grant; mais ses secondes amours ne furent pas plus heureuses que les premières.

A son retour sur les dix heures, Richard et le major étaient encore à table: ils voulurent persuader au Gallois qu'il devait en troisième lieu faire une tentative sur Remarquable Pettybones; mais quoique stimulé par le cœur et le vin, M. Le Quoi leur laissa perdre deux heures de leur logique sur ce sujet; car il se refusa à leur conseil avec une opiniâtreté vraiment étonnante dans un homme si poli [1].

Quand Benjamin accompagna M. Le Quoi sur le seuil de la porte, il lui dit :

— Monsir, si vous aviez couru une bordée sur mistress Pretty-Bones [2], comme le squire Dickon vous le disait, mon opinion est que vous auriez eu le grappin sur vous; et dans ce cas, il vous eût été difficile de prendre le large honorablement; car miss Lizzy

1. Les Américains ont conservé, comme les Anglais, de singulières idées sur le caractère français. Le personnage de M. Le Quoi est une caricature, il est vrai, et jamais l'ancienne galanterie française ne fut si ridicule.
2. Benjamin continue d'appeler mistress Pettybones (petits os), mistress Pretty-Bones (jolis os).

et la jeune demoiselle du ministre sont de petits bricks qui filent au premier vent; mais mistress Remarquable est une de ces galiotes qui n'aiment pas à voguer seules, lorsqu'une fois elles ont été conduites à la remorque.

CHAPITRE XLI.

> Oui, allez; — nous ne laisserons pas pour ceux qui triomphent ceux qui sont dans le deuil. Qu'avec cette flotte joyeuse soient le rire et les exclamations de la joie. — C'est avec cet esquif que le ménestrel va continuer son récit.
>
> Sir Walter Scott. *Le Lord des Iles.*

Les événements rapportés dans le chapitre qui précède se passèrent en juillet, et après avoir fait presque le tour de l'année, nous terminerons notre relation dans le délicieux mois d'octobre. Mais pendant cet intervalle, il se passa plusieurs événements dont nous avons à rendre compte.

Les deux principaux furent le mariage d'Olivier et d'Elisabeth, et la mort du major Effingham. Tous deux eurent lieu dans le commencement de septembre, et le mariage ne précéda la mort que de quelques jours. Le vieillard s'éteignit comme une lampe s'éteint faute d'huile; ses amis furent sensibles à sa perte; mais, vu l'état où il était réduit, on sent que leurs regrets ne purent être de bien longue durée.

Un des principaux soins de Marmaduke fut de concilier ce qu'il se devait à lui-même comme magistrat, avec les sentiments qu'il éprouvait comme père et comme homme. Le lendemain du jour qui avait vu l'attaque de la caverne, Natty et Benjamin furent réintégrés dans la prison, et il eut soin qu'ils n'y manquassent de rien jusqu'au retour d'un exprès qu'il avait envoyé à Albany, et qui en rapporta la grâce du vieux chasseur. Quant à Hiram Doolittle, on obtint aisément de lui le désistement des plaintes qu'il avait à faire, tant contre Bas-de-Cuir que contre le majordome. Tous deux ne tardèrent pas à être rendus à la liberté.

LES PIONNIERS.

Benjamin alla reprendre ses fonctions dans *la grande maison*, et Bumppo retourna dans les bois.

Hiram Doolittle ne tarda pas à s'apercevoir que ses connaissances en architecture et en jurisprudence ne marchaient pas de niveau avec les progrès que faisait chaque jour l'établissement formé à Templeton. Il prit donc le parti de s'avancer vers l'ouest, où l'on commençait en à fonder de nouveaux, et l'on y trouve encore aujourd'hui, dans plusieurs bâtiments d'ordre composite, des vestiges de la science de cet homme célèbre.

Jotham Ridel, à qui sa folie coûta la vie, reconnut avant de mourir que sa raison pour croire à l'existence d'une mine dans l'endroit où il avait creusé la terre, était l'assurance que lui avait donnée une sibylle qui prétendait avoir le talent de les découvrir par le moyen d'un miroir magique. De telles superstitions ne sont pas rares dans les nouveaux établissements, et cette mine, qui avait fait pendant quelques jours le sujet de toutes les conversations, ne tarda pas à être oubliée. Mais en même temps que cet aveu écarta de l'esprit de Richard Jones quelques doutes qui lui restaient encore sur les occupations des trois chasseurs, il fut pour lui une leçon mortifiante qui fut favorable au repos de son cousin Marmaduke; car, depuis cette époque, quand le shérif voulait lui proposer quelques nouveaux projets fondés sur des visions, le seul mot *mine*, prononcé par M. Temple, était un talisman qui les faisait évanouir.

M. Le Quoi trouva l'île de la Martinique et sa sucrerie en possession des Anglais; mais il retrouva dans sa patrie son père, sa mère, ses amis, et tous ses moyens d'existence, et M. Temple eut la satisfaction de recevoir de lui régulièrement deux fois par an une lettre où il lui peignait le bonheur dont il jouissait dans sa chère France, et la reconnaissance qu'il conservait pour les amis qui l'avaient si bien accueilli en Amérique.

Après ce peu de détails indispensables, nous allons reprendre le fil de notre histoire. Que nos lecteurs américains se figurent une de nos plus belles matinées d'octobre où le soleil paraît une sphère de feu argentée, où l'on trouve à l'air qu'on respire une élasticité qui répand la vie et la vigueur dans tout le corps, où le temps n'est ni trop chaud ni trop froid, mais offre cette heureuse température qui fait circuler le sang plus rapidement, sans occasionner la lassitude qu'on éprouve pendant le printemps.

Ce fut dans une telle matinée, vers le milieu de ce mois, qu'Olivier entra dans le salon où Elisabeth donnait à l'ordinaire ses ordres pour la journée, et lui proposa une promenade sur les bords du lac. Un air de douce mélancolie qu'elle remarqua sur les traits de son mari attira l'attention d'Elisabeth, qui, jetant sur ses épaules un châle de mousseline légère, et couvrant ses cheveux noirs d'un chapeau de paille, lui prit le bras et le suivit sans lui faire une question.

Ils marchèrent en silence jusqu'à ce qu'ils fussent arrivés sur le bord du lac, chacun d'eux semblant respecter les réflexions auxquelles l'autre se livrait. Enfin Effingham dit à sa jeune épouse : — Vous devinez sans doute où je vous conduis, ma chère Elisabeth ; vous connaissez mes plans ; qu'en pensez-vous ?

— Il faut d'abord que je voie comment ils ont été exécutés, Olivier ; mais j'ai aussi les miens, et il est temps que je commence à vous en parler.

— Vraiment ! je parie que c'est quelque projet en faveur de mon vieil ami Natty.

— Certainement, je ne l'oublie pas ; mais nous avons encore d'autres amis à servir ; oubliez-vous Louise et son père ?

— Non certainement. N'ai-je pas donné au digne ministre une des meilleures fermes des environs ? Et quant à Louise, je suis sûr qu'elle n'a d'autre désir que de rester toujours près de vous.

— Le croyez-vous ? dit Elisabeth en serrant légèrement les lèvres. Mais la pauvre Louise peut avoir d'autres vues. Elle peut avoir envie de suivre mon exemple et de se marier.

— J'en doute ; d'ailleurs je ne vois personne ici qui soit digne d'elle.

— Mais Templeton n'est pas le seul endroit où l'on puisse trouver un mari, Olivier, et il y a d'autres églises que notre Saint-Paul.

— D'autres églises ! vous ne voudriez pas éloigner de nous le digne M. Grant ?

— Et pourquoi non, si son intérêt l'exige ? Nous devons aimer nos amis pour eux-mêmes.

— Mais vous oubliez la ferme.

— Il pourra la louer, comme le font tant d'autres.

— Mais enfin quel est votre plan ?

— Le voici : mon père, à ma sollicitation, a obtenu que

M. Grant fût appelé comme ministre dans une ville sur l'Hudson. Il y vivra plus agréablement qu'il ne peut le faire dans nos montagnes, obligé de faire des courses continuelles d'un établissement à un autre; il y passera tranquillement l'hiver de sa vie, et la société qui s'y trouve lui fournira plus de moyens pour établir convenablement sa fille.

— En vérité, vous m'étonnez, Elisabeth. Je ne vous soupçonnais pas d'avoir des vues si profondes.

— Plus profondes que vous ne le pensez, lui répondit-elle avec un sourire ; mais telle est ma volonté, Effingham, et il faut que vous vous y soumettiez. Mon père ne vous a-t-il pas prévenu que je vous gouvernerais comme je le gouvernais?

Olivier ne lui répondit qu'en lui serrant la main, et comme ils arrivaient en ce moment au bout de leur excursion, d'autres idées qui se présentèrent à leur esprit mirent fin à cette conversation.

Ils étaient alors arrivés sur le terrain où avait existé quelques mois auparavant la hutte de Natty. On avait retiré tous les soliveaux à demi brûlés et les décombres qui le couvraient ; on l'avait nivelé; on l'avait revêtu d'un gazon auquel les pluies du commencement de l'automne avaient donné la fraîcheur du printemps ; enfin on l'avait entouré d'un mur de clôture construit en pierres, et une porte garnie d'un simple loquet donnait entrée dans cette enceinte. Quand ils approchèrent, ils virent le fusil de Natty appuyé contre la muraille; Hector et la chienne, couchés à côté, semblaient des sentinelles veillant sur la propriété de leur maître. Le vieux chasseur était dans l'intérieur, étendu par terre devant une pierre sépulcrale placée au bas d'un monument en marbre blanc, et il arrachait les grandes herbes qui commençaient déjà à en couvrir l'inscription et les ornements. Les deux jeunes époux avancèrent sans bruit, et s'arrêtèrent derrière lui. Au bout de quelques instants, il se leva, et se tint debout, les bras croisés sur la poitrine, et les yeux toujours fixés sur ce même objet.

— Eh bien ! se dit-il à lui-même, j'ose dire que tout cela n'est pas mal fait. Il y a là quelque chose qui ressemble à de l'écriture, et que je ne puis déchiffrer ; mais tout le reste, l'arc, les flèches, la pipe se reconnaît aisément; le tomahawk même est assez bien, pour quelqu'un qui n'en a peut-être jamais vu. Ainsi donc les voilà, côte à côte, dans la terre. Et qui m'y mettra, moi, quand mon heure sera venue ?

— Quand cette heure malheureuse arrivera, Natty, dit Effingham, vous ne manquerez pas d'amis pour vous rendre les derniers devoirs.

Le vieux chasseur se retourna, mais sans montrer aucune surprise, car il avait pris cette habitude des Indiens.

— Vous êtes donc venu voir les tombeaux? dit-il; eh bien! eh bien! c'est une vue salutaire pour les jeunes comme pour les vieux.

— J'espère que vous en êtes satisfait, Natty; personne n'avait plus de droit que vous d'être consulté en cette occasion.

— Je ne m'y connais pas, monsieur Olivier; mais tout cela me semble assez bien. Vous avez eu soin de tourner la tête du major du côté de l'ouest, et celle du Mohican du côté de l'orient?

— Comme vous l'avez désiré.

— Cela vaut mieux, parce que Mohican croyait qu'ils ne devaient pas voyager du même côté. Quant à moi, je pense qu'il y a un être au-dessus de tous les autres, qui appellera à lui tous les gens de bien quand le moment fixé par sa volonté sera venu, qui blanchira la peau du noir, et qui le placera au même niveau que les princes.

— Vous ne devez pas en douter, Natty, dit Elisabeth; je me flatte que nous serons réunis un jour, et que nous serons heureux tous ensemble.

— Vous le croyez. Eh bien! il y a de la consolation dans cette pensée. Mais, avant de partir, je voudrais bien savoir ce que vous dites là à tous ceux qui arrivent dans ce pays, comme des volées de pigeons au printemps, du vieux chef delaware et du plus brave homme blanc qu'on ait jamais vu sur ces montagnes.

Effingham se tourna vers le monument, et lut ce qui suit :

A LA MÉMOIRE

D'OLIVIER EFFINGHAM,

MAJOR DANS LE 60ᵉ RÉGIMENT D'INFANTERIE DE S. M. B.

Recommandable
Par sa valeur comme soldat,
Par sa loyauté comme sujet,
Par ses vertus comme homme,

LES PIONNIERS.

> Par sa foi comme chrétien,
> Il passa le matin de ses jours
> Dans les honneurs, la richesse, la puissance;
> Le soir en fut obscurci
> Par l'oubli, les souffrances et la pauvreté;
> Mais ses maux furent adoucis
> Par le dévouement
> D'un ancien serviteur, d'un fidèle ami,
> NATHANIEL BUMPPO, dit BAS-DE-CUIR.
> Son petit-fils éleva ce monument
> Au souvenir du maître et du serviteur.

Bas-de-Cuir tressaillit en entendant prononcer son nom, et un sourire de satisfaction anima sa physionomie.

— Avez-vous dit cela, monsieur Olivier? Avez-vous fait tailler dans le marbre le nom du vieux serviteur à côté de celui de son vieux maître? Que Dieu vous en récompense! C'est une bonne pensée! une pensée généreuse! Et montrez-moi donc l'endroit où vous avez fait écrire mon nom.

Il suivit des yeux avec intérêt le doigt d'Effingham qui lui désignait la ligne où se trouvait son nom, et les caractères qui le composaient.

— C'est avoir eu bien de la bonté, dit-il ensuite, pour un pauvre homme qui ne laissera personne de son sang ni de son nom dans un pays qu'il a habité si longtemps. Mais qu'avez-vous dit de la Peau-Rouge?

— Vous allez l'entendre.

> A LA MÉMOIRE
> D'un chef indien
> De la tribu Delaware
> Connu sous les noms
> De JOHN, de MOHICAN, de CHINGAGOOK.

— Gach! s'écria Natty; Chingachgook, ce qui veut dire grand serpent. Il ne faut pas se tromper sur les noms indiens, monsieur Olivier, parce qu'ils signifient toujours quelque chose.

— Je le ferai changer, dit Effingham; et il continua à lire l'inscription.

> Il fut le dernier de sa nation
> Qui habita ce pays.

> S'il eut des défauts,
> Ce furent ceux d'un Indien;
> Et ses vertus
> Furent celles d'un homme.

— Jamais vous n'avez rien dit de plus vrai, monsieur Olivier. Ah! si vous l'aviez connu comme moi! si vous l'aviez vu dans sa jeunesse, dans cette bataille après laquelle le brave homme qui dort à ses côtés lui sauva la vie, quand ces coquins d'Iroquois l'avaient déjà attaché au poteau? Je coupai ses liens de ma propre main, et je lui donnai mon tomahawk et mon couteau, attendu que le fusil a toujours été mon arme favorite. Et comme il s'en servit quand nous poursuivîmes ces brigands! Il avait le soir onze chevelures. Eh bien! quand je regarde ces montagnes où je voyais quelquefois jusqu'à vingt feux des Delawares, cela me rend soucieux de penser qu'il n'y reste pas une Peau-Rouge, à moins que ce ne soit quelque ivrogne vagabond venant de l'Onéida, ou de ces demi-Indiens du bord de la mer, qui, à mon avis, ne sont pas des créatures de Dieu, puisqu'ils ne sont ni blancs ni rouges. Enfin le moment est arrivé, il faut que je parte.

— Que vous partiez! s'écria Effingham; et où voulez-vous aller?

— Je réponds qu'il veut aller chasser bien loin d'ici! s'écria Elisabeth en le voyant se baisser pour ramasser un paquet en forme de havre-sac, qu'il avait placé derrière le monument, et le charger sur ses épaules. Il ne faut plus entreprendre de si longues expéditions dans les bois, Natty; à votre âge cela est imprudent.

— Elisabeth a raison, Bas-de-Cuir, ajouta Effingham; si vous voulez chasser, que ce soit sur les montagnes voisines. Quel besoin avez-vous maintenant de vous condamner à une vie si dure?

— A une vie si dure, monsieur Olivier! répondit Natty; c'est le seul plaisir qui me reste dans ce monde. Et cependant je savais que la séparation serait pénible; je le savais, et c'était pourquoi j'étais venu faire mes adieux aux tombeaux, pour partir sans vous revoir. Mais ne croyez pas que ce soit faute d'amitié; en quelque lieu que soit le corps du vieux Natty, son cœur sera toujours avec vous.

— Que voulez-vous donc dire, Bas-de-Cuir? s'écria Effingham; où avez-vous dessein d'aller?

— Eh bien! monsieur Olivier, dit Natty en s'approchant de lui, comme si ce qu'il avait à lui dire devait répondre à toute objection, j'ai dessein d'aller dans les environs des grands lacs; on dit que la chasse y est bonne, et qu'il ne s'y trouve pas un homme blanc, si ce n'est peut-être quelque chasseur comme moi. Je suis las de vivre dans un endroit où, depuis le matin jusqu'au soir, je n'entends à mes oreilles que le bruit de la hache et du marteau; et, malgré mon affection pour vous deux, je sens que j'ai besoin de vivre dans les bois, je le sens.

— Dans les bois! répéta Elisabeth en tremblant d'émotion; n'appelez-vous donc pas des bois les immenses forêts qui nous entourent?

— Ah! madame¹ Effingham, qu'est-ce que cela pour un homme habitué au désert? Je n'ai guère eu de plaisir dans ce monde, depuis que votre père est venu s'établir dans ce canton. Et cependant je ne m'en serais jamais éloigné, tant que le ciel conservait en vie les deux corps qui sont ici. Mais voilà Chingachgook parti, le major l'a suivi; vous êtes jeunes et heureux, je ne puis vous être utile à rien; il est temps que je pense à moi, et que je tâche de passer à mon goût le peu de jours qu'il me reste à vivre. Des bois! non, non, je ne donne pas le nom de bois à un endroit où je me perds tous les jours de ma vie dans des défrichements.

— Mais s'il manque quelque chose à votre satisfaction, Natty, reprit Olivier, dites-le-nous, et, à moins que cela nous soit impossible, nous y pourvoirons.

— Vos intentions sont bonnes, monsieur Olivier, mais nos goûts ne sont pas les mêmes, nous ne marchons pas dans les mêmes voies. C'est comme le major et Chingachgook; ils ont pris, l'un à l'orient, l'autre à l'occident, pour aller au ciel, et cependant ils finiront par se rencontrer. Il en sera de même de nous. Oui, nous nous retrouverons dans le pays des justes, je l'espère, j'y compte.

— Mais cela est si nouveau, si inattendu! s'écria Elisabeth. Je croyais, Natty, que vous aviez dessein de vivre et de mourir avec nous.

— Nos efforts sont inutiles, dit Effingham à son épouse à demi-

---

1. Madame, au lieu de mistress, était en usage à l'époque de cette histoire. Selon M. Cooper, il est familier d'écrire mistress tout au long devant un nom au lieu de l'abréviation de Mrs.

voix ; des liens de quelques jours ne peuvent rompre des habitudes de quarante ans. Eh bien ! Natty, puisque vous voulez vous éloigner de Templeton, du moins n'allez pas aussi lon que vous vous le proposez ; laissez-moi vous faire construire une hutte à l'endroit que vous choisirez, à vingt ou trente milles d'ici, afin que nous puissions vous voir de temps en temps, avoir de vos nouvelles, être certain qu'il ne vous manquera rien.

— Ne craignez rien pour moi, monsieur Olivier ; Dieu pourvoira à mes besoins. Je vous dis que vos intentions sont bonnes, mais nos voies ne sont pas les mêmes. La vue des hommes vous fait plaisir ; moi, je n'aime que la solitude. Je mange quand j'ai faim, je bois quand j'ai soif ; et vous, il faut qu'une cloche vous en donne le signal. Vous engraissez jusqu'à vos chiens par trop de bonté, tandis qu'il faut qu'ils soient un peu maigres pour bien chasser. Dieu n'a pas fait pour rien la dernière de ses créatures, et il m'a fait pour le désert. Si vous avez de l'amitié pour moi, laissez-moi donc vivre de la manière qui peut seule m'être agréable.

Il eût été difficile d'insister davantage. Elisabeth se détourna pour pleurer, et Effingham, tirant son portefeuille de sa poche, y prit tous les billets de banque qui s'y trouvaient, et les présenta au vieux chasseur.

— Prenez du moins cela, lui dit-il, vous pouvez en avoir besoin quelque jour.

Natty examina les billets de banque avec un air de curiosité, mais sans y toucher.

— C'est sans doute là, dit-il, de cette monnaie qu'on fait avec du papier ? Je n'en avais jamais vu. Et que voulez-vous que j'en fasse ? Cela n'est bon que pour des savants. Je ne pourrais même m'en servir pour bourrer mon fusil, vu que je ne me sers jamais que de cuir. Non, non, gardez cela ; je ne puis manquer de rien, puisque, avant le départ du Français, vous m'avez fait présent de tout ce qui restait de bonne poudre dans sa boutique ; et l'on dit qu'on trouve du plomb dans le pays où je vais. Madame Effingham, permettez à un vieillard de baiser votre main, et que toutes les bénédictions du ciel soient votre partage.

— Je vous en supplie encore une fois, Bas-de-Cuir, s'écria Elisabeth, ne nous quittez pas ! Ne me laissez pas dans une si cruelle inquiétude pour l'homme qui m'a deux fois sauvé la vie. Des rêves effrayants, vous présenteront à moi mourant de besoin, de vieillesse et de pauvreté au milieu des animaux féroces dont vous m'avez délivrée, et contre lesquels vous n'aurez peut-être plus la force de vous défendre. Restez avec nous, je vous en conjure ! que ce soit pour nous, si ce n'est pour vous-même !.

— De telles pensées et de tels rêves ne vous tourmenteront pas longtemps, dit le vieux chasseur d'un ton solennel ; la bonté de Dieu ne le permettra pas. Mettez votre confiance en lui, et si vous songez encore quelquefois à la panthère, que ce soit pour rendre grâce, non pas à moi, mais à celui qui a dirigé mes pas pour vous en délivrer. Je prie Dieu de veiller sur vous, ce Dieu qui veille sur les défrichements comme sur les bois ; qu'il vous bénisse ainsi que tout ce qui vous appartient, jusqu'au grand jour où les Peaux-Blanches seront jugées comme les Peaux-Rouges, et où la loi sera la justice et non le pouvoir.

Elisabeth leva la tête, et approcha de lui sa joue pâle et mouillée de larmes. Il ôta son bonnet, et la toucha respectueusement de ses lèvres. Effingham lui serra la main avec une sorte de convulsion, sans pouvoir prononcer une parole. Le vieux chasseur serra alors sa ceinture et les courroies qui attachaient son paquet sur ses épaules, se préparant à partir, mais avec une sorte de lenteur qui prouvait combien cette séparation lui coûtait. Il essaya une ou deux fois de leur parler encore, mais il n'y put réussir. Enfin s'armant de résolution, il appuya son fusil sur son épaule, et s'écria d'une voix trop forte pour qu'on pût remarquer l'émotion qui l'agitait :

— Ici ! ici, Hector ! allons, en marche, mes enfants ! Vous avez du chemin à faire avant d'arriver à la fin de votre voyage.

Les deux chiens se levèrent en entendant sa voix, flairant autour des tombeaux et du couple silencieux, comme devinant leur départ, puis suivirent humblement les traces de leur maître. Pendant un moment de silence le jeune homme se cacha le visage sur la tombe de son aïeul ; mais quand l'orgueil de l'homme l'eut emporté sur la faiblesse de la nature, il voulut renouveler ses instances, mais il ne trouva plus dans le cimetière que sa femme et lui.

— Il est parti ! s'écria Effingham.

Elisabeth leva la tête et vit le vieux chasseur arrêté sur la lisière du bois, pour regarder encore un moment. En rencontrant les yeux d'Olivier et de son épouse, il passa sa rude main sur les siens, puis l'agita en l'air en signe d'adieu, et adressant un appel à ses chiens qui étaient à ses pieds, il entra dans la forêt.

Ce fut la dernière fois qu'ils virent Bas-de-Cuir. En vain M. Temple le fit chercher partout ; jamais on n'en eut aucune nouvelle. Il s'avançait vers le soleil couchant, le premier de cette troupe de *pionniers*[1] qui ouvrirent aux Américains un chemin vers l'autre mer à travers le continent.

1. Le vrai sens du titre trouve ici son explication. En appelant son ouvrage *a descriptive tale* (un roman descriptif), l'auteur a indiqué suffisamment son intention de décrire à la fois les sites et la nature toute particulière du pays autant que la physionomie morale de ses premiers colons. Nous croyons donc entrer dans sa pensée en donnant ici quelques détails sur la culture de l'érable : c'eût été le sujet d'une note pour le chapitre XX ; mais son étendue nous force à la rejeter à la fin de l'ouvrage.

NOTE SUR L'ÉRABLE.

L'érable est un arbre de la famille des acérinées (*polygamie monoécie*), dont on connaît vingt et une espèces nouvelles aux parties tempérées de l'un ou de l'autre continent. Les plus intéressantes sont : l'érable sycomore, qui donne aussi du sucre ; l'érable plane, remarquable par son beau port et sa feuille précoce ; l'érable noir, variété de l'érable à sucre ; l'érable blanc ; l'érable rouge, etc., etc. ; mais surtout l'érable à sucre, qui est celui qui doit nous occuper. Nous avons recours, pour le faire connaître, à MM. L. Deslongchamps et Michaux.

« L'érable à sucre, *acer saccharinus* (LINN.), atteint quelquefois une grande élévation dans son pays natal, comme soixante-dix à quatre-vingts pieds : mais le plus communément il ne s'élève qu'à cinquante ou soixante pieds. Ses feuilles ont environ cinq pouces de largeur ; elles sont portées sur de longs pétioles, et découpées en cinq lobes entiers et aigus, lisses et d'un vert clair en dessus, glauques ou blanchâtres en dessous. Ses fleurs sont petites, jaunâtres, portées sur des pédoncules minces, flexibles, et disposées en corymbes peu garnies. Ses fruits sont formés de deux capsules ovales, renflées, dont les ailes sont courtes, redressées et rapprochées. Cet érable est originaire du nord des États-Unis d'Amérique et du Canada, où il croît dans les situations froides et humides, mais dont le sol est fertile et montagneux.

« Le bois de l'érable à sucre a le grain fin, très-serré, et il est susceptible, quand il est travaillé, de prendre un beau poli et une apparence soyeuse comme lustrée ; nouvellement débité, il est d'abord blanc et devient avec le temps d'une couleur rosée. Il est assez pesant, et il a beaucoup de force. Dans quelques parties du nord des États Unis, où le chêne est fort rare, on l'emploie dans les campagnes pour faire la charpente des maisons, et dans certains ports pour former la quille et la partie inférieure des vaisseaux, parties qui, restant toujours submergées, ne sont pas sujettes aux alternatives de sécheresse et d'humidité qui font promptement pourrir le bois d'érable à sucre et le rendent peu propre à beaucoup d'autres constructions. Quand il est bien desséché les charrons s'en servent aussi pour faire des essieux de voitures, des jantes de roues, et les ébénistes savent tirer parti de certaines ondulations de ses fibres ligneuses, et de certaines petites taches qui se rencontrent dans les vieux arbres, pour en fabriquer des meubles de prix. Le bois de cette espèce, parsemé de ces petites taches qui n'ont pas ordinairement plus d'une ligne de largeur, est nommé érable à l'œil d'oiseau. Elles sont quelquefois contiguës les unes aux autres, quelquefois aussi distantes de plusieurs lignes ; plus elles sont multipliées, plus cet érable est recherché par les ébénistes, qui le débitent ordinairement en feuilles très-minces pour les plaquer sur d'autres bois, et même sur de l'acajou.

« L'érable à sucre fournit un excellent bois de chauffage; il brûle en produisant beaucoup de chaleur, et ses cendres, riches en principes alcalins, fournissent beaucoup de potasse. Son charbon est très-estimé aux États-Unis pour les forges.

« Le sucre qu'on fabrique avec la sève de cet érable est d'une assez grande importance dans certaines parties de l'Amérique, et il est d'une grande ressource pour les habitants qui, placés à une distance éloignée des ports de mer, vivent dans les cantons où cet arbre abonde; car, dans ce pays, toutes les classes de la société font un usage journalier de thé et de café. Nous allons donner la méthode suivie dans les États-Unis pour l'extraction de cette sève et la fabrication du sucre, en abrégeant autant que possible ce que dit à ce sujet M. André Michaux, dont l'ouvrage contient des notions si exactes et si étendues sur tous les arbres forestiers de l'Amérique du nord.

« Le procédé qu'on suit généralement pour obtenir cette espèce de sucre est très-simple, et il est à peu de chose près le même dans tous les lieux où on le pratique. C'est ordinairement dans le courant de février ou dans les premiers jours de mars qu'on commence à s'occuper de ce travail, époque où la sève entre en mouvement, quoique la terre soit encore couverte de neige, que le froid soit très-rigoureux, et qu'il s'écoule presque un intervalle de deux mois avant que les arbres entrent en végétation. Après avoir choisi un endroit central, eu égard aux arbres qui doivent fournir la sève, on élève un appentis désigné sous le nom de *sugar camp* (camp à sucre): il a pour objet de garantir des injures du temps les chaudières dans lesquelles se fait l'opération, et les personnes qui la dirigent. Une ou plusieurs tarières d'environ neuf lignes de diamètre; de petits augets destinés à recevoir la sève; des tuyaux de sureau ou de sumac, de huit à dix pouces, ouverts sur les deux tiers de leur longueur et proportionnés à la grosseur des tarières; des seaux pour vider les augets et transporter le sucre au camp; des chaudières de la contenance de quinze ou seize gallons (soixante à soixante-quatre litres); des moules propres à recevoir le sirop arrivé au point d'épaississement convenable pour être transformé en pains; enfin, des haches pour couper et fendre le combustible, sont les principaux ustensiles nécessaires à ce travail.

« Les arbres sont perforés obliquement, de bas en haut, à dix-huit ou vingt pouces de terre, de deux trous faits parallèlement, à quatre ou cinq pouces de distance l'un de l'autre; il faut avoir l'attention que la tarière ne pénètre que d'un demi-pouce dans l'aubier, l'observation ayant appris qu'il y avait un plus grand écoulement de sève à cette profondeur que plus ou moins avant. On recommande encore et l'on est dans l'usage de les percer dans la partie de leur tronc qui correspond au midi; cette pratique, quoique reconnue préférable, n'est cependant pas toujours suivie.

« Les augets, de la contenance de deux ou trois gallons (huit à douze litres), sont faits de pin blanc, de frêne blanc, d'érable ou de mûrier, suivant les cantons. On évite de se servir du châtaignier, du chêne, et surtout du noyer noir, parce que la sève se chargerait facilement de la partie colorante et même d'un certain degré d'amertume dont ces bois sont imprégnés. Un auget est placé à terre au pied de chaque arbre pour recevoir la sève qui découle par les deux tuyaux introduits dans les trous faits avec la tarière; elle est recueillie chaque jour, portée au camp, et déposée provisoirement dans des tonneaux, d'où on la tire pour emplir les chaudières. Dans tous les cas, on doit la faire bouillir dans le cours des deux ou trois premiers jours qu'elle a été extraite du corps de l'arbre, étant susceptible d'entrer promptement en fermentation, surtout si la température devient plus douce. On procède à l'évaporation par un feu actif; on écume avec soin pendant l'ébullition, et on ajoute de nouvelles quantités de séve jusqu'à ce que la liqueur ait pris une consistance sirupeuse; alors on la passe, après qu'elle est refroidie (il vaudrait mieux la passer toute chaude), à travers une couverture ou toute autre étoffe de laine, pour en séparer les impuretés dont elle peut être chargée.

« Quelques personnes recommandent de ne procéder au dernier degré de cuisson qu'au bout de douze heures ; d'autres, au contraire, pensent qu'on peut s'en occuper immédiatement. Dans l'un ou l'autre cas on verse la liqueur spiritueuse dans une chaudière qu'on n'emplit qu'aux trois quarts, et par un feu vif et soutenu on l'amène promptement au degré de consistance requis pour être versée dans des moules ou baquets destinés à la recevoir. On connaît qu'elle est arrivée à ce point lorsqu'en en prenant quelques gouttes entre les doigts on sent de petits grains. Si dans le cours de cette dernière cuite, la liqueur s'emporte, on jette dans la chaudière un petit morceau de lard ou de beurre, ce qui la fait baisser sur-le-champ. La mélasse s'étant écoulée des moules, ce sucre n'est plus déliquescent comme le sucre brut des colonies.

« Le sucre d'érable obtenu de cette manière est d'autant moins foncé en couleur, qu'on a apporté plus de soin à l'épuration, et que la liqueur a été rapprochée convenablement. Sa saveur est aussi agréable que celle du sucre de canne, et il sucre également bien. Raffiné il est aussi beau et aussi bon que celui que nous obtenons dans nos raffineries d'Europe.

« L'espace de temps pendant lequel la séve exsude des arbres est limité à environ six semaines ; sur la fin elle est moins abondante et moins sucrée, et se refuse quelquefois à la cristallisation ; on la conserve alors comme mélasse. La séve, exposée plusieurs jours au soleil, éprouve une fermentation qui la convertit en vinaigre. Cette séve, au sortir de l'arbre, est claire et limpide comme l'eau la mieux filtrée ; elle est fraîche, et laisse à la bouche un petit goût sucré fort agréable. Elle est très-saine, et l'on n'a point remarqué qu'elle ait jamais incommodé ceux qui en ont bu, même après des exercices violents, et étant tout en sueur. Elle passe très-promptement dans les urines.

« Différentes circonstances continuent à rendre la récolte du sucre plus ou moins abondante : ainsi, un hiver très-froid et très-sec est plus productif que lorsque cette saison a été variable et humide. On observe encore que lorsque pendant la nuit il a gelé très-fort, et que dans la journée qui la suit l'air est très-sec et qu'il fait beau soleil, la séve coule avec une grande abondance, et qu'alors un arbre donne quelquefois deux ou trois gallons (huit à douze litres) en vingt-quatre heures. On estime que trois personnes peuvent soigner deux cent cinquante arbres qui donnent ensemble mille livres de sucre.

« Les mêmes arbres peuvent ainsi être travaillés pendant trente années de suite, et donner des récoltes annuelles semblables, sans diminuer de vigueur, parce que, comme on évite de perforer leur tronc au même endroit, il se forme un nouvel aubier aux places qui ont été entamées, et les couches ligneuses qu'ils acquièrent successivement les mettent dans le même état qu'un arbre récemment soumis à cette opération.

« Un arbre de deux à trois pieds de diamètre, qu'on ne ménagerait pas, et qu'on ne craindrait pas d'épuiser, pourrait fournir une bien plus grande quantité de sucre que celle qui vient d'être énoncée et qui peut se monter à quatre livres pour chaque arbre. D'après les expériences faites à ce sujet, un particulier a retiré le même jour, d'un seul érable percé de vingt trous, quatre-vingt-seize litres de séve, lesquels ont donné sept livres et un quart de sucre, et tout le produit de ce dernier obtenu du même arbre, dans une seule saison, fut de trente-trois livres.

« Les arbres qui croissent dans les lieux bas et humides donnent plus de séve ; mais elle est moins chargée de principes saccharins que dans ceux qui sont situés sur les collines.

« Les animaux sauvages et domestiques sont avides de la séve des érables, et forcent les barrières pour s'en rassasier.

« M. Michaux ne dit pas quelle quantité de sucre d'érable se fabrique annuellement dans les États-Unis d'Amérique ; Duhamel, qui, dans son *Traité des arbres et arbustes*, est entré dans d'assez longs détails sur la manière de se procurer ce sucre, dit qu'à l'époque où il écrivait, on estimait qu'il s'en faisait tous les ans au Canada douze à quinze milliers.

« Considéré, soit sous le rapport des qualités de son bois, qui sont supérieures à celles de la plupart des autres espèces congénères, soit par la quantité de matière sucrée qu'on peut retirer de sa séve, l'érable à sucre est un arbre dont on doit recommander la propagation dans le nord de l'Europe. Il conviendra de le planter dans toutes les contrées où les érables sycomore et plane croissent naturellement. »

FIN DES PIONNIERS.

www.ingramcontent.com/pod-product-compliance
Lightning Source LLC
Chambersburg PA
CBHW051832230426
43671CB00008B/931